100
Menschen,
die Österreich
bewegten

Michael Horowitz

100 Menschen, die Österreich bewegten

MOLDEN

Helmut Qualtinger, Hans Weigel und Michael Horowitz bei der Präsentation seiner Karl-Kraus-Biografie, 1986.

Menschen

100

Alfred Adler
Ilse Aichinger
Peter Altenberg
Jean Améry
H. C. Artmann
Hans Asperger
Carl Auer von Welsbach
Ingeborg Bachmann
Hermann Bahr
Wolfgang Bauer
Vicki Baum
Konrad Bayer
Thomas Bernhard
Hugo Bettauer
Franz Blei
Hermann Broch
Franz Theodor Csokor
Heimito von Doderer
Milo Dor
Herbert Eisenreich
Viktor Frankl
Sigmund Freud
Erich Fried
Egon Friedell
Karl von Frisch
Barbara Frischmuth
Arno Geiger
Elfriede Gerstl
Kurt Gödel
Albert Paris Gütersloh
Friedrich Hacker
Peter Hammerschlag
Peter Handke
Hans Hass
Marlen Haushofer
Friedrich August von Hayek
Fritz von Herzmanovsky-Orlando
Hugo von Hofmannsthal
Ernst Jandl
Elfriede Jelinek
Gert Jonke
Eric Kandel
Victor Kaplan
Martin Karplus
Gina Kaus
Daniel Kehlmann
Michael Köhlmeier
Leopold Kohr
Alfred Kolleritsch
Hertha Kräftner
Theodor Kramer
Karl Kraus
Hedy Lamarr
Karl Landsteiner
Christine Lavant
Alexander Lernet-Holenia
Otto Loewi
Konrad Lorenz
Jörg Mauthe
Friederike Mayröcker
Lise Meitner
Robert Menasse
Robert Musil
Franz Nabl
Robert Neumann
Christine Nöstlinger
Andreas Okopenko
Wolfgang Pauli
Leo Perutz
Max Ferdinand Perutz
Alfred Polgar
Karl R. Popper
Christoph Ransmayr
Erwin Ringel
Peter Rosegger
Peter Rosei
Gerhard Roth
Joseph Roth
Gerhard Rühm
Felix Salten
Arthur Schnitzler
Erwin Schrödinger
Joseph Alois Schumpeter
Margarete Schütte-Lihotzky
Julian Schutting
Werner Schwab
Eugenie Schwarzwald
Johannes Mario Simmel
Manès Sperber
Hilde Spiel
Friedrich Torberg
Peter Turrini
Julius Wagner-Jauregg
Hans Weigel
Josef Weinheber
Oswald Wiener
Ludwig Wittgenstein
Dorothea Zeemann
Anton Zeilinger
Stefan Zweig

→

Prolog

Bitte begleiten Sie mich. Auf eine spannende Zeitreise, auf die Spuren von 100 Menschen, die in Österreich Geschichte geschrieben haben: Dichter, Denker und Wissenschaftler, Visionäre und Visionärinnen, die in unserem Land während der letzten 100 Jahre das Bild Österreichs geprägt haben. Weit über unsere Grenzen hinaus.

Basierend auf meiner zwei Jahre langen *Presse am Sonntag*-Serie ist dieses Kompendium der österreichischen Kulturgeschichte entstanden. Ich habe versucht, in 100 Kapiteln das Werk und auch das Privatleben von Menschen, die dieses Land bewegten, zu beschreiben. Es sind Porträts von Frauen und Männern, die durch ihre Gedanken, ihre Ideen und ihre Werke Außerordentliches geleistet haben und als große Österreicherinnen und Österreicher aus der Masse herausragen.

Es sind auch Lebensgeschichten von Literaten, deren Arbeit lange Zeit nicht anerkannt war und die gegen alle Widerstände der Mittelmäßigkeit kämpfen mussten – und schließlich vielfach preisgekrönt wurden. Oder von Nobelpreisträgern, die manchmal jahrzehntelang um Anerkennung ringen mussten – und meist erst am Ende ihres Lebens in der ersten Reihe der wissenschaftlichen Avantgarde des 20. Jahrhunderts zu finden sind.

Die dramatischen Lebensbilder vieler Dichter und Denker in diesem Buch sind auch Zeitdokumente: Menschen, die das Geistesleben Europas prägten, verloren – als die Höllenfahrt Österreichs begann – über Nacht ihre Heimat und wurden während der dunkelsten Zeit unseres Landes verfolgt und vertrieben. Und manch einer wählte, um der Verfolgung durch die Nationalsozialisten zu entgehen, die Selbsttötung.

Wie der Philosoph und Schriftsteller Egon Friedell, der im März 1938, wenige Tage nach dem Volksfest völkischer Begeisterung am Heldenplatz, die Stiefel zweier Männer im Stiegenhaus hört. Noch bevor die beiden SA-Schergen sein Zimmer betreten können, versperrt er die Tür und springt aus dem Fenster. Während des Sturzes erleidet er einen Herzinfarkt und ist sofort tot.

Dieses Buch ist jenen Menschen gewidmet, die nur durch Flucht oder Freitod ihrem Schicksal entgehen konnten. Die Erinnerung an all die dramatischen Lebensgeschichten dieser Menschen muss für immer erhalten bleiben.

Natürlich werden in diesem Buch auch große Österreicherinnen und Österreicher von heute vorgestellt: Nobelpreisträgerin Elfriede Jelinek und die Doyenne der österreichischen Literatur Friedericke Mayröcker, Dichter wie Peter Handke, Gerhard Roth und Peter

Der Autor Michael Horowitz mit Friederike Mayröcker.

Turrini, Michael Köhlmeier, Robert Menasse, Daniel Kehlmann und Christoph Ransmayr oder Neurowissenschaftler Eric Kandel und Quantenphysiker Anton Zeilinger.

Neben weltweit gefeierten Größen, die die Wissenschaft prägten, wie Lise Meitner, Sigmund Freud und Kurt Gödel. Oder zwei der bedeutendsten Denker des 20. Jahrhunderts: der ewige Zweifler und streitbare Philosoph Ludwig Wittgenstein und Karl Raimund Popper, der sich ein Leben lang für die individuelle Freiheit engagierte.

Und die großen Literaten der letzten 100 Jahre: vom gnadenlosen „Hohepriester der Wahrheit" Karl Kraus, dem Chronisten der „Welt von Gestern" Stefan Zweig, dem Analytiker dekadenter Denkmuster im Wien des Fin de Siècle Arthur Schnitzler bis zu Heimito von Doderer, einem der großen deutschsprachigen Romanciers des 20. Jahrhunderts, von der sprachgewaltigen Poetin Ingeborg Bachmann über den „geliebten Nestbeschmutzer" Thomas Bernhard – bis zum Bonvivant und Bürgerschreck aus Breitensee H. C. Artmann.

Aber auch die souveränen „Meister der kleinen Form" wie Alfred Polgar, der lächelnd, aber voller Schärfe die Welt durchschaut, oder Peter Altenberg, den „Afrikaforscher der Alltäglichkeit", findet man in diesem Buch.

Mein Dank gilt Rainer Nowak und Christian Ultsch, die ich sofort von meiner Serienidee für die *Presse am Sonntag* begeistern konnte, und auch Mirjam Marits für die professionelle redaktionelle Betreuung meiner Beiträge, außerdem Daniel Löcker von der MA 7 der Stadt Wien für die wissenschaftliche Förderung meiner Recherchen. Und ich danke ganz besonders Bettina Glatz-Kremsner, Reinhard Köck und Walter Rothensteiner für die finanzielle Unterstützung der „Dichter & Denker"-Serie.

Und ich freue mich, dass der Molden Verlag sich spontan entschlossen hat, die Serie in Buchform herauszubringen, und meine Beiträge dadurch als bleibendes Kompendium vorliegen. Dank auch an Johannes Sachslehner von der Verlagsgruppe Styria für die angenehme und bereichernde Zusammenarbeit.

Und vor allem danke ich meiner Frau Angelika.

Michael Horowitz
Sommer 2019

Sigmund Freud duldet keinen Widerspruch. Als Erster wagt es Alfred Adler, der Begründer der Individualpsychologie, seinem Mentor öffentlich zu widersprechen. Er bestreitet Freuds These, dass Sexualität Ursprung jeder Neurose sei, und geht in der Seelenforschung völlig neue Wege.

Alfred Adler

Weltweit sind seine revolutionären Thesen anerkannt: Alfred Adler, der Begründer der Individualpsychologie.

Aufruhr im weiten Land der Seele

Bis zu seinem vierten Lebensjahr kann der Bub nicht laufen. Der scheue, kränkliche Alfred leidet an chronischer Rachitis. Als zweites von sieben Kindern wächst der Liebling des Vaters, eines Getreidehändlers, im äußeren Teil der Mariahilfer Straße auf. Mit fünf wäre er fast an einer Lungenentzündung gestorben. Dieses dramatische Erlebnis, aber auch der Tod des jüngeren Bruders, hat vermutlich seinen Wunsch, Schwäche in Effizienz umzusetzen und Arzt zu werden, bestimmt.

Alfred Adler, ursprünglich Augenarzt und Internist, wendet sich später unter dem Einfluss Sigmund Freuds der Seelenheilkunde zu. Er geht davon aus, dass eine

1870 Geburt. 7. Februar in Wien-Fünfhaus.

Organschwäche ein Minderwertigkeitsgefühl auslöst: Den Versuch, Unterlegenheit – ausgehend von körperlichen Beeinträchtigungen oder sozialen Konflikten – zu kompensieren, sieht er als Ursache von Neurosen an. Wo Freud Sexualität als Ursprung erkennt, ortet Adler ein Minderwertigkeitsgefühl.

„Neurosenprophylaxe" nennt Adler, der Begründer der revolutionären Individualpsychologie, das körperlich und geistig gesunde Aufwachsen eines Kindes. Die eigene Kindheit ist die Wurzel für seinen völlig neuen Weg der Seelenforschung.

„Glauben Sie, dass es ein so großes Vergnügen für mich ist, mein ganzes Leben lang in Ihrem Schatten zu stehen", meint Alfred Adler zu Sigmund Freud. Aus früher Freundschaft wird bald wissenschaftliche Gegnerschaft, die schließlich zum totalen Bruch führt. Bereits im Herbst 1902 hat Freud den fast fünfzehn Jahre jüngeren Adler per Postkarte zu seiner legendären „Psychologischen Mittwochgesellschaft" eingeladen. Um 20:30 Uhr, Berggasse 19.

Aus diesem von Zigarrenrauchschwaden durchzogenen Jour fixe im Wartezimmer der Praxis Freuds entstand später die „Psychoanalytische Vereinigung", zu dessen Obmann Adler gewählt wurde. Sein Vortrag über die „Psychologie des Marxismus" im März 1909 konnte jedoch den Bourgeois Freud überhaupt nicht überzeugen.

Zerwürfnis mit Freud: Jeder Mensch kann sein Leben selbst gestalten

Knapp zehn Jahre nach dem ersten Besuch in der Berggasse kommt es zum definitiven Zerwürfnis, zum „Vatermord": Als Erster wagt es Alfred Adler nach hitzigen Kontroversen, sich gegen Sigmund Freud, den Mentor, der keinen Widerspruch duldet, öffentlich aufzulehnen. Freud beschimpft den „vor Ehrgeiz wahnsinnigen" Adler, der an einem „paranoiden Verfolgungswahn leide". Dieser hat hingegen längst genug vom „Freud'schen Hühnerstall und seinem Gegacker", gründet gemeinsam mit neun weiteren Freud-Epigonen den Verein für „freie psychoanalytische Forschung" und entwickelt eine von Freuds Psychoanalyse abweichende, eigenständige Lehre: Anders als Freud, der glaubt, dass „der Mensch nicht Herr im eigenen Haus" sei, sondern ein Getriebener seines Unterbewussten, meint Adler, jeder Mensch könne sein Leben selbst gestalten, denn das „menschliche Seelenleben ist kein Sein, sondern ein Werden". Er ist überzeugt, bereits als Kind strebe man nach Anerkennung und sozialer Resonanz, um sich von seinem geringen Selbstwertgefühl zu lösen. Wenn dies nicht gelänge, entstünde der Nährboden für psychische Störungen.

Während seines Studiums wird Adler Mitglied einer sozialistischen Studentengruppe und verliebt sich in Raissa Epstein (1872–1962), eine radikale, revolutionäre Russin, die zum Studium nach Wien gekommen ist. 1897 heiraten die beiden, von ihren vier Kindern werden zwei Psychiater. Alfreds Frau, die kommunistische Aktivistin ist, spielt mit dem 1908 nach Wien ins Exil geflohenen Leo Trotzki leidenschaftlich Schach, sonntags trifft man den Revolutionär, dem das Leben im bürgerlichen Wien sehr gut gefällt, im Stadtpark oder man unternimmt mit den Kindern und Trotzki Ausflüge in die Hinterbrühl.

Adler etabliert seine Arztpraxis gegenüber vom Wurstelprater, bald zählen Varietékünstler und Zirkusartisten zu seinen Patienten, ihre außergewöhnlichen Fähigkeiten eröffnen ihm Einsichten in „organische Minderwertigkeit und ihre Kompensationen".

Im Zentrum seiner Arbeit stehen oft gesellschaftlich Benachteiligte; die Reformen im Erziehungs- und Gesundheitswesen des Roten Wien der 1920er-Jahre sind eng mit Alfred Adler verbunden. Der Nervenarzt will nicht

1907 Studie über *Minderwertigkeit von Organen.*

1912 Gründung. Österreichischer Verein der Individualpsychologie.

nur heilen, sondern auch vorbeugen. Er hält pädagogische Vorträge, berät Politiker wie den Schulreformer Glöckel und gründet Beratungsstellen für Lehrer: Die „Erziehung zum Erzieher“ ist für ihn eine der wesentlichsten Voraussetzungen der Psychohygiene. Er versucht, antiautoritäre Förderung des Kindes zu vermitteln. Voller Verständnis, Liebe und ohne körperliche Züchtigung – vor 100 Jahren alles andere als selbstverständlich.

> Alle menschlichen Verfehlungen sind das Ergebnis eines Mangels an Liebe.
>
> Alfred Adler

Alfred Adler, selbst Idealtyp eines engagierten Pädagogen, weiß, dass man auf Familienverhältnisse kaum Einfluss nehmen kann, jedoch auf das schulische Umfeld umso mehr: „Durch die Schule konnte ich Hunderte von Kindern auf einmal erreichen.“

Pionier der modernen Psychosomatik

Bei rund einem Drittel aller Patienten finden Ärzte keine Ursachen für ihre Beschwerden. Oft stecken psychische Störungen dahinter. Erregung, Angst, Schrecken – seelische Erschütterungen dringen über die Nervenbahnen zu den Organen. Es treten Verkrampfungen und sogar Lähmungen auf, die sich zu chronischen Krankheiten entwickeln können. Alfred Adler, der den Menschen als Einheit von Körper, Seele und Geist sieht, erkennt die wesentliche Rolle des vegetativen Systems und ist einer der Pioniere der modernen Psychosomatik.

Bald sind seine neuen Wege in der Seelenforschung auch außerhalb seiner Heimat anerkannt. Ab 1926 hält Adler in den Vereinigten Staaten Vorlesungen. Seine realitätsnahen, brillant interpretierten Ideen finden großen Anklang. 1934 übersiedelt er mit seiner Familie endgültig nach New York, bezieht im legendären Hotel Gramercy Park in Manhattan Dauerquartier und behandelt dort auch seine Patienten.

Am 28. Mai 1937 bricht der 67-jährige in Schottland auf dem Weg von seinem Hotel zur Universität in Aberdeen, wo er eine Vortragsreihe beenden will, nach einem Herzinfarkt zusammen. Adlers letztes Wort ist „Kurt“ – der Name seines einzigen Sohnes.

Sigmund Freud bleibt auch nach der Todesnachricht Alfred Adlers unversöhnlich. Mehr als 25 Jahre sind seit dem Zerwürfnis der beiden vergangen: „Für einen Judenbub aus einer Wiener Vorstadt“, schreibt er an den Schriftsteller Arnold Zweig nach Palästina „ist ein Tod in Aberdeen schon an sich eine unerhörte Karriere und ein Beweis dafür, wie weit er es gebracht hat. Tatsächlich hat ihn die Welt reich dafür belohnt, daß er sich der Psychoanalyse entgegengestellt hat.“

1920 Direktor der ersten Klinik für Kinderpsychologie in Wien.

1937 Tod. 28. Mai in Aberdeen.

Voller Melancholie ist sie ein Leben lang davon überzeugt, dass es besser wäre, nicht auf der Welt zu sein. 95 Jahre alt ist die große Wiener Dichterin Ilse Aichinger geworden. Fern jeder schriftstellerischen Eitelkeit.

Ilse Aichinger

Ihr Gesamtwerk ist überschaubar, aber umso bedeutungsvoller: Ilse Aichinger.

Die poetische Kraft des Fräulein Kafka

Sie meint: „Ich lasse mir die Welt nicht bieten." Ilse Aichinger ist keine der leichten Musen in der Welt der Literatur. Ein Leben lang ruft sie vehement – auch aufgrund ihres eigenen Schicksals – zur Kritik an politischen und gesellschaftlichen Zuständen auf. Gemeinsam mit ihrer Schwester Helga beginnt ihr „doppeltes Dasein" als eineiiger Zwilling am 1. November 1921 in Wien als Tochter eines Lehrers und einer jüdischen Ärztin. Bereits als Fünfjährige leidet sie unter der Scheidung der Eltern. 1938 verliert ihre Mutter Wohnung, Praxis und die Stellung als städtische Ärztin. Ilse Aichingers Oma wird unter dem Beifall der Mitmenschen in einem Viehwaggon deportiert.

1921 Geburt.
1. November in Wien.

Während ihre Zwillingsschwester Helga mit einem Kindertransport nach Großbritannien fliehen kann, bleibt Ilse als „Mischling ersten Grades" bei der jüdischen Mutter in Wien. Helga und Ilse schreiben einander während der nächsten Jahre mehr als 600 Briefe. Als 1939 der Krieg ausbricht, sitzt die Achtzehnjährige im Fasan-Kino. Erst durch das Erlebnis von Film und Fotografie – das Kino begleitet Ilse Aichinger ein Leben lang – hat sie Jahrzehnte später die Kunst entwickelt, über das eigene und das Leben der anderen zu schreiben. In dem Buch *Film und Verhängnis. Blitzlichter auf ein Leben* durchstreift sie die Kinolandschaft im Vorkriegs-Wien, die Gegenden, durch die sie ihre Wege an den Kinotagen geführt haben. Das Kino, ob das Bellaria oder der Sascha-Palast, ist ihr „Sehschule und Atemraum, hier will ich das Verschwinden üben …"

Der Zweite Weltkrieg aus Sicht eines Kindes; „Die größere Hoffnung"

Nach Jahren der Isolation, sie lebt mit ihrer Mutter in einem schäbigen Zimmer gegenüber von dem Gestapo-Hauptquartier am Morzinplatz, beginnt Ilse Aichinger 1945 ihr Medizinstudium – für fünf Semester: „Ich wollte Ärztin werden, das ist an meiner Ungeschicklichkeit gescheitert." Zur selben Zeit schreibt sie ihren teils autobiografischen Roman *Die größere Hoffnung* fertig, von dem später behauptet wird „er poetisiere die Realität so sehr, dass jene an Bedeutung verlöre".

1948 erscheint dieser, ihr einziger Roman, auf Empfehlung ihres Mentors Hans Weigel im S. Fischer Verlag. Aichinger erzählt darin in einem Geflecht von Märchen und Mythos, Traum und Historie von den Gräueln des Zweiten Weltkriegs – aus der Sicht eines Kindes. Angst, Wut und Verzweiflung sind beklemmend und intensiv dargestellt. Mit einem Schlag ist die 27-Jährige berühmt und avanciert zu einer der großen Vertreterinnen der Trümmer- und Nachkriegsliteratur. Auch, weil sich ihr Roman dem sich ausbreitenden Aufbau-Optimismus widersetzt.

> Alles, woran man glaubt, beginnt zu existieren.
>
> Ilse Aichinger

Drei Jahre nach dem Erscheinen des Romans lädt sie die legendäre Schriftstellervereinigung „Gruppe 47" mit Mitgliedern wie Ingeborg Bachmann, Heinrich Böll und Paul Celan zum Vorlesen ein. Bald nennen sie Ilse „Fräulein Kafka". Sie lernt ihren späteren Mann, den Lyriker Günter Eich, kennen. Ein Jahr später gewinnt sie mit ihrem rückwärts erzählten Prosastück Spiegelgeschichte den Preis dieser elitären Literatenvereinigung. Immer wieder – auch in ihrer Erzählung *Der Gefesselte* – lehnt sich Ilse Aichinger gegen das Verdrängen von Tod und Krieg auf. Irrealität und Traumerfahrungen beginnen nun, ihre Erzählungen und Hörspiele zu dominieren. Unter dem Einfluss der Literatur von Kafka und Trakl beschreibt sie das existenzielle Gefesselt-Sein des Menschen durch Ängste, Zwänge und Träume.

1978 erscheint die Gedichtsammlung *Verschenkter Rat,* die Kritiker als Höhepunkt der Nachkriegslyrik hochloben: eine Aufforderung zur Unabhängigkeit, zum Nichteinverstandensein mit staatlichen, gesellschaftlichen und religiösen Verhaltenserwartungen. Der Georg-Trakl-Preis für Lyrik, der Petrarca- und der Franz-Kafka-Preis, später der Erich-Fried-Preis und der Große Österreichische Staatspreis für Literatur zollen ihrer Arbeit größte Anerkennung.

1948 Durchbruch. Der einzige Roman *Die größere Hoffnung* erscheint.

1953 Hörspiel. *Knöpfe*, ihr erstes Hörspiel, geht auf Sendung.

Die Heimatstadt Wien bleibt immer zentraler Bezugspunkt ihres Schreibens: Ausgangspunkt, Schauplatz, Sehnsuchtsort. In die Topografie dieser Stadt sind ihre Erinnerungen eingeschrieben, die „äußerste Geborgenheit" der Kindheit und die „äußerste Bedrängnis" der Kriegszeit. In den 1950er-Jahren entstehen die Prosagedichte *Kurzschlüsse. Wien,* worin sie von vertrauten Gassen und Plätzen in Wien – von der Stadtmitte bis zum Nußberg – erzählt, auf dieselbe Weise wie in der Sammlung von Kurzerzählungen *Kleist, Moos, Fasane.* Hierin lässt sie die Leser intensive Bilder ihrer Kindheit und Jugend miterleben: die Küche der Großmutter, das Nachmittagslicht in der Klosterschule und das Mädchen mit den weißen Handschuhen, das am 1. September 1939 – dem Tag des Kriegsausbruchs – im Wiener Stadtpark *Lederstrumpf* liest.

Immerwährende Sehnsucht nach dem Verschwinden

Mit ihrem Mann und ihren beiden Kindern lebt Ilse Aichinger ab 1963 in Großgmain im Salzburger Land. 1972 stirbt Günter Eich nach mehreren Herzanfällen, dessen „Präsenz" sie weiterhin „spürt". 1988 kehrt die scheue Schriftstellerin nach Wien zurück. Nach dem Unfalltod ihres Sohnes Clemens im Februar 1998 zieht sie sich total aus der Öffentlichkeit zurück. Erst im Jahr 2001 erscheint ihr teils autobiografischer Essay *Film und Verhängnis.* Vier Jahre später das Buch *Unglaubwürdige Reisen,* voller leiser Liebeserklärungen. An Canetti, an das Kino und die Konditorei Demel. Hier geht Ilse Aichinger bei einer Tasse Tee regelmäßig im Kopf auf Reisen. Mit dabei hat sie ihre Reiseutensilien – Stift und Papier. Sie schreibt jedoch auch auf Speisekarten, Rätselhefte und Einkaufssackerln: „Dichter wollte ich nie werden, lieber warte ich auf den Assam – und auf das Tagesende, da kommt auch mehr heraus, die Nacht zum Beispiel."

Ihre große Leidenschaft bleibt das Kino. In seiner Anonymität und Dunkelheit kann sie für einige Stunden dem Leben entfliehen: „Ich glaube, dass Kino ein stärkeres Medium ist als Literatur … Schreiben ist kein Beruf … wenn mich jemand nach meinem Beruf fragt, sage ich *privat*". Ilse Aichingers Texte werden immer kürzer, die Pausen dazwischen immer länger.

Die zurückgezogen lebende Zweiflerin, deren Leben von immerwährender Sehnsucht nach dem Verschwinden geprägt war, starb 95-jährig: „Ich habe es immer als eine Zumutung empfunden, dass man nicht gefragt wird, ob man auf die Welt kommen will. Ich hätte es bestimmt abgelehnt." In ihrem Nachruf bezeichnet die *Süddeutsche Zeitung* Ilse Aichinger als die „lebende Antithese schriftstellerischer Eitelkeiten".

1978 Gedichtsammlung *Verschenkter Rat* als Höhepunkt der Nachkriegslyrik.

2016 Tod. Ilse Aichinger stirbt 95-jährig.

Voller Poesie und Fantasie berichtet er von den kleinen Märchen des Lebens. Von Erlebtem, Erhofftem und Erträumtem. Peter Altenberg verachtet Selbstdarsteller und ist selbst einer. Er sieht sich als „Vorflieger der Nation“, sein Wohnsitz ist im Amtlichen Adressbuch mit „Café Central“ angegeben.

Peter Altenberg

Karl Kraus in der Grabrede auf seinen Freund Peter Altenberg: „Wehe der Nachkommenschaft, die Dich verkennt!“

Afrikaforscher der Alltäglichkeit

In heftigem Selbstgespräch spaziert eine seltsame Figur über den Wiener Graben. In Herrgottsschlapfen, groß kariertem Anzug mit zu kurzen Hosen, einen knolligen Wurzelholz-Stock unterm Arm. Mit seinem buschigen Schnauzbart sieht er aus wie ein verstörter, ins Leben der Menschen geworfener Seehund. „Sie machen zu viel Aufsehen“, meint ein Wachmann. „Zu wenig“, erwidert der Flaneur, „zu wenig!“ Peter Altenberg, der ewige Exzentriker, bleibt ein Leben lang seinem eigenen Stil treu: „Die Mode ist ein ästhetisches Verbrechen … sie will nicht das endgültig Schöne. Sie will immer nur etwas Neues.“

Von vielen wird er als ewiger Schnorrer, als genialer Versager abgetan: Peter Al-

1859 Geburt.
9. März in Wien.

tenberg, 1859 als Richard Engländer geboren, wählt später seinen Künstlernamen Peter, nach dem Rufnamen seiner Jugendliebe Bertha, die in Altenberg an der Donau wohnt. Richard/Peter entwickelt sich bald zu einem melancholischen Poeten, in dessen Miniaturen sich sein ganzes Leben widerspiegelt.

Dichterische Manifeste für den Schutz der Natur

Er ist ein störrischer Narr, der sich über Normen hinwegsetzt, ein Dichter, für den das Leben das einzig wirkliche Märchen ist. Er ist ein Mensch, der Kinder, Tiere und die Natur abgöttisch liebt. Seine dichterischen Manifeste für den Schutz der Natur werden von den meisten milde belächelt. Peter Altenberg, der Träumer. Ein Mensch, der beim Träumen immer wieder an die „Ecken und Kanten einer mangelhaft eingerichteten Welt geraten ist und sich blutige Beulen geschlagen hat". Wenn er auf einem Zettel zügig ein paar Zeilen über einen Sonnenuntergang notiert, ist das bereits Literatur.

Sein Wohnsitz ist im Amtlichen Wiener Adressbuch mit „Altenberg, Peter, Wien 1, Herrengasse, Café Central" angegeben. Wenn der „Afrikaforscher der Alltäglichkeit" (Anton Kuh) gerade nicht im Kaffeehaus ist, heißt es, er sei er am Weg dorthin, denn hier sei es am schönsten: „Man ist nicht zu Haus und doch nicht an der frischen Luft."

Nach Wutausbrüchen gegen die Gouvernante und den Hauslehrer, dem Abbruch des Jura- und Medizinstudiums sowie einer Buchhandelslehre, sucht der verzweifelte Vater 1882 Hilfe für seinen Sohn. Der Psychiater Schlager attestiert ihm „Berufsunfähigkeit und Überempfindlichkeit des Nervensystems". Ein Leben lang leidet Peter unter hypochondrischen Anfällen und Depressionen. Er ernährt sich vegetarisch – diätetisch –, lange Zeit lebt er von drei Portionen Erdäpfeln pro Tag. Doch der exzessive Alkohol- und Tablettenkonsum zehrt an seiner Physis.

Schreiben als Balsam für die verletzte Seele

Sehnsucht nach Bergluft und Blumenwiesen: Schreiben, Sinnieren, Spazierengehen als Balsam für die verletzte Seele. Eine seiner schönsten Miniaturen-Sammlungen ist *Semmering 1912:* Voller Poesie, Fantasie und Schwärmerei berichtet Altenberg von den kleinen Märchen des Lebens, von Erlebtem, Erhofftem und Erträumtem. Von Forellenfang oder dem Liebreiz des Hotel-Stubenmädchens. Der strenge Kritiker Karl Kraus ist begeistert wie nie: „Diese von Gott autorisierte Übersetzung des Menschen in die Sprache wird – die Empfänglichkeit späterer Welten vorausgesetzt – noch zu Menschen sprechen, wenn fast alles, was heute gedruckt wird, nicht mehr mit freiem Auge wahrnehmbar sein wird."

Auf der Panhans-Terrasse am Semmering treffen sich die aus der stickig-staubigen Stadt geflüchteten Künstler mit einem zeitweisen Faible für Frischluft: Friedell und Loos, Kraus, Kokoschka und Altenberg. Stets sind sie in knietiefe Diskussionen verstrickt. Das Panhans ist Klaras Zuhause. Klara, die Tochter des Hoteliers, ist eine der vielen *Petrarca-Lieben* Altenbergs: „Klara, heilige 12-jährige. Ach, melde mir den Tag, die Nacht, da Dich Natur zum Weibe macht. Auf dass ich Abschied nehme von Deinen Göttlichkeiten."

Im nächtlichen Wien unternimmt Altenberg gerne „Flugversuche", sieht sich als „Vorflieger der Nation". Seine ewige, unerreichte Liebe Lina Loos, beobachtet ihn: „Er breitete seine Arme aus … sog sich mit Luft voll und schlug mit seinen Armen immer schnellere Kreise, bis sein schmaler Körper, seine überzarten Beine jeden Widerstand aufgaben, ihre

1893 Pseudonym. Aus Richard Engländer wird Peter Altenberg.

1896 Erstes Buch *Wie ich es sehe.*

Schwere verloren und, sonderbar gewichtlos, von Geist und Sehnsucht getragen schienen. Alle, die es sahen, hatten den Eindruck eines freischwebenden Menschen."

Peter Altenberg verachtet Selbstdarsteller – und ist selbst einer. Der Maxime seines Lebens „Sei, der du bist, nicht mehr, nicht weniger, aber der sei!" kommt er nicht einmal nahe. Den Ekel vor der Übermacht der Philister versucht er in der Rolle des provokanten Außenseiters zu spielen: in Nachtcafés, Cabarets und Varietés, wo er zumeist bis zum frühen Morgen bleibt. Manchmal geht es dann noch in ein türkisches Bad oder im Sommer in einer Kutsche in die Krieau. Zum Frühstück im Grünen.

Zuneigung zu sehr jungen Mädchen

In seinem Hotelzimmer, dessen Wände voller Fotografien von jungen Mädchen und Frauen sind, schreibt er dann im Bett bis zur Erschöpfung. Bevor er einschläft, stopft er die Manuskripte in eine Reisetasche in der Ecke seines kleinen Zimmers: „Mein einfenstriges Kabinett im 5. Stock des Graben-Hotels ist mein Nest… wenn ich denke, wer dieses geliebte Kabinett einmal in Bausch und Bogen erben wird, da freut mich wirklich das ganze Sterben nicht!"

> Sei, der du bist, nicht mehr, nicht weniger, aber der sei!
>
> Peter Altenberg

Mit seinen literarischen Konzentraten und brillanten Philippiken ist das „Genie der Nichtigkeiten" (Franz Kafka) zwar gern gesehener Gast in den Salons reiferer Damen, sein unglückliches Wesen ist jedoch geprägt von der Zuneigung zu jungen Mädchen, die bis zur Besessenheit reicht: „Von welchem Alter an, Herr Peter, fangen Sie eigentlich an, süße Frauen zu verehren? So von dem Alter an, in dem sie sich nicht mehr anwischerln, so zwischen fünf und sechs!" Die von Altenberg als Kind adorierte „heilige" Klara Panhans erklärt jedenfalls am Ende ihres Lebens, Herr Altenberg sei ihr „niemals zu nahe getreten". In einem Brief an Karl Kraus gesteht er die Verzweiflung über seine schwankende sexuelle Disposition: „An mir ist eine Frau verlorengegangen und ein Mann."

Während seiner letzten Lebensjahre sucht Altenberg Erholung für seine strapazierte Seele, hofft auf Linderung seines Verfolgungswahns in der „Kaltwasserheilanstalt Sulz". Ohne Erfolg. Später wird er in die „Irrenanstalt Steinhof" eingeliefert. Hier gelingt es Karl Kraus, den todtraurigen, in völlige Apathie verfallenen Freund derart aufzuheitern, dass dieser nach langer Zeit zum ersten Mal wieder aus dem Bett steigt, sich waschen und rasieren lässt und mit Kraus im Park spazieren geht.

Als man Peter Altenberg am 11. Jänner 1919, zwei Monate vor seinem 60. Geburtstag, in einem Ehrengrab am Zentralfriedhof bestattet, schließt Karl Kraus seine Grabrede mit den Worten: „Wehe der Nachkommenschaft, die Dich verkennt!"

1912 Miniaturen-Sammlung *Semmering 1912.*

1919 Tod. 8. Jänner in Wien.

Jean Améry: ein ewig Heimatloser. Eine intellektuelle Instanz, ein Provokateur voller Melancholie. Der linke Kritiker der Linken wendet sich der letzten Stufe des Nihilismus zu – dem Freitod, der radikalsten Form der Freiheit. Auf dem Grabstein liest man die Ziffer 172364. Seine Nummer im KZ von Auschwitz.

Jean
Améry

„Der Freitod ist ein Privileg des Humanen": Vor 40 Jahren wählt ihn der tieftraurige Jean Améry in einem Salzburger Hotel.

Unbestechlicher Chronist des Verdrängten

Auf dem Tisch liegt das Geld für die Zimmerrechnung. Und ein Brief an die „Österreichischer Hof"-Hoteldirektion mit einer Entschuldigung für die Unannehmlichkeiten, die er dem Hause bereitet. Auf einem Notizzettel „an die Polizei" hält der Gast fest, dass er freiwillig und bei bester geistiger Gesundheit seinem Leben ein Ende bereite. Der Schriftsteller Jean Améry hat sich während einer Lesereise – nach mehreren Verschiebungen und Versuchen – für die Selbsttötung entschieden. Bereits viereinhalb Jahre zuvor versuchte er, sich in Brüssel das Leben zu nehmen. Sein Freund Kurt Schindel fand ihn im Koma liegend, brachte ihn ins Krankenhaus, wo Améry ins Leben zurückgeholt wurde.

1912 Geburt.
31. Oktober als Hans Mayer.

Der 17. Oktober 1978 ist ein grauer, düsterer Tag in Salzburg. Es regnet, Windböen erreichen bis zu 60 km/h. Im Zimmer des heutigen „Hotel Sacher“ mit Blick auf die Salzach schluckt Améry gehortete Schlaftabletten. Zuvor isst er noch in aller Ruhe zu Abend. *Bild* berichtet nach dem Suizid über den „Selbstmorddichter“, Thomas Bernhard äußert sich lakonisch und zufrieden, seine These sei bestätigt, „dass man in Österreich nicht leben kann“. Man hatte Jean Améry, einen der bedeutendsten deutschsprachigen Publizisten, in Frankfurt zur Buchmesse erwartet. Die Todesnachricht schockierte die literarische Welt.

Für Jean Améry ist die Selbsttötung ein Akt der Wahrheit, sie stellt eine letzte Freiheit dar – der Freitod ist für ihn der „Weg ins Freie“, man gehört am Ende sich selbst. An den Beginn seines zwei Jahre vor seinem Salzburger Suizid erschienenen Buch *Hand an sich legen. Diskurs über den Freitod* stellt er ein Zitat von Ludwig Wittgenstein: „Die Welt des Glücklichen ist eine andere als die des Unglücklichen. Wie auch beim Tod die Welt sich nicht ändert, sondern aufhört.“

> Man soll und darf die Vergangenheit nicht auf sich beruhen lassen, weil sie sonst auferstehen und zu neuer Gegenwärtigkeit werden könnte.
>
> Jean Améry

Améry selbst schreibt in seinem Buch über die von Religion und Gesellschaft mit einem Verbot belegte Selbsttötung: „Wer abspringt, ist nicht unbedingt dem Wahnsinn verfallen, ist nicht einmal unter allen Umständen *gestört* oder *verstört*. Der Hang zum Freitod ist keine Krankheit, von der man geheilt werden muss wie von den Masern … Der Freitod ist ein Privileg des Humanen.“

Sein Buch will aber keine Verteidigung des Freitodes sein – er sei genauso natürlich und unnatürlich wie jeder Tod –, sondern ein Plädoyer für die Anerkennung der Tatsache, dass der Mensch sich selbst gehört – „außerhalb des Netzes gesellschaftlicher Verstrickungen und außerhalb eines biologischen Verhängnisses, das ihn zum Leben verurteilt.“

Beklemmender Bericht über die Folter in Fort Breendonk

In Deutschland gilt der Wiener Améry, der seit Ende des Krieges in Brüssel lebt, während der 1960er-Jahre für viele als intellektuelle Instanz, als moralisches Gewissen, als vehementer, linker Kritiker der Linken. Bekannt wird er mit seinen Schriften über Schuld und Sühne nach 1945 über den Prozess der Entfremdung – das Altern –, und mit seinem beklemmenden Bericht über die Folter – Ingeborg Bachmann verarbeitet Amérys Schilderungen in der Erzählung *Drei Wege zum See*.

Sein Selbstmordbericht hat ihn berühmt gemacht. Seine quälenden Überlegungen, seinen literarischen Diskurs über den Freitod beurteilt die *FAZ:* „In einer erregend-mutigen, traurig-zielstrebig, spekulativ-tastenden Steigerung seines Denkens hat sich Jean Améry in *Hand an sich legen* der letzten Konsequenz des Nihilismus zugewandt – dem Freitod.“

Geboren wird er 1912 in Wien als Sohn jüdischer Eltern. Sein Vater stirbt als Soldat im Regiment der Tiroler Kaiserjäger im Ersten Weltkrieg. Durch seinen frühen Tod wird die Mutter Valerie die wesentliche Bezugsperson des Buben. Er wächst im Salzkammer-

1935 Romanfragment. *Die Schiffbrüchigen.*

1966 Zentraler Text. *Jenseits von Schuld und Sühne.*

gut in katholischem Milieu auf, die Mutter betreibt am Fuß des Kalvarienberges in Bad Ischl das „Gasthaus zur Stadt Prag". Sie „beschwor mehrmals am Tag Jesus, Maria und Josef, was sich im heimatlichen Dialekt wie *Jessasmarandjosef* anhörte." 1923 wird Hans als *Privatist* im Gymnasium Gmunden eingeschult. Im Jänner 1925 verlässt er als Zwölfjähriger ohne Noten die Anstalt. Über weitere Schulbesuche ist nichts bekannt.

Intellektuelle Instanz und moralisches Gewissen

1926 ziehen Hans und seine Mutter wieder nach Wien, wo er nach einem Aufenthalt bei einem Onkel in Berlin eine Lehre als Buchhändler absolviert und in verschiedensten Berufen Geld verdient, unter anderem als Barpianist. Der spätere Schriftsteller ist Autodidakt und besucht als freier Hörer an der Wiener Universität literarische und philosophische Vorlesungen. Broch, Musil und Canetti kreuzen seinen Weg. 1938 flieht er nach Antwerpen. 1943 wird er als Widerstandskämpfer von den Deutschen verhaftet und in das Fort Breendonk gebracht – wo ihn am 23. Juli das „fürchterlichste Ereignis, das ein Mensch sich bewahren kann" erleben muss: die Folter. In seinen *Aufsätzen zur Philosophie* stellt er fest, Täter sind Täter und müssen Täter bleiben. Und Opfer sind Opfer. „So einfach, so banal ist das: Wer gefoltert wurde, bleibt gefoltert … ich baumele noch immer, 22 Jahre danach, an ausgerenkten Armen über dem Boden."

Schon als Bub hadert Hans mit seinem Namen, der ihm zu gewöhnlich erscheint: Hans Mayer. Erst 1955 entschließt sich der 43-jährige zum Pseudonym Jean Améry – mit dem Anagramm von Mayer. Das Pseudonym entspricht auch seiner Verbundenheit mit der französischen Kultur. Der Existentialist Jean-Paul Sartre, seine pathetische These, der Mensch sei frei, „zur Freiheit verdammt", begeistert Améry längere Zeit. Später widerspricht er ihm auch (behutsam). Schon sehr früh, lange vor dem Enthusiasmus für Sartre, sucht er die Nähe des „Wiener Kreises" rund um Moritz Schlick, dessen logischer Positivismus ihn fasziniert.

Seine frühen literarischen Versuche werden – trotz Lobes von Thomas Mann und Robert Musil – nicht veröffentlicht. Um finanziell überleben zu können, schreibt er später auch Bücher mit Titeln wie *Teenager Stars – Idole unserer Zeit*. In der Porträtsammlung schwärmt er von Romy Schneider, jener bewundernswerten „Anti-Bardot" und der markanten Physiognomie von Marlon Brando.

Seinen wesentlichsten Text verfasst er im Alter von 52 Jahren. Erst 1966 ist er psychisch in der Lage seine Biografie zu reflektieren und über all das, was er während 642 Tagen im KZ von Auschwitz erdulden musste, im Essay *Jenseits von Schuld und Sühne* niederzuschreiben.

Der Grabstein auf dem Zentralfriedhof, das „Ehrengrab Gruppe 40, Tor 2" vereint das Pseudonym Jean Améry mit der Ziffer 172364, die am linken Unterarm eingeritzte Nummer im KZ von Auschwitz.

Als Jean Améry am 17. Oktober 1976 in Salzburg „Hand an sich legt", unterschreibt er seinen Brief an die Polizei wieder mit Hans Mayer. Er ist am Ende zur schlichten Form seines Namens zurückgekehrt, in jener Stunde, in der er die radikalste Form der Freiheit gewählt hat.

1976 Selbstmordbericht. *Hand an sich legen.*

1978 Freitod. 17. Oktober in Salzburg.

Die Sprache ist für den „empfindsamen Lauscher an Nachtigallenschnäbeln“ eine erogene Zone. Über den Dialekt bringt der Dichter H. C. Artmann die Menschen zur Poesie. Er ist ein liebenswerter Rebell, virtuoser Sprachspieler und ewiger Grenzgänger zwischen Realität und Fantasie.

H. C. Artmann

Konrad Bayer über H. C. Artmann: „er war mir anschauung, beweis, daß die existenz des dichters möglich ist.“

Bonvivant und Bürgerschreck aus Breitensee

Seine Mutter Marie kocht wunderbar. Vor allem das „einzig original spezial-erdäpfelgulasch der familie artmann“. Danach türmt sich ein „matterhorn aus häferln und tellern auf dem kuchltisch presto-omo-sil-glänzend“.

Im Sommer 1921 kommt Hans Carl im 14. „Hieb“ zur Welt. Der später als H. C. Artmann gefeierte Schriftsteller wächst in einem winzigen Kabinett mit Fenster auf die Gasse auf. Zwischen Breitenseer Bassena, tristem Alltag und der Poesie der Wiener Vorstadt. Der Vater ist Schuster. Er stellt sogar Schischuhe her, wie der Sohn stolz meint, dennoch hätte er ihn gerne als Seemann erlebt. Voller Sehnsucht beschreibt H. C. später die Abenteuer in fiktiven, weit entfernten Kontinenten.

1921 Geburt.
12. Juni in Wien-Breitensee.

Volksschule. Hauptschule B-Zug. Bereits als Vierzehnjähriger beginnt er mit außergewöhnlichem Sprachgefühl wie besessen zu lesen, erlernt durch Selbststudium viele Sprachen. Nach der Schule arbeitet Hans Carl als Lehrling in einer „Chinasilber-Erzeugung". Der Chef, der Herr Freisinger, ist nie da, der Lehrbub kann den ganzen Tag lesen. Nur jeden Abend muss er die Post und die Buchhaltung ins Café Tuchlauben bringen, dort tarockiert der Silberhersteller.

der mond ißt äpfel
wenn ich nicht zusehe
aus unsren bäumen

H. C. Artmann

Zweiter Weltkrieg. Oberschenkel-Durchschuss. 52-prozentige Invalidität. Neun Monate Lazarett, danach zweieinhalb Jahre Strafbataillon wegen Desertation. Im Norden Finnlands, zum Schluss in Frankreich. Seine permanenten Fluchtversuche werden vereitelt. Schließlich gelingt neuerlich die Desertation. Am 14. April 1945 verfasst der 24-Jährige sein erstes Gedicht, eine Liebesballade „nach chinesischem und japanischem Vorbild": *Unter Blütenbäumen,* geschrieben in Hollabrunn. H. C. widmet es der Tochter eines Müllers, einer „Unschuld vom Lande".

Im chaotischen Wien der Nachkriegszeit arbeitet Artmann als Dolmetscher bei den Amerikanern. Und versucht sich als „Edel-Statist" am Burgtheater. Er darf Faust und Mephisto – Ewald Balser und Albin Skoda – Stichworte geben. Später lockt auch der Film: Eine kurze Szene in *Der dritte Mann*. Der Satz „Was halten Sie von Joyce?" wird vom ambitionierten Kleindarsteller zu dialektgefärbt gesprochen – und rausgeschnitten. In dieser Lebensphase gibt es jede Nacht exzessive „Kaffeehaus-, Keller- und Kneipenexerzitien."

1951 wird der „Art Club" als Treffpunkt der künstlerischen Avantgarde, der Bohemiens von Wien gegründet: *Savoir-vivre* im Souterrain. Man „lebt auf kleinstem Raum bestens aneinander vorbei". Gerne tritt nachts auch ein schlanker, soignierter Herr hier auf. Was er tagsüber macht, weiß niemand. Irgendwann sickert durch, der Mann sei Dichter. 1953 verkündet dieser die „acht-punkte-proklamation des poetischen actes". Als Protest gegen das „konventionelle, anonyme, normative" initiiert H. C. eine *poetische demonstration*. Die Teilnehmer mit weiß geschminkten Gesichtern deklamieren – begleitet von Lampionträgern – Texte von Baudelaire, Poe und Trakl. Und verursachen ein Verkehrschaos in der Wiener Innenstadt.

Um Artmann hat sich schon ein Jahr zuvor die „Wiener Gruppe" formiert, ein Kreis experimenteller Schriftsteller wie Konrad Bayer, Gerhard Rühm, Friedrich Achleitner und Oswald Wiener. Aus verschiedensten künstlerischen Sphären stammend, sind sie sich in der Zersplitterung und Neuordnung der literarischen Form einig, wollen Kunst und Leben verbinden. Mit Hilfe von radikalen Aktionen, „Lautpoesie" und „visueller Lyrik".

Erster Ruhm für den „dichta aus bradnsee"

1958 erscheinen die Dialektgedichte *med ana schwoazzn dintn*. Poesie pur. Artmanns erster wirklicher Erfolg. Eines Dichters, der die Menschen über den Dialekt zur Lyrik bringt. Der Band mit den Balladen aus der Vorstadt wird zur literarischen Sensation Wiens, H. C. zum populären Volksdichter. Man spricht in der Tramway über ihn. Der „dichta aus bradnsee" erhält erstmals Honorare.

1952 Wiener Gruppe. Artmann formiert den Kreis experimenteller Schriftsteller.

1958 Großer Erfolg. *med ana schwoazzn dintn.*

Jeden Ersten 4.000 Schilling – „am 10. hatte ich nur mehr 400, mit denen mußte ich mich bis zum Monatsende durchg'fretten…" Und der plötzlich berühmt gewordene Artmann bekommt eine Gemeindewohnung zugewiesen. Nach einiger Zeit folgt jedoch die Delogierung – wegen permanenter nächtlicher Ruhestörung und massivem Mietrückstand.

Die schulterklopfende Anerkennung ufert aus. Es wird zu eng in Wien. Mit einer schwedischen Studentin flüchtet H. C. nach Stockholm. Später findet er in Berlin Asyl. Nach diesen wilden Zeiten reist der ruhe- und rastlose „kuppler und zuhälter von worten" durch ganz Europa.

Irgendwann findet er in einem kleinen Haus am Ende einer Birkenallee in Salzburg-Moos Ruhe. Föhn- und Lodeneskapaden, aber Artmann genießt es, dass Hasen bis an sein Haus kommen. Hier lebt er mit seiner Frau, der Schriftstellerin Rosa Pock, die drei Jahrzehnte verlässlich an seiner Seite bleibt, und Tochter Emily Griseldis.

Grenzgänger zwischen Realität und Fantasie

Zum 70. Geburtstag erhält der vielfach ausgezeichnete Dichter aus Breitensee das Ehrendoktorat der Universität Salzburg: Dr. h.c. H. C. Artmann. Ein Rebell im Ruhestand. Zu viele Jahre hat er „pro Zeile eine Zigarette geraucht". Der Enthusiast, als der er auch immer wesentlich Jüngere mitgerissen hat, ist müde geworden. Er blickt zurück. Erschöpft von einem Leben aus Euphorie und Einsamkeit, Tatendrang und Traurigkeit, barocken Allüren und tiefer Melancholie. Auf Erfolge und Exzesse, auch auf seine literarische Spurensuche vergessener Barockdichter, die er in sensiblen Übersetzungen zugänglich gemacht hat. Und auch auf seine Asterix-Nachdichtung ins Wienerische, die nicht nur in seiner Heimatstadt Kultstatus erlangt.

H. C. Artmann, ein Herr mit Grandezza, ein Grenzgänger zwischen Realität und Fantasie. Ein liebenswerter Rebell. Ein Dichter, der durch die ungewöhnliche Verbindung von Avantgarde und Volkstümlichkeit literarische Maßstäbe setzt. Ein Mann, der mit fünf Frauen fünf Kinder hat. Ein Dichter, der ein Leben lang versucht, seine Biografie zu verschleiern, der sich hinter Masken und Synonymen von der Außenwelt abschirmt. Er sieht sich als Husar, Surrealist, „kurfürstlicher sylbenstecher", chinesischer Hofdichter oder empfindsamer Lauscher an Nachtigallenschnäbeln. Er tritt auch als Artmann Quirin Kuhlmann, Metro Goldwyn Artmann oder Artmann of Arabia auf.

Während der letzten fünf Jahre lebt der Dichter, für den „die Sprache eine erogene Zone ist", wieder in Wien, in der Josefstadt. Flügeltüren. Parkettböden. Gediegene Eleganz. Im Dezember 2000 ist H. C. Artmanns Herz zu schwach, um weiterzuschlagen.

In *Grammatik der Rosen* nimmt er den Abschied vorweg: „ich lege ein wenig ermüdet mein binokel auf die holzbraune fläche meines fensterbrettes und sage euch als freund adieu, wer weiß, ob ihr mich verstehen könnt, aber es wäre schön, ihr tätet es… adieu!"

1997 Georg-Büchner-Preis.

2000 Tod.
4. Dezember in Wien.

Seine Forschungsergebnisse zum Autismus versinken im Staub des Nachkriegs-Wiens. Lange unbekannte Dokumente belegen Jahrzehnte später, dass der Kinderarzt Hans Asperger aktiv am „Euthanasie“-Programm der Nazis beteiligt war. Heute sind eigenwillige Einzelgänger TV-Helden und werden von der Gesellschaft anerkannt. Oft erkennt man an ihnen Muster des Asperger-Syndroms.

Hans Asperger

Er widmet sein Leben der Forschung des Autismus: der Kinderarzt Hans Asperger.

Umstrittener Kämpfer für die Vielfalt des Lebens

Er nennt sie liebevoll seine „kleinen Professoren". Es sind Kinder, die nicht ins Schema der „normalen" Gesellschaft passen, die Patienten des Kinderarztes und Heilpädagogen Hans Asperger, hochbegabte Menschen, deren Welt von Ängsten und Isolation beherrscht ist. Sie leiden unter einem Mangel an Empathie, an der Unfähigkeit, Mitmenschen in die Augen zu schauen und Freundschaften zu schließen. Alltägliche Probleme werden oft zur Qual. Doch diese Menschen sammeln erstaunliches Wissen an, sind manchmal grenzgenial, vereinzelt auch genial. Eine der bekanntesten seiner kleinen Patientinnen an der Kinderklinik der Universität Wien ist Elfriede Jelinek, die in Kinder-

1906 Geburt auf einem Bauernhof in Hausbrunn bei Wien.

jahren an Aspergers heilpädagogischer Station aufgenommen ist.

Jahre später, 1967, bricht sie ihr Studium ab und lebt ein Jahr lang zu Hause in völliger Isolation. 2004 wird Elfriede Jelinek der Nobelpreis für Literatur zuerkannt. Sie fürchtet, dass er „zu einer persönlichen Belastung" werden könnte. „Natürlich freue ich mich auch, da hat es keinen Sinn zu heucheln, aber ich verspüre eigentlich mehr Verzweiflung als Freude …" Sie eigne sich nicht dafür, „als Person an die Öffentlichkeit gezerrt zu werden. Da fühle ich mich bedroht."

Der Kinderarzt Hans Asperger widmet sein Leben der Erforschung des Autismus, einer Erkrankung mit ausgeprägtem Unvermögen, soziale Situationen zu erfassen und die Gefühle anderer Menschen zu erkennen – sowie die eigenen zu äußern. Asperger beschreibt im Oktober 1938 als Erster das später nach ihm benannte Asperger-Syndrom, eine milde Form des Autismus, und berichtet von vieren seiner „kleinen Professoren", den Buben Fritz, Ernst, Harro und Helmuth. Er spricht von „autistischen Psychopathen" – was heute furchtbar klingt, aber der fachlichen Wortwahl der Zeit entspricht.

Da die Erkenntnisse des Wiener Kinderarztes jahrzehntelang nicht übersetzt werden, sind sie zunächst international wenig bekannt. Hans Asperger überlebt den Krieg, seine Sicht des Autismus versinkt jedoch im Staub der Nachkriegsruinen. Vielleicht hat Asperger zur falschen Zeit in der falschen Stadt geforscht …

Erst mehr als zehn Jahre nach seinem Tod, während der 1990er-Jahre, erlangt das Asperger-Syndrom in Fachkreisen internationale Anerkennung: Die britische Psychiaterin Lorna Wing, selbst Mutter eines autistischen Sohnes, definiert die Störung und benennt sie nach seinem Erstbeschreiber. Wing meint: „Alle Merkmale, die das Asperger-Syndrom charakterisieren, finden sich in unterschiedlichem Ausmaß auch in der normalen Bevölkerung." Ihre aufsehenerregende Ansicht wird in den folgenden Jahren nach und nach vom Klassifikationssystem der amerikanischen psychiatrischen Gesellschaft akzeptiert. Während in den 1970er-Jahren noch nur eines von 5000 Kindern als autistisch gilt, ist es jetzt mindestens eines von 100.

Weltweit gewinnen Aspergers Ansichten an Anerkennung – bis das Jahr 2006 sogar von mehreren Organisationen zum „Internationalen Asperger-Jahr" erklärt wird. Der distanzierte, unnahbare, schweigsame Arzt Asperger war möglicherweise selbst von der milden Form des Autismus betroffen.

Engagement für die Förderung autistischer Kinder

Skeptiker durchleuchten Aspergers Wirken und sein ambivalentes Verhältnis zum Nationalsozialismus – zu einer Zeit, in der Vorstellungen von „Rassenhygiene" weit verbreitet sind. Herwig Czech, der sich an der Wiener Universität mit Medizingeschichte beschäftigt, dokumentiert 2018 in einer mehr als 40-seitigen Studie, dass Hans Asperger aktiv am „Euthanasie"-Programm der Nazis beteiligt ist. In zwei Fällen schickt er sogar „unheilbare" Kinder in den Tod.

Zur gleichen Zeit spricht sich Hans Asperger allerdings dafür aus, autistische Kinder zu fördern und generell alle geistig Behinderten nicht nur in Fragebögen, sondern in ihrer gesamten Persönlichkeit zu erfassen. In einer Zeit, in der Behinderte missachtet werden, versucht er *seinen* Kindern, bei denen „Hoffnung auf Heilung" besteht, zu helfen.

Fast gleichzeitig mit den Erkenntnissen Aspergers im Wien der Kriegszeit veröffentlicht der in Galizien geborene Kinder- und Jugendpsychiater Leo Kanner in den USA eine

1935 Leiter der heilpädagogischen Abteilung der Universitäts-Kinderklinik.

1944 Beschreibung des später nach ihm benannten Asperger-Syndroms.

Arbeit mit elf Fallbeispielen. Kanners Artikel wird zum meistzitierten in der gesamten Autismus-Literatur. Man spricht weltweit vom Kanner-Syndrom..

Asperger kennt Kanners Forschungsergebnisse vermutlich nicht. Leo Kanner selbst erwähnt die Forschungsergebnisse des Wiener Kinderarztes nie, obwohl einer seiner früheren Mitarbeiter, Georg Frankl, dem Kanner zur Flucht verholfen hat, während des Zweiten Weltkriegs als sein Assistent in Baltimore gearbeitet hatte. Das weist Autor Steve Silberman in seinem 560 Seiten starken Band *Geniale Störung. Die geheime Geschichte des Autismus und warum wir Menschen brauchen, die anders denken* nach. In einem Buch, das man als Plädoyer für die Vielfalt des Lebens bezeichnen könnte.

Es scheint, als wäre für gewisse wissenschaftliche oder künstlerische Höchstleistungen ein Schuss Autismus erforderlich.

Hans Asperger

Im Film *Rain Man*, der vier Oscars erhält, erstaunt Dustin Hoffman bereits vor dreißig Jahren mit seinen geradezu übermenschlichen Fähigkeiten. Er spielt Kim Peek, einen sogenannten „Inselbegabten" mit einer Erkrankung aus dem Autismusspektrum, etwa einem Asperger-Syndrom entsprechend, der auf manchen Gebieten wie dem Sozialkontakt, dem Gefühlsleben oder der Alltagsflexibilität stark eingeschränkt ist, aber auf anderen enorme Fähigkeiten entwickelt: Er beherrscht virtuos Zahlen, ist ein wandelndes Geschichtslexikon und hat eine enorme Merkfähigkeit.

Menschen mit Asperger-Syndrom: Haben sie eine massive Entwicklungsstörung, leiden sie ein Leben lang an einer Behinderung oder besitzen sie eine ganz besonders kognitive Fertigkeit, die mit Formen des Genies verwandt sind? Mit Mustern der heutigen *Nerds*. Es sind Menschen, die man früher mild belächelt hat. Kinder, die sich in die Welt der Physik, der Mathematik zurückziehen – anstatt Herzen anderer zu erobern. Es sind Streber, Sonderlinge, Stubenhocker, die sich in ihrem Zimmer den Kopf zerbrechen, während andere draußen Fußball spielen, hochbegabte Theoretiker ohne soziale Intelligenz, wie sie in der US-Sitcom *The Big Bang Theory* vorgeführt werden, in der Jim Parsons als asoziales Wunderkind Dr. Dr. Sheldons quantenphysikalische Probleme löst.

Längst sind schrullige Nerds die neuen Film- und Fernsehhelden. Sie werden von der Gesellschaft auch anerkannt und geschätzt. Wie Bill Gates, dessen Lebenswerk das Potenzial gezeigt hat, das in Nerds steckt: Der pickelige Bub aus dem Keller entwickelt sich mit einem Vermögen von rund 90 Milliarden Dollar zum reichsten Mann der Welt und setzt es mit seiner Stiftung auch noch wohltätig ein.

1962 Professor für Pädiatrie und Leiter der Wiener Universitäts-Kinderklinik.

1980 Tod in Wien.

Ein Erfinder, Forscher, Universalgenie und weltoffener Unternehmer: Carl Auer von Welsbach. Er entdeckt vier Elemente, sehr früh die Geheimnisse der Radioaktivität und ist ein Pionier der Fotografie. Und ein Wohltäter, der sein Palais in Wien verkauft und Teile seines Vermögens Notleidenden überlässt.

Carl Auer von Welsbach

Auer von Welsbach, der fünffache Ehrendoktor, ist eine faszinierende, vielschichtige Persönlichkeit. Ein Chemie- und Physikgenie.

Der Herr des Lichts und sein glühender Strumpf

„Jeder Tag hat seine Plage, und die Nacht hat ihre Lust", meint Goethe. Früher schloss man abends Haus und Hof – auf die Straße wagte man sich nur in Notfällen, von Fackelträgern begleitet und am besten bewaffnet: Die Dunkelheit zu fürchten, ist einer der Urinstinkte des Menschen.

1803 wird in Philadelphia erstmals eine Fabrik mit Gaslicht erleuchtet. Erst später bietet künstliches Licht dem Menschen die Chance, die Nacht zum Tag zu machen. In Paris und Wien beleuchten die ersten Gaslaternen Europas das ausschweifende Nachtleben. Einen Meilenstein setzt der Wiener Carl Auer von Welsbach später mit der Erfindung des Gasglühlichts: Die Nacht wird

1858 Geburt. 1. September in Wien.

erhellt und die Dunkelheit geht mehr und mehr verloren.

Seine Erfindung lange vor moderner Hightech-LED-Technik macht ihn berühmt. Heute wird der letzte Winkel der Erde ausgeleuchtet, aktuelle Satellitenbilder dokumentieren den Nachteil dieser Entwicklung: die weltweite Lichtverschmutzung.

> Vielleicht bilden meine Untersuchungen wichtige Fingerzeige für die weitere Erforschung des so geheimnisvollen Gebietes der Radioaktivität.
>
> Carl Auer von Welsbach

Auer von Welsbachs Erfindung sorgt schon vor mehr als 120 Jahren für Furore: Als er die neue Lichtquelle, die er mit dem sperrigen Begriff *Aktinophor,* Strahlenträger, auf einer Konferenz vorstellt, meint ein Zuhörer, man solle sie treffender Gasglühlicht nennen. Der Name bleibt. Die für die damalige Zeit revolutionäre Erfindung besteht darin, den Leuchtstoff Lathanoxid zur Lösung zu bringen und damit ein Baumwollgewebe zu tränken, das – über eine Gasflamme gestülpt – helles Licht gibt. Mit doppelter Lichtstärke aller bis dahin bekannten Leuchtmittel und bei weniger als halbem Gasverbrauch.

Auer von Welsbach, der nicht nur Entdecker und Forscher, sondern auch ein innovativer, weltoffener Unternehmer ist, verkauft seine Erfindung, den patentierten *Auer-Glühstrumpf,* und errichtet eine eigene Fabrik in Atzgersdorf bei Wien. Die neue Lichtquelle kommt im richtigen Augenblick, denn während dieser Zeit nimmt bereits die Elektrizität mit der Edinson'schen Kohlefadenlampe den Kampf gegen die Gasbeleuchtung auf. In kürzester Zeit sorgen in Österreich mehr als 50.000 Gasglühlichter für *plus lucis,* mehr Licht.

Der Erfolg hält nicht lange an: Der grünliche Lichtschein lässt Gesichter fahl und hässlich erscheinen, und das Zylinderglas ist extrem hitzeempfindlich. Die Fabrik muss 1889 geschlossen werden. Doch der besessene Erfinder gibt nicht auf: Bereits zwei Jahre später meldet Auer von Welsbach ein neues Glühlicht-Patent an, von einem Platinring umgeben und mit einer Lösung getränkt, was den Gasverbrauch weiter verringert, die dreifache Leuchtkraft und eine Lebensdauer von 2.400 Stunden hat.

Stolz eröffnet von Welsbach wieder seine Atzgersdorfer Fabrik, bereits im ersten Jahr werden 100.000 Brenner verkauft, 1913 beträgt die Jahresproduktion bereits 300 Millionen Stück. Der umtriebige Unternehmer gründet auch Tochtergesellschaften in Deutschland, Frankreich, England, Kanada und den USA. Sein enger Freund Adolf Gallia, ein gefinkelter Rechtsanwalt, lässt seine Patente weltweit registrieren. Der Erfolg ist nicht mehr aufzuhalten.

Glühlichter für Kaiser Franz Joseph

Höchste Freude und Befriedigung empfindet der weltoffene Geschäftsmann und wortkarge Erfinder aber, als die Hofburg mit seinen Glühlichtern ausgestattet wird. Als er vom Kaiser empfangen wird, steht Franz Joseph auf, um ihn – den er später als Freiherr Auer von Welsbach in den erblichen Adelsstand erhebt – entgegenzugehen und seine Hand zu schütteln, eine überaus seltene Geste der Ehrerbietung.

Zuvor zeigt sich der Kaiser etwas besorgt und meint, die fragilen *Leuchtstrümpfe* könn-

1885 Erfindung. Der „Glühstrumpf" zur Verbesserung der Gasbeleuchtung.

1898 Patentierung. Erste brauchbare Metallfadenlampe.

ten zerbrechen, wenn die Burgmusik mit klingendem Spiel durch den Burghof zieht. Doch weder die schmetternden Trompeten noch die Konkurrenz der von Edison erfundenen Kohlenfadenlampen waren gefährdet – zumindest solange diese rund dreimal so teuer waren.

Carls Vater Aloys, selbst Erfinder, darunter des *Naturselbstdrucks,* ist Direktor der k.u.k. Hof- und Staatsdruckerei, wo auch sein Sohn zur Welt kommt. Carl studiert in Wien Chemie und vollendet seine Ausbildung bei Wilhelm von Bunsen in Heidelberg, dem Erfinder des nach ihm benannten Brenners, daher kommt das Interesse des jungen Forschers für Brenn- und Glühvorgänge. Zurück in Wien, arbeitet er als finanziell unabhängiger – der Vater hinterlässt ein beträchtliches Vermögen – Privatgelehrter auf den verschiedensten Gebieten: Mit Bunsens Bekenntnis im Ohr: „Ein Chemiker, der kein Physiker ist, ist gar nichts!"

Erfindung der ersten brauchbaren Metallfadenlampe

Auer von Welsbach, der fünffache Ehrendoktor, ist eine faszinierende, vielschichtige Persönlichkeit. Ein Chemie- und Physikgenie. Als *Herr des Lichts* erfindet er nicht nur das Gasglühlicht, sondern durch den Einsatz von Osmium und Wolfram die erste brauchbare Metallfadenlampe. Längst ist er zum besessenen Lichttechniker geworden: Am 10. März 1906 meldet er beim Kaiserlichen Patentamt in Berlin das Warenzeichen *OSRAM* für elektrische Glüh- und Bogenlichtlampen an.

Er entdeckt vier Elemente, konstruiert die ersten Feuerzeuge – die auf einer von ihm entdeckten Metall-Legierung basieren – und baut sie auch, beobachtet *Erscheinungen radioaktiver Art* – bereits 24 Jahre vor der Entdeckung der künstlichen Radioaktivität. Zu einer Zeit, als solche Wahrnehmungen nach dem damaligen Stand der Wissenschaft als absurd gelten. Darüber hinaus betätigt er sich ein Leben lang auf unterschiedlichsten Gebieten: von der Botanik über die Vogelkunde bis zur Fotografie. Er entwickelt in der eigenen Dunkelkammer die ersten Farbfotos Österreichs, ab 1910 auch als 3D-Bilder. Technische Feinheiten einer von ihm entwickelten Spiegelreflexkamera werden noch heute in digitalen Fotoapparaten verarbeitet. Welsbach, der Wohltäter, der im Alter von 27 Jahren bereits Millionär ist: Er verkauft sein Palais in Wien, überlässt Teile seines Vermögens Notleidenden, stiftet eine Schule, sichert die Milchversorgung von Kärntner Kindern, schenkt Spitälern Röntgenapparate und lässt soziale Einrichtungen und Wohnungen für seine Arbeiter errichten.

Der deutsche Chemiker Jean D'Ans berichtet voller Pathos über Carl Auer von Welsbachs Tod auf seinem Schloss in Kärnten, das er von Marie Geistinger, der *Königin der Operette,* gekauft hatte: „Er ging in den Garten, blickte umher, schloß sein Arbeitszimmer auf, verbrannte mehrere Papiere, blieb lange vor dem Bild seines Vaters stehen, ging darauf ins Laboratorium, deckte sein Spektroskop auf, streichelte es mit der Hand zärtlich, blickte auf die anderen, nahm von seinen letzten, noch in Arbeit befindlichen Thuliumreihen durch eine zweite Handbewegung Abschied und legte sich ruhig hin. Zwölf Stunden darauf war er sanft für ewig entschlummert."

1906 OSRAM. Elektrische Glühlampe wird zum Patent angemeldet.

1929 Tod. 4. August in Mölbling, Kärnten.

Die beiden Gesichter einer Künstlerin: Eine rätselhafte Intellektuelle voller Sinnlichkeit und eine zerrissene Frau auf der ständigen Suche nach der Liebe. Ihre dichterische Kraft erhebt sich unaufdringlich wie unüberhörbar, lobte man die junge Ingeborg Bachmann. Heute wird die Lyrikerin als literarisches Idol gefeiert.

Ingeborg Bachmann

Poetin und Intellektuelle, Journalistin und Unterhaltungsautorin: das vielschichtige, zerrissene Leben der Ingeborg Bachmann.

Sprachgewaltige Poetin und verzweifelt Liebende

„Der Wagen ist für den kleinen Mann ein bestechender Anreiz. Er hat einen Heckmotor mit einem Hubraum von 638 Kubikzentimetern – seine effektive Potenz beträgt 21,5 PS." Die Beschreibung des 1955 präsentierten neuen Fiat 600, dessen „Höchstgeschwindigkeit bei 100 Stundenkilometern liegen soll", stammt nicht von einem Motor-Journalisten – sondern von einer schon damals hochgelobten Lyrikerin, von Ingeborg Bachmann.

Bereits zwei Jahre zuvor steigt sie als neue Hoffnung am Firmament der deutschsprachigen Literatur auf: 1953 verdankt Bachmann ihren kleinen Gedichten den begehrten Literaturpreis der *Gruppe 47,* einer Art Herrenclub der Dichter, bevor überhaupt ein Werk

1926 Geburt.
25. Juni in Klagenfurt.

von ihr erschienen ist. Die Gedichte „des schönen Mädchens, flirrend in der Bescheidenheit eines Menschen, der noch nicht sehr lange schreibt“, ihre zaghafte, sanfte Stimme, gefallen den strengen Juroren. Wenig später erscheinen jene Gedichte in ihrem ersten schmalen, schwarz lackierten Band *Die gestundete Zeit* – als Kontrapunkt zur realistischen *Trümmerliteratur.*

Es sind Verse von Abschied, Trauer und Verzicht mit einer dichterischen Kraft, die sich „ebenso unaufdringlich wie unüberhörbar erhebt“. Im August 1954 landet die junge Diva der Dichtkunst auf dem Cover des Magazins *Der Spiegel*. Und Kritikerlegende Joachim Kaiser meint, Ingeborg Bachmann sei da gewesen, „als die Nachkriegsliteratur in der Gefahr schwebte, an kargem Trümmerrealismus zu scheitern, das Poetische zu verlernen ...“

Dichterin auf Journalistenpfaden

Doch unter dem unauffälligen Pseudonym Ruth Keller verfasst die Hochgelobte Mitte der 1950er-Jahre weiterhin für *Radio Bremen* Beiträge über Chaos und Kapriolen des römischen Lebens, über die Schattenseiten des *Dolce Vita* – eine Dichterin auf Journalistenpfaden. Der „rasende Reporter“ Egon Erwin Kisch hätte an Ruth Kellers italienischen Alltagsthemen seine Freude gehabt: mysteriöse Mafia-Kriminalfälle, Parteiintrigen, ein Polizeipräsident auf amourösen Abwegen und auch die Beschreibung einer „Verkehrs-Revolution“, die der neue Fiat 600 ausgelöst hat. Und der launige Bericht über einen anderen Mythos: den „Star Nummer Eins der Republik – Gina Lollobrigida“. Ihre römischen Skizzen sind immer von lebhaftem Journalismus geprägt – ohne dichterische Skrupel.

Zufrieden telegrafiert die Schriftstellerin, die von einer finanziellen Notlage in die nächste schlittert, dem Rundfunkredakteur nach Erhalt der monatlichen Pauschale von 200 – manchmal auch 300 – Mark auf das römische Konto von Dr. Ingeborg Bachmann, Piazza della Quercia 1: „Hab vielen Dank für die Lebensrettung.“ Italien ist für die labile Literatin zur zweiten, wenn nicht zur wahren Heimat geworden. Ihr Interesse für die Kultur, aber auch für die Politik des Landes, ihre Sehnsucht nach dem Süden, ist schon während ihrer Jugend geweckt worden: Sie wächst in Kärnten „wenige Kilometer von der italienischen Grenze“ entfernt auf und beherrscht die italienische Sprache schon bald perfekt.

> Ich existiere nur, wenn ich schreibe, ich bin nichts, wenn ich nicht schreibe, ich bin mir selbst vollkommen fremd, aus mir herausgefallen, wenn ich nicht schreibe ... es ist eine seltsame, absonderliche Art zu existieren, asozial, einsam, verdammt, es ist etwas verdammt daran.
>
> Ingeborg Bachmann

Eine Szene wie aus einem Fellini-Film: Eines Nachts wird Signorina Bachmann von zwei Carabinieri aus ihrer kleinen Wohnung in einem Palazzino auf der Piazza della Quercia herausgeläutet: Das nächtliche Schreibmaschinengeklapper sei für die Anrainer eine Zumutung. Still und scheu in Ausdruck und Sprache holt die Signorina die kleine Kofferschreibmaschine mit ein paar Zeilen auf dem eingespannten Papier aus der Wohnung – so klein sei der Lärmapparat und sie müsse

1953 Durchbruch. Literaturpreis der *Gruppe 47*, Gedichtband *Die gestundete Zeit.*

nachts arbeiten, nur da kämen die Gedanken: Die Polizeiorgane zeigen Verständnis: „Oh, poeta!" Beim Rückzug schütteln die Carabinieri den Kopf: „So ein kleines Gedicht und so viel Lärm."

Rom ist für Ingeborg Bachmann nicht die *ewige,* sondern eine „selbstverständliche Stadt". In der chaotischen Metropole, in der der Duft der Pinien und Oleander gegen den „Geruch von Unrat und Verwesung" nicht ankommt, fühlt sie sich zu Hause: „Ich habe gelernt, Gebrauch von meinen Augen zu machen, habe Schauen gelernt. In Italien esse ich gern, gehe ich gerne über eine Straße, sehe ich gerne Menschen an." Es ist das visuelle Erlebnis des Südens, das schon lange zuvor Generationen von Künstlern nach Italien gelockt hat. Goethe schreibt bereits 1786 über seine Liebe zu Rom: „Täglich frische, große seltsame Bilder und ein Ganzes, das man sich lange denkt und träumt, nie mit der Einbildungskraft erreicht."

Die im Juni 1926 in Klagenfurt als erstes Kind des Schuldirektors Mathias Bachmann und seiner Frau Olga geborene Ingeborg ist ein zartes, kränkliches Mädchen, das von ihren Mitschülerinnen *Elfchen* genannt wird. Eine ihrer Freundinnen nennt sie *Eule* – sie sollte später diesem Vogel der Weisheit ein Gedicht widmen. Ingeborg kommt mit ihrem Elternhaus - ihre Mutter stammt aus Heidenreichstein im Waldviertel – nicht zurecht. „Nein, mit den Erwachsenen kann man nicht reden", schreibt sie als Achtzehnjährige und will sich trotz der nahenden Bombenangriffe in den Garten zurückziehen und lesen. Bereits in einem Alter, in dem man *Grimms Märchen* liest, fängt sie an, Musik zu komponieren und zu schreiben. Und sie liegt „gerne am Bahndamm, schickt ihre Gedanken auf die Reise, in fremde Städte und Länder und an das unbekannte Meer, das irgendwo mit dem Himmel den Erdkreis schließt".

Der Einmarsch der Nazi-Truppen 1938 in Klagenfurt, diese „erste Katastrophe" ihres Lebens, sollte später in ihrem Werk reflektiert werden. Ihr Vater, der aus einer evangelischen Bauernfamilie im Gailtal kommt, ist überzeugter Nationalsozialist der ersten Stunde. Mit ihrem Deutschlehrer, dem Heimatdichter Josef Friedrich Perkonig, der während der Nazizeit zu den Kulturgrößen Kärntens zählt, entwickelt sich eine seltsame Beziehung. In einem ihrer ersten Texte, *Brief an Felician,* himmelt sie jenen Blut- und Bodenschriftsteller an und spricht von einem „herzallerliebsten Mann". Das Leid der Liebenden beginnt sich seinen Weg zu bahnen.

Die Wahrheit ist dem Menschen zumutbar

Sehr früh entwickelt sich Ingeborg Bachmann, die für viele wie ein *scheues Reh* wirkt, zu einer unabhängigen jungen Frau, einer unbeirrbaren Persönlichkeit: Ihr oft zitierter Satz „Die Wahrheit ist dem Menschen zumutbar" wird zum Credo ihres Lebens. Bachmann ist keine verklärte Literatin, sondern schon bald an Politik interessiert – auch an der unseligen Verstrickung Österreichs im Nationalsozialismus und dessen Aufarbeitung in der Nachkriegszeit. In ihren anklagenden Texten beschreibt sie die „Nachgeburt des Schreckens", die Generation, die durch die Nazis ihrer Jugend beraubt worden ist, und löst sich auch aus dem Bann der Autorität von Vater und Lehrer.

Im Nachkriegs-Wien des Jahres 1947 lernt Ingeborg im September, an einem jener lauen *Altweibersommertage,* den Literaten Hans Weigel kennen. Im Café Raimund gegenüber vom Volkstheater hält er Hof. Er wird in seiner „Erziehungsanstalt" zum Förderer junger Literaten. Der Weigel-Stammtisch ist bald derart bekannt, dass es reicht, Briefe an ihn mit „Hans Weigel, Café Raimund" zu adressieren. Sein Buch *Unvollendete Symphonie* wird 1951 zum Schlüsselroman über seine mehr als literarische Beziehung zu Bachmann, die als eine Art Nachkriegsliteraturgroupie nicht von Weigels Seite weicht.

1958 Lebensliebe und spätere „Krankheit": Max Frisch.

Bereits 1950 promoviert die 24-jährige Kärntnerin in Wien mit einer kritischen Arbeit über die Existentialphilosophie Martin Heideggers. Doch ihr Idol ist Ludwig Wittgenstein mit seiner Philosophie der Logik, der Sprache und des Bewusstseins. Von den großen Romanciers Österreichs fesselt die junge Ingeborg keiner mehr als Robert Musil.

1946 erscheint ihre erste kleine Erzählung Die Fähre in der *Kärntner Illustrierten*. Im Februar 1952 wird ihr erstes Hörspiel *Ein Geschäft mit Träumen* ausgestrahlt. An den surrealistischen Lyriker Paul Celan, mit dem sie viele Jahre eine unerfüllte Liebe verbindet, schreibt Ingeborg: „Was ich zustande bringe, ist nicht immer schlecht, für Österreich ist es sogar ziemlich gewagt…" Damals arbeitet Bachmann bei „Rot-Weiß-Rot", dem Radiosender der amerikanischen Besatzer, als *script-writer* und Redakteurin. Heute befindet sich im Gebäude des ehemaligen Senders das Wiener Literaturhaus.

Während der Mittagspause erfindet die „kettenrauchende Meerfrau mit Engelhaar, die mehr flüsterte als sprach", gemeinsam mit Jörg Mauthe, Hans Weigel und Peter Weiser die Sendung *Familie Floriani:* harmlosen Alltagsgeschichten einer Radiofamilie. Bis zu ihrer Übersiedlung nach Rom im Sommer 1953 verfasst Bachmann, deren spätere Schreibblockaden zum literarischen Mythos erhoben worden sind, mit leichter Hand die Abenteuer des korrekt-liebenswürdigen Oberlandesgerichtsrats Hans Floriani und seiner Familie: Biederes Bürgertum. Wiener Schmäh. Seichte Unterhaltung. In ihrem Lebenslauf erwähnt Bachmann ihre Arbeit als Autorin der Radioseifenoper nicht.

„Müde, leer und verletzt wie ein Tier im Wald"

Ingeborg Bachmanns Bachmanns bedeutendes literarisches Œuvre bleibt für immer bestehen: beklemmend schöne Lyrik, eindringliche Erzählungen, Hörspiele, Libretti und ihr einzig vollendeter Roman *Malina,* eine „geistige, imaginäre Autobiographie", vermutlich die Aufarbeitung der unglücklichen Liebe Bachmanns zu Max Frisch. Marcel Reich-Ranicki beschreibt das Buch das Buch, das als Teil eines „Todesarten-Projekts" angelegt ist, als „poetischen Krankheitsbericht, als das Psychogramm eines schweren Leidens". 1963 wird sie für den Literaturnobelpreis vorgeschlagen, 1968 wird sie mit dem Großen Österreichischen Staatspreis für Literatur ausgezeichnet, ihr zu Ehren ihr zu Ehren wird seit 1977 in Klagenfurt der Ingeborg-Bachmann-Preis verliehen. Bis heute wird die rätselhafte Künstlerin als schriftstellerisches Idol gefeiert.

> Wer die Geheimnisse des Bettes verrät, verdient die Liebe nicht.
>
> Ingeborg Bachmann

„Lieben – lieben, das ist es. Lieben ist alles", bekennt Ingeborg Bachmann. Doch unerfüllte Leidenschaft und Beziehungen in Extremen bestimmen das Leben der verzweifelt Liebenden. Die Poetin zerbricht an Liebeleien ohne Zukunft: „Das Herz flattert jede Nacht wie ein geschundener Vogel." Mit dem deutschen Komponisten Hans Werner Henze (1926-2012) durchlebt sie eine exzentrische Künstlerfreundschaft. Er ist in Forio auf der Insel Ischia, wohin sie 1953 nach dem Ende ihrer Tätigkeit für „Rot-Weiß-Rot" zieht, ihr Nachbar und komponiert für ihr Hörspiel *Die Zikaden* die Musik. Nach einem halben Jahr des Zusammenlebens mit dem homosexuellen Komponisten flüchtet sie überstürzt, „müde, leer und verletzt wie ein Tier im Wald". Später wird sie für Henze die Libretti

1964 Auszeichnung. Georg-Büchner-Preis.

zu seinen Opern *Der Prinz von Homburg* und *Der junge Lord* schreiben, gemeinsam mit ihm verfasst sie *Nachtstücke und Arien* sowie die *Lieder von einer Insel*.

> Die Liebe hat einen Triumph und der Tod hat einen, die Zeit und die Zeit danach. Wir haben keinen. Nur Sinken um uns von Gestirnen, Abglanz und Schweigen. Doch das Lied über'n Staub danach wird uns übersteigen.
>
> Ingeborg Bachmann

Der Versuch eines gemeinsamen Lebens mit Paul Celan in Paris wird „strindbergisch" und nach wenigen Monaten abgebrochen. Man habe sich „gegenseitig die Luft" genommen, berichtet Ingeborg ihrem früheren Geliebten Hans Weigel nach Wien. Celans Tagebücher und der inzwischen unter dem Titel *Herzzeit* veröffentlichte Briefwechsel zwischen Bachmann und dem Lyriker dokumentieren dieses Liebesverhältnis. Zahlreiche Gedichte in Celans Band *Mohn und Gedächtnis*, darunter auch das bekannte *Corona*, sind an die Freundin gerichtet. Das Gefühl der Enge empfindet Ingeborg Bachmann auch später in ihrer Beziehung zum Schweizer Schriftsteller Max Frisch, der wohl größten Liebe ihres Lebens. Als Frisch Ende 1962 die Beziehung beendet, ist dies ein schwerer Schlag für die Dichterin – mehrere Krankenhausaufenthalte sind die Folge, in berührenden Briefen an ihre Ärzte beschreibt sie ihre Verzweiflung.

Entmutigt flieht sie in Alkohol und Tablettensucht: „Der Mülleimer ging über von leeren Schachteln. Sie hat schlecht ausgesehen, war wachsbleich. Und am ganzen Körper voller Flecken … Als ich sah, wie ihr die Gauloise, die sie rauchte, aus der Hand auf den Arm glitt und auf dem Arm ausbrannte, wusste ich's: Brandwunden, verursacht von herabfallenden Zigaretten. Die vielen Tabletten hatten ihren Körper schmerzunempfindlich gemacht", zeigt sich Alfred Grisel, ein Freund der letzten Jahre, fassungslos.

Am 17. Oktober 1973 stirbt Ingeborg Bachmann in Rom an schweren Brandverletzungen. Sie war in ihrer Wohnung rauchend im Bett eingeschlafen.

1973 Tod. In der Nacht vom 25. auf den 26. September in Rom.

Der geschätzte Literat, brillante Wortführer und Parvenu des Parnasses macht jede geistige Mode mit und ist immer im Wettlauf mit dem Zeitgeist. In der Überzeugung, Künstler haben immer modern zu sein, vertritt Hermann Bahr permanent radikale Positionen – um kurze Zeit danach für das Gegenteil zu kämpfen.

Hermann Bahr

Sein leichter Stil, seine feine Ironie, haben den wendigen Erfolgsautor berühmt gemacht: Hermann Bahr.

Seltsamer Schlangenmensch des Geistes

„Er ist ein hochgradiger Hysteriker, der um jeden Preis von sich reden machen will und auf den unglücklichen Einfall geraten ist, dies durch Bücher zu erreichen. Talentlos bis zur Unwahrscheinlichkeit sucht er durch die verrücktesten Absonderlichkeiten aufzufallen", urteilt der Mediziner und Schriftsteller Max Nordau über Hermann Bahr. Und Marie von Ebner-Eschenbach sammelt in ihrem Tagebuch 1890 Bahr'sche Stilblüten: „Auf jeder zweiten Seite wird brünstig geschlürft." In jenem Jahr, als Bahrs Künstlerroman *Die gute Schule* Aufsehen erregt: Der 27-Jährige entfacht damit einen literarischen Skandal.

Bahr lässt in seinem Roman über einen „armen, aber idealistischen Maler" mit dem

1863 Geburt. 19. Juli in Linz.

Untertitel *Seelenstände* schlanke Frauenkörper tanzen, Flaneure die „Edison-Liebe“ der elektrifizierten Welt erleben und Absinth-Trinker in violetten Sümpfen verzweifeln. Der Roman ist ein exzessiver und morbider, ein provozierender und populärpsychologischer Bilderreigen des Fin de Siècle. Gesammelt hat Bahr diese Eindrücke während eines einjährigen, vom Vater – einem Notar und Landtagsabgeordneten – finanzierten Aufenthalts in Paris.

Hier, „wo man bloß die Nerven aufzumachen und den gierigen Reigen reicher Impressionisten in sich hineinrieseln“ lassen muss, zieht ihn die halbseidene Welt magisch an, er rühmt sich seiner „Gauloiserie“, verkehrt immer wieder mit Prostituierten. Und berichtet in seinem Tagebuch von „Objekten sexueller Begierden … eingeteufelten Pariserinnen, die Parfum von Wollust ausströmen, daß man ganz toll wird vor Begierde … sie haben dunkelglühende Augen, brennende Glut ausstrahlende Achselhöhlen.“

Und der Leser wird im Roman *Die gute Schule* – vor fast 130 Jahren – auch mit „perverser Wollust“, wie das damals genannt wird, konfrontiert; mit Sex, mit Sadomasochismus: „Die Kleider herunter, in Fetzen … mit seiner Hundepeitsche … nur diese unnachgiebige Begierde.“

Wesentlich gemäßigter geht es in Bahrs Hauptwerk, einem „heiteren Spiel um eine Künstlerehe“ zu: In *Das Konzert* fährt ein umschwärmter Pianist, der einem charmanten Rencontre nie abgeneigt ist, mit seiner Schülerin Delfine auf eine Berghütte – Schauplatz seiner ständigen Affären –, spiegelt seiner Frau aber ein „Gastspiel“ vor. Sie durchschaut ihn und fährt mit dem Mann der Klavierschülerin nach. Die Ehepaare kommen schließlich nach Dialogen voller feiner Ironie wieder zusammen. Alles scheint wieder gut zu sein …

Hermann Bahr gilt als bedeutender Schriftsteller, er verfasst mehr als 40 Theaterstücke, 40 Bände kritischer Schriften, zehn Romane und eine Autobiografie. Max Reinhardt holt ihn ans Deutsche Theater in Berlin, Bahr ist auch früher Ideengeber der Salzburger Festspiele.

Man sieht ihn als brillanten Kulturtheoretiker und geistreichen Wortführer kultureller Strömungen: vom Naturalismus über Dekadenz und die Wiener Moderne bis zum Impressionismus, Expressionismus und zur Heimatkunst. Und man sieht ihn auch als besessenen Förderer neuer Talente – wie beim jungen Hugo von Hofmannsthal, dessen Stern in den literarischen Zirkeln Wiens, im Künstlercafé Griensteidl, wie ein Geschoß am literarischen Firmament aufsteigt.

Der Erzfeind: Karl Kraus

Bahr verteidigt die Moderne und kämpft für Klimt, er stilisiert ihn zum Märtyrer sexueller Befreiung. In den Werken Gustav Klimts erkennt er die „Macht dieser heilig schwärmenden Geilheit“. Und Bahr verteidigt über „zeitweilige Entfremdung hinaus“ Schnitzlers skandalisiertes Stück *Der Reigen*.

Für manche ist Hermann Bahr ein Parvenu des Parnasses. Ein künstlerischer Rattenfänger. Die schillernde Persönlichkeit Bahr gilt aber auch als ein „Schlangenmensch des Geistes“, der beweglich wie kaum ein anderer ist. In seinen Urteilen und in seiner Lebensführung. Auch in seinen wechselnden weltanschaulichen Ansichten: Er ist „Kneipenschwanz“ der Burschenschaft Albia, Gefolgsmann des Georg Ritter von Schönerer, eines radikalen Antisemiten und Vorkämpfers der deutschnationalen Bewegung, nimmt aber später Kontakt zu den sich formierenden Sozialdemokraten, zu Victor Adler, auf.

In seiner Überzeugung, der Künstler habe immer modern und revolutionär zu sein, vertritt der Impulsgeber permanent radikale Positionen – um kurze Zeit danach mit glei-

1890 Frühe Essays. *Zur Kritik der Moderne.*

1906 Regisseur am Deutschen Theater Berlin.

cher Entschiedenheit für das Gegenteil zu kämpfen: „Enthusiasmus hat immer Recht, selbst am falschen Ort.“

Stets befindet sich der wendige Künstler im Wettlauf mit dem literarischen Zeitgeist. Kritisch, poetisch, provokant. Auf allen Gebieten der *Stilkunst um 1900* findet man ihn, einen seltsam labilen, kränkelnden Mann mit einem schwachen Nervenkostüm, der immer nach der neuesten Mode gekleidet ist.

In seinem *Selbstbildnis* stellt er fest, er sei ein „intellektueller *Herr von Adabei:* Da liegen die Tugenden meines Geistes, da seine Laster … Ich habe fast jede geistige Mode dieser Zeit mitgemacht, aber vorher, nämlich als sie noch nicht Mode war. Wenn sie dann Mode wurde, nicht mehr.“

Im steten Wettlauf mit dem literarischen Zeitgeist

Über zu wenig Feinde kann sich Bahr nicht beklagen: Für Arthur Schnitzler ist er ein „ordinärer Schwindler“. Zuvor, im April 1891, nach dem ersten Zusammentreffen in einem Kaffeehaus notiert der dichtende Arzt in seinem Tagebuch: Hermann Bahr im Kfh. kennen gelernt … im Gesicht Rohheit, Geist, Güte, Schwindelhaftigkeit.“

Der Hass von Karl Kraus auf den „Herren aus Linz“ ist von Besessenheit geprägt. Für den *Fackel*-Herausgeber ist er ein „jodelnder Freimaurer“, der „… so tat, als ob Weimar und nicht Urfahr die Vorstadt von Linz wäre“. Und der ätzende Satiriker empfindet bei Bahr eine „verheerende Wirkung, die dieser Mann in unserer jungen Literatur ausübt.“ Als sich der gefeierte Literat und Kritiker auf ehemaligen Weingärten an der Grenze Ober-St.-Veits zum Lainzer Tiergarten vom Architekten Joseph Maria Olbrich eine Villa errichten lässt – in der zwischen 1900 und 1912 die künstlerische Crème de la Crème Wiens von Hofmannsthal und Schnitzler bis Kolo Moser, Gustav Klimt und Otto Wagner verkehrt –, klagt Karl Kraus den Bauherrn Bahr. Mit dem nicht zu beweisenden Vorwurf, er habe wegen ständig positiver Kritiken zu Aufführungen des Deutschen Volkstheaters von dessen Direktor Emmerich von Bukovics den Baugrund geschenkt bekommen.

> Die Wahrheit ist eine scheue Geliebte; man besitzt sie niemals ganz.
>
> Hermann Bahr

Kraus bekommt vor Gericht nicht Recht. Hermann Bahr kann sein „kleines Märchenhaus“ – Klimts *Nuda Veritas,* eines der Hauptwerke des genialen Künstlers zur Zeit der Gründung der Secession, ziert den Salon – weiterhin, von mächtigen Hunden umgeben, genießen: „Tief unten liegt die Stadt in Dampf und Dunst, rings rauscht es aus Gärten, hier ist alles rein und frei.“

1909 Uraufführung. Erfolgreichstes Lustspiel *Das Konzert.*

1934 Tod. 15. Jänner in München.

Er schuf eine poetische Wirklichkeit voller Überraschungen. Voller absurder Situationen. Voller ungebremster Fantasie. Wolfgang Bauer, der respektlose, hemmungslose, hochdekorierte Bürgerschreck. Er selbst sah sich als charmanten Nihilisten, der das Abenteuer Leben zelebriert.

Wolfgang Bauer

Zwei Grazer Wahrzeichen: der Uhrturm und der Avantgarde-Autor Wolfgang Bauer.

Provokateur, Wortakrobat, Gesamtkunstwerk

Das waren noch Zeiten. Als ein Schriftsteller bei einem offiziellen Anlass Aufsehen erregte – nur, weil er keine Krawatte trug. 1970 wird Wolfgang Bauer der Peter-Rosegger-Preis verliehen und der Avantgarde-Autor wagt es, diese wichtige steirische Auszeichnung mit offenem Hemdkragen entgegenzunehmen.

Die Empörung über sein subversives Benehmen äußert sich in Leserbriefen: „Wir verdienen nicht", schreibt Hilde Eminger aus Graz, „einen Dichter wie Peter Rosegger gehabt zu haben, wenn wir seinen Namen mit Autoren, die außer Entleerung von seelischen Kloaken nichts zu geben haben, in Zusammenhang bringen."

1941 Geburt.
18. März in Graz.

Erst sehr spät mutiert das *Enfant terrible,* der originelle Literat, zu einem kulturellen Aushängeschild seiner Heimatstadt Graz. Ausgezeichnet mit vielen Würdigungen wie dem Csokor-Preis, dem Staatspreis für Literatur und diversen goldenen Plaketten. 34 Jahre nach dem ersten Rosegger-Preis erhält ihn Bauer, der Bürgerschreck, nochmals – für sein Lebenswerk. Zehn Monate vor seinem Tod ist er endgültig als *großer Sohn* der Steiermark anerkannt. Die Irritationen seines Werkes sind vergessen.

Wolfgang wächst als Kind zweier Gymnasiallehrer auf, will Maler werden, ist aber „technisch sehr schlecht" und studiert ab 1959 Jus. Schon bald ist er als Poker-Profi bekannt und gefürchtet – seinen regelmäßigen Gewinn, fast 10.000 Schilling monatlich, verspielt er immer wieder am Roulettetisch.

Gegen die „reaktionär bis braun eingefärbten Gralshüter des Guten, Wahren und Schönen"

Das Lebensgefühl in der Frühphase des 1959 gegründeten „Forum Stadtpark" ist rauschhaft, bereits 1962 findet hier die erste Lesung von Bauer-Texten statt. Die „Kunst der Lebensfreude" wird von Barbara Frischmuth, Alfred Kolleritsch, Gunter Falk und Wolfgang Bauer nicht nur theoretisch propagiert, die Revolte einer jüngeren Künstlergeneration richtet sich auch gegen das scheinbar Ewiggültige des Ewiggestrigen, man will die „reaktionär bis braun eingefärbten Gralshüter des Guten, Wahren und Schönen" mit einem anderen Kunstverständnis konfrontieren. Graz entwickelt sich zur Literaturhauptstadt Österreichs.

Legendär sind Bauers nächtliche Exkursionen in Lokale der Innenstadt, bei denen durchaus auch Alkohol konsumiert wird und die Lust am Laster nicht verborgen bleibt, etwa in das Branntwein-Biotop „Haring", wo Herr Werner Grog, Punsch oder (und) Pfefferonischnaps serviert. Einmal hat Bauer auch sein Idol des absurden Theaters, Eugène Ionesco, hierher gezerrt. Oder Bauer und seine trinkfesten künstlerischen Kumpanen ziehen ins „Theatercafé" zum Pianisten Herrn Albin und der mageneinrenkenden Eierspeis mit Kernöl am frühen Morgen … STS, die Popband mit einer *Überdosis G'fühl* widmet dem legendären Lokal ein Lied mit dem Beginn: „A ziemlich lange Nacht war's heute wieder einmal im Theatercafé …"

Private Eskapaden, die oft auch inszeniert werden, und ein Lebensstil, den er selbst als „exzessiv aktionistisches Gesamtkunstwerk" definiert, bestimmen den Alltag des Dichters. Obwohl er 1966 sein Leben relativ unspektakulär protokolliert – in „lieber wolfi", einem Brief an sich selbst: „du bist ein eleganter, charmanter nihilist, ein heiteres nihilisterl. Du bist ein gelungenes nervensystemerl. Du stehst am vormittag einmal auf, drehst den plattenspieler auf, hörst ein angenehmes platterl, gehst dir die zähn putzen und frisierst dich, trinkst ein kaffeetscherl und schaust dir das wetter an. Dann machst irgendwas, was sich halt so ergibt; du schmunzelst den ganzen tag."

Zum Schreiben brauche ich eine Stadt, in der es innerlich tobt, zum Beispiel New York oder Graz.

Wolfgang Bauer

Zwei Jahre nach der Selbstreflexion des *charmanten Nihilisten* gelingt dem kaum 27-Jährigen der Durchbruch: Sein Stück *Magic Afternoon* – zuvor von 40 deutschsprachigen Bühnen abgelehnt – erlebt im Herbst

1962 Erste Lesung im Forum Stadtpark.

1968 Durchbruch. Premiere von *Magic Afternoon* am Landestheater Hannover.

des legendenbehafteten Jahres 1968 in Hannover Premiere. Es ist ein tödlich endendes Drama von vier jungen, gelangweilten Menschen, die über Sex, Drogen und Rock 'n' Roll streiten. Schließlich entlädt sich die innere Leere in einem Gewaltausbruch.

„Scheißhurenlügentheaterkunst"

Bereits ein Jahr später wird im Wiener Volkstheater *Change* uraufgeführt. Am Ende wieder eine Katastrophe – der Maler Ferry erhängt sich am Klo. Das jüngere Premierenpublikum tobt vor Begeisterung, während die treuen Abonnenten die Provokation dieses „Kraftgenies aus Graz" *(Der Spiegel)* mit Buhrufen quittieren. Erbauliche Theaterabende waren immer das Letzte, was Wolfgang Bauer anstrebte.

„Man dichtet ja oft wie ein Irrer dahin, man schreibt als literarischer Desperado drauflos", meint Bauer. Zwei Jahre nach *Change* folgt das nächste Stück: *Silvester oder das Massaker im Hotel Sacher.* Auf der Bühne des Volkstheaters tobt sich in der Regie Bernd Fischerauers die Hauptfigur aus: der verrückte Robespierre, dem nichts mehr einfällt, der „Scheißhurenlügentheaterkunst" brüllt und mit einer MP auf einer Couch stehend herumballert. Es kommt zum ausgelassenen Aufeinandertreffen zweier Enfants terribles – des Autors und des Hauptdarstellers Helmut Qualtinger, eines *Menschenimitators,* wie er sich selbst nennt.

In den 1970er-Jahren gilt Bauer neben Bernhard und Handke als bedeutendster Dramatiker des Landes. Für Elfriede Jelinek ist er der „wichtigste zeitgenössische österreichische Dichter". Das Werk des irritierenden Dramatikers, des erfolgreichen Provokateurs, des einzigartigen Wortakrobaten, ist in 24 Sprachen übersetzt und in 35 Ländern aufgeführt worden. Ein originelles Œuvre voller Witz, Esprit und Absurditäten, in dem bürgerliche Grundwerte der Nachkriegsgesellschaft skeptisch betrachtet und auch in künstlerischen Grenzüberschreitungen bekämpft werden.

Schon die Titel seiner frühen Theaterstücke sorgen für Neugier: *Der Tod des Ingenieurs Leo Habernik aus Linz, Das kurze Leben der Schneeflocke* oder *Ein fröhlicher Morgen beim Friseur.* Erst vor Kurzem ist im Stadtmuseum von Leibnitz ein lange verschollenes, absurdes Stück aufgetaucht, das jetzt im Akademietheater aufgeführt wird: *Der Rüssel* – von den *Nashörnern* Ionescos inspiriert.

Falls der Erfolg beim Schreiben ausgeblieben wäre, hätte der Sportliebhaber Bauer „einfach in einem Saisonjob Geld verdient, als Skilehrer oder Tennistrainer". Der Fantasie lässt er ein Leben lang freien Lauf und zelebriert das Abenteuer Leben: In der einen Rocktasche hat er Kierkegaard, in der anderen ein Mickey-Mouse-Heft. Die Grenzen von Kunst und Leben sollen aufgehoben werden. Langeweile darf erst gar nicht aufkommen. Partys werden gefeiert, die sich gegen Morgen in die Horizontale neigen. Die Tische sind voll von leeren Flaschen, vollen Aschenbechern, Resten von Frankfurter Würsteln, eingetrockneten Senfpatzen und ausgetunkten Gulaschsuppen-Gefäßen.

Gerne ruft der *Wolfi* dann im Grazer Morgengrauen immer wieder den Satz „Ich liebe die Kunst, weil sie mich liebt".

2004 Letztes Stück. Erfolg mit *Foyer* beim steirischen herbst.

2005 Tod. 26. August in Graz.

Die Wiener Bestsellerautorin Vicki Baum (auch Vicky Baum), die als Kind an der Harfe verzaubert, wird zum ersten Medienstar der deutschen Literatur. Im brodelnden Berlin begeistert sie die Bohème und landet in Hollywood. Ein Leben wie in einem ihrer Romane. Das Etikett der Trivialautorin bleibt immer kleben.

Vicki
Baum

Ihr Roman *Menschen im Hotel* wird zu einem Welterfolg: Vicki Baum.

Schillernder Stern der Literatur

Leichtsinn und Lebensgier. Exzess und Extravaganz. Stil und Schamlosigkeit. Mit Kokain, dem Elixier der Avantgarde. Das sündige Berlin während der 1920er-Jahre, eine nervöse Metropole zwischen Glanz und Elend: In Tanzpalästen wird Frivolität zelebriert. Mit der Ausdruckstänzerin Anita Berber, die „das wilde Flackern und Brennen ihrer Generation" verkörpert.

Emanzipation greift um sich. Die „neue Frau" erregt Aufsehen. Weil sie freche, kurze Haare hat, Auto fährt und in der Öffentlichkeit raucht. Weil sie gleichberechtigt sein will, auch in Liebe und Sexualität. Mittendrin in diesem Berlin ist eine junge Frau, die als ungeliebtes Kind eines jüdischen, hypochondrischen Beamten 1888 in Wien geboren wor-

1888 Geburt.
24. Jänner in Wien.

den ist und bald in Konzertsälen – als einzige Frau unter 80 Männern – mit ihrem Harfenspiel verzaubert: Vicki Baum. Bereits mit acht Jahren beginnt sie, Harfe zu spielen. 1911 lädt sie Bruno Walter ein, in Mahlers *Lied von der Erde* mitzuwirken.

15 Jahre später begeistert Baum die Berliner Bohème. Das unberechenbare Leben in einer Stadt, die jeden Moment über ihre zu hohen Stöckelschuhe stolpern könnte. Wo das sündige Leben Armut, Arbeitslosigkeit und soziale Konflikte überschatten soll.

Vicki Baums brodelnde Berliner Jahre schildert sie als ihre glücklichsten: „Ich stand früh auf … und besprach alle Haushaltsfragen mit meinem Dienstmädchen … in der warmen Jahreszeit fuhren wir nach einem leichten Frühstück allesamt hinaus, um rasch ein paar Stöße zu schwimmen … danach einige Stunden Arbeit bei Ullstein … Mittag nach strenger Diätvorschrift … mit den Kindern spielen … Abendbrot … jetzt hatte ich ein paar stille Stunden ganz für mich … habe meine Romane geschrieben … Häufig riefen mich um Mitternacht gute Freunde an … komm lieber mit mir tanzen – ist besser für dich. Gemacht? Gemacht."

Schillernder Star des Berliner Boulevards

Vicki Baum arbeitet in Berlin als Autorin für den Ullstein-Verlag. Die Lust am Schreiben ist bereits lange vorher erwacht. Bei einem Wettbewerb der Satirezeitschrift *Licht und Schatten* hat sie den ersten Preis gewonnen – der Hauptjuror ist Thomas Mann. 1920 erscheinen ihre ersten beiden Romane *Frühe Schatten* und *Der Eingang zur Bühne*.

Bei Ullstein schreibt sie für verschiedene Magazine wie *Die Dame* – ein „Journal für den verwöhnten Geschmack", für das Künstler wie George Grosz oder Tamara de Lempicka die Titelbilder gestalten, und für den *Uhu,* ein „leicht lesbares Zeitgeist-Kaleidoskop", und die *Berliner Illustrirte Zeitung,* in der fünf ihrer Romane zuerst in Fortsetzung erscheinen. Die Auflage der Illustrierten steigt rasant auf zwei Millionen, Vicki wird zum schillernden Star des Hauses Ullstein und des Berliner Boulevards.

Die erfolgreiche Romanautorin, auch eine Meisterin der ironischen, kurzen Form, verfasst Feuilletons wie *Die langweilige Erotik* oder *Bedarf an Männern* und tritt als Testimonial einer Armbanduhr auf, und zwar lange bevor Astronauten und Schauspieler für Uhren Werbung machen: Vicki hilft ihre „Alpina-Uhr" „trotz aller Arbeit immer Herrin meiner Zeit zu bleiben".

Der Ullstein-Verlag vermarktet seine Erfolgsautorin hemmungslos: Vicki Baum als Symbol der starken, selbstbewussten „neuen Frau". Von ihrem Mann finanziell unabhängig, erfolgreich und Mutter zweier Söhne, nimmt sie bei Sabri Mahir, der in einem Zirkus zugleich gegen vier Boxer kämpft, Boxunterricht. In seinem Studio am Kurfürstendamm finden „Teestunden am Ring" statt – hier trifft Vicki Baum immer wieder Bertolt Brecht, der auch bald als Mitarbeiter für *Die Dame* gewonnen werden kann.

Mit *Menschen im Hotel,* einem „Kolportageroman mit Hintergründen", wird Vicki Baum bald weltberühmt. Wie schon Thomas Mann im *Zauberberg* und Graham Greene im *Orient-Express* – der im *Spectator* über die Wiener Autorin eine hymnische Kritik schreibt – wählt sie einen isolierten Schauplatz mit zufällig aufeinandertreffenden Darstellern.

Seelisch deformierte Figuren, ein Kaleidoskop von Schicksalen, die miteinander verwoben werden, nachdem ihre Protagonisten durch die Hoteldrehtür eingetreten sind: der verarmte Baron Gaigern, Betrüger und Trickdieb. Die alternde Primaballerina Grusinskaja. Der todkranke Buchhalter Kringelein, der die

1919 Erster Roman. *Frühe Schatten.*

1925 Erster Erfolg. *Stud. chem. Helene Willfüer.*

zänkische Frau verlassen hat, um seine letzten Wochen zu genießen. Dr. Otternschlag, der mit entstelltem Gesicht aus dem Krieg heimgekehrt ist. Und Flämmchen, die Stenotypistin mit dem „blühenden Stiefmütterchengesicht", die Generaldirektor Preysing längst den Kopf verdreht hat.

Als Zimmermädchen im Hotel Bristol

Vicki Baum recherchiert gewissenhaft. Für *Menschen im Hotel* macht sie als Zimmermädchen im Hotel Bristol sechs Wochen lang täglich 40 Betten und putzt Toiletten. Bevor sie in *Der große Ausverkauf* das Schicksal einer Verkäuferin beschreibt, arbeitet sie in einem Kaufhaus. Ihre Erfolgsrezeptur reicht von atmosphärischer Dichte und brillanter Schilderung der Charaktere bis zur Erzählung einer Liebesnacht. Voller Delikatesse, fern von sexuellem Exhibitionismus heutiger Autorinnen.

> Ruhm bringt immer Einsamkeit. Erfolg ist so eiskalt und einsam wie der Nordpol.
>
> Vicki Baum

Ihre Hotel-Saga wird zu einem gigantischen Welterfolg: Als Buch mit einer halben Million Auflage allein in Deutschland und in 16 Sprachen übersetzt, im Theater, im Kino – dreimal verfilmt, mit Greta Garbo als Tänzerin Grusinskaja 1932 unter dem Titel *Grand Hotel* produziert, gewinnt der Film einen Oscar. Als ihre Hotelgeschichte der größte Broadway-Hit seit 30 Jahren wird, reist Vicki Baum nach Amerika und wird als Star gefeiert, nicht nur die *New York Times* streut ihr Rosen. Sie lässt sich mit ihrer Familie in Kalifornien nieder, doch das Leben hier erstaunt sie: „Den Amerikanern ist das Trinken wichtiger als das Essen; das Aussehen ihrer Speisen wichtiger als der Geschmack."

Sie entwickelt für Marlene Dietrich und Maurice Chevalier Filmtreatments, die jedoch abgelehnt werden. Sie unternimmt Reisen in die ganze Welt, ihre Bandbreite ist facettenreich: Sie dreht Filme, u. a. über rituelle balinesische Tänze, schreibt aber auch für *Good Housekeeping*. So wie früher in Berlin, als sie in der *Grünen Post* unter dem Pseudonym „Der alte Gärtner" Gartentipps gab oder im *Uhu* meinte: „Liebe ist die kostbarste Medizin für die Schönheit".

Der Zwiespalt zwischen populärer und anspruchsvoller Literatur bestimmt das Leben dieser Wiener Frau von Welt. Trotz Dutzender Romane wird sie als Trivialautorin abgetan, das Etikett der Unterhaltungsschriftstellerin bleibt am ersten Medienstar der deutschen Literatur kleben. In ihren Memoiren bezeichnet sie sich kokett als „erstklassige Schriftstellerin zweiter Güte". Doch längst widerspricht nicht nur Elke Heidenreich: „Vicki Baum ist eine erstklassige Schriftstellerin erster Güte!"

1932 Verfilmung des Romans *Menschen im Hotel* mit Greta Garbo.

1960 Tod. 29. August in Hollywood.

In der „Wiener Gruppe“ rund um Dichterfürst H. C. Artmann ist Konrad Bayer der provokanteste und rätselhafteste Kopf. Der literarische Außenseiter will fliegen lernen und begreift nicht, dass er sich nicht unsichtbar machen kann. Sein Schlüsselwerk avantgardistischer Prosa wird erst nach seinem Tod veröffentlicht.

Konrad Bayer

Jederzeit willens, sich an die Grenze seiner Physis zu bewegen: der „böse Bub" Konrad Bayer (rechts). Links: *Companero* H. C. Artmann.

Poetische Posen provozierender Freigeister

„die schwarze messe kommt nicht recht zustande, die versprochene jungfrau erscheint nicht, die tote taube ist von den ratten gefressen, der satanspriester liegt bewußtlos trunken in seinem kohlenkeller, ein übler dilettant muß ihn ersetzen."

Nicht alle Aktionen der avantgardistischen Vereinigung „Wiener Gruppe" während der 1950er-Jahre sind von Erfolg gekrönt. Mit der „acht-punkte-proklamation des poetischen actes" wollen Künstler um den großen Dichterfürsten H. C. Artmann das träge literarische Leben wachrütteln. Man will provozieren, veranstaltet chaotische Happenings – zumeist begleitet von der Jazzband „jesus christbaum", Soirees mit illuminierten Vogelkäfigen und

1932

Geburt.
17. Dezember in Wien.

poetische Demonstrationen mit Lampions. Mit „weißgeschminkten gesichtern und weißen blumen einer subtiler morbidität" zieht man feierlich durch die Wiener Innenstadt, während man erstaunten Passanten Passagen von Baudelaire, Poe und Trakl vorträgt. Neben Gerhard Rühm, später auch Oswald Wiener und Friedrich Achleitner, ist Konrad Bayer der größte Individualist. Er sieht sich als Artmanns „kumpan, dann verehrer, aufmerksamer hörer und mitstreiter für die gute sache der poesie."

> die wirklichkeit
> bläht sich weiter
> auf und zerplatzt.
>
> Konrad Bayer

Die „poetischen posen", bei denen Konrad Bayer der provokanteste und zugleich rätselhafteste Kopf ist, wird von großen Teilen der Öffentlichkeit mit Unverständnis aufgenommen. Artmann & Co meinen, man müsse doch die Menschen darauf aufmerksam machen, dass es außer der Begeisterung für Backhendl noch anderes gibt. Man lehnt sich gegen das Dumpfe und die Dummheit, gegen Ignoranz und Intoleranz auf. Das Werk Bayers ist untrennbar mit der „Wiener Gruppe" verbunden.

Die provozierenden Freigeister verbringen nicht nur Nacht für Nacht in Bars und unterirdischen Labyrinthen, um das „Territorium der Sprache" abzustecken, sie schockieren die Öffentlichkeit auch auf der Bühne. Als „literarisches cabaret" mit handfesten Auftritten. Meist steht die Kriminalpolizei hinter dem Vorhang und kontrolliert jede einzelne Darbietung. Friedrich Achleitner erinnert sich: „Wenn man jetzt Wasser in den Saal einlassen würde, dann hätten die Zuseher das bereits als ganz normal empfunden. Das Publikum war schon so präpariert, daß es eigentlich alles erwartet hat …" Es geht weniger um die Werke der Dichter und um ihre mögliche Wirkung auf das Publikum, sondern um Konfrontation, um das Brechen aller Konventionen: „Das Leben ist der Stil."

„Aberwitzig, mutwillig und unbekümmert mit Formen spielen"

Die unbekümmerten „Sprachartisten" wollen den Sinn für Ästhetik schärfen und zu Abenteuern verführen. Dorothea Zeemann, Heimito von Doderers schreibende Muse, schwärmt als Erste von dieser neuen Dichtergruppe: „Ihre Haut ist glatt, auch unrasiert ist sie glatt, und ungewaschen riechen sie frisch, auch wenn sie stark riechen. Sie bewegen sich flink, immer animiert, nichts hemmt sie … sie sind verschieden und nur darin gleich, daß sie aberwitzig, mutwillig und unbekümmert mit Formen spielen. Dada, Valentin, Wittgenstein: Sprache als Inhalt."

„Bekannt geworden ist Konrad Bayer nur wenigen", schreibt das deutsche Feuilleton, „aber vermutlich hätte er den üblichen Erfolg auch nicht ertragen: Lektoren zu haben, Verleger, Kritiker, Einkommensteuerformulare auszufüllen …" Durch Bayers frühes Ende ist sein Werk zum Mythos geworden. Seine Texte und sein spielerischer, experimenteller Umgang mit der Sprache erfordern viel Einfühlungsvermögen.

Am 17. Dezember 1932 in Wien geboren, gründet er bereits als Gymnasiast den Künstlerclub „genie und irrsinn" und eine Musikband, in der Bayer Banjo spielt. Nach einem kurzen Gastspiel an einer Handelsschule arbeitet er fünf Jahre lang als Kassier in der Creditanstalt-Bankverein, ehe er 1957 dank eines Gewinns beim Roulette seinen Job kündigt und sich der Schriftstellerei widmet.

1957 Wiener Gruppe. Erste gemeinsame Lesung.

1963 Einzige Publikation zu Lebzeiten: *der stein der weisen.*

Ein literarischer Außenseiter, der es sich zur Lebensaufgabe macht, „die Verneinung nicht zu vergessen". Das Alltägliche, das Selbstverständliche erscheint ihm als trügerische Kruste, denn „unter der Oberfläche gibt es die Welt nur als Labyrinth".

Konrad Bayer experimentiert mit Magie und schamanistischen Riten, erprobt mit Hilfe des Konsums von Chloroform Rauschzustände seines Körpers, will fliegen lernen – und wundert sich darüber, dass er sich nicht unsichtbar machen kann.

Äußerlich spielt er gerne mit den Attitüden eines Dandys, innerlich ist er ein Zerrissener, der sein Ich fortwährend auf den Prüfstand stellt. Er ist „jederzeit willens, sich an die Grenze seiner Physis zu bewegen". Auch sein Humor hat nichts Gelöstes, er selber nennt ihn „tödlich". Was Konrad Bayer schreibt, wird Zeit seines Lebens nur zu einem geringen Teil gedruckt, das meiste davon findet fast unter Ausschluss der Öffentlichkeit statt.

„Rauschhafte Liebes- und Todesexerzitien" auf Schloss Hagenberg im Weinviertel

1963, ein Jahr vor seinem Tod, liest er bei der Literatenvereinigung *Gruppe 47* im deutschen Saulgau. Einer der Zuhörer ist der Philosoph Ernst Bloch. Sein Urteil über den Gast aus Wien lässt die anderen aufhorchen: „Das ist etwas Österreichisches, aber etwas, das uns betrifft und das nicht nur Spielerei ist." Wenig später sichert der Verleger Heinrich Ledig-Rowohlt Konrad Bayer einen Vertrag zu, ohne jemals etwas von ihm gelesen zu haben.

Im Sommer 1964 zieht sich der „böse Bub" in das leer stehende Schloss Hagenberg im Weinviertel zurück. Fledermäuse. Einsamkeit. Depression. Er experimentiert weiter mit „rauschhaften Liebes- und Todesexerzitien", arbeitet bei Petroleumlicht an seinen Romanen *der sechste sinn* und *der kopf des vitus bering* – für den jungen Peter Handke das „Montage-Porträt eines Menschen, in dessen Kopf die Zeiten ein- und ausgehen". Beide Werke erscheinen erst nach Bayers Tod.

Als in der Nacht zum 10. Oktober 1964 seine Geliebte von einem Fest nicht nach Hause zurückkehrt, wählt er den Freitod: „worauf hoffen? es gibt nichts, was zu erreichen wäre außer dem tod." Der erst 32 Jahre alte, rätselhafte Literat ist mit seinem Leben und Schreiben nicht fertig geworden.

In den Wiener Tageszeitungen liest man nur eine knappe Agenturmeldung: „Der Wiener Autor Konrad Bayer ist am Wochenende einem Leuchtgasunfall erlegen." In ihrem Nachruf schreibt *Die Zeit:* „Es wäre angenehm, an dieser Stelle sagen zu können: Sein Werk wird bestehen bleiben. Die Lebenschancen eines so schmalen, so verstreuten, so provisorischen, so etüdenhaften Werkes sind gering. Aber die es kennen, werden es nicht so bald vergessen."

1964 Freitod am 10. Oktober.

1977 Posthum erscheint *Das Gesamtwerk,* herausgegeben von Gerhard Rühm.

Ein zynischer Meister der Übertreibung. Ein Staatsdichter, der verehrt und gehasst wird. Ein Melancholiker, bei dem die Kunst auch von seiner Krankheit bestimmt wird. Für manche ist er ein Gigant, für andere ist sein Werk voller Gehässigkeit. Thomas Bernhard polarisiert bis heute.

Thomas Bernhard

Thomas Bernhard, ein Mensch voller Scheu – aber auch Arroganz. Mit der Aura eines Geheimnisvollen.

Geliebter Nestbeschmutzer

21. Oktober 1976: In Stockholm wird Saul Bellow der Literatur-Nobelpreis zuerkannt, während an jenem Schicksalstag ein anderer großer Dichter um sein Leben bangt: Thomas Bernhard. Auf dem Flug von Wien nach London kurz nach dem Start – die Reiseflughöhe von 10.000 Metern ist schon erreicht – explodiert das rechte Triebwerk. Panik. Verzweiflung. Gedanken an das Ende. Doch der Pilot der Billig-Airline *Monarch* schafft es gerade noch, nach Schwechat zurückzufliegen. Bernhards Gefühle hat Hilde Spiel in einem Interview dokumentiert: Er habe nur über sein letztes Buch nachgedacht, ob man damit „aus dem Leben gehen kann". Später meint er: „Alles ist lächerlich, wenn man an den Tod denkt."

1931 Geburt.
9. Februar im niederländischen Heerlen.

Die Verleihung des „Kleinen“ Österreichischen Staatspreises wird 1968 zum ersten Skandal im Leben des Provokateurs. Bernhard findet das Zeremoniell „abstoßend und ekelerregend“, nimmt den Preis aber an. Er beschimpft im Beisein des fassungslosen Ministers Piffl-Perčević Österreich als „ein Gebilde, das fortwährend zum Scheitern, ein Volk, das ununterbrochen zur Infamie und zur Geistesschwäche verurteilt ist“. Der Unterrichtsminister springt auf, brüllt „Wir sind aber trotzdem stolze Österreicher!“ – um sofort wütend den Saal zu verlassen. Im Buch *Meine Preise* bekennt Bernhard später: „Ich bin nicht gewillt, fünfundzwanzigtausend Schilling abzulehnen, sagte ich, ich bin geldgierig, ich bin charakterlos, ich bin selbst ein Schwein.“

Der öffentliche Affront gelingt, der Weg zum meistgehassten Literaten des Landes ist vorgezeichnet. Thomas Bernhard, ein Virtuose brillant formulierter Beschimpfungen, lebt für die Provokation, liebt Kontroversen, sein Zynismus ist manisch. Hasstiraden werden zu seinem Lebenselixier. Das deutsche Feuilleton attestiert ihm bald süffisant, er sei „Österreichs ärgster und berühmtester Nestbeschmutzer“.

Schon während seiner Jugend lungenkrank, dem Sterben immer wieder sehr nahe, ist das Leben für ihn eine „Schule des Todes“. Eine rätselhafte und unheilbare Krankheit ist sein ständiger Begleiter, sein „Kapital“. Jener *Morbus Boeck* breitet sich mehr als vier Jahrzehnte in der Lunge aus und verschlägt ihm den Atem. „Seine lebenslange Krankheit hat ihn herausgehoben, seinen stets fehlenden Atem hat er festschreiben müssen“, meint Elfriede Jelinek, „... so hat die Erfahrung des zu wenig Luft Kriegens den wüsten Atem des Sprechens erzeugt.“

„Staatsclown" Kanzler Kreisky kontert: „Na, wenn' s ihm gesundheitlich nützt ..."

Thomas Bernhard ist aber auch ein seelisch leidender Mensch, der in jüngeren Jahren oft der Selbsttötung nahe ist. Die Verzweiflung und Depressivität verwandelt er mit Hilfe seines Schreibens in eine andere Ausdrucksform: in Hass und Wut, in Provokation und Zynismus. In seinen Werken dominieren Ekel vor dem Leben und Suizide – vielleicht schützt ihn das vor der eigenen Tat: eine lebenserhaltende Lösung, eine Art Sublimierung. Wenn es stimmt, dass – wie es Freud formuliert – jener Mensch gesund ist, der arbeiten und lieben kann, dann ist Bernhard über große Strecken seines Lebens nicht nur physisch, sondern auch psychisch krank, denn Liebe und Sexualität spielen eine äußerst untergeordnete Rolle, die Arbeit des besessenen Schriftstellers dafür umso mehr. Er hat sich ein gewaltiges Werk abgerungen. Seine Dramen werden weltweit aufgeführt, an die neunzig Bände von und über ihn sind lieferbar – mit einer Gesamtauflage von rund vier Millionen Büchern.

Traumatische Kindheit

Thomas wird am 9. Februar 1931 im niederländischen Heerlen als unehelicher Sohn der Haushaltshilfe Herta Bernhard geboren. Um dem Dorftratsch zu entkommen, verlässt die Schwangere Salzburg. In einem Entbindungsheim für ledige Mütter bringt Herta ihren Sohn zur Welt. Thomas wird „das scheußlichste aller Kinder!“ genannt. Er erinnert sich später an die traumatische Kindheit: „Meine Mutter hat mich weggegeben. Ich bin in Holland, in Rotterdam, auf einem Fischkutter gelegen, ein Jahr lang bei einer Frau. Meine Mutter hat mich alle drei, vier Wochen dort besucht. Ich glaub nicht, dass sie sehr viel für mich übriggehabt hat damals.“ Bereits im Herbst 1931 kommt der Bub zu den Großeltern nach Wien. Der einzig wirklich geliebte Mensch, als Antipode zur Mutter, ist sein Großvater, der ihn immer warnt: „Die Welt ist widerwärtig, unerbittlich tödlich.“ Die triste Welt des Heimatdichters Johannes Freumbichler.

1970 Georg-Büchner-Preis und erstes Theaterstück *Ein Fest für Boris.*

Vier Jahre später kehren die Großeltern mit dem Enkel in ihre dörfliche Salzburger Heimat zurück. Der Einfluss des dominanten Großvaters ist in Bernhards Gedichten aus den frühen 1950er-Jahren erkennbar. 1952 erscheint im *Münchner Merkur* einer der ersten Texte mit Zeilen wie „Ein Apfelbaum im blassen Grün/Und drüber tausendfaches Blühn,/So an den Himmel angelehnt,/Ein Wolkenband, weit ausgedehnt …"

Mit sechzehn beschließt er auf dem Weg ins Gymnasium spontan, „die entgegengesetzte Richtung", wie einem Grundprinzip des Lebens folgend, einzuschlagen, um „eine nützliche Existenz" zu führen. Im Keller des Lebensmittelhändlers Podlaha, am Rande eines tristen Salzburger Wohnghettos. Hier lernt er Außenseiter am Abgrund kennen. *Der Keller. Eine Entziehung* ist der zweite Band seiner Jugenderinnerungen, in der er als Lehrling neuen Lebensmut findet.

Bernhard liebt Kontroversen und Provokationen. Sein Zynismus ist manisch.

Um 1950 beginnt er während seines Aufenthalts in der von der Außenwelt streng isolierten Lungenheilstätte Grafenhof mit dem Schreiben. Aufgrund einer nicht ausgeheilten Rippenfellentzündung wird der Siebzehnjährige eingeliefert und hat „immer den Tod vor Augen". Sein Zustand erscheint zeitweise derart hoffnungslos, dass er in einen Saal mit Todkranken verfrachtet wird.

Zwischen 1952 und 1954 schreibt er über Vermittlung Carl Zuckmayers für die sozialistische Provinzzeitung *Demokratisches Volksblatt* und schwärmt voller Verve von der scheinbaren Idylle seiner Heimat. Brauchtum und Naturnähe sind die Ingredienzien seiner Beiträge in einer „Welt einfacher, arbeitsamer Menschen in einer schönen Landschaft". Die Injurien gegen die „stumpfsinnige, ländliche Bevölkerung", wie man sie aus Bernhards späteren Werken kennt, sind noch in weiter Ferne, wie etwa in seinem Romanerstling *Frost,* in dem eine Ortschaft beschrieben wird, die „von ganz kleinen, ausgewachsenen Menschen bevölkert ist, die man ruhig schwachsinnig nennen kann. Nicht größer als ein Meter vierzig im Durchschnitt … im Rausch erzeugt." Später folgen weitere Hasstiraden: „Die Stadt Wien ist eine einzige stumpfsinnige Niederträchtigkeit", Nobelpreisträger Elias Canetti sei „eine Art Schmalkant und Kleinschopenhauer" mit der „Arroganz eines Greises" und Bruno Kreisky ein „altgewordener Staatsclown". Der Kanzler kontert gelassen: „Na, wenn's ihm gesundheitlich nützt …"

Der Virtuose poetischer Schmähreden polarisiert – er fasziniert und verstört.

Aber noch berichtet der schüchterne Jungjournalist von Mooranwendungen in Neydharting oder Jodkuren gegen den Kropf. Nebenbei bereitet ihm die Rubrik *Aus dem Gerichtssaal* eine „Mordshetz". Der Gerichtskiebitz Bernhard verhöhnt oft Angeklagte, der Meinung der staatlichen Obrigkeit schließt er sich gerne an.

Zwischen 1955 und 1957 studiert Bernhard am Salzburger Mozarteum. Regie, Schauspiel und Gesang. Einmal darf er sogar dem Dirigenten Josef Krips vorsingen. Dieser rät ihm, lieber die Karriere eines Fleischhauers anzustreben. Es sollte beim Schreiben bleiben – mit vorerst braver Heimatliteratur.

Mit seinem ersten Roman *Frost* gelingt Thomas Bernhard 1963 der Durchbruch: Die Alpen werden nicht als Idylle, sondern als Hölle auf Erden beschrieben, mit Phasen der Vereinsamung – der Verfrostung. Bernhard gilt plötzlich als eine der großen Begabungen der deutschsprachigen Literatur. Ingeborg Bachmann konstatiert: „In all den Jahren hat man sich gefragt, wie wird es wohl aussehen, das Neue? Hier ist es, das Neue."

1972 Premiere. *Der Ignorant und der Wahnsinnige* bei den Salzburger Festspielen.

Zwei Jahre nach Erscheinen erhält Bernhard für *Frost* – in dem der „Staat d a s Bordell Europas" ist – den Bremer Literaturpreis. Die 10.000 Mark Preisgeld verwendet er für den Kauf eines verrotteten Bauernhofs im oberösterreichischen Ohlsdorf über Vermittlung des „Grundstücksgeschäftemachers" Hennetmair, der bald zu einem engen Vertrauten werden soll. In einem Buch erzählt er von Begegnungen mit Bernhard: „Zweitausend Abende müssen's wohl gewesen sein." Darunter auch relativ belanglose wie zu Silvester 1972: „Rundherum krachten die Böller, als ich Thomas zum Wagen begleitete. Thomas ließ einen Furz und sagte: ‚Jetzt fahre ich wie ein Knallfrosch nach Hause'."

Die Mentalität der Österreicher ist wie ein Punschkrapfen: Außen rot, innen braun und immer ein bisschen betrunken.

Thomas Bernhard

Fast ein Jahrzehnt dauert die Restaurierung des Vierkanters Obernathal 2. Der mächtige Besitz bleibt sein lebenslanges Hauptquartier, wo er vor allem mit Montaigne, Schopenhauer, Pascal und Kant verkehrt. Das Dichterrefugium entwickelt sich bald zum Ziel fanatischer Bernhard-Jünger: „So wie sie früher Affenschauen gegangen sind", gehen sie jetzt „Dichterschauen … Ich schaue dann wie ein Verrückter hinterm Vorhang hervor." Noch heute ist der Vierkanthof viel besuchte Pilgerstätte, nach deren Besuch man sich im Wirtshaus mit *Thomas-Bernhard-Frittatensuppe,* die man aus dem *Theatermacher* kennt, stärkt: „Klare Suppen ja, gebundene Suppen nein!"

Für die 5.000 Mark des Julius-Campe-Preises kauft Bernhard einen Triumph Herald mit roter Lederpolsterung. Doch der britische Klassiker erleidet nach nur 1.200 Kilometern an der istrischen Küste einen Totalcrash. Der Lenker Bernhard landet blutüberströmt im Krankenhaus von Opatija.

Hauptstreitpunkt zwischen der Diva Bernhard und seinem Verlags-Chef Unseld ist immer das Geld. Die Verhandlungen eskalieren oft zu einer Art Bernhard-Dramolette. Der Briefwechsel der beiden bestätigt dies. Er fordert „40.000 (in Worten: vierzigtausend) Mark; weil ich es eilig hatte, in zwanzig Minuten. Angeblich hatte Unseld zu diesem Zeitpunkt, wie seine Frau mir neunzehn Jahre später versicherte, vierzig Grad Fieber gehabt. Ich forderte also … für jeden Fiebergrad des Verlegers … tausend Mark."

Für Unseld ist Bernhard „sicher ein Genie, aber auch mit den Gefahren eines Genies geschlagen – Maßlosigkeit, Irrealität – und bereit, in materiellen Dingen immer seinen Partner zu erpressen …" Ständig geht es um Vorschüsse, Darlehen, Steuerschulden und Hypotheken auf Bernhards Haus: „Nur Geld, nur von Geld lässt er sich bewegen." Als sich 1968 sein Roman *Verstörung* als Ladenhüter erweist, schreibt er an Unseld: „Dass ein so großer und guter Verlag wie der Ihre nicht mehr als 1.800 Exemplare verkaufen hat können, ist so absurd … Denn selbst wenn ich ganz allein mit meinem Rucksack durchs Land ginge, verkaufte ich in vier Wochen mehr." Ein anderes Mal droht er: „Wenn ich nichts habe, muss ich … arbeiten gehen. Dagegen habe ich nichts, im Gegenteil: Holzhacken oder Ähnliches ist mir die längste Zeit lieber als Schreiben."

Sein Stück *Der Ignorant* und *der Wahnsinnige* geht bei den Salzburger Festspielen 1972 als *Notlicht-Skandal* in die Theatergeschichte ein. Am Ende habe es vollkommen finster zu sein – auch die Notbeleuchtung müsse gelöscht sein, fordert Bernhard. Trotz feuerpolizeilicher Bedenken gesteht man ihm dies

1988 Uraufführung von *Heldenplatz* am 4. November im Wiener Burgtheater.

während der Generalprobe zu. Bei der Premiere brennen die Lämpchen – der Autor zieht das Stück zurück.

„Der deutschen Literatur bitterster Prophet."
Marcel Reich-Ranicki

Mit dem Stück *Heldenplatz* löst Bernhard drei Monate vor seinem Tod den größten Theaterskandal der Zweiten Republik aus. Zwischenrufe, Pfiffe, Proteste. Vor das Burgtheater kippt man eine Ladung Pferdemist. Die Geschichte der Nazi-Vergangenheit des Landes spaltet die Nation. Der zynische Meister der Übertreibung etabliert sich endgültig als Staatsfeind Nummer eins und genießt, schon sterbenskrank, das mehr als dreißig Minuten dauernde Buh- und Jubelkonzert nach der Premiere auf der Bühne.

„An diesem toten Giganten wird niemand vorbeikommen."
Elfriede Jelinek

Thomas Bernhard, ein geliebter Nestbeschmutzer, ein Zyniker, der polarisiert. Er fasziniert und verstört. Ein Virtuose poetischer Schmähreden, ein Meister mitunter haarsträubender Verallgemeinerungen. Die oft witzigen Tiraden werden vom narzisstischen Nörgler zur Kunstform erhoben, von einem unnahbaren, unsicheren Menschen mit schmalen, misstrauischen Augen voller Scheu – aber auch Arroganz, voller Verletzlichkeit – aber auch Schroffheit. Er ist ein Mensch mit dem Hang zur Morbidität, den ein Leben lang die Aura eines Geheimnisvollen umgibt.

Für Marcel Reich-Ranicki ist er „der deutschen Literatur bitterster Prophet". Elfriede Jelinek meint: „An diesem toten Giganten wird niemand mehr vorbeikommen." Für den jungen Peter Handke ist er „der Begabteste von uns allen, das Vorbild, von dem ich dachte, ich könnte es erreichen", bis Mitte der 1980er-Jahre aus Bewunderung Hass wird: Was Bernhard schreibt, sei „keine Literatur", seine Bücher seien „sträfliche Machwerke". 2006 legt Handke nach: Thomas Bernhard habe „seine Schreiberseele dem Teufel verschrieben". Daniel Kehlmann über das Skandalbuch *Holzfällen:* „Ein Prosakunstwerk über die Wirklichkeit und deren Verzerrung, bestimmt von Witz und Brillanz, bestimmt aber auch von seltener Gehässigkeit und einer Reihe außerliterarischer Zwecke." Für den umstrittenen deutschen Autor Maxim Biller ist Bernhard ein „opportunistischer Kaffeehaus-Schreihals". Der Satiriker Werner Schneyder fällt ein eindeutiges Urteil: „Die Prosa des Thomas Bernhard lebt von Denunziation. Seine Musikalität ist die der Osterratsche. Seine als Theater verkauften Monologe sind fade, also abonnentenfreundlich."

Im Jänner 1989 lässt Thomas Bernhard noch einen neuen Herd in seinem Haus in Ohlsdorf einbauen und kontrolliert vom Sterbebett aus die Arbeiten anhand von Polaroids. Und er verfasst seinen letzten Text: einen Leserbrief an die Lokalzeitung zur Erhaltung der Gmundner Straßenbahn. Schlaflose Nächte. Die Angst, ersticken zu müssen. Der Wunsch, noch einmal aus dem Nebel in die Sonne hinauszukommen. Thomas Bernhard stirbt am 12. Februar um 7 Uhr früh. Sein Tod wird erst nach dem Begräbnis bekanntgegeben. Der 58-Jährige hat sein Ende perfekt inszeniert – noch über den Tod hinaus: Im Testament verbietet er sich die Aufführung und Publikation seines Werkes in Österreich: „Ausdrücklich betone ich, dass ich mit dem österreichischen Staat nichts zu tun haben will …"

Am Grinzinger Friedhof wird Thomas Bernhard neben der 37 Jahre älteren Hedwig „Hede" Stavianicek beerdigt, seinem „Lebensmenschen". Gruppe 21, Reihe 6, Nr. 1. Nur ein paar Trauergäste sind gekommen. Darunter die beiden Halbgeschwister und Claus Peymann. Noch viele Jahre erscheint regelmäßig jede Woche eine Dame in Schwarz und legt einen weißen Rosenstrauß auf sein Grab.

1989 Tod.
12. Februar in seiner Gmundner Wohnung.

Der erfolgreiche, visionäre Romancier Hugo Bettauer kämpft während der 1920er-Jahre für Frauenrechte, gleichgeschlechtliche Liebe und gegen das Abtreibungsverbot. Der provozierende Publizist und hemmungslose Freigeist wird zum ersten namhaften Todesopfer des Nationalsozialismus in Österreich.

Hugo Bettauer

Visionär, Erfolgsschriftsteller, Herausgeber eines umstrittenen Aufklärungsmagazins: Hugo Bettauer.

Seelentröster, Sozialarbeiter, Skandalautor

Wien-Josefstadt. Lange Gasse 7. Hochparterre. 10. März 1925. Gegen 15 Uhr. Der Publizist Hugo Bettauer hält in den Redaktionsräumen seines Aufklärungsmagazins *Bettauers Wochenschrift* eine der regelmäßigen Sprechstunden seiner „Seelenordinationen" ab. An der Tür 6 läutet es. Eine Sekretärin öffnet, ein kleiner, schlanker Mann mit blondem Schnurrbart und fanatischem Gesichtsausdruck, der 21-jährige arbeitslose Zahntechniker Otto Rothstock, stürmt in das Büro des Herausgebers und sperrt die Tür hinter sich zu.

Der rabiate rechtsradikale Dentist zieht eine Pistole, zielt zuerst auf den Arm Bettauers, „um ihn in Zukunft am Schreiben zu hindern". Das Opfer versucht vergeblich, die

1872 Geburt. 18. August in Baden bei Wien.

Schreibtischlampe gegen den Attentäter zu schleudern, die nächsten drei Schüsse strecken ihn aus kürzester Entfernung nieder. Danach zerreißt Rothstock wie besessen alles, was ihm in die Hände kommt: Briefe und Bücher, Fotos und Manuskripte. Er lässt das „perverse Kloakentier", sein blutüberströmtes Attentatsopfer, am Boden liegen, wartet gefasst, bis Polizeibeamte den Tatort erreichen und ergibt sich widerstandslos: eine Szene wie aus einem der Kriminalromane Hugo Bettauers.

Während der Überfallene noch im Krankenhaus liegt, kommt es im Wiener Gemeinderat zu einer wüsten Diskussion über seine Publikationen: „Noch nie zuvor gab es eine derartige Flut an Pornografie." Sogar Bundeskanzler Ignaz Seipel beteiligt sich an der Debatte, die in handgreiflichen Auseinandersetzungen mündet. Einige Zeitungen verteidigen das Attentat, schüren den Groll der Antisemiten, die Hakenkreuz-Presse spricht von einem „Volksurteil" an Bettauers „ jüdischem Asphaltjournalismus", während der Täter als „Rächer tiefverletzter innerer Keuschheit" apostrophiert wird. Sechzehn Tage später stirbt Hugo Bettauer an den Folgen des Attentats. Als das erste namhafte Todesopfer des Nationalsozialismus in Österreich. Der Todesschütze, der später von Rechtsanwalt Walter Riehl, Mitbegründer der NSDAP in Wien, verteidigt wird, behauptet, er habe ein „Fanal gegen die Sittenlosigkeit eines Autors setzen wollen, der durch sexuell freizügige Schriften berühmt wurde". Der Attentäter wird freigesprochen, nach „Steinhof" eingewiesen und nach 18 Monaten als „geheilt" und wohlhabend entlassen: Jurist Riehl sammelte inzwischen Geld für ihn.

Was wirft man Bettauer vor? 1924 gründet der manische Vielschreiber, der sich als „oberster Sozialarbeiter und Seelentröster Wiens" sieht, eine eigene Zeitschrift: *Er und Sie – Wochenschrift* für Lebenskultur und Erotik. Für viele ist das freizügige, freigeistige Magazin ein sittenwidriges Skandalblatt. Bettauer will Aufklärung ohne Tabus vermitteln und bei „Problemen des Lebens", auch sexuellen, helfen.

Vorwegnahme des Nazi-Terrors

Mit für die damalige Zeit brisanten Zielen: „Die Frau soll gleiche Rechte genießen. Ehen soll man auf Probe schließen können. Schwangerschaftsunterbrechungen sollen erlaubt sein. Homosexualität unter Erwachsenen soll nicht bestraft werden, Prostituierte sollen sozial nicht ausgegrenzt werden", sind die Hauptforderungen in den Leitartikeln Bettauers. Provokante, provozierende Themen während der frühen 1920er-Jahre. Weiter hinten im Blatt findet man freizügige Fotos, einen Fortsetzungsroman und Ratgeber-Kolumnen mehrerer Ärzte.

> Die Beziehungen zwischen Mann und Frau sollen aus dem Sumpf einer verlogenen Pseudomoral zur sittlichen, freien Höhe emporgehoben werden.
>
> Hugo Bettauer

Nach nur fünf Ausgaben im „Kampf für eine erotische Revolution" muss das Erscheinen des Magazins eingestellt werden. Sein Herausgeber wird wegen Vergehens gegen die öffentliche Sittlichkeit und gewerbsmäßiger Kuppelei – er veröffentlicht auch Kontaktannoncen – angeklagt. Doch

1922 Romanerfolg. *Die Stadt ohne Juden.*

1924 Skandalzeitschrift. Erste Ausgabe von *Er und Sie.*

bald erscheint das Nachfolgeblatt *Bettauers Wochenschrift – Probleme des Lebens* und wird mit einer verkauften Auflage von mehr als 60.000 Exemplaren zu einem Riesenerfolg.

Hugo Bettauer, der Sohn eines Lemberger Börsenmaklers, der gemeinsam mit Karl Kraus das Gymnasium besucht hat und als Achtzehnjähriger vom jüdischen zum evangelischen Glauben konvertiert ist, schreibt Romane wie am Fließband. Allein 1922 erscheinen fünf seiner Bücher. Kriminalromane mit plakativen Titeln wie *Hemmungslos, Das entfesselte Wien* oder *Die schönste Frau der Welt*. Seine Kolportageromane bergen aber auch politischen Sprengstoff. Es sind Geschichten vom Abgrund des Daseins mit oft auch komischen Verstrickungen. In einem Kaleidoskop von Adeligen und Arbeitslosen, Neureichen und Kriegsheimkehrern, Schiebern, Spekulanten und Hasardeuren.

„Kampf für eine erotische Revolution"

Bettauer schreibt sozialkritische und leicht lesbare (Trivial-)Literatur. In seinen mehr als 20 „Wiener Sittenromanen" zeichnet er ein grelles, klischeehaftes Bild vom Glanz und Elend der Zwischenkriegszeit, darunter Bestseller wie *Die freudlose Gasse* über die Verelendung des Bürgertums, das Schmuck versetzen und Zimmer vermieten muss, um sich seiner Proletarisierung entgegenzustemmen. In der Verfilmung von Georg Wilhelm Papst 1925 spielt eine junge, noch unbekannte Schwedin die Hauptrolle – Greta Garbo.

In seinem populärsten Buch *Die Stadt ohne Juden. Ein Roman von Übermorgen*, einem Bestseller, der mehr als 250.000 Mal verkauft wird, schildert Bettauer bereits 1922 visionär, wie sich Wien entwickeln würde, wenn alle Juden auswandern müssten, wenn die Stadt von allem gesäubert wird, was als „verjudet" gilt: Börse, Banken, Redaktionen, Theater, Kaffeehäuser.

Hugo Bettauer erkennt den rasant wachsenden Judenhass und die Brisanz des Themas, lange bevor es zur Realität wird. In seiner finsteren Fantasie hat der Autor die Schreckensvision des Nazi-Terrors vorweggenommen. Und erzählt in seinem Roman von einer Zukunft, die er noch nicht kennen kann. Seine Gegner werfen ihm vor, er habe erstaunlich gedankenlos Stereotypen übernommen, mit denen der wachsende Antisemitismus seine Propaganda auflädt.

Bereits 1924 wird auch diese Romanvorlage verfilmt. Der provozierende Stummfilm, in dem Hans Moser eine seiner ersten Rollen spielt, wird zu einem Kassenschlager: In Wien läuft der Film, der zum ersten Mal das Thema Antisemitismus aufgreift, in fünf Kinos gleichzeitig, später weltweit, von Berlin bis New York. Immer wieder von rechtsradikalem Protestgeschrei und Rauchbomben begleitet.

Nach fast 100 Jahren wurden von einem Cineasten die *Stadt ohne Juden*-Filmrollen zufällig auf einem Pariser Flohmarkt gefunden und mit Hilfe von Crowdfunding restauriert. Rechtzeitig zum Jubiläum der Republik wird jetzt das prophetische Filmdokument gezeigt. Ohne Protestgeschrei und Rauchbomben.

1925 Filmerfolg. *Die freudlose Gasse.*

1925 Tod. 26. März in Wien.

Der Satiriker, Schriftsteller und Kritiker Franz Blei gilt als Entdecker und Förderer von Autoren wie Musil, Rilke, Hofmannsthal oder Kafka. „Exzessiv leben und das Gleichgewicht nicht verlieren" ist die Maxime seines Lebens. Die Leichtigkeit eines Lebemanns bleibt Freunden und Widersachern in Erinnerung.

Franz
Blei

Vergessener Literat mit Lust am Affront: Franz Blei.

Dandy, Dichter, literarischer Spürhund

Die angesehene englische *Times* kann vor zehn Jahren von einer Sensation berichten: Einer der ganz großen Schriftsteller des 20. Jahrhunderts, der scheue, sensible Franz Kafka, war Besitzer einer Pornosammlung, obszönen Zeitschriften, die er in einem versperrten Bücherschrank vor seinen Eltern versteckte. Wenn sich Kafka auf Reisen begab, nahm er den Schlüssel mit.

Der britische Germanist James Hawes beschreibt den „Skandalfund": „Das sind keine neckischen Postkarten vom Strand, das ist handfester, richtiger Porno." Klaus Wagenbach – der genau fünfzig Jahre, bevor diese „literarische Sensation" in England publik wird,

1871 Geburt. 18. Jänner in Wien.

bereits in seiner Biografie über den jungen Kafka und seine Leidenschaften berichtet – schreibt auch von den Pornos des Prager Schriftstellers.

Kafkas Lieferant der „schamlosen Schmutz- und Schundsammlung“ ist Franz Blei, einer der vielseitigsten Literaten seiner Epoche. Und der Herausgeber anspruchsvoller Magazine wie *Der Amethyst* und *Die Opale,* die zwischen 1905 und 1907 erscheinen und ausschließlich Subskribenten wie Franz Kafka zugänglich sind. In jener Zeit werden sie als freizügige Literatur schnell zum Skandal hochstilisiert, ähnlich wie auch Arthur Schnitzlers *Reigen,* der fünf Jahre zuvor nur als Privatdruck für 200 Freunde veröffentlicht wurde.

In den von Blei herausgegebenen Zeitschriften kommen Dichter wie Casanova, Goethe, Gottfried Keller, Rimbaud und Robert Walser zu Wort. Illustrationen stammen vom Jugendstilkünstler Aubrey Beardsley, dessen Gegner ihn hasserfüllt mit Unzuchtsbeschuldigungen verfolgen. Das macht den im Alter von 25 Jahren an der Côte d'Azur verstorbenen Briten „fröhlich, denn er hatte, was er wünschte: Berüchtigtheit“, stellt Herausgeber Franz Blei fest.

Nach dem Erscheinen des *Amethyst* und der *Opale* bringt der unermüdliche Magazineur Blei zwölf Hefte der Zeitschrift *Hyperion* heraus. Die kurzlebige, aufwendig produzierte Literaturrevue in einer Auflage von nur 1.000 Exemplaren ist auf englischem, weichem Pergament, eine Vorzugsausgabe auf handgeschöpftem Büttenpapier gedruckt. Dazu liefern die Wiener Werkstätten Einbände in Leder. Viele Texte später bekannter Autoren erscheinen erstmals in diesem exklusiven Magazin, darunter die ersten acht Prosastücke von Franz Kafka.

Der vielseitige, zerrissene Schriftsteller, Übersetzer, Kritiker, literarische Spürhund, Satiriker und Sozialphilosoph beantwortet die Rundfrage eines Magazins über die Maxime des Lebens: „Exzessiv leben und das Gleichgewicht nicht verlieren. Sich charakterologisch nicht von Beruf bestimmen lassen, von keinem!“

Hellwacher Kulturvermittler und Wegbereiter des modernen Romans

Der längst in Vergessenheit geratene Franz Blei gilt als einer der gebildetsten und leidenschaftlichsten Kulturvermittler, als hellwacher Wegbereiter des modernen Romans im 20. Jahrhundert. Robert Musil meint: „Man kommt an Blei nicht heran … schon deshalb nicht, weil es alles in allem eines der umfangreichsten heutigen Lebenswerke ist, und sein Autor … zu den Zurückhaltenden, den Konzentrierten, den Feinden der schriftstellerischen Wichtigtuerei gehört.“

Werke wie *Die Puderquaste. Ein Damen-Brevier. Aus den Papieren des Prinzen Hippolyt, Frauen und Abenteurer, Himmlische und irdische Liebe in Frauenschicksalen* oder auch die Hindemith-Oper in einem Akt *Das Nuschi-Nuschi,* für die Blei das Libretto schreibt, kennt heute niemand mehr.

> Es gibt immer einen Besiegten in der Liebe: den, der mehr liebt.
>
> Franz Blei

Der rätselhafte Dichter und Denker verfasst nur einen, bis heute lieferbaren Bestseller: *Das große Bestiarium der Literatur.* Unter dem Pseudonym Peregrin Steinhövel porträtiert er voller Brillanz und Spott Schriftsteller als exotische Insassen eines Tiergartens. Am berühmtesten ist seine

1903 Erste Texte. *Prinz Hyppolit* und andere Essays.

1920 Bekanntestes Werk. *Das Bestiarium der deutschen Literatur.*

Charakteristik Kafkas geworden: „Die Kafka ist eine sehr selten gesehene, prachtvolle mondblaue Maus, die kein Fleisch frißt, sondern sich von bitteren Kräutern nährt. Ihr Anblick fasziniert, denn sie hat Menschenaugen." Und auch Franz Blei selbst kommt in der literarisch-zoologischen Sammlung vor: „Der Blei ist ein Süßwasserfisch, der sich geschmeidig in allen frischen Wassern tummelt."

Im Vorwort zur vierten Auflage schreibt er, dass sich 7.445 Schriftsteller entrüsten, weil sie im Bestiarium, diesem „unmenschlichen Buch" nicht vorkommen: „Sie seien erwähnt, damit sie vorkommen."

Katholik und Revolutionär, Dandy und Erotomane

Der bedeutende Publizist, dessen Lust am Affront sein Leben bestimmt, ist Katholik und Revolutionär, aber auch einer der schillerndsten Dandys der 1920er-Jahre. Eine jener exaltierten Figuren, die „vor einem Spiegel leben und schlafen müssen", wie es Charles Baudelaire formuliert. Ein Dandy wie Oscar Wilde, dessen Werke wie *Bunbury* Franz Blei ins Deutsche überträgt.

Blei ist Erotomane. Er verschleißt Frauen und das väterliche Erbteil. Sein *Lehrbuch der Liebe und Ehe* widmet er jenen Geliebten, „die mich im Guten oder im Bösen nicht vergessen haben" mit einem altitalienischen Zitat als Leitspruch: *Di' che 'n domandi Amor, che sa lo vero* – „Wer nach der Liebe fragt, weiß die Wahrheit." Nicht nur bei der Tänzerin Jenny Gilbert, die „eine völlig unerklärliche Anziehung auf mich geübt hatte", kommt Blei ins Schwärmen: „Das weichfließende, hochgeschlitzte korallrote Kleid gab der schlanken Plastik und der wollüstigen Grazie der Tänzerin prachtvollen Ausdruck. Hier hatte wahrhaft die Natur ein Äußerstes getan, das Meisterstück einer Frau zu bilden." Doch die Tänzerin „hatte mir sagen lassen, daß sie weder Anlaß noch Bedürfnis habe, mich kennenzulernen. So kam zur Neugierde das Begehren."

Franz Blei ist ein leicht anzuregender Geist. Doch vor allem ist er ein empfindsamer Dichter, der auch als Kritiker für die Entwicklung der Literatur seiner Zeit entscheidend ist. Ein einflussreicher Kulturvermittler – heute würde man Netzwerker sagen –, der durch Extravaganzen auffallen will. Wie mit einer kurzlebigen Zeitschrift und der programmatischen Parole, die er mit seinem Freund Albert Paris Gütersloh ausruft: „Es lebe der Kommunismus und die katholische Kirche." Die Herren träumen allerdings von einem Paradies totaler gesellschaftlicher und erotischer Freiheit …

Der Polyhistor Blei ist nur peripher mit seiner Geburtsstadt Wien verbunden. Das künstlerische Multitalent lebt meist in ferneren Ländern und näheren Städten wie München, Berlin oder Paris. Als Förderer der Expressionisten, als erster Übersetzer von Whitman, Claudel und Gide bringt er bei seinen gelegentlichen Aufenthalten in Wien Weltoffenhaft in die „sich immer verengendere Atmosphäre mit und intensiviert das kreative Klima" (Hilde Spiel). Manche wie Arthur Schnitzler verachten den „talentverlassenen Hochstapler" allerdings.

1932 verlässt Blei – obwohl er aus rassischen Gründen nicht verfolgt wird – Deutschland, ohne je wieder zurückzukehren. Er lebt vier Jahre auf Mallorca, mit Ausbruch des Spanischen Bürgerkriegs beginnt eine leidvolle Odyssee, die ihn über Wien, Italien, Frankreich und Portugal nach New York führt. Hier stirbt der früher leichtlebige Lebemann 1942 in einem Armenkrankenhaus.

1930 Autobiografie.
Erzählung eines Lebens.

1942 Tod.
10. Juli in Westbury, New York.

Es genügt ihm nicht, nur Dichter zu sein. Hermann Broch sieht sich als Gewissen seiner Zeit. Er will auf den Sinn des Lebens aufmerksam machen. Kaum ein anderer Literat des 20. Jahrhunderts hat das Vakuum von Werten derart präzise beschrieben. Politische Gleichgültigkeit sei „ethischer Perversion recht nah verwandt“.

Hermann Broch

Ein großer Literat, dessen Romane in Vergessenheit geraten sind: Hermann Broch.

Ewig rastloses Universalgenie

Das nennt man Pech. Als in der Buchbeilage der *New York Times* auf der Titelseite eine hymnische Kritik über seinen Roman *Der Tod des Vergil* erscheint, kann sie niemand lesen: Wegen eines Streiks wird die Zeitung am 8. Juli 1945 nicht ausgeliefert.

Hermann Broch ist ein von Kollegen bewunderter Schriftsteller, ein Universalgenie, Aldous Huxley attestiert ihm „unfehlbare Virtuosität" und Thomas Mann schlägt ihn für den Nobelpreis vor. Literaturkritiker vergleichen ihn mit Gide, Joyce, Kafka und Musil. Broch bleibt aber lebenslang ein literarischer Geheimtipp, ein hochgeschätzter, vielzitierter, zu wenig gelesener Dichter – der auch viel Pech hat.

1886 Geburt.
1. November in Wien.

Am Durchbruch, am finanziellen Erfolg, schlittert er immer knapp vorbei. Wie schon bei seinem ersten Roman *Die Schlafwandler,* durch den er plötzlich zur Avantgarde zählt: Als er endlich die aufreibende, jahrelange Arbeit an dieser Trilogie beendet hat, sind am Horizont längst die dunklen Wolken des Dritten Reichs aufgezogen. Er sei „kein Pessimist", meint Broch, „aber ich mach mich mit dem Gedanken vertraut, dass Die Schlafwandler über den literarischen Erfolg nicht hinausgelangen werden."

Ich weiß nicht, ob Dichten heute noch eine legitime Lebensäußerung ist. Ob das, was man zu sagen hat, nicht auf ganz anderem Weg und viel lebendiger in die Zeit wirken müßte.

Hermann Broch

Hermann Broch sieht sich als das Gewissen seiner Zeit. Es genügt ihm nicht, nur Dichter zu sein. Die wichtigste Aufgabe, die er sich mit seinem Werk stellt, ist, in einer Zeit des Werteverfalls den Menschen wieder auf den Sinn des Lebens aufmerksam zu machen. Die Radikalität, die Konsequenz seines Denkens sind eindrucksvoll. Kaum ein Dichter des 20. Jahrhunderts hat das Dilemma von Unmenschlichkeit, das Vakuum von Werten erkannt und beschrieben wie er. Politische Gleichgültigkeit sei „ethischer Perversion recht nah verwandt". Brochs Romanfiguren sind von Angst, Einsamkeit und Gleichgültigkeit geprägt. Er ahnt lange vor der „Hitler-Katastrophe", wohin dessen Ideologie führen wird. Nach dem „Anschluss" ist der konvertierte Jude Broch einer der ersten Verhafteten, kann aber 1938 fliehen: Mit der Unterstützung von Albert Einstein, James Joyce und Thomas Mann gelingt ihm die Emigration nach England, danach nach Amerika.

Ein ewig Rastloser, ein unglücklich Getriebener

Seine Freunde sind von Brochs Bildung, Charme, Noblesse und Empathie beeindruckt. Aber sie beschreiben ihn auch als einen Menschen mit mystischen Augen, dessen „großer Frauenverbrauch keinen Platz mehr für das sogenannte Leben" lässt. Er selbst meint, „jede Frau wollte mich dazu benützen, ihrem eigenen kleinen Leben einen Inhalt zu geben".

Broch ist ein ewig Rastloser, ein unglücklich Getriebener – permanent in Eile, immer gehetzt. Elias Canetti lernt ihn zu Beginn der 1930er-Jahre kennen: „Die Eile, in der man ihn sah, wenn man ihn zufällig auf der Straße traf, war sein einziger Schutz. Er sagte als erstes ... *Ich bin in Eile,* er bewegte die Arme, seine abgestutzten Flügel, so als ob sie sich zum Flug erheben möchten, schlug mit ihnen ein paarmal und senkte sie dann mutlos wieder ... Ich sah ihm manchmal nach: seine Pelerine hob sich im Wind wie Flügel. Er sah nur rasch aus, ohne wirklich rasch zu sein."

Brochs lebenslange Unruhe ist auch Ausdruck seines labilen psychischen Zustands. Psychosomatische Beschwerden wie „erniedrigende Darm-Krämpfe und -Insuffizienzen" belasten ihn massiv und treiben ihn in langjährige Psychoanalyse: Immer wieder betont er, dass er für die Dauer der Analyse „jede Frauenbeziehung und jede Arbeit ausschalten müsse".

1930 Romantrilogie. Erster Teil *Die Schlafwandler.*

1945 Opus. *Der Tod des Vergil.*

Hermann, ein scheuer, introvertierter Bub leidet unter dem schlechten Verhältnis zu seinen Eltern. Von Liebe und Geborgenheit ist nichts zu spüren – „Ä Kind gehört gestraft!“, ist die Erziehungsmaxime im Hause Broch. Der Vater stammt aus ärmlichsten Verhältnissen mährischer Juden und erwirbt bald Fabriken und Spinnereien, baut ein kleines Imperium in der österreichischen Textilindustrie auf.

In der Realschule wird Hermann „Tüchtigkeit eingebläut“ und das „Linkshändertum weggeprügelt“. 1906 kauft Brochs Vater, der bereits um die Jahrhundertwende Millionär ist, nach einem Streik der Arbeiter die Spinnfabrik Teesdorf. Bereits ein Jahr später tritt Hermann, kaum 21-jährig, als Assistenzdirektor – ohne Gehalt – in die Fabrik der Familie ein. Vom Vater gezwungen, trotz seiner tiefen Abneigung gegen alles Kaufmännische. Tagsüber arbeitet Hermann in der Fabrik, danach flüchtet er sich in sein Privatstudium. In einer Fachbibliothek mit tausenden Bänden widmet er sich zu Hause mathematisch-logischen, später auch philosophischen Problemen. Spannungszustände werden zum Antrieb seiner abendlichen und nächtlichen Arbeit.

Täglich etwa 14 Stunden an der Schreibmaschine

Er besucht Vorlesungen an der Wiener Universität, bleibt aber immer Autodidakt. Und versucht diesen Umstand, den „aufreibenden zähen Kampf gegen den eigenen Dilettantismus“ mit „täglich etwa 14 Stunden an der Schreibmaschine“ zu kompensieren. Am Ende seines Lebens arbeitet er jeden Tag bis zu achtzehn, neunzehn Stunden. Er ist sich bewusst, dadurch „Selbstmord auf Raten“ zu begehen.

Trotz zwanghafter, unersättlicher Arbeitsgier heiratet Hermann 1909 – gegen den Widerstand ihrer Eltern – das verwöhnte Fräulein Franziska von Rothermann. Hermann lernt bald Fechten, Tennis und Reiten – und versucht, dem aus Hamburg stammenden, reichen, großspurigen Zuckersieder Rothermann zu imponieren. Die Mitgift von 100.000 Kronen wird zum Ausbau der Fabrik in Teesdorf verwendet. Die Ehe hält vier Jahre.

1918 verliebt sich Hermann in die zehn Jahre ältere Wienerin Ea von Allesch. Elias Canetti kennt ihre gefährlich-gewinnende Art: „... so daß man sich gleich ein wenig vor ihr fürchtete. Es war, als hätte sie, ohne es zu merken, ihre Krallen in einen geschlagen.“ Die Modejournalistin, die für Magazine wie *Kleiderkasten* schreibt, ist stolz, als „ungekrönte Königin des Café Central“ Muse von Musil bis Polgar zu sein. Sie hat feuerrotes Haar, ihre Auftritte sind nicht frei von hysterischen Anwandlungen. Ea wird zur Langzeit-Geliebten Brochs, ihr ist es auch zu verdanken, dass er seine Tätigkeit in der Spinnerei Teesdorf aufgibt.

(Verlorene) zwanzig Jahre leitet Hermann widerwillig die Fabrik seines Vaters – bis er sich erst im Alter von 40 Jahren entschließt, nur mehr als „geistiger Mensch“ zu leben und mit dem „Geschichtel-Erzählen“ beginnt. In den nächsten 25 Jahren wird Broch zu einem der produktivsten Dichter, dem ein Leben nicht zu reichen scheint. Ein rastloses Universalgenie, dessen Stellenwert meist nur von Kollegen und Kritikern erkannt wird.

Immer wiederkehrende Herzattacken können die manische Intensität seiner Arbeit nicht beeinflussen. An einem Morgen im Mai wird Hermann Broch in Amerika vom Milchmann auf dem Fußboden liegend tot aufgefunden. Sein Herz hat aufgehört zu schlagen. Im Wohnzimmer steht ein fast fertig gepackter Koffer. Im Juni wollte Broch nach dreizehn Jahren wieder Europa sehen. Das erste Mal nach seiner Vertreibung aus Österreich.

1950 Weltruhm.
Letztes Buch
Die Schuldlosen.

1951 Tod.
30. Mai in New Haven,
Connecticut.

Einer der fast vergessenen Dramatiker, die ein Leben lang der Stimme ihres Gewissens gefolgt sind. Thomas Mann ist von Franz Theodor Csokor beeindruckt und Hilde Spiel schreibt über den kosmopolitischen PEN-Club-Präsidenten in ihrem Nachruf: „Wien hat eine große Figur verloren … eine Zeit ging mit ihm dahin.“

Franz Theodor Csokor

Ein Dramatiker in einem chaotischen Dschungel von Briefen, Büchern, Manuskripten: Franz Theodor Csokor.

Kronzeuge für die ewige Wahrheit

„Um Himmels Willen, wie kann ich das wiedergutmachen?", sagt das kaum 20-jährige Mädchen Lina Obertimpfler, nachdem sie ein skandinavisches Döschen, das ihr Adolf Loos am „Löwenbräu-Altenberg-Stammtisch" zeigt, fallen gelassen hat. „Indem sie mich heiraten", meint der Architekt. Die Ehe mit dem zwölf Jahre älteren Loos hält immerhin drei Jahre.

Lina Loos, die Erbin des Cafés Casa Piccola am Beginn der Mariahilfer Straße, ist als stadtbekannte Figur voller Raffinement bekannt und als Muse von Literaten wie Peter Altenberg, Egon Friedell und Arthur Schnitzler. Der letzte, enge, ehrliche Freund der späteren Schauspielerin sollte eine große, heute fast vergessene Figur des Wiener Geisteslebens

1885 Geburt.
6. September in Wien.

werden: Franz Theodor Csokor. Bis zu Linas Tod im Jahr 1950 ist der stille, unbestechliche Eigenbrötler der sinnlichen Schönheit verbunden. Er ist ihr letzter Lebensfreund, der ihr auch die Totenmaske abnehmen lässt.

Csokor, der nach dem Krieg von einer minimalen Ehrenrente lebt, verschanzt sich in seiner kleinen Wohnung in der Neulinggasse hinter einem chaotischen Dschungel von Briefen, Büchern und Manuskripten. Fern von pedantischer Ordnung. Sein Freund Alfred Polgar erkundigt sich bei einem Besuch höflich „Würde es Sie stören, lieber Csokor, wenn ich die Asche in den Aschenbecher streue?" An der Wand in der Wohnung des lange unterschätzten Literaten und überzeugten Humanisten hängt die Totenmaske von Lina Loos. Ihr hat er während seiner Zeit im Exil regelmäßig Briefe geschrieben, die auch voll von poetischen Liebeserklärungen waren.

Als der Eigenbrötler Franz Theodor Csokor 1969 im 84. Lebensjahr in einem der schneereichsten Winter seit dem Beginn der Wetteraufzeichnungen stirbt, wird er spät und wie nie zu Lebzeiten gewürdigt: Das deutsche Nachrichtenmagazin *Der Spiegel* widmet dem „kosmopolitischen PEN-Club-Präsidenten" einen Nachruf. Und Hilde Spiel schreibt am 7. Jänner 1969 in der *FAZ:* „Wien hat eine große Figur verloren, seine Literatur ihren ehrwürdigsten Vertreter, die Welt eine moralische Instanz … eine Zeit ging mit ihm dahin."

Franz Theodor Csokor verkehrt mit all den künstlerischen Bohemiens des Café Central – vom „Afrikaforscher der Alltäglichkeit" Peter Altenberg bis zum scharfsinnigen, schlagfertigen Egon Friedell, dessen Leben ein gespenstisches, tragisches Ende nimmt: Er springt, nachdem SA-Schergen seine Wohnung betreten haben, aus dem Fenster. Während des Sturzes erleidet er einen Herzinfarkt und ist sofort tot.

Knapp vor seinem Freitod besucht ihn Csokor in seiner Währinger Wohnung, um ihn doch noch zur Emigration zu überreden. Resignierend und leise meint der Privatgelehrte Egon Friedell, während er auf seine überbordende Bibliothek und die Türme von Manuskripten deutet: „Und was soll damit geschehen? Das ist mein Leben …"

Bohemien mit dem Café Raimund als Arbeitszimmer

Friedells Freund Franz Theodor Csokor wird 1885 in Wien als Sohn eines Arztes geboren. In jenem Jahr, in dem in Österreich-Ungarn eine gesetzliche Arbeitsregelung – mit maximaler Arbeitszeit von elf Stunden – erlassen wird, Louis Pasteur die ersten Impfungen gegen Tollwut verabreicht und im Theater an der Wien der *Zigeunerbaron* uraufgeführt wird. Csokor, der Name ist ungarisch und bedeutet „Blumenstrauß", wächst in geordneten, gutbürgerlichen Verhältnissen auf, besucht verschiedene Gymnasien in Wien und maturiert schließlich in Mödling.

> Man muß sich eben entscheiden: Gutes Geschäft – oder gutes Gewissen? Ich bin für das zweite …
>
> Franz Theodor Csokor

Wegen seiner frühen literarischen Ambitionen bricht er das Kunstgeschichte- und Germanistikstudium ab. Kaum zwanzigjährig schreibt er Gedichte, wird ständiger Mitarbeiter der humoristisch-satirischen Wochenschrift *Die Muskete* und bereits 1912 veröffentlicht er sein erstes Werk, einen Balladenband. 1915 wird am Deutschen Volkstheater, wo er ab

1912 Erste Publikation. *Die Gewalten, gesammelte Gedichte.*

1937 Größter Erfolg. Uraufführung des Theaterstücks *3. November 1918.*

1922 als Dramaturg arbeitet, sein Mysterienspiel *Der große Kampf* aufgeführt. Das gegenüber liegende Café Raimund wird zu seinem Arbeitszimmer, viele Besprechungen finden hier statt, Friedell, Lina Loos und die Salonière Berta Zuckerkandl sind gern gesehene Gäste.

Während des Ersten Weltkriegs ist Franz Theodor zuerst Soldat an der Ostfront, ab 1916 arbeitet er wie viele andere Literaten – u. a. Polgar, Musil und Zweig – im Kriegspressequartier, der blendend funktionierenden Propagandamaschinerie des k.u.k. Heeres. Hier in der Stiftskaserne schließt er Freundschaft mit Rainer Maria Rilke.

Csokor beginnt als expressionistischer Lyriker und Dramatiker und verfasst ein gewaltiges Œuvre. Der Polyhistor, der sich in der Antike und im Mittelalter bewegt, als lebte er dort, hinterlässt 23 Bühnenwerke, acht Prosabände und fünf Gedichtsammlungen.

Odyssee auf der Flucht vor Hitler

Er folgt ein Leben lang der Stimme seines Gewissens. Für Ödön von Horváth ist Csokor ein „Kronzeuge für die ewige Wahrheit gegenüber der vergänglichen Wirklichkeit". 1933 protestiert er beim PEN-Kongress in Dubrovnik leidenschaftlich gegen die Verfolgung von Schriftstellern und die Unmenschlichkeit des Nazi-Regimes. Die Verbreitung seiner Werke in Deutschland wird verboten. Später weist er alle Annäherungsversuche des deutschen Literaturbetriebes zurück und schreibt an einen Freund: „Man muß sich eben entscheiden: Gutes Geschäft – oder gutes Gewissen? Ich bin für das zweite ..."

Die Machtergreifung Hitlers ist für Franz Theodor Csokor ein tiefer Schock, er ist einer der wenigen Österreicher, die – obwohl aus rassischen Gründen nicht dazu gezwungen – freiwillig ins Exil gehen. Seine permanente Flucht vor den Deutschen wird zur Odyssee. Er emigriert nach Polen, dann nach Bukarest, 1941 flieht er nach Kroatien und wird auf der von Italien besetzten Insel Korčula gefangen gehalten. Auf einem Partisanensegelschiff gelangt er später in den befreiten Teil Italiens, nach Bari. Danach lebt er in Rom und arbeitet für die BBC. 1946 kehrt er in britischer Uniform nach Wien zurück.

1937 wird sein wichtigstes Bühnenwerk *3. November 1918,* ein Requiem auf die österreichisch-ungarische Monarchie, am Burgtheater uraufgeführt und bis zu seinem Tod an jedem Nationalfeiertag gespielt. Eine Genugtuung für Csokor, die ihn aber über den mangelnden Erfolg seiner anderen Dramen nicht hinwegtrösten kann. In dem Nationaldrama, das zum jetzigen 100. Jahrestag an keinem großen Theater aufgeführt wird – nur im Theater Spielraum im früheren Erika-Kino und in Gießhübl veranstaltet man szenische Lesungen –, erleben Soldaten eines Behelfslazaretts in den Karawanken, durch Schneestürme von der Außenwelt abgeschnitten, die Kapitulation der österreich-ungarischen Armee. Thomas Mann ist beeindruckt: „Ein prachtvolles Stück. Es ist mir sehr nahe gegangen, und wie mag es erst den Österreichern ans Herz greifen?"

1955 Einziger Roman. *Der Schlüssel zum Abgrund.*

1969 Tod. 5. Januar in Wien.

Im Kopf des Sprachgenies geht es zu wie in einem Bienenstock. Wie von Gespenstern gepeitscht, geistern wirre Gedanken durch sein Hirn. Der gehemmte Einzelgänger verbirgt sich gerne hinter den Figuren seiner monumentalen Werke: Heimito von Doderer, einer der bedeutendsten Romanciers des 20. Jahrhunderts.

Heimito von Doderer

Heimito von Doderer vor der Strudlhofstiege, Schauplatz seines ersten Romanerfolges.

Dämonen, Disziplin und dicke Damen

„Jeder bekommt seine Kindheit über den Kopf gestülpt wie einen Eimer … ein ganzes Leben rinnt das an uns herunter", meint Heimito von Doderer. Für den 1896 als Sohn eines Architekten im barocken Laudonschlössl in Hadersdorf-Weidlingau Geborenen dauert es 55 Jahre lang, bis er als ein österreichischer Dichter von Weltformat anerkannt wird: Die *New York Times* vergleicht seinen Roman *Die Dämonen* mit Faulkners Spätwerk, Brochs Trilogie *Die Schlafwandler* und Musils *Mann ohne Eigenschaften*. *Der Spiegel* würdigt 1957 das Sprachgenie Doderer in einer Titelgeschichte: „Auf der Suche nach einem Thronfolger für den verwaisten Kronsessel der deutschen Literatur … wendet sich der Blick deutlich nach Wien."

1896 Geburt.
5. September in Wien-Hadersdorf.

Mit 19 trägt er die Uniform eines k.u.k. Dragoneroffiziers, mit 23 ist er Holzknecht in Sibirien, mit 25 durchwandert er die Kirgisensteppe, noch im gleichen Jahr beginnt er Jus, Geschichte und Kunstgeschichte zu studieren. Nach der russischen Kriegsgefangenschaft und dem monatelangen Fußmarsch nach Hause beginnt Doderer – auf Büttenpapier eines Greißlers der sibirischen Stadt Krasnojarsk – zu schreiben. Lyrik und kleine Erzählungen. Die großen Romane folgen wesentlich später: *Die Strudlhofstiege oder Melzer und die Tiefe der Jahre* 1951, sein Hauptwerk *Die Dämonen* 1956.

Rund 25 Jahre arbeitet Doderer wie ein Besessener an dem 1.345 Seiten starken Œuvre. Mit fotografischer Präzision reflektiert er das Bild der Wiener Gesellschaft im ersten Drittel des 20. Jahrhunderts. Quer durch alle Schichten, vom Hochadel bis tief in die Niederungen der *Galerie*, der Halb- und Unterwelt. Die großbürgerlichen Figuren, die sich einer zu Ende gehenden Tradition hingeben, sind das Personal in fast all seinen Romanen. In von Kampfer und Lavendel durchwehten Cottage-Villen, auf Tennisplätzen und in Landhäusern. Schale Konversation. Gespielte Lässigkeit. Oberflächliche Gefühle.

Mit fotografischer Präzision erstellte Porträts der Wiener Gesellschaft

In Wiener Vorstadt-Tschocherln studiert Doderer die anderen Vorbilder für seine Romane: Beamte, Bohemiens, Bierdippler, Kammerdiener Scheichsbeutel, Malermeister Ederl, einen wahren Meister im Schnapsen, die oft dem Alkohol zusprechende Prostituierte Anita. Der blendend gekleidete, soignierte Herr von Doderer begibt sich regelmäßig zur Recherche in seine geliebten Stammbeisln, die für ihn das „Rückgrat der Intelligenz“ sind: Die „Flucht nach Ägypten“, der „Wilde Mann“, „Zur Stadt Paris“.

Hier finden auch immer gewisse Treffen mit „dicken Damen“ statt. Nach Komplimenten und knapper Konversation übersiedelt man in das Josefstädter Atelier, das Doderer gemeinsam mit seinem Freund, dem Maler Albert Paris Gütersloh, bewohnt. Die Damen – „Gewichts-Mindestanforderung 100 Kilo“ – müssen sich dann ihrer Kleider entledigen, ein weißes „Büßerhemd“ überstreifen und auf allen Vieren kriechend lateinische Texte zitieren. Die beiden Herren stärken sich inzwischen mit Mokka und Zwetschkenschnaps. Perversion pur.

Wie Doderer sucht auch der Schriftsteller von Schlaggenberg die Bekanntschaft von Frauen mit „überaus mächtiger Statur“. Mittels Annoncen in Tageszeitungen. An Beispielen zeigt er in den *Dämonen*, wie schwierig es ist, dem „Dicke-Damen-Idealtypus“ zu entsprechen: „Rosi A.: Fett, trefflicher Reithosentyp“ oder „Hanna W.: Holzgeschnittene Kontur. Hypertrophisch dicke Fesseln.“

Spartanische Ordnungsrituale gegen Chaos und Verwirrung

Statt dem Wunsch nach „schwersten sexuellen Excessen“ diszipliniert sich Doderer und wählt das „weitaus gewagtere Abenteuer der Tugend“. Der Tagesablauf ist spartanischen Ordnungsritualen unterworfen. Nach der Morgengymnastik beginnt die Arbeit zeitigst. Wenn beim Geräusch des ersten Straßenbahnzuges das geplante Arbeitspensum absolviert ist, gönnt man sich zur Belohnung den ersten *Pulverer* – extrem starken türkischen Kaffee mit sieben Stück Zucker und einer Prise Salz. An einem winzigen Tisch mit verschiedenfarbigen Tinten und Stiften und einem Reißbrett mit Skizzen der Roman-Handlungsabläufe wird dann weitergeschrieben. In völliger Isolation.

Nur Frau Poldi, auch *Herr Rittmeister* genannt, wird in der Zwei-Zimmer-Küche-

1938 Erster großer Roman. *Ein Mord, den jeder begeht.*

1951 Durchbruch. *Die Strudlhofstiege.*

Wohnung in der Währinger Straße geduldet. Mittels einer Lavendel-Sprühflasche hat sie für Wohlgeruch zu sorgen. Und sie hat Guckloch und Briefschlitz zu besprühen – um Infiltration von „bösartigen, fast dämonisch-obstinaten Ausdünstungen“ zu verhindern. Bis zum frühen Abend entsteht im Arbeitszimmer eine „Geruchssymphonie“ aus reichlich konsumierten „Austria 2“-Zigaretten, Pfeifenrauch sowie dem scharfen Geruch von Obstbränden.

> Man flieht in die Einsamkeit nicht so sehr vor den anderen Menschen, als vor dem, was aus einem selbst wird, wenn man unter ihnen verweilt.
>
> Heimito von Doderer

Hinter der Maske eines gefestigten, großbürgerlichen Herrn, der die äußere Form stets sorgsam kultiviert, lebt der labile Dichter ein Dasein, das von Verwirrung geprägt ist. In seinem Kopf geht es zu wie in einem Bienenstock. Wie von Dämonen gepeitscht, geistern wirre Gedanken durch sein Hirn. Das Chaos dominiert. Sexuelle Unausgeglichenheit bestimmt das Leben. Durch pathetisches Gehabe versucht der brillante Selbstdarsteller die Bürde eines „Abseitsstehenden“ zu überwinden. Sehr gerne bei dichtenden Damen wie Herta Staub und Dorothea Zeemann, deren Blütezeit schon leicht verweht ist. Sie adorieren ihn, in ihrer Gesellschaft fühlt er sich geborgen.

Der gehemmte Einzelgänger verbirgt sich auch gerne hinter den Figuren seiner Romane. In den *Dämonen* ist er sich selbst Vorbild des Sektionsrats von Geyrenhoff, des Schriftstellers von Schlaggenberg und des Historikers von Stangeler. In Erlebnissen von mehr als dreißig präzise gezeichneten Figuren wird rund um den Brand des Justizpalastes die Gefahr aufkeimender Bürgerkriegsmentalität analysiert.

Doderer fühlt sich gewisse Zeit von „Zucht und Ordnung“ der NS-Machthaber angezogen und bringt Hitlers manischen Vernichtungskampf mit dem „Heiligen Römischen Reich Deutscher Nation“ durcheinander. Relativ bald distanziert sich das illegale NSDAP-Parteimitglied Nr. 1526987 vom Nazi-Gedankengut und fühlt sich, als ob er „Giftschwammerln gegessen hat: Man muss sich auskotzen.“

Heimito von Doderer, für Friedrich Torberg der „österreichischste Schriftsteller Österreichs“, wird seit dem Erscheinen der *Dämonen* in einem Atemzug mit Balzac und Brecht, Proust und Dostojewski genannt. Seine minutiös komponierten Romane machen ihn unverwechselbar.

Im Todesjahr 1966 resümiert er: „Schließlich hebt man den Deckel wie von einem Topf und sieht in sein eigenes Leben, und hat den ganzen Speisezettel um die Nase. In diesem Augenblick hat man merkwürdigerweise nicht nur bereits gespeist, sondern auch schon – gefressen.“

1956 Erscheinen des Hauptwerks *Die Dämonen.*

1966 Tod. 23. Dezember in Wien.

Am Ende eines tragischen Lebens wird der Schriftsteller Milo Dor als „Doyen europäischer Literatur“ bezeichnet. Nach Folter und Verfolgung kam er nie wirklich zu Hause an, hatte immer das Gefühl, „auf dem falschen Dampfer zu sein“. Dennoch lebte er gerne und intensiv. Mit einem ewigen Alter Ego.

Milo Dor

„Ein herrlicher Mensch, der jeden Raum, den er betrat, allein durch seine Anwesenheit größer werden ließ": Michael Scharang über Milo Dor.

Ewiger Kämpfer gegen die Gleichgültigkeit

Hitler und Stalin stehen als prägende Paten im Geburtsjahr des Milutin Doroslovac „über seine Wiege gebeugt": Adolf Hitler steigt 1923 zum ersten Mal aus dem säuerlichen Dunst der Münchner Bierkeller auf die Straße, um in einem Putsch mit bewaffneten Fanatikern die Macht zu erobern. Und in Moskau erringt Josef Stalin im Kampf um die Nachfolge Lenins den ersten Sieg über seinen Todfeind Trotzki, den er später um die halbe Welt jagt und in Mexiko durch einen Geheimdienst-Agenten mit einem Eispickel ermorden lässt.

Vielleicht wäre es Milutin Doroslovac, der sich später das wohlklingende Drei-Silben-Pseudonym Milo Dor gibt, gelungen, ohne Hitler und Stalin sein Leben in andere Bahnen

1923 Geburt.
7. März in Budapest.

zu lenken: „Vielleicht wäre ich Arzt, Lehrer oder ein Clown, der von den Gesichtern der Kinder die Trauer wegwischt, geworden. Aber so bin ich durch den Einfluß meiner Paten das geworden, was ich bin, und kann nicht mehr aus meiner Haut." Und so fühlt er sich schon in ganz jungen Jahren als Revolutionär, der die Welt auf den Kopf stellen und verbessern will, er wird als Gymnasiast Mitglied der kommunistischen Jugend.

Von Budapest über Belgrad nach Wien ins „freiwillige Exil"

Milutin wird im März 1923 in der Budapester Josefstadt geboren. Hierher ist sein Vater nach dem Medizinstudium mit seiner Jugendliebe, die er gerade geheiratet hat, gezogen, um das Spitalsjahr zu absolvieren. Milutin wächst später in mehreren Dörfern des Banats und der Batschka, später in Belgrad auf. Der Vater behandelt Dorfbewohner und Bauernfamilien – bis endlich der Samstagabend und Entspannung naht: Dann spielt der Gemeindearzt im Extrazimmer Karten. Bis der nächste Morgen anbricht. Mit dem Bürgermeister, dem Apotheker und dem Notar.

Der Bub kann bereits im Alter von fünf Jahren lesen. Sein Großvater ist Abonnent der Literaturzeitschrift *Letopis matice srpske,* die vor allem ein Sprachrohr für zeitgenössische Kultur ist. Bald begeistert sich Milutin, er beherrscht inzwischen auch Deutsch und Französisch, für deutsche Expressionisten und französische Surrealisten. Und Milutin kommt in Opas Magazin sogar mit chinesischer Lyrik in Kontakt, die vom provokanten Poeten Klabund ins Deutsche übersetzt worden ist.

Schon früh glaubt der Bub, mit sich selbst nicht identisch zu sein. Er spielt Eisenbahn, Lokomotive und Waggons sind Zwirnspulen der Mutter: „Als ich plötzlich bemerkte, daß jemand mich bei meinem lächerlichen Spiel beobachtete, breitbeinig hinter mir stand … da niemand außer mir da war, konnte nur ich selbst es sein, der mit leicht mokantem Lächeln zuschaute, wie ich die Zwirnspulen, die ich für eine Spieleisenbahn hielt, auf eine Reise ins Ungewisse schickte."

Später begegnet Milo Dor diesem Doppelgänger immer wieder. Seine Anwesenheit ist oft unerträglich, doch „sein sporadisches Auftreten hat auch gute Seiten, man strengt sich mehr an, wenn man beobachtet wird. Er greift nicht ins Geschehen ein, straft einen nicht und zeigt keine Emotionen. Und bei aller Skepsis ist er ein Freund", wie er dieses Leben mit seinem Alter Ego im Buch *Auf dem falschen Dampfer. Fragmente einer Autobiographie* beschreibt.

> **Für einen Menschen, der Hitler und Stalin überlebt hat, sind all die Jahre nachher ein reines Geschenk.**
>
> Milo Dor

Ein Leben lang ist Milo Dor nie wirklich zu Hause angekommen, hat immer das Gefühl gehabt, „auf dem falschen Dampfer" zu sein, und hantelte sich während der frühen 1950er-Jahre als Journalist mit Zeilensätzen von 50 Groschen von einer finanziellen Notlage zur anderen. Auch während der Arbeit zu seinem ersten großen Roman *Tote auf Urlaub.* Er hofft auf Unterstützung in Deutschland, fährt mit zwei Mark und einem Empfehlungsschreiben von Franz Theodor Csokor in der Tasche per Autostopp nach München, um einen längst Arrivierten in seinem Stammcafé, dem „Leopold", aufzusuchen: Erich Kästner.

1947 Erster Roman: *Unterwegs.*

1951 Mitglied der Gruppe 47.

Er schaut den Brief von Csokor gar nicht an, greift in die Brieftasche und sagt „Ich hoffe, es ist ihnen mit 50 Mark geholfen." 1951 wird *Tote auf Urlaub* in Stuttgart verlegt. Österreichische Verlage haben das Buch abgelehnt – es sei zu antikommunistisch.

Im 500-Seiten-Epos – einer der frühesten literarischen Auseinandersetzungen mit dem Nationalsozialismus – wird geprügelt, geschunden, gefoltert. Die detaillierte Darstellung der Menschenjagd überzeugt davon: Derjenige, der das geschrieben hat, war dabei. Es ist ein authentischer Bericht des Mladen Raikow/alias Milo Dor/alias Milutin Doroslovac über das Leiden eines Rebellen in Gefängnissen und Konzentrationslagern von Belgrad bis Wien. Mit den späteren Romanen *Nichts als Erinnerung* und *Die weiße Stadt* bildet der autobiografische Bericht die Trilogie *Die Raikow Saga*.

Als serbischer Widerstandskämpfer wird der ewige Kämpfer gegen die Gleichgültigkeit nach Wien deportiert, von der Gestapo verhaftet und erneut gefoltert. Nach Kriegsende bleibt er bis zu seinem Tod in Wien, seinem „freiwilligen Exil".

Erfolgreiche Zusammenarbeit mit seinem „literarischen Zwilling" Reinhard Federmann

Als der feine Mann, ein Herr, im Alter von 82 Jahren nach einer Herzattacke stirbt, wird er als Doyen europäischer Literatur und Brückenbauer bezeichnet. Für Kanzler Schüssel ist er ein „wichtiger Vermittler über die Sprachgrenzen hinweg". Der Schriftsteller Scharang spricht in seiner Grabrede von einem „herrlichen Menschen, der jeden Raum, den er betrat, allein durch seine Anwesenheit größer werden ließ – nun angewiesen auf die Enge eines Sarges".

Die Bandbreite des Vielschreibers ist enorm. Neben den großen Romanen schreibt er den Kinderbuch-Klassiker *Das Pferd auf dem Balkon,* Artikel für diverse Zeitschriften, ist als unermüdlicher Übersetzer tätig, verfasst Hörspiele und mit seinem engen Freund Reinhard Federmann – zumeist im Kaffeehaus – Kriminalromane und Witz-Sammlungen. Und die „literarischen Zwillinge" Dor/Federmann schreiben die Shakespeare-Adaption *Romeo und Julia in Wien,* die zunächst die Illustrierte *Quick* als Fortsetzungsroman veröffentlicht und später unter dem Titel *Nina* mit Karlheinz Böhm und Anouk Aimée verfilmt wird: Eine Liebesgeschichte mit tödlichem Ende zwischen einer sowjetischen Korrespondentin und einem US-Journalisten mitten in den Wirren Wiens der Besatzungszeit.

Milo Dor lebt trotz tragischer Lebensumstände gerne und intensiv. Er liebt es, sich zum Schreiben nach Rovinj zurückzuziehen, er isst und trinkt gerne, raucht Pfeife und Zigarren, spielt – wie sein Vater – leidenschaftlich Karten. Seine Pokerpartien in der Josefstädter Wohnung, inklusive heftiger Diskussionen – nicht nur darüber, ob ein Flush oder Full House mehr zählt – sind legendär. Manchmal dauert es seiner Frau Elisabeth zu lange. Dann beendet die elegante, aber resolute Dame gegen zwei, drei Uhr die Kartenpartie. Allerdings soll es vorgekommen sein, dass der Gastgeber mit seinen Kumpanen weitergepokert hat. Vor der Haustür, in einem Peugeot 604. Bis zum frühen Morgen. Die Kinder auf dem Schulweg erahnten hinter Virginier-Rauchschwaden einen Mann, der wild gestikulierend Karten verteilte.

1952 Roman-Trilogie. Erster Teil: *Tote auf Urlaub.*

2005 Tod. 5. Dezember in Wien.

Herbert Eisenreich liebt die Provokation, aber auch die heile Welt der Modelleisenbahnen. Die Helden seiner Erzählungen sind abstoßend und anziehend, böse und beeindruckend zugleich. Der besessene, fast vergessene Vielschreiber verehrt Heimito von Doderer – Thomas Bernhard und Adalbert Stifter weniger.

Herbert Eisenreich

Schreibbesessener Schriftsteller: Herbert Eisenreich.

Scharfzüngige, streitlustige Schreib-Maschine

Die Größe reicht von einer Bahn im tragbaren Koffer bis zu einer Anlage, die mehrere Räume in Anspruch nimmt: mit Landschaften, Gebäuden, Fahrzeugen und Menschen, in realistischen Situationen nachgebildet. Spielzeugeisenbahnen – egal ob Spur Z (1:220), Spur N (1:160), Spur H0 (1:87) oder Spur G (1:22,5) – sind mehr als ein Spielzeug. Für Modelleisenbahnfans sind sie nicht nur Hobby, sondern lebenslange Leidenschaft *en miniature*.

Wie für Herbert Eisenreich. Er schreibt sogar ein Buch über seine Passion: In *Große Welt auf kleinen Schienen* reflektiert er seine Liebe zu Modelleisenbahnen. Ungewöhnlich für einen Literaten, der vor allem durch provokante Pamphlete oder tiefsinnige Zitate

1925 Geburt. 7. Februar in Linz.

wie „Extreme haben einen Sinn und erfüllen einen Zweck nur als zu tilgende Provisorien im Geist, nur als Hilfspositionen des Denkens…“ bekannt ist.

Bereits während der Volksschulzeit beginnt Eisenreich, der älteste Sohn eines Linzer Bankangestellten und einer Südtiroler Hausfrau, zu schreiben. Nach dem Tod des Vaters sorgen Mutter und Tante unter großen Mühen für seine Erziehung. In Wien Breitensee erhält Herbert in der Bundeserziehungsanstalt einen Freiplatz für außerordentlich begabte Schüler. Nachdem die Schule ab 1938 „nationalpolitisch“ geführt wird, nimmt die strengkatholische und antinationalistisch gesinnte Mutter ihren Sohn aus der Schule.

Die Gewalt ist an der Leine der Macht ein Hund; von der Leine gelöst, ein Wolf. Dort bellt sie, da beißt sie.

Herbert Eisenreich

Im Mai 1943 wird Herbert Eisenreich einberufen und 1945 bei Saarbrücken an der Schulter schwer verwundet. Nach dem Ende des Krieges, das er im Lazarett erlebt, setzt er sein Schülerdasein am Linzer Realgymnasium fort, auch das Schreiben. Animiert von seinem Deutschprofessor, dem Lyriker Ernst Jirgal, der bis zu seinem frühen Tod 1956 Eisenreichs Mentor bleibt.

Die viel beachteten Verse des Gymnasiasten erscheinen in der Schülerzeitung. Für die Erzählung *Heimkehr* erhält er bereits als Maturant seine erste Auszeichnung, den Erzählerpreis des *Linzer Volksblattes*. Keiner der frühen Texte ist erhalten geblieben: Weder seine Gedichte noch die beiden unvollendeten Romane über Sokrates und den legendenumwobenen kroatisch-ungarischen Dichter und Feldherrn Nikolaus Zrinski, der während der Jagd durch einen rabiaten Eber getötet wird.

Von der Schreibmaschine in die Zuckerfabrik und wieder zurück

In der Schulzeit muss sich der besessene Vielschreiber Eisenreich, eine „Schreib-Maschine“, selbst erhalten: Nachmittags arbeitet er in einem landwirtschaftlichen Labor, schupft Kisten in einer Obstgroßhandlung und abends gibt er Nachhilfestunden. Ab Herbst 1946, während des Germanistikstudiums in Wien, ist seine berufliche Tätigkeit weiterhin vielseitig: Er arbeitet als Portier, Laufbursche und Bürohilfskraft. Zwischendurch fährt er nach Enns, wo er einen Teil seiner Kindheit verbringt, um hier in der Zuckerfabrik zu arbeiten.

Herbert Eisenreichs erster Roman *Auch in ihrer Sünde* erscheint 1953. In dieser Zeit übersiedelt der freie Schriftsteller, Verfasser von Gedichten, Essays, Kurzgeschichten und Sachbüchern nach Hamburg, wo er für die NWDR-Rundfunkstation Hörspiele schreibt. Und Rezensionen für *Die Welt, Die Zeit* und den *Spiegel*.

Immer wieder auch über österreichische Literatur, einmal auch mit einer kuriosen Parallele zwischen dem Fußballsport und den Schreibern seines Landes: „Was dem österreichischen Fußball neuerdings fehlt, das sind aber nicht die Talente, sondern das ist das nationale Bewußtsein, das kritische Vertrauen in sich selbst.“

Entsetzen und Verwunderung löst Eisenreich 1967 mit einer Biografie in der verschworenen Stifter-Gemeinde aus: „Was hat der Dichter Herbert Eisenreich mit dem Dichter Adalbert Stifter angestellt!?!“, fragen auch die *Oberösterreichischen Nachrichten*. In *Das*

1952 Gruppe 47. Erster Auftritt mit Paul Celan.

1953 Erster Roman. *Auch in ihrer Sünde.*

kleine Stifterbuch dominieren die menschlichen Schwächen des *Witiko*-Autors. Er sei ein „Häuflein Elend“, kein Dichter des „bloß Sanften und Edlen ... der reinen Natur und reinen Menschentums“ gewesen, sondern eine düstere, problematische Gestalt, „zerfallen mit sich und der Welt; ein bis ins Tiefste gestörter, verstörter, zerstörter Mann“.

Und Eisenreich analysiert: „Man dichtet nicht ohne Not. Stifter wollte die fehlende Harmonie seines Lebens im Werk darstellen. Seine Sprache ist ein Sieg der Ordnung über das Chaos im Inneren.“ Für Literaturfreunde, die Stifter weiterhin als Künder einer heilen Welt sehen wollten, ist Eisenreichs Biografie über den „Nörgler, Besserwisser, Hypochonder und Haustyrann“, der während einer Cholera-Epidemie seine Frau verlässt, um sich selbst in Sicherheit zu bringen, jedenfalls ein Skandal.

„Dabei“, verteidigt sich Eisenreich, „habe ich Stifters schwärzeste Charaktereigenschaften gar nicht erwähnt“, und schweigt von der Heiligen-Statue, die der Student Stifter im Flur des Wiener Hauses stiehlt, in dem er zur Miete wohnt.

Auch Thomas Bernhard, ein „Meister, der sich auf den Holzweg begibt“, kommt bei Eisenreich nicht gut weg. Bernhards drittes Prosa-Buch, den Roman *Verstörung,* rezensiert er 1967 im *Spiegel* und resümiert: „Kurzum: Keine Handlung, keine Distanz, kein Kontrapunkt: keine Wahrheit.“

Literarisches Kaleidoskop der österreichischen Nachkriegsgesellschaft: „Die abgelegte Zeit“

Herbert Eisenreichs 600-Seiten-Fragment seines Opus Magnum, der Roman *Die abgelegte Zeit,* erscheint erst 1986, wenige Monate vor seinem Tod, in einem Wiener Kleinverlag. Es ist ein Blick auf das Kaleidoskop der österreichischen Nachkriegsgesellschaft, eines Landes im Aufbruch, das versucht, eine neue, eigene Identität zu finden. Mit scharfen, detailverliebten Analysen und präzisen, mitunter dämonisch gezeichneten Figuren, die seinem Vorbild Heimito von Doderer sehr ähnlich sind.

Bereits seit Mitte der 1950er-Jahre schreibt er an diesem großen Roman. Als er 1985 schwer erkrankt, kann er sein Mammutwerk nicht mehr vollenden: Eisenreich hat zuvor „eine Sagenfahrt durch die deutschen Verlage hinter sich“, meint Jörg Mauthe, es sei ein „Monstrum von einem Buch, aber ein wichtiges, ein Chef d'œuvre der wirklichen österreichischen Literatur.“

Marcel Reich-Ranicki schreibt über den streitbaren, scharfzüngigen Autor, manche würden ihn als „österreichischen Nationalisten, verbohrten Regionalisten, regelrechten Monarchisten“ sehen: „In Wirklichkeit sei Eisenreich lediglich ein Schriftsteller, der die Provokation genießt und der stets das Spiel liebt.“ Er sei einer, dessen Helden „oft Schlimmes verschulden. Ohne Freveltäter zu sein. Sie sündigen, obwohl sie keine Sünder sind. Die Welt, in der sie umherirren, ist abstoßend und anziehend, böse und schön zugleich.“

1985 Auszeichnung.
Franz-Kafka-Preis.

1986 Tod.
6. Juni in Wien.

Der Psychiater Viktor Frankl beschwört immer Versöhnung. Er überlebt drei Konzentrationslager. Gibt aber nie auf, lässt sich seine innere Freiheit und Würde nicht nehmen und sagt auf der Suche nach dem Sinn des Lebens trotz allem Ja.

Viktor Frankl

Hält weltweit an mehr als 200 Universitäten Vorträge: Logotherapeut Viktor Frankl.

Die Welt ist nicht heil, aber heil-bar

Wenige Tage vor Weihnachten erhält der KZ-Häftling mit der *Nummer 119104* von einer Baufirma zwei „Prämienscheine“. Als Anerkennung dafür, dass er ganz allein einen Tunnel für Wasserleitungsrohre gegraben hat. Viktor Frankl tauscht die Scheine gegen zwölf Zigaretten ein. Zwölf Zigaretten bedeuten zwölf Suppen – und zwölf Suppen bedeuten die Rettung vor dem Hungertod. Manchmal nur für zwei Wochen.

Jene, die im KZ aufgegeben haben, *genießen* die Zigaretten und ihre letzten Lebenstage, bevor sie an Resignation sterben. Viktor Frankl gibt nicht auf. Er distanziert sich innerlich vom Grauen, lässt sich seine Würde nicht nehmen. Er glaubt auch unter den inhumans-

1905 Geburt.
26. März in Wien.

ten Bedingungen, dass „wenn Leben überhaupt einen Sinn hat, dann muss auch Leiden einen Sinn haben", und versucht, seine traumatischen Erfahrungen zu einer Maxime des Lebens zu verarbeiten.

Frankl klammert sich im KZ an die Hoffnung auf Anständigkeit nach der Zeit in der Hölle. Er weiß, dass er das Erlebte nur verarbeiten kann, wenn er es nach außen verlagert, wenn es sein Seelenleben nicht mehr belastet. Und er hofft, nach dem KZ in einem „großen, schönen, warmen und hellen Saal" einen Vortrag über die Chronologie des Schreckens halten zu können. Dieser Lichtblick hält ihn von der Selbsttötung ab, davor, wie andere in den mit bis zu 2000 Volt unter Strom gesetzten Stacheldraht zu laufen.

Rückkehr aus der Hölle nach Wien

Viktor Frankls autobiografischer Bericht von Folter, Qualen und Erniedrigungen in drei Konzentrationslagern mit dem Titel *...trotzdem Ja zum Leben sagen,* den er nach der Befreiung am 27. April 1945 durch US-Truppen in Türkheim, einem Nebenlager von Auschwitz, in neun Tagen diktiert, wird später in 26 Sprachen übersetzt und weltweit mehr als zwölf Millionen Mal verkauft. In diesem letzten Lager erkrankt er an Fleckfieber und weiß, dass er, wenn er einschläft, nicht mehr aufwacht... Da beginnt er, sein Buch *Ärztliche Seelsorge* zu schreiben.

Und später sagt er, dass er im Konzentrationslager auch „eine der schönsten Stunden" seines Lebens verbracht hat, als er – nachdem er das Visum in die USA verfallen lassen hatte – seinem Vater bis zur letzten Stunde seines Lebens beistand.

Frankl lebt, was er lehrt. Er kommt aus der Hölle in seine Heimatstadt Wien zurück, hat seine Eltern, seinen Bruder, seine Frau, alles verloren – doch er ist frei von allen Impulsen der Rache, der Vergeltung. Er bleibt ohne ein Wort des Hasses. Er leugnet von Anfang an die Kollektivschuld und betont immer wieder die positiven Ausnahmen von der unmenschlichen Regel. Manche seiner Landsleute haben ihn gefoltert, doch er hat das Lagergewand mit dem weißen Mantel des Mediziners vertauscht und hilft ihnen als ärztlicher Seelsorger.

Drei Herren aus Wien ziehen im vergangenen Jahrhundert aus, um weltweit psychische Probleme zu heilen. Drei Väter der Seelenforschung: Sigmund Freud rät in der Psychoanalyse zur Entdeckung des Unbewussten und der Bedeutung der Lust, Alfred Adler erläutert in der Individualpsychologie den Willen zur Macht und Viktor Frankl verordnet die Suche nach dem Sinn. Seine Therapie wird viele Jahre lang in US-Gefängnissen als Rehabilitationsprogramm angewendet. Der Psychiater schreibt 32 Bücher, hält an mehr als 200 Universitäten Vorträge und ist 29-facher Ehrendoktor. Sein Buch *...trotzdem Ja zum Leben sagen* wird von der US-Library of Congress als eines der zehn einflussreichsten Bücher geführt.

Frankl sieht Freuds These der sexuellen Frustration skeptisch: „Wir sind existentiell frustriert. Im Gegensatz zum Tier sagt dem Menschen kein Trieb, was er tun muss..., oft weiß er nicht mehr, was er eigentlich will." Das Gefühl der Sinnlosigkeit, das existenzielle Vakuum, versuchen seine „Logotherapie" und „Existenzanalyse", in Fachkreisen „Dritte Wiener Schule der Psychotherapie" genannt, mit der Suche nach dem Sinn des Lebens zu heilen.

Den therapeutischen „Beistand in der Sinnfindung" nennt Frankl *Sokratische Dialoge*. Bereits durch die Mobilisierung seelischer Kräfte können Patienten Gesundung finden. Und Neurosen, die Reflexe auf ihr Sinnlosigkeitsgefühl sind, bekämpfen.

Bereits 1939 beschreibt der Psychiater, damals Leiter des Wiener Rothschild-Spitals –

1921 Erster Vortrag. *Über den Sinn des Lebens.*

1926 Logotherapie. *Erste Erwähnung dieser Therapieform.*

wo er unter Lebensgefahr die von den Nazis angeordnete Euthanasie von Geisteskranken mittels falscher Diagnosen sabotiert – in der „paradoxen Intention" eine Anwendung, die psychische Probleme auf indirektem Weg löst: Frankl fordert seine Patienten auf, bestimmte Angstsymptome nicht zu bekämpfen, sondern sich vorzunehmen, sie sogar zu übertreiben.

Die „Erwartungsangst", dieser Teufelskreis der Angst vor der Angst, ist meist schlimmer als das ursprüngliche Problem. Daher muss sich der Betroffene z. B. bei sozialen Ängsten vornehmen, „den Menschen etwas vorzustottern, zu erröten oder sich bei einem Waschzwang doppelt so oft die Hände zu waschen wie bisher".

Viktor Emil Frankl wird als Sohn eines jüdischen Vaters, der es vom Stenografen bis zum Direktor im Sozialministerium bringt, in der Leopoldstadt geboren. Bereits als Sechzehnjähriger hält er an der Volkshochschule einen Vortrag mit dem Titel *Der Sinn des Lebens*. Er besucht dasselbe Gymnasium wie Sigmund Freud, korrespondiert intensiv mit ihm und teilt auch dessen Schicksal, im Ausland wesentlich höher geschätzt zu werden, als in heimischen Kollegenkreisen.

Späte Anerkennung für den „größten noch lebenden Österreicher"

Erst während seiner letzten Lebensjahre wird Frankl, der schon früh in aller Welt Schüler und Bewunderer hat, für zu wenig Anerkennung in seiner Heimat entschädigt. Bundespräsident Kirchschläger meint, Frankl sei wohl der „größte noch lebende Österreicher." Der begeisterte Alpinist findet auch auf seinem Lieblingsberg, der Rax, den Sinn des Lebens. Und lässt sich noch im Alter von 67 Jahren zum Piloten ausbilden.

Bereits als 23-jähriger gründet er Jugendberatungsstellen, 1928, zwei Jahre später, organisiert er in Wien zur Zeit der Zeugnisverteilung eine psychologische Beratungsstelle – im Gegensatz zu den Vorjahren findet keine einzige Selbsttötung eines Schülers statt. Bald wird man auch im Ausland auf Frankl aufmerksam, er erhält von Wilhelm Reich eine Einladung nach Berlin. Mitte der 1930er-Jahre leitet er auf der Psychiatrie in Wien den „Selbstmörderinnen-Pavillon" und betreut jährlich rund 3000 suizidgefährdete Frauen.

> Wenn Leben überhaupt einen Sinn hat, dann muss auch Leiden einen Sinn haben.
>
> Viktor Frankl

Immer mehr Menschen befinden sich heute unter ewigem Erfolgsdruck, in einer seelischen „rush hour" – auch im Irrglauben, im Kollektiv der Social Medias permanent von sich berichten zu müssen. Dabei bleibt die Lebensqualität oft auf der Strecke. Man glaubt, nur über das beachtet zu werden, was man leistet. Der Logotherapeut meint, man solle darauf achten, vor allem als Mensch, der man ist, akzeptiert zu werden.

Und über allem steht sein Satz: „Die Welt ist nicht heil, aber sie ist heil-bar."

1946 Welterfolg. *... trotzdem Ja zum Leben sagen.*

1997 Tod. 2. September in Wien.

Die Psychoanalyse revolutioniert den Blick in die dunklen Winkel unserer Psyche. Sigmund Freud glaubt, dass der Mensch oft ein Sklave unterdrückter sexueller Wünsche ist. Bei seinen Gegnern gilt er als selbst ernannter Magier, der am Tatort Psyche herumpfuscht. Doch ohne ihn ist die Erforschung der Seele undenkbar.

Sigmund Freud

Unermüdlich den Geheimnissen des Seelenlebens auf der Spur: Sigmund Freud.

Archäologe im rätselhaften Reich der Seele

Die Psyche als Eisberg. Auch beim Menschen sei der größte Teil der Seele verborgen, denn die meisten Erlebnisse und Empfindungen seien tief im Unterbewusstsein verschüttet: Sigmund Freud vertritt die These, dass das Seelenleben aus drei Schichten besteht. Die unterste ist das *Es,* mit dem man geboren wird, das primitive des animalischen Triebs *Es will.* Bald entwickelt sich ein *Ich*, das sich selbst im Kontrast zu den anderen spürt und Entscheidungen trifft. Die oberste Schicht, die darüber entscheidet, was man darf oder nicht, ist das *Über-Ich.* Die Missachtung seiner Befehle erzeugt Sorgen und schlechtes Gewissen.

Durch Konfliktsituationen zwischen dem *Es*-Geschlechtstrieb, dem *Ich* und dem

1856 Geburt. 6. Mai in Freiberg, Mähren.

Über-Ich kann es zu Problemen der seelischen Entwicklung kommen – zur Flucht in eine Krankheit. Eine Neurose, eine psychische Störung, greift das gesunde Seelenleben an, man ist mit sich und seiner Umgebung nicht mehr glücklich, der Umgang mit anderen Menschen ist durch verkrampfte, unnatürliche Verhaltensweisen eingeschränkt.

Um Neurosen zu behandeln, empfiehlt Freud die Psychoanalyse, eine Revolution am Tatort Seele. Die *Redekur* – als Spiegel der dunklen, rätselhaften Winkel unserer Psyche – legt nicht nur offen, wie man ist, sondern auch, warum man so ist. Oft ist man ein Sklave seiner unterdrückten sexuellen Wünsche. Während man glaubt, „Herr im eigenen Haus zu sein, regieren im Keller der Seele animalische Triebe", ist Freud überzeugt. Als Abhängiger seiner frühkindlichen Erlebnisse hat man Angst – man weiß nicht wovor, man ist ein Getriebener seines Unterbewusstseins. Der Analytiker öffnet die Schleusen und begibt sich in Tiefen, die früher „am häufigsten aus Feigheit oder Grauen" (Arthur Schnitzler) nicht durchforscht worden sind.

Anfeindungen als „Dr. Sex"

Karl Kraus nennt die Psychoanalyse „jene Geisteskrankheit, für deren Therapie sie sich hält". Freuds Theorien über Träume, Verdrängungsmechanismen und das Unbewusste sind heftig umstritten. Sie machen ihn berühmt, aber nicht beliebt. Während der 1920er-Jahre wird er von vielen als *Dr. Sex* angefeindet. Seine Thesen über das Sexualleben, die Heuchelei, die Verlogenheit und die Tabus irritieren die Gesellschaft. Man will nicht glauben, dass erotisches Begehren bereits während der Kindheit und nicht erst in der Pubertät einsetzt. Die frühe Libido ist ein heikles Thema, das die meisten Ärzte im Wien des Fin de Siècle vermeiden. Für Freuds schärfste Gegner gilt er als Scharlatan, als selbst ernannter Magier, der im dunklen Reich der Seele herumpfuscht.

Der junge Freud untersucht als Stipendiat in Triest das Nervensystem der Fische und die Geschlechtsdrüsen der Aale. Ein weiteres Stipendium bringt ihn 1885 nach Paris. An der Salpêtrière, der damals wohl bekanntesten Psychiatrie Europas, seziert er Kindergehirne und sieht begeistert zu, wie der Neurologe Jean-Martin Charcot bei Patienten unter Hypnose hysterische Lähmungen erzeugt – oder löst. Er diagnostiziert Hysterie als echte Krankheit und will wissen, wie und warum körperliche Symptome auf seelischen Ursachen beruhen können. Freud lässt, wieder zurück in Wien, das Zusammenspiel von Körper und Seele nicht ruhen. Er vermutet den Schlüssel zu neurotischen Symptomen in frühen traumatischen, oft sexuellen Erlebnissen. Und meint, dem Seelenleben müssen Hirnstrukturen entsprechen.

Der brillante, frühreife Freud träumt vom Ruhm und misstraut ihm zugleich. In einem Brief an seine spätere Frau Martha, der der junge Arzt auch 900 Liebesbriefe schreibt, berichtet er, dass er 1885 alle seine Aufzeichnungen aus 14 Jahren verbrannt hat und Freude empfindet, dass sich seine Biografen einmal plagen werden.

Von der Wiener Medizinischen Schule werden seine Leistungen lange nicht anerkannt. Erst 1902, 46-jährig, wird er zum Professor ernannt. In seinem zwei Jahre zuvor erschienenen Buch *Die Traumdeutung*, für ihn sein wichtigstes Werk, unternimmt er eine Selbstanalyse, indem er die inneren Bilder in der Erinnerung an seine Kindheit betrachtet: von ersten aggressiv-erotischen Spielen bis zur alten, hässlichen Kinderfrau, die ihm mit Geschichten aus der Hölle Furcht eingejagt hat.

Freud meint, Träume seien Äußerungen latenter Ängste oder Hoffnungen, die in Bilder umsetzen, was das Unterbewusstsein weiß – aber verbirgt. Sogar Karl Kraus attestiert dem

1970 Psychoanalyse. Die Behandlungsform wird erstmals erwähnt.

1900 Frühes Hauptwerk. *Die Traumdeutung*.

Analytiker, es gebühre ihm das Verdienst „in die Anarchie des Traums eine Verfassung eingeführt zu haben, in der es allerdings zugeht wie in Österreich".

Aus der Freundschaft zu Alfred Adler wird bald Gegnerschaft. Bereits 1902 hat Freud den fast 15 Jahre Jüngeren zu seiner „Psychologischen Mittwochgesellschaft" in die Berggasse 19 eingeladen. Wo die berühmte Couch, bedeckt von einem persischen Überwurf und hochaufgetürmten Kissen, steht. In einer scheinbar heilen Welt und ihrem schutzbietenden bourgeoisen Mobiliar. Mit Freud im Fauteuil. Aus diesem von Zigarrenrauchschwaden durchzogenen Jour fixe im Wartezimmer der Praxis, die er am Ostersonntag 1886 eröffnet, entsteht später die „Psychoanalytische Vereinigung", zu dessen Obmann Adler gewählt wird. Als Erster wagt es Adler, sich gegen den Mentor, der keinen Widerspruch duldet, aufzulehnen. Freud beschimpft Adler, er leide an „paranoidem Verfolgungswahn". Dieser entwickelt eine eigene Lehre, die Freuds zentraler Bedeutung von triebgebundener Sexualität und Aggression widerspricht.

Leidensweg im Alter: die Krebserkrankung und psychische Probleme

Der schwerblütige Freud ist nicht frei von Verdrängungen, von Selbsttäuschung, seine Krebserkrankung bezeichnet er nur als „dieses Ding an meiner Lippe". Die erste Operation 1923 übersteht er mit stoischem Gleichmut und schreibt: „Man wird sich eine Weile mit den Mitteln der modernen Medizin wehren und sich dann der Mahnung von Bernard Shaw erinnern *Don't try to live forever, you will not succeed*." Da beginnt allerdings sein langes Martyrium erst. Mehr als dreißig qualvolle Eingriffe stehen ihm noch bevor. Eine Kieferprothese behindert ihn beim Sprechen, Kauen – und Rauchen. Obwohl der bösartige Tumor vom Tabakrauch stammt, weigert er sich, auf den Genuss zu verzichten, er sei außerstande, erklärt er seinem Leibarzt Max Schur, „ohne Zigarren schöpferisch zu arbeiten".

Freud leidet selbst unter psychischen Problemen, unter Angst, die er als *Knotenpunkt der Seele* bezeichnet. Aufgrund von Klaustrophobie und Panikattacken wird jede Bahnfahrt zu einer höllischen Qual. Auch am 4. Juni 1938 um 15 Uhr 25, als er im Orientexpress aus der Halle des Westbahnhofs rollt. Richtung Exil. Nach England. Aus seiner Heimat vertrieben.

> Erwachsen ist man, wenn man das vereinen kann: lieben, arbeiten, genießen.
>
> Sigmund Freud

Im nächsten Jahr stirbt Sigmund Freud nach sechzehn Jahren Krankheit, zuvor bittet er seinen ebenfalls emigrierten Arzt Schur, der Qual ein Ende zu setzen, die *Welt mit Anstand zu verlassen*. Dieser versetzt ihn mit zwei Morphiuminjektionen in einen Schlaf, aus dem er nicht mehr erwacht.

Stefan Zweig hält dem *kostbarsten Freund* und *geliebtesten Meister* in London die Grabrede und erinnert sich später daran: „Als wir seinen Sarg in die englische Erde senkten, wußten wir, daß wir das Beste unserer Heimat hingeben."

1910 Gründung der Internationalen Psychoanalytischen Vereinigung.

2003 Tod. 23. September im Londoner Exil.

Permanenter Widerspruch dominiert sein Leben. Erich Fried, ein Mahner zwischen Muse und Mission, polarisiert. Mit oft bizarren Ansichten – voller Lust an der Provokation. Seine zarten Liebesgedichte hängen Romantiker über ihre Betten und lernen die Verse auswendig. Inzwischen sind sie ein wenig aus der Mode gekommen.

Erich Fried

Mit seinen leisen Tönen, mit seinen Liebesgedichten prägt er sich am meisten ein: Erich Fried.

Wanderer zwischen Poesie und Protest

„Mein Froschkönig“ nennt Catherine ihren Mann Erich Fried. Kurz nachdem die beiden beschließen zusammenzubleiben, baut sich Erich einen Schemel, auf den er sich stellt, um seine Frau küssen zu können. Es ist keine Liebe auf den ersten Blick, doch die Ehe hält 24 Jahre. „Ich fand ihn ziemlich klein, ziemlich dick und ziemlich hässlich“, meint Frieds dritte Ehefrau Catherine, die mit ihm und seinen insgesamt sechs Kindern bis 1988 in London lebt. Chaotisch aber fröhlich. Wenn Fried in Ruhe dichten will, setzt er sich selbst in den Laufstall und überlässt den Kindern das ganze Haus.

Doch bevor er sich für die Ehe mit der wesentlich größeren, jüngeren Engländerin entschließt, wird eine Grafologin zu Rate ge-

1921 Geburt.
6. Mai in Wien.

zogen, denn es gibt gerade eine andere, ernsthafte Kandidatin in dem an Liebesaffären reichen Leben des Froschkönigs. In ihren Erinnerungen „Über kurz oder lang" berichtet Catherine Fried, dass die Grafologin ihr den Vorzug gibt, wegen der ausgefallenen Schrägschrift, „die meine Mutter mir beigebracht hatte, die ich einfach nicht los wurde, wie sehr ich mich auch bemühte".

In London empfängt Familie Fried in ihrem Haus gerne Gäste. Man trinkt Tee, nachts nicht nur Tee, man diskutiert, man wohnt bei den Frieds – wie der Wortführer der deutschen Studentenbewegung Rudi Dutschke und andere *RAF*-Sympathisanten. Manche bleiben auch für Monate, wie der verrückte Therapeut Max, der im Schuppen haust.

> Es ist Unsinn sagt die Vernunft. Es ist was es ist sagt die Liebe.
>
> Erich Fried

Erich Fried ist der meistgelesene deutschsprachige Lyriker seit Bert Brecht. Seine Liebesgedichte sollen sein größter Erfolg werden. Liebende lernen die Verse auswendig, rezitieren sie wie ein Mantra immer wieder, hängen sie über ihre Betten und sprühen lyrische Zeilen an Wände: „Es ist aussichtslos sagt die Einsicht Es ist was es ist sagt die Liebe." Doch diese Gedichte – in seinem Spätwerk auch höchst erotisch – schreibt Fried nicht an seine Frau, sondern sie sind die Aufzeichnungen seiner schwärmerischen Liebeleien.

Erich Fried polarisiert politisch. Voller Lust an Provokation und Selbstironie ist er ein ewiger Zweifler. Seine Solidarität mit den radikalen Ideen der '68er-Studentenbewegung, auch noch als alter Mann, irritiert. Der belehrende Mahner zwischen Muse und Mission, der seinen oft übertriebenen Zorn unermüdlich artikuliert, ist eine ewige Reizfigur und wird ein Leben lang mit Vorwürfen konfrontiert.

Der Stören-Fried: Philanthrop, Kämpfer für Toleranz und totale Freiheit

Die *Welt* entrüstet sich über das „kriminelle Ausmaß an Geschmacklosigkeit", er selbst sieht sich als Philanthrop, Kämpfer für Toleranz und totale Freiheit. Einer, der den „großen Zorn eines Propheten besitzt, der um des Friedens willen zuweilen Unfrieden zu stiften bereit ist", wie die Internationale Liga für Menschenrechte 1986 bei der Verleihung der Carl-von-Ossietzky-Medaille feststellt.

Das *profil* meint, er schreibe „politisch angewandte Poesie", für die *FAZ* ist Fried ein „trotziger, aufrührerischer, widerspenstiger, unbequemer Dichter, ein Nein-Sager", der „gegen Unrecht, Verbrechen, Verrat und Gewalt, gegen Leiden und Erniedrigung" kämpft. Er ist ein „Weiser und Narr in einem", meint seine Frau Catherine, er sei „unterhaltsam, erhellend oder peinlich" gewesen – „und häufig alles zugleich oder in rascher Folge".

Das politische Engagement des ewigen Stören-*Frieds* wie gegen den Vietnamkrieg oder die Politik Israels löst permanent politische Kontroversen aus. In einer israelischen Zeitung wird Fried von einem Kritiker sogar als „schlechtgetarnter Nazi" bezeichnet, und zwar nach Erscheinen seines Romanerstlings *Ein Soldat und ein Mädchen*. Es ist die bizarre Geschichte eines US-Besatzungssoldaten und einer deutschen KZ-Aufseherin, in der der zum Tode verurteilte jüdische Emigrant die Nacht vor seiner Hinrichtung mit ihr verbringen muss.

Für den Kritiker Marcel Reich-Ranicki verkörpert „mein Freund Fried" den „permanenten Protest", er sei eine Art „revolu-

1960 Einziger Roman. *Ein Soldat und ein Mädchen.*

1979 Größter Erfolg mit dem Lyrikband *Liebesgedichte.*

tionärer Überwachungsdienst“. Doch bleiben „werden nicht die politischen und missionarischen Verse, sondern eher private, zarte und elegische Gedichte …“

Von deutschen Politikern wird seine militante politische Protestliteratur der 1960er-Jahre manchmal in die Nähe des Faschismus gerückt, der bayrische Kultusminister Maier verbannt seine Gedichte aus den Schulbüchern und meint, man solle seine Schriften verbrennen.

Als Fried Michael Kühnen, einen Anführer der deutschen Neonazi-Szene, fünf Stunden lang im Gefängnis besucht, ist nicht nur die Linke Deutschlands irritiert. Er habe versucht, Kühnen zur politischen Umkehr zu überreden, und ihm von seiner „im KZ Auschwitz vergasten Großmutter“ erzählt, dabei habe sich dieser als ein „vorbildlich ehrlicher Diskussionspartner“ erwiesen, verteidigt sich Fried.

Emigration nach England als 17-jähriger Gymnasiast

Erich wächst in Wien in der Alserbachstraße als einziges Kind eines jüdischen Spediteurs und einer Grafikerin auf. Vor dem Elferhaus steht Tag für Tag eine alte Zeitungsverkäuferin, die „zuweilen mit schriller Geisterstimme *Telegraf, Telegraf am Mittag, 10 Groschen* ruft“. Bereits als Fünfjähriger tritt Erich mit einer Kinderschauspieltruppe auf mehreren Bühnen Wiens auf. 1927 schreibt er im Alter von sechs Jahren sein erstes Gedicht.

Fried besucht das Wasa-Gymnasium, etwa die Hälfte der Schüler sind Juden. Seine „Nazi-Mitschüler waren nicht schlechter oder böser oder dümmer als die anderen … Alles andere ist Schwarzmalerei. Sie haben sich auch, da wir schon sieben Jahre zusammen waren, als die Nazis gekommen sind zu ihren jüdischen und antifaschistischen Mitschülern fast ausnahmslos anständig verhalten. Gefährlich wurden sie erst, wenn sie gegen Leute eingesetzt wurden, die sie nicht kannten.“

Frieds Vater stirbt im Mai 1938 an den Folgen eines Gestapo-Verhörs. Erich emigriert drei Monate später über Belgien nach England, wo er bis kurz vor seinem Tod wohnt. Er arbeitet als Bürogehilfe und Fabrikarbeiter, veröffentlicht als 23-Jähriger das erste Lyrik-Bändchen im von deutschen Bomben verwüsteten London.

Pro Tag verfasst der Vielschreiber Fried bis zu fünfzehn, zwanzig Gedichte. Er schreibt und dichtet überall. Als er sechzehn Jahre lang als politischer Kommentator beim „German Service“ der BBC arbeitet, fährt er jeden Tag mit dem Bus ins Büro. Meist produziert er, fast zwanghaft, sowohl auf dem Hin- als auch auf dem Rückweg je zwei Gedichte, manchmal auch mehr. Nebenbei übersetzt er aus dem Griechischen Aristophanes und aus dem Englischen sowohl T. S. Eliot, Dylan Thomas und Graham Greene als auch 27 Dramen von Shakespeare.

Sechs Jahre lang kämpft Fried gegen seine Krebserkrankung. Er stirbt 1988 in Deutschland und wird auf dem ältesten Friedhof Londons beigesetzt. Für den Grabstein wählt die Familie den Anfang seines Liebesgedichtes *Vielleicht:* „Gedichte die viel zerstörbarer sind als Stein werden vielleicht mein Haus aus Stein überdauern.“

1987 Auszeichnung. Georg-Büchner-Preis.

1988 Tod. 22. November in Baden-Baden.

Für Max Reinhardt ist Egon Friedell ein „Schriftspieler und Schausteller“. Ein Privatgelehrter und Hofnarr, der der bürgerlichen Gesellschaft den Spiegel vorhält. Sich selbst bezeichnet der Historiker, Satiriker und Schauspieler als „lachenden Philosophen“. Sein Leben nimmt ein gespenstisches, tragisches Ende.

Egon Friedell

Hofnarr, schillernder Satiriker, hemmungsloser Privatgelehrter: Egon Friedell.

Brillante Bohemienseele im Bürgerkleid

„Wohnt hier der Jud' Friedl?", tönt es im März 1938, vier Tage nach Hitlers Heldenplatz-Triumph in der Gentzgasse 7 in Wien-Währing. Der Philosoph und Schriftsteller Egon Friedell hörte zuvor die Stiefel zweier Männer im Stiegenhaus. Herma, die Tochter seiner Haushälterin, öffnet die Tür. Noch ehe die beiden SA-Schergen sein Zimmer betreten können, versperrt er die Tür und springt aus dem Fenster. Während des Sturzes erleidet er einen Herzinfarkt und ist sofort tot.

Walther Schneider berichtet im *Friedell-Brevier* von einem makaber-gespenstischen Detail des Todessprungs: „Ein Hausbewohner, der zur kritischen Stun-

1878 Geburt.
21. Jänner als
Egon Friedmann.

de auf dem Heimweg die Straße unter seinem Fenster überquerte, hat berichtet, Egon Friedell hätte ihn kurz vor dem Sprung aus dem dritten Stock durch einen Zuruf aufgefordert, auszuweichen …"

Am 11. März 1938, einen Tag vor dem „Anschluss", schreibt der Philosoph und Privatgelehrte an Ödön von Horvath: „Jedenfalls bin ich immer in jedem Sinne reisefertig." Während dieser Märztage trifft Friedell seinen Freund Carl Zuckmayer auf der Kärntner Straße. In seinen Lebenserinnerungen berichtet dieser: „Er lockte mich in die Reiss-Bar, nur für einen Schluck, wie er sagte. Es ergab sich ein „unvergesslich erschütterndes Gespräch. ‚Was tust du, wenn die Nazis kommen?' ‚Dann', sagte ich, ‚wird wohl nichts anderes übrig bleiben, als über die Grenze zu gehen.' Friedell schüttelte den Kopf, ‚Was soll ich in einem anderen Land? Da bin ich doch nur ein Schnorrer und eine lächerliche Figur.'"

„Shakespeare der Geschichtsschreibung": die „Kulturgeschichte der Menschheit"

Als Sohn des Tuchfabrikanten Moriz Friedmann in Mariahilf geboren, veranlasst ihn seine bürgerliche Herkunft zu den Worten: „In meinen Adern fließen Samt und Seide." 1916 legt er den Namen Friedmann ab. Mit dem Pseudonym Egon Friedell will er in ein Ideal hineinwachsen, das er von sich selbst entworfen hat. Zu diesem Zeitpunkt ist die „Bohemienseele im Bürgerkleid" längst zu einer bekannten Gestalt des Wiener Kulturlebens, zu einer schillernden Figur des Wiener Nachtlebens geworden.

Man trifft ihn am späten Nachmittag im Café Central, am Abend im Löwenbräu hinter dem Burgtheater. Nachts taucht er mit Freunden wie dem „Afrikaforscher der Alltäglichkeit" Peter Altenberg in Bars und Varietés, dem Apollo, dem Tabarin oder dem Ronacher unter. Bei den halbseidenen Mädchen ist er gern gesehen, bei den Damen der Gesellschaft gilt er hingegen als Hagestolz und ist für abfällige Bemerkungen wie „Die Frauen sind keine Menschen, das macht sie so anziehend" bekannt.

Obwohl er ein elender Schüler ist und aus einem halben Dutzend Schulen fliegt – die Schule ist für ihn „ein Knoten in meiner Seele" –, studiert er Germanistik und Philosophie, ehe er 1904 mit der Dissertation *Novalis als Philosoph* promoviert. Ab 1905 ist er als Kritiker tätig, tritt ab 1906 als Kabarettist und Conférencier auf und wird Leiter der Kleinkunstbühne Fledermaus. Bald gehört es zum Pflichtprogramm der Wiener Gesellschaft, dieses Cabaret-Etablissement in der Wiener Innenstadt zu besuchen.

Als scharfsinnig-schlagfertiger Kabarettist ist er berühmt für seine in Stegreifmanier erzählten Geschichten über die Abgründe der Wiener Seele. Mit bissig-brillanten Anekdoten, mit purem Zynismus wie „Das Wiener Burgtheater ist eines der leuchtendsten Denkmäler des spezifisch österreichischen Schwachsinns" zimmert er fleißig an seiner Legende: „Da stand nun Egon Friedell, Doktor der Philosophie, Hofnarr des Publikums und, wie die meisten Hofnarren, dem Gebieter weit überlegen", schreibt Felix Salten.

1908 veröffentlicht er gemeinsam mit seinem Freund Alfred Polgar ein Glanzstück des Wiener Kabaretts: *Goethe. Eine Groteske in zwei Bildern*. Als Schauspieler tritt er erstmals 1905 in der von Karl Kraus veranstalteten Privataufführung von Wedekinds *Büchse der Pandora* auf. Auch der Theaterzauberer Max Reinhardt schätzt die außergewöhnliche Ausstrahlung des „Schriftspielers und Schaustellers". Bereits vor Ausbruch des Ersten Weltkrieges holt er den „genialen Dilettanten" in Berlin auf die Bühne, später wird

1904 Promotion zum Doktor der Philosophie.

1906 Kabarettist und Leiter im „Cabaret Fledermaus".

Friedell Dramaturg, Regisseur und Schauspieler am Deutschen Theater Berlin, von 1924 bis 1929 ist er Ensemblemitglied des Theaters in der Josefstadt.

„In meinen Adern fließen Samt und Seide"

Ab Mitte dreißig kämpft Egon Friedell mit Alkohol- und Gewichtsproblemen. Seine Fressgier und Maßlosigkeit sind inzwischen zum Stadtgespräch geworden – manche nennen ihn spöttisch „das Mastodon", eine Elefantenart des Tertiärs. Zu den üppigen Mahlzeiten lässt er sich stets zwei Servietten bringen, Sliwowitz ist sein ständiger Begleiter, wenn er nachts zu Hause ist, macht er sich auf die Suche nach Powidl, den die Haushälterin vor ihm versteckt hat. In der *Elektrischen* wird Friedell eines Tages von einem Mäderl angestarrt. Plötzlich meint es zu seiner Mutter, ohne den Blick von ihrem mächtigen Gegenüber zu wenden: „Mama, ich möchte so gern' wieder einmal Grammeln essen."

Kultur ist und bleibt nun einmal das Gegenteil von Natur.

Egon Friedell

Seinen Haushalt führen parallel und jeweils eifersüchtig auf die andere das Fossil der treuen Haushälterin und eine alte Tante. Beide Damen adorieren das urige, übergewichtige Unikum. Den Privatgelehrten, der versucht, sein hemmungsloses Leben hinter bürgerlich-pedantischer Ordnung zu verschanzen. Ein Herr mit Hornbrille und Pfeife im Schlafrock – zu seinen Füßen stets ein Hund, eine gemütliche Promenadenmischung.

1916 erscheint das Buch *Judastragödie,* ein Flop. Jahre später hofft Friedell auf einen Bühnenerfolg des Stückes im Burgtheater, doch es folgt ein weiteres Debakel, seine Gegner sprechen von einer „Plauscherl-Revue, einem Christusdrama ohne Christus". Egon Friedell, inzwischen 46 Jahre alt, beschließt, das Stückeschreiben zu lassen und studiert Tage und Nächte hindurch an der bedeutendsten Arbeit seines Lebens – an einer dreiteiligen *Kulturgeschichte der Menschheit.* Der erste Band erscheint 1927, die erste Auflage ist so rasch verkauft, dass der Verleger kaum nachdrucken kann. Bis 1932 erscheint das Gesamtwerk in drei Bänden mit dem Untertitel „Die Krisis der europäischen Seele von der schwarzen Pest bis zum Weltkrieg". Das 1.600-Seiten-Opus wird in sieben Sprachen übersetzt, Friedell wird als „Shakespeare der Geschichtsschreibung" apostrophiert.

Falsche Angaben seiner Vita nerven ihn. Zum 60. Geburtstag im Jänner 1938 analysiert er sich selbst: „In verhältnismäßig kurzer Zeit zum Doktor der Philosophie promoviert, wodurch ich die nötige Vorbildung zur artistischen Leitung des Kabaretts Fledermaus erlangte. Da ich zur Erholung von dieser verantwortungsvollen Nachttätigkeit mich bei Tage mit essayistischen Arbeiten beschäftigte, erwarb ich den Titel eines lachenden Philosophen …"

1927 Schriftsteller. Erster Band der *Kulturgeschichte der Neuzeit* erscheint.

1938 Freitod am 16. März.

Er beherbergt als Kind zu Hause einen ganzen Zoo, ist einer der ersten engagierten Umweltkämpfer und erhält den Nobelpreis für die Erforschung der Bienensprache – ihren Schwänzeltanz. Außerdem beweist Karl von Frisch mithilfe des blinden Zwergwelses Xaverl, dass Fische hören können.

Karl von Frisch

Ein Leben für die Bienenforschung: Nobelpreisträger Karl von Frisch.

Der magische Hüftschwung der Honigbienen

Wie entsteht ein Bestseller? Zum Beispiel, wenn sich die Mutter von drei heranwachsenden Söhnen Sorgen um deren Zukunft macht und über eine der wichtigsten Fragen unserer Zeit schreibt: Wie wir mit der Natur umgehen.

Maja Lundes mitreißender Roman *Die Geschichte der Bienen* sorgt zunächst in Norwegen für Furore, dann auf internationaler Ebene. In ihrem in dreißig Ländern erschienenen Bestseller, der in Kürze verfilmt wird, schildert sie in drei Zeitebenen drei Schicksale, die durch Bienen verbunden sind: das des Biologen William, der im 19. Jahrhundert mit der Erfindung des perfekten Bienenkorbs seinen Lebenswillen zurückgewinnt, jenes des

1886 Geburt in Wien.

Imkers George, der 2007 das Bienensterben miterlebt und schließlich ein erschreckendes Szenario im China des Jahrs 2098. Es gibt längst keine Bienen mehr. Die Menschen müssen alle Blüten per Hand bestäuben. Lund gelingt, was sich viele Biologielehrer wünschen würden: Interesse an Bienen und ihrer Lebensweise zu wecken.

Bereits vor 105 Jahren beginnt Karl von Frisch das Verhalten der Bienen zu erforschen. Für die Entdeckung der Bienensprache, die Entschlüsselung des Schwänzeltanzes der Honigbiene, seine größte wissenschaftliche Leistung, erhält er 1973 neben Konrad Lorenz und dem Zoologen Nikolaas Tinbergen den Medizinnobelpreis. Frisch gilt als einer der ersten öffentlichen Warner vor der Zerstörung der Natur, lange bevor die Norwegerin Maja Lund mit ihrem Bienen-Buch die dramatische Umweltsituation von heute beschreibt – und aufzeigt, wie die Welt für nachfolgende Generationen aussehen könnte.

> Jeder Frosch interessierte mich mehr als meine Schulaufgaben.
>
> Karl von Frisch

Vor genau fünfzig Jahren versucht Karl von Frisch die Menschen wachzurütteln und meint: „Jene Zeit ist begrenzt, die den Menschen auf Erden noch zur Verfügung steht, um die rasant fortschreitende Verschlechterung der Lebensbedingungen abzubremsen."

Wie kaum ein anderer findet er bereits sehr früh Zusammenhänge im zersplitterten Feld der Biologie. Er hat die seltene Gabe, komplizierte wissenschaftliche Zusammenhänge in einfacher Sprache weiterzugeben, vor allem auch an Schüler. Seinen Schulbuch-Klassiker *Biologie* leitet Frisch mit einer klaren Bemerkung ein: Das Buch solle nicht auswendig gelernt werden, Schüler mögen „aus eigenem Antrieb mehr lesen, als der Lehrer verlangt".

Seine ganze Liebe gehört den Bienen.

Der 1886 in Wien geborene jüngste von vier Söhnen eines Chirurgen soll zunächst nach dem Wunsch des Vaters Medizin studieren. Doch nach fünf Semestern wechselt Karl zur Zoologie. Schon als Kind hat er im elterlichen Haushalt einen ganzen Zoo unterschiedlichster Tierarten beherbergt, die er leidenschaftlich beobachtet. 1910 promoviert er mit einer aufsehenerregenden Arbeit, in der er beweist, dass Fische auch Farben sehen können. Zu seinen liebsten Versuchstieren zählt später Xaverl, ein blinder Zwergwels. Ihn dressiert Frisch so lange, bis er angeschwommen kommt, sobald er leise pfeift. Auf diese Weise beweist Xaverl, dass Fische hören können.

Doch Karl von Frischs ganze Liebe gehört den Bienen. In einem durch Hierarchien genau geregelten Staat leben Zehntausende Individuen, die alle Kinder einer Königin sind. Und sie üben mehrere Berufe aus: Sie sind Amme und Hofdame, Wachsfabrikant und Wärmetechniker, Baumeister, Transportflieger und Nachrichtensprecher. Und sie fliegen hundert Meter so schnell, wie diese ein Sprinter läuft. 1919 sieht Frisch im Münchner Jesuiten-Klosterhof des Zoologischen Instituts erstmals den „Scherz der Bienen", den Tanz einer Honigbiene. Vier Jahre später notiert er im *Zoologischen Jahrbuch,* dass Bienen „gewisse Lustbarkeiten und Freuden unter sich haben, dass sie sogar zuweilen einen gewissen Tanz anstellen".

Später erinnert sich der Verhaltensbiologe: „Der Schwänzeltanz sieht drollig aus. Er ist aber eigentlich nicht drollig, er ist fabelhaft interessant. Er gehört zu den wunder-

1919 Bienentanz. Erstmals beobachtet.

1967 Umweltschutz. Flammender Appell.

barsten Vorgängen im Reich der Insekten. Und das will viel sagen…“ Schon Tausende Jahre zuvor beobachtete Aristoteles den Tanz der Bienen, mit dem sie sich über die Lage von Nahrungsquellen informieren, aber erst Karl von Frischs Ausdauer, Beobachtungsgabe und experimentelle Fantasie können während Forschungen, die mehr als ein Vierteljahrhundert dauern, die erstaunliche Sprache der Bienen enträtseln – ihren magischen Hüftschwung.

Ausgeklügelte Experimente entschlüsseln das „Sprachballett“ der Bienen

Für seine Experimente entwickelt der Zoologe ein ausgeklügeltes Markierungssystem, mit dem er einzelne Bienen innerhalb des Schwarms verfolgen kann. Er kennzeichnet sie mit winzigen Farbtupfern, um sie im Flug zu identifizieren. Dadurch erkennt er die Informationen der Honigbienen, die in einer Art *Sprachballett* mithilfe von Rund- und Schwänzeltänzen ihren Artgenossen Informationen über Nahrungsquellen übermitteln.

Liegt die Futterquelle näher als hundert Meter vom Stock entfernt, macht die zurückkehrende Biene durch einen Rundtanz auf sie aufmerksam. Die anderen Sammlerinnen können losstarten. Weiter entfernte Nahrungsquellen werden in dieser einzigartigen Choreografie durch den Schwänzeltanz vermeldet. Die Geschwindigkeit, mit der die Biene mit ihrem Hinterteil hin- und herwackelt *(schwänzelt)*, zeigt die Entfernung zur Futterquelle an.

Frischs sensationelle Beobachtungen, dass Tiere exakt und noch dazu symbolisch kommunizieren können, beeindrucken die Welt der Wissenschaft. Aber noch bevor der Österreicher Frisch dafür mit dem Nobelpreis ausgezeichnet wird, gibt es Kritik. Vor allem aus Kalifornien, von Adrian Wenner, einem Bienenforscher der Santa Barbara University. Wenner versucht, den Schwänzeltanz zu entzaubern. Wie später auch der Würzburger Hochschullehrer Jürgen Tautz.

Heute forschen Zoologen in und um die Waben mit Hightech-Ausrüstung, unter Einsatz von Laser und Mikrochips. So soll eine künstliche Biene den Tanz der Insekten entschlüsseln: Die programmierbare *RoboBee* erzeugt mit einzeln zugeschalteten Duftstoffen, Geräuschen und Vibrationen im Bienenstock die Illusion eines tanzenden Insektes.

Davon konnte Karl von Frisch, der für neue Techniken offen ist – er ist der erste Wissenschaftler der bereits 1924 Filmaufnahmen zeigt – nicht einmal träumen: Er erforscht den Alltag der Bienen mit simplen Hilfsmitteln, mit Hilfe von Holzbienen, die ihm ein Mitarbeiter baut.

1973 Nobelpreis neben Konrad Lorenz und Nikolaas Tinbergen.

1982 Tod. 12. Juni in München.

Während die leidenschaftliche Literatin und Gärtnerin in ihrem Beet arbeitet, überlegt sie, ob Pflanzen intelligent und Lebewesen wie wir sind. Oder Barbara Frischmuth reflektiert ihre Kindheit. In einer gespenstisch schönen Landschaft, aber auch wo „Heil und Unheil Tisch an Tisch zur Sommerfrische saßen“.

Barbara Frischmuth

Zum Glück besucht sie nicht die Hotelfachschule, sondern wird Literatin: Barbara Frischmuth.

Gartenlust und Schleier der Vergangenheit

„Willst du eine Stunde glücklich sein, betrinke dich. Willst du drei Tage glücklich sein, heirate. Willst du aber ein Leben lang glücklich sein, so lege einen Garten an", sagt ein chinesisches Sprichwort. Schon die griechischen Philosophen stritten über die „Seele" der Pflanzen. Und große Denker – von Platon bis Darwin – haben an ihre Intelligenz geglaubt. Immer mehr Ökologen weisen inzwischen nach, dass Pflanzen Zusammenhänge begreifen können. Und dass wir uns, um unsere eigene Zukunft auf der Erde zu sichern, von den Pflanzen inspirieren lassen müssen.

Stefano Mancuso, Biologe an der Universität von Florenz, entwickelt eine revolutionäre Sicht auf die Pflanzenwelt: Sie ver-

1941 Geburt.
5. Juli in Altaussee.

brauchen sehr wenig Energie, überleben unter extremen Bedingungen, lernen aus Erfahrung und haben dabei faszinierende Lösungen gefunden, die anders sind als die der Tierwelt. Wie die Pflanze Licht einfängt und Energie nutzt, dient schon heute der Architektur als Inspiration, und wie das Wurzelgeflecht Informationen aufschließt und verarbeitet, macht es zum Modell eines kollektiven Organismus.

Auch die leidenschaftliche Gärtnerin Barbara Frischmuth reflektiert in ihrem fünften Gartenbuch *Der unwiderstehliche Garten* die Überlegungen zur möglichen Intelligenz, zum Bewusstsein der Pflanzen. Professor Mancuso, einer der profundesten, internationalen Experten auf dem Gebiet der Pflanzenneurobiologie, ist davon überzeugt. Während die hingebungsvolle Gärtnerin in ihrem Altausseer Beet arbeitet, denkt sie daran, dass Pflanzen kommunizieren, untereinander und mit den Menschen. Und ob sie Lebewesen wie wir sind.

Vor rund dreißig Jahren hat Frischmuth ihrem Grundstück in Altaussee einen Garten abgetrotzt: in rauem Klima mit langen Wintern, in Hanglage, auf 800 Meter Höhe. Ein schwieriges Terrain für einen Garten, aber ein glückspendender Ort der Befriedigung, Kontemplation und Ruhe für eine Literatin.

Das Schreiben und der Garten sind die bestimmenden Elemente

Schon immer hat sie sich beim Pflanzen und Säen, dem Graben und Gießen – inmitten von Mulch, Dünger und Kompost – wohlgefühlt. Schon sehr früh, als Volksschülerin, hat Barbara ein kleines Beet bewirtschaftet. Jahrzehnte später hat sich ihr Garten in Altaussee längst zu einem lebendigen Kunstwerk entwickelt.

Aber auch für einen passionierten Gartenmenschen kommt der Tag, an dem er beschließt, seinen Garten zu verkleinern, halbherzig Beete aufzulösen, doch man wird immer wieder verführt, bald kauft man wieder Setzlinge. Aber macht ein schmerzender Rücken manchmal nicht glücklicher, als es im Alter bequem zu haben, überlegt Frischmuth im vermutlich nicht letzten Buch über ihre Gartenlust. Und sie stellt fest: „Mir ist klar, dass die Bewohner des Gartens wesentlich besser über mich Bescheid wissen als ich über sie."

In *Fingerkraut und Feenhandschuh* beschreibt sie ihre Anfänge als Gärtnerin, erlebt Überraschungen, auch Enttäuschungen. Und die Erkenntnis, dass Gartenliteratur zwar hilfreich ist, aber Pflanzen nicht lesen können.

Das Schreiben und der Garten, die Erinnerungen an das Hotel der Familie, bestimmen Barbara Frischmuths heutiges Leben in Altaussee: „Dies ist kein Ort, sondern eine Krankheit, sagte der Sektionschef, wirklicher Hofrat. Zwei Tage später war er tot, gestorben in den Armen des Oberkellners, auf der hölzernen Veranda vor den Aufenthaltsräumen, nachdem er die paar Stufen vom Gastgarten noch heraufgenommen hatte."

Nach mehreren Auslandsaufenthalten in der Türkei, Ägypten, aber auch in den USA, China und Japan ist Frischmuth glücklich, wieder hier zu leben. Die Tochter eines Hoteliers wird in Altaussee geboren, wo sie ihre Kindheit verbringt. Sie erinnert sich: „Im März, wenn überall noch Schnee lag, aber die Sonne schon länger schien, legten wir uns oft auf den südseitigen Balkon des Hotels, das ja noch leer stand, und ließen uns braun brennen. Das Holz hatte einen warmen, sonderbaren Geruch, der sich mit dem des Sonnenöls verband…"

1957 übersiedelt Barbara mit ihrer Mutter nach Graz, interessiert sich bald für fremde Kulturen, vor allem für den Orient, und inskribiert zwei Jahre später Türkisch und Englisch an der Karl-Franzens-Universität. Im selben Jahr werden auch ihre ersten Gedichte im Grazer Heimatsaal vorgelesen.

1961 Forum Stadtpark. Gründungsmitglied, erste Texte.

1967 Erste Übersetzung aus dem Ungarischen.

Bereits zu Beginn sorgt sie mit ihrer sprachexperimentellen Literatur für Furore.

Später bemüht sich Frischmuth in ihren Büchern immer wieder, Brücken zwischen den Kulturen zu schlagen, Schriftsteller anderer Kulturkreise seien wahrscheinlich die besten Verbündeten beim Versuch der Annäherung an das „Unheimliche vor der eigenen Tür", die Ängste im Umgang mit Migranten.

Für mehr Verständnis zwischen Religionen und Kulturen

In ihrer Eröffnungsrede bei den Salzburger Festspielen vor zwanzig Jahren ruft sie zum Verständnis zwischen Religionen und Kulturen auf. Sie wird nie müde, ihre Meinung klar auszudrücken: In ihrer Dankesrede zur Verleihung des Wiener Ehrenzeichens – bei der Bürgermeister Ludwig erwähnt, dass er als Schrebergartenbesitzer besonders gerne ihre Gartenbücher lese – meint Frischmuth, dass Frauen bei Ehrungen in der Minderzahl seien und dass man Menschen mit Migrationshintergrund mehr in intellektuelle Gesprächsrunden einbeziehen sollte.

Die vielfach preisgekrönte, heute 78-Jährige, die sich immer wieder neben ihrer Leidenschaft für Gärten mit sperrigen Themen wie Krieg, Vertreibung und religiösem Fanatismus auseinandersetzt, erlebt während ihrer Jugend wilde Zeiten. Mit Galionsfiguren einer exzessiven Epoche, während der Dichter wie Wolfgang Bauer nicht in Literaturinstituten, sondern in von Alkohol und Rauchschwaden gebeizten Wirtshäusern ihre Ausbildung erleben. In der Wiener Wohnung von Frischmuth erfindet Bauer während einer Party das absurde „Free Schach", ohne Regeln, Brett und Schachfiguren, das in seinem Stück *Gespenster* vierzehn Jahre später gespielt wird.

Anknüpfend an das Buch *Die Klosterschule,* mit dem Frischmuth 1968 als Autorin debütiert, bricht sie heuer, mehr als ein halbes Jahrhundert später, in ihrem neuesten Roman mit autobiografischem Kern *Verschüttete Milch* das „Siegel des Schweigens": Auf Fotos tauchen Erinnerungen an die Kindheit auf, der Vater fällt kurz vor Weihnachten 1943 in Russland, „angeblich hat der Vater die Kleine bloß zweimal im Leben gesehen". Später übernimmt ein „Onkel als Paps" die Rolle des Vaters.

> Ein Schriftsteller ist jemand, der einen Großteil seines Lebens in Einzelhaft vor einem Schreibgerät verbringt.
>
> Barbara Frischmuth

Eine Kindheit im Ausseerland, in einer gespenstisch schönen Landschaft, aber auch im Rückzugsgebiet von Nazibonzen, die hier im „Endkampf" eine „Alpenfestung" errichten wollten. In den naiven Betrachtungen eines neugierigen Mädchens wird die Kindheit lebendig, der Schleier der Vergangenheit gehoben, im Hotel der Familie Frischmuth, wo „Heil und Unheil Tisch an Tisch zur Sommerfrische saßen".

1968 Erstes Werk. *Die Klosterschule* erscheint bei Suhrkamp.

2019 Aktuellstes Werk. *Verschüttete Milch.*

Kritiker loben seine „Synthese aus Menschenkenntnis und Sprachzauberei“. Der vielfach preisgekrönte Vorarlberger Arno Geiger ist eine der wichtigsten Stimmen der Gegenwartsliteratur. Seine Schilderungen von Menschen in Ausnahmesituationen sind beeindruckend, beklemmend und berührend.

Arno Geiger

Hochsensibler, hochdekorierter Literat: Arno Geiger.

Berührende Menschenbilder ohne Pathos

Demenz. Ein Tabuthema unserer Gesellschaft. Wenn man sich den Arm bricht, spricht man drüber, wenn sich die Seele in einem Ausnahmezustand befindet, verdrängt und verschweigt man es. Als der deutsche Journalist Tilman Jens als einer der Ersten ein Buch über die Demenzerkrankung seines Vaters veröffentlicht, ist die Reaktion ambivalent: Manche sprechen von Voyeurismus, von „Vatermord", andere bewundern seinen Mut. Auch der US-Literaturstar Jonathan Franzen hat sich in *Das Gehirn meines Vaters* mit der Krankheit beschäftigt. Zuvor hat er viel Fachliteratur über Demenz studiert und in sein Buch einfließen lassen.

Arno Geiger nähert sich dem Thema anders. Nicht diagnostisch-kühl wie Franzen,

1968 Geburt.
22. Juli in Bregenz.

sondern offen, einfühlsam, liebevoll und voller Geduld – und kann damit vielen Lesern helfen. Im Buch *Der alte König in seinem Exil* beschreibt er die Demenzerkrankung seines Vaters. Das Zusammenleben wird für die Familie immer öfter zu einer Fiktion: „Wir lernten, dass die Scheinheiligkeit der Wahrheit manchmal das Allerschlimmste ist."

> Das ist mein besonderes Talent, dass ich mich in Situationen hineinbegeben kann. Im Alltag ist das oft von Nachteil, beim Schreiben ist es gut.
>
> Arno Geiger

Vater August Geiger ist ein freundlicher, humorvoller Mann, der gerne singt. Ein Mensch, dessen Verlust seiner kognitiven Funktionen voranschreitet, der zwar dement, „aber *kein Depp* sei, der einem so vieles zu geben hat. Er ist von Wissen und Information befreit, aber er hat so eine emotionale Kompetenz. Bei ihm kommt so vieles von Herzen." Etwa wenn er auf der Pflegestation einem Mitpatienten, dem es viel schlechter geht als ihm, zärtlich über den Kopf streicht und gut zuredet.

Bekenntnis zur Solidarität mit Menschen in einer Ausnahmesituation

Und der Vater, ein einfacher Mann, der in seinem Leben viel gearbeitet hat, gibt poetische Sätze von sich, „bei denen einem vor Staunen die Luft wegbleibt", Sätze, „die auch ein Held von Franz Kafka oder Thomas Bernhard gesagt haben könnte …" Das Buch über die behutsame Annäherung an den verwirrten Vater ist nicht nur für Arno Geiger selbst „das mit Abstand Wichtigste".

Bevor er das Manuskript an den Verlag abschickt, gibt er es der Mutter und den Geschwistern zum Lesen: Wenn sie gesagt hätten, „nein, das wollen wir nicht, hätte ich es in die Schublade zurückgesteckt". Doch die Mutter sagt: „Das hast du gut gemacht." Obwohl ein ganzes Kapitel die gescheiterte Ehe der Eltern behandelt. Vor vielen Jahren haben sie sich getrennt. Doch wenn die Mutter den alten, kranken Mann besucht, schneidet sie ihm die schlohweißen Haare.

Im Buch über seinen Vater setzt sich Geiger mit Familie und Heimat, Alter und Krankheit auseinander. Es ist Literatur, die die Würde dementer Menschen offenbart, es ist eine ehrliche Annäherung an eine rätselhafte Erkrankung, es ist ein Bekenntnis zur Solidarität mit Menschen in einer Ausnahmesituation – in der schon eine kurze Umarmung Geborgenheit geben kann.

Der 1968 geborene Arno Geiger will Lokomotivführer werden, er wächst mit drei Geschwistern auf. Gespielt wird hauptsächlich draußen, im Wald oder am Fluss, wenn nicht bei der Heuernte geholfen werden muss. Im bäuerlichen Milieu, „wird nicht viel geredet, über Gefühle schon gar nicht". In Wolfurt, einer kleinen Vorarlberger Marktgemeinde bei Bregenz, widmet man sich gerne dem Brauchtum wie dem „Funkenfeuer". Arno studiert in Wien und Innsbruck, schreibt bald feinfühlige Reportagen, etwa über ein Kind mit Down-Syndrom, und feiert 1996 beim Bachmann-Wettlesen in Klagenfurt sein schriftstellerisches Debüt. Ohne Aufsehen zu erregen. Im gleichen Jahr erscheint seine Erzählung *Das Kürbisfeld* im Literaturmagazin *manuskripte*.

Ein Jahr später das erste Buch: *Kleine Schule des Karussellfahrens*. Der Roman eines

1997 Debütroman. *Kleine Schule des Karussellfahrens.*

2005 Deutscher Buchpreis für *Es geht uns gut.*

Taugenichts, der voller Fantasie durch die banale Welt von heute flaniert, schöne, unerreichbare Frauen liebt und von der Revolution des Jahres 1789 und Aristokraten träumt, denen auf der Guillotine kein Bonmot mehr einfällt. Für die Geschichte über die innere Leere des Jugendlichen erhält Geiger den New Yorker „Abraham Woursell Award", einen Preis für junge europäische Literaturtalente. Auch im zweiten Roman *Irrlichterloh,* einer modernen *road novel,* steht ein moderner Taugenichts im Mittelpunkt, der wissen will, warum seine Freundin lieber mit einem anderen reist …

Synthese aus Menschenkenntnis und Sprachzauberei

Für den feinfühligen Familienroman *Es geht uns gut* wird Geiger von der Kritik hochgelobt – die *Neue Zürcher Zeitung* spricht von einer „Synthese aus Menschenkenntnis und Sprachzauberei" – und erhält 2005 den erstmals verliehenen Deutschen Buchpreis. Die Jury fasziniert, dass der 37-jährige Autor „ebenso genau wie leicht vom Gewicht des Lebens spricht". Es ist eine Geschichts- und Generationensaga nach dem Vorbild amerikanischer Erzähler, deren Bogen sich über mehr als sechs Jahrzehnte spannt.

Danach lässt Geiger seine Leser vier Jahre auf einen neuen Roman warten: In *Alles über Sally* versetzt sich der Autor in eine untreue Ehefrau, das Leben geht seinen Gang, für Sally allzu ruhig: Geiger flaniert im Genre des Ehebruchromans, das seit *Anna Karenina* und *Effie Briest* an Brisanz verloren hat.

Im vergangenen September erhält der vielfach preisgekrönte Vorarlberger Schriftsteller den mit 50.000 Euro dotierten Joseph-Breitbach-Preis. Für das literarische Gesamtwerk und sein jüngstes Buch *Unter der Drachenwand:* Es ist 1944, der Krieg verloren – doch wie lange dauert er noch?

Mehr als zehn Jahre beschäftigt sich Geiger mit diesem Projekt. Während dieser Zeit sammelt er Zehntausende Briefe und Tagebücher aus den letzten Jahren des Zweiten Weltkriegs auf Flohmärkten und bei *ebay,* um sich als 1968 Geborener in die beklemmende Stimmung dieser Jahre zu versetzen. Auch, um sich die Frage zu stellen, wie haben unsere Eltern und Großeltern das alles durchmachen können, ohne seelisch zu zerbrechen?

In einem „künstlerischen brachialen Akt" schreibt er den Roman dann in vier Monaten und leidet in dieser Zeit mit seinen Romanfiguren mit: „Das ist mein besonderes Talent", meint Geiger, „dass ich mich in Situationen hineinbegeben kann. Im Alltag ist das oft von Nachteil, beim Schreiben ist es gut." Es entsteht eine unsentimentale, aber einfühlsame Geschichte eines einsamen Kriegsversehrten, der im Schatten der Drachenwand ein paar Monate in Mondsee verbringt. In der Hoffnung, dass irgendwann wieder das Leben beginnt …

Siebzehn Sommer lang hat Arno Geiger während der Bregenzer Festspiele hinter den Kulissen als Techniker gearbeitet. 2006 kehrt er als eine der wichtigsten Stimmen der deutschsprachigen Gegenwartsliteratur zurück – als gefeierter Festredner auf der Seebühne.

2011 Auszeichnungen für *Der alte König in seinem Exil.*

2018 Bestseller. *Unter der Drachenwand.*

Die Treffsicherheit ihrer beiläufigen Betrachtungen ist einzigartig. Elfriede Gerstl verabscheut Pathos und große Gesten, sie gilt als virtuose „Untertreibungskünstlerin“. Die Bandbreite ihrer Bewunderer reicht von Elfriede Jelinek bis Heimito von Doderer.

Elfriede Gerstl

Elfriede Jelinek über Elfriede Gerstl: „Sehr scharfe Essays, Vorsicht, schneiden Sie sich nicht!"

Lyrik, die nicht nach G'scheitsein riecht

Ponchos, Paletots und Pelzkappen. Jackerln und Glockenhosen, Schals und Seidenkleider aus den 1940er-Jahren, Anoraks und Brillen aus den 1950er-Jahren: Elfriede Gerstl ist eine fanatische Sammlerin. Die Poetin liebt Streifzüge durch den Wiener Flohmarkt. Süchtig begibt sie sich auf die Suche nach Hüten, Kleidern und Accessoires. Hier verdrängt sie mit ihrer Sammelleidenschaft Erinnerungen an Bitterkeit und Düsternis.

Da sieht sie ein Krokotascherl, dort einen Herrenhut von Saks, New York, zwischen Ramsch und Raritäten erspäht sie eine Art-déco-Brosche. Elfriede Gerstl hat eine Liebe für das Schöne, als Kontrast zur „Verlederhosung Österreichs", wie der Musiker Bruno Walter

1932 Geburt.
16. Juni in Wien.

das 1938 genannt hat. Während sie selbst ein Leben lang auf 47 Quadratmetern wohnt, logieren ihre Blusen, Hosen und Mäntel, ihre stadtbekannte Sammlung an Herrenhüten auf neunzig Quadratmetern. Einmal monatlich lädt Elfriede Freundinnen zum Jour fixe, zu einer improvisierten Modeschau, um bei einem Glaserl Wein die Sammlerstücke zu probieren – oder zu verschenken. Da werden dann auch die kostbarsten Stücke präsentiert: ein „Schmeichelseide-Bluserl oder ein grünes Prinzesskleid aus Mutters Vorzimmerschrank".

Super Gedichte. Sehr scharfe Essays, Vorsicht, schneiden Sie sich nicht!

„Sie ist immer im Hellen herumgelaufen, schrieb hell und witzig, erlebte aber das Dunkelste, ohne dabei selbst verdunkelt gewesen zu sein in ihrem Wesen und Schreiben", meint Elfriede Jelinek über ihre langjährige Vertraute Elfriede Gerstl, mit der sie nicht nur die gemeinsame Mode-Leidenschaft verbindet. Anlässlich der Verleihung des Erich-Fried-Preises hält Jelinek die Laudatio auf die Freundin: „Ich danke ihr für ihr Werk und für das, was sie damit und rund um sich schafft: eine Umgebung, die für alles offen ist, auch das Fremdeste, Fernste, Seltsamste, würde ich sagen. Super Gedichte. Sehr scharfe Essays, Vorsicht, schneiden Sie sich nicht!"

Elfriede Gerstl gilt als eine der wichtigsten Nachkriegsautorinnen Österreichs. Und sie ist auch eine der feinsten und originellsten. Ihre knappen Gedichte sind vom *Phrasen-Ballast* befreit. In mehr als fünfzig Jahren schreibt die genaue Beobachterin des gesellschaftlichen Lebens vor allem Gedichte, Essays und kurze Prosastücke.

Am 16. Juni 1932 als Tochter jüdischer Eltern geboren, überlebt sie die dunkelste Zeit Österreichs gemeinsam mit ihrer Mutter und Großmutter versteckt in verschiedenen Wohnungen, und „schlich auf Zehenspitzen von dort nach da". Nicht einmal die Wasserspülung der Toilette darf verdächtige Geräusche von sich geben. Zeitweise müssen die drei Frauen in fensterlosen Räumen hausen oder sich in Kleiderschränken verstecken. Nach Denunziationen kommen immer wieder Gestapo-Beamte, um sie abzuholen. Einmal legt die Mutter auch einen „Ariernachweis" vor, allerdings ohne Stempel. Doch das bemerkt die Geheime Staatspolizei nicht.

Nach Kriegsende: Maturaschule und einige Semester Medizin- und Psychologie-Studium. 1962 erscheint ihr erstes Buch *Gesellschaftsspiele mit mir,* über das der gestrenge Herr Heimito von Doderer urteilt, dass „alle Kleinkunst edel, immer traditionslos und sprachlich von höchster Perfektion ist: Wer kann das? Durchaus kann es Elfriede Gerstl."

i brauch kan herzinfarkt
i brauch kan tripper
i brauch nur eine krankheit auf der welt und
die bist du.

Elfriede Gerstl

Doch die ironische Kleinkünstlerin, deren Thesen oft originell, aber nie belanglos sind, bleibt leise. Beim Reden und beim Vorlesen. In Gesellschaft ihrer männlichen Dichterkollegen lernt sie, zu schweigen. Seit den späten 1950er-Jahren ist sie „Gast und U-Boot wie im Krieg", zunächst im Kreis um den Lyriker Hermann Hakel, im Umfeld der Galerie nächst St. Stephan und später bei den Autoren H. C. Artmann, Gerhard Rühm, Oswald Wiener und Konrad Bayer. Unter der lauten, männlich dominierten Wiener Bohème wird sie zur „schweigenden Beisitzerin".

1962 Erstes Buch. *Gesellschaftsspiele mit mir.*

1972 Rückkehr von Berlin nach Wien.

Elfriede Gerstl verabscheut große Gesten und Worte, sie hasst alles Prätentiöse und Pathetische. „Etwas wie Pathos hat sich bei ihr gar nicht erst hergetraut. Pathos ist vielleicht auf die Länge eines Kleinen Braunen geduldet gewesen“, meint Jelinek über Gerstl – die nicht will, dass „ihre Lyrik nach G'scheitsein riecht, sondern nach Tabakrauch oder Käse“.

Mit Mutter, Tochter Judith Bellina und ihrem Ehemann, dem Lyriker Gerald Bisinger, teilt sie sich Anfang der 1960er-Jahre Zimmer-Küche-Kabinett, ehe sie zu einem Fünfjahresausflug nach Berlin aufbricht, wo auch Ende der 1960er-Jahre ein Teil ihres Prosa- und Meisterwerkes *spielräume* entsteht. „Berlin hat von hier aus besser ausgeschaut, als es dort dann war“, meint sie und kehrt 1972 endgültig nach Wien zurück.

Schonungslos-präzise Protokollantin der Unzumutbarkeiten und Unzulänglichkeiten des Lebens

Mit dem Geld für den ersten bescheidenen Literaturpreis mietet sie eine kaum fünfzig Quadratmeter große Wohnung, mit dem zweiten finanziert sie den Einbau einer Dusche. Doch es ist kein einladendes Quartier, Elfriede Gerstl flieht meist in ihre „Niederlassungen im Kaffeehaus“, am liebsten ins Hawelka, wo 1963 ihre erste literarische Lesung stattfindet. In der Wiener Innenstadt ist sie eine vertraute Figur. Eine zarte, kleine Gestalt, die leichtfüßig, lächelnd und behütet am liebsten durch ihr Grätzel zwischen Bäckerstraße und Schönlaterngasse schlendert.

Erst spät erhält die „schonungslos-präzise Protokollantin der Unzumutbarkeiten und Unzulänglichkeiten des Lebens“ auch Anerkennungen, darunter den Georg-Trakl-Preis. Vielleicht grämt sie sich über die lange Zeit des Übersehenwerdens, jedenfalls nützt sie die Chance, stets das schreiben zu können, was sie will. Sie darf zornig-feministisch sein, sie spricht in Aufsätzen vom Wiener Kulturbetrieb der 1950er- und 1960er-Jahre als einem „Biotop der Narren“ und schreibt über die Liebe: „i brauch kan herzinfarkt i brauch kan tripper i brauch nur eine krankheit auf der welt und die bist du.“

Bis zuletzt arbeitet Elfriede Gerstl an einer Sammlung von *Theoriebissen und Denkkrümeln,* die nach ihrem Tod am 9. April 2009 erscheinen. Fünf Jahre zuvor schreibt sie: „schnee fällt in meinen halbschlaf etwas von mir fliegt in den flocken von der salztorbrücke über die treppe zur ruprechtskirche ich fühle wie ich mich verstreue“.

1999 Ausgezeichnet mit dem Georg-Trakl- und dem Erich-Fried-Preis.

2009 Tod. 9. April in Wien.

Seine Gedanken strapazieren das Denkvermögen bis an die äußerste Grenze. Der geniale, weltfremde Logiker Kurt Gödel gilt als einer der bedeutendsten Denker des 20. Jahrhunderts. Mit seinem Freund Albert Einstein philosophiert er über Mathematik, Macht und Ohnmacht des Denkens, über Gott und die Welt.

Kurt Gödel

Zwei Freunde, zwei Genies: Kurt Gödel (links) und Albert Einstein.

Expedition bis an die Grenzen des Verstandes

Zwei Herren fern der Heimat. Zwei Freunde, zwei Genies: Kurt Gödel und Albert Einstein in der Emigration in Amerika.

Der eine im eleganten Leinen-Zweireiher, der andere in einer faltigen, fleckigen Hose, die von Hosenträgern gerade noch oben gehalten wird. Mit ihren Kugelschreibern in der Brusttasche sehen sie nicht wie zwei der bedeutendsten Wissenschaftler des 20. Jahrhunderts aus, sondern eher wie ein Baumarkt-Filialleiter und sein junger Stellvertreter. Gemeinsam schlendern sie durch den Park des „Institute for Advanced Studies“ in Princeton bei New York, eines Zentrums der Genies, einer der renommiertesten Universitäten der Welt. Der müde gewordene Einstein,

1906 Geburt. 28. April in Brünn.

der auf die Siebzig zugeht, meint, er komme nur mehr ins Institut, „um das Privileg zu haben, mit Gödel zu Fuß nach Hause gehen zu dürfen".

Kurt Gödel. Er ist wenig bekannt, doch in Fachkreisen gilt er als ein beeindruckender Denker. Seine Gedanken inspirieren Philosophen bis heute. Seine bahnbrechenden Thesen, die die Fundamente der Mathematik erschüttern und die Logik seiner Zeit massiv beeinflussen, faszinieren nicht nur Einstein.

Der Physiker philosophiert mit Kurt Gödel über Macht und Ohnmacht des Denkens, über Gott und die Welt. Einem anderen Freund, dem auch in Princeton lebenden österreichischen Ökonomen Oskar Morgenstern, sagt Einstein, Gödels Arbeiten seien die wichtigsten Beiträge zur Relativitätstheorie seit seinen eigenen Forschungen.

Schon als Buben nennt man Kurt in seiner Heimatstadt Brünn den „Herrn Warum". Er ist scheu, hochintelligent, verschlossen. Er leidet unter Hypochondrie und regelmäßigen Anfällen von rheumatischem Fieber. Er ist still und schmächtig, trägt große, runde Hornbrillen, deren Gläser fingerdick sind. Der Bub ist ein in seinen Büchern versunkener, weltfremder Außenseiter, der schon lange bevor der Begriff „Nerd" aufkam, einer war. Einer, der auch sonntags lieber zu Hause bleibt, wenn der stolze Vater – der wohlhabende Miteigentümer einer Textilfabrik ist der erste Brünner, der ein luxuriöses Chrysler-Automobil besitzt – mit der Familie zum Ausflug ausfährt.

Sehr früh zeigt sich Kurts unglaubliches Talent: Bereits als Gymnasiast beherrscht er den gesamten mathematischen Hochschulstoff. Nach der Matura studiert er in Wien Physik, Mathematik und Philosophie. Hier, im Wien der Zwischenkriegszeit, wird gerade alles infrage gestellt. Die Psychoanalyse erschüttert das Seelenleben, die Moderne bahnt sich mit Zwölftonmusik im Ohr ihren Weg, ein Klub von Wissenschaftlern, der „Wiener Kreis", formiert sich. Die Genialität Gödels bleibt in dieser Vereinigung rund um Moritz Schlick nicht lange unbemerkt. Ab 1926 nimmt der zielstrebige Gödel regelmäßig an den Treffen am Donnerstagabend teil.

Wenn er nach den elitären Diskussionen nach Hause kommt, bemerkt er immer wieder ein aufreizend ungewöhnliches Mädchen, das aus dem gegenüberliegenden Haus huscht. Nach längerer Recherche ist klar: Die Nachtarbeiterin mit dem Feuermal im Gesicht ist Revuetänzerin im „Nachtfalter", einem Kellerlokal am Petersplatz.

Der „Unvollständigkeitssatz" erschüttert nachhaltig die Welt der Mathematik

1928 wagt der scheue Denker erstmals den Weg in den verruchten Untergrund. Die sieben Jahre ältere Adele Porkert, bei der er auch mütterliche Zuneigung sucht – sie gesteht später einer Freundin „ich muss ihn halten wie ein Baby" –, zieht ihn magisch an, doch es dauert lange, bis er die Königin der Nacht erobert. In seiner zutiefst bürgerlichen Familie sorgt die Beziehung des Genies mit der Tänzerin für Aufruhr. Erst mehr als zehn Jahre nach ihrer ersten Begegnung heiraten Adele und Kurt. Die Ehe bleibt kinderlos, als Baby fungiert der Ehemann. Ein Leben lang hält Adele zu Kurt, auch als sein immer stärkerer Verfolgungswahn die Ehe fast unerträglich macht.

1931 erschüttert Gödel mit einem Geniestreich – einem der wesentlichsten Sätze der modernen Logik, dem „Unvollständigkeitssatz" – nachhaltig die Welt der Mathematik: Der erst 25-Jährige zeigt Philosophen und Mathematikern die Grenzen ihres Wissens auf. Seine Annahme, die er auf nur wenigen Seiten in einem Aufsatz festhält, besagt vereinfacht, dass in einem System von klaren Regeln Aussagen möglich sind, die zwar wahr, aber

1929 Aufnahme in den „Wiener Kreis".

1931 Bahnbrechend. Der „Unvollständigkeitssatz".

nicht mit den Regeln diese Systems beweisbar sind. Die Mathematiker sind durch Gödel von einem Korsett befreit, doch ihr Selbstvertrauen ist erschüttert.

> Entweder ist die Mathematik zu groß für den menschlichen Geist oder der menschliche Geist ist mehr als eine Maschine.
>
> Kurt Gödel

Manche sehen Gödels These, die die Grundfesten der Naturwissenschaften erschüttert, als „wichtigsten Schritt in der Logik seit Aristoteles", doch viele sind damit nicht einverstanden. Auch Ludwig Wittgenstein kritisiert Gödel scharf. Bei Erscheinen von Wittgensteins *Bemerkungen über die Grundlagen der Mathematik* revanchiert sich Kurt Gödel, er zweifelt am Verstand des Philosophen: „Meint er das ernst? Er macht bewusst triviale, unsinnige Aussagen."

Immer stärkerer Verfolgungswahn überschattet die Genialität

Als Gödel, an Beklemmungszuständen leidend und seiner Meinung nach schwerkrank, die Einberufung zur Wehrmacht droht, und nachdem er an der Strudlhofstiege von einem Trupp junger Nazis attackiert worden ist, weil sie ihn für einen jüdischen Intellektuellen gehalten haben, entschließt er sich 1940, Wien zu verlassen. Das Ehepaar Gödel erreicht in Moskau die letzte Transsibirische Eisenbahn, die an das Ufer des Pazifiks fährt. Danach geht's per Schiff nach Japan und San Francisco. Und schließlich nach Princeton in der Nähe New Yorks, wo er schon Jahre zuvor Gastvorträge gehalten und die Freundschaft mit Einstein begonnen hat.

An seinem 70. Geburtstag ist Einstein allerdings über die Besessenheit seines Freundes Gödel bestürzt: Er überreicht Einstein bei der Geburtstagsfeier als Geschenk eine Berechnung, die beweisen soll, dass seine allgemeine Relativitätstheorie ein Universum zulässt, in dem Zeitreisen in die Vergangenheit möglich sind – ein schockierender Gedanke. Auch für Einstein.

1955, nach dem Tod des engen Vertrauten Einstein, zieht sich Gödel immer mehr zurück und vereinsamt völlig. Wenn er das Haus zu einem kurzen Spaziergang verlässt, dann nur in Skimaske mit Augenlöchern. 1970 muss er seine letzte Publikation zurücknehmen – aufgrund der Wirkung von Psychopharmaka hatte er massive Fehler übersehen.

Seit mehr als 20 Jahren protokolliert der Hypochonder täglich Körpertemperatur und die Übersäuerung des Magens. Seine Angsterkrankung wird immer massiver, er fürchtet sich vor der Ausdünstung von Heizung und Kühlschrank, glaubt ständig, man wolle ihn vergiften. Seine Frau muss alle Mahlzeiten vorkosten, er ist von ihrer Pflege total abhängig. Als sie nach einem Schlaganfall für ein halbes Jahr ins Krankenhaus muss, stellt der Rationalist Gödel wegen seiner Vergiftungsängste die Nahrungsaufnahme ein.

Kurt Gödel stirbt kaum 30 Kilo schwer an Auszehrung und Unterernährung. Eingerollt, mit angezogenen Knien. Wie ein Baby im Mutterleib.

1940 Emigration in die USA.

1978 Tod. 14. Jänner in Princeton.

Schillernd und skurril, seltsam und selbstgefällig: ein Maler mit Hang zum Magischen. Ein Dichter, dessen Fantasie grenzenlos scheint. Eine Barockfigur, die auch zwischen Tradition und Moderne vermittelt. Albert Paris Gütersloh – eine längst vergessene, exzentrisch-pathetische Persönlichkeit.

Albert Paris Gütersloh

Maler, Schriftsteller, skurrile Figur: Albert Paris Gütersloh.

Hingeschüttete Dinge als Weltordnung

Auf Seite 414 seines 820-Seiten-Mammut-Spätwerks *Sonne und Mond* meint Albert Paris Gütersloh: „Der Teufel hole die Bücher, die einer versteht!“ Bereits auf Seite 61 des in fast dreißigjähriger Schreibarbeit entstandenen *Historischen Romans aus der Gegenwart* hält der Autor seine Leser für „recht ungeduldig“. Acht Seiten weiter appelliert er an ihre Geduld: „Weil aber noch etliche Abschweifungen folgen sollen, tut der Leser gut, schon jetzt an sie sich zu gewöhnen.“ Dann meint er nicht uneitel, eigentlich seien Leser überflüssig, denn sein „totaler Roman“ liest sich von selber weiter: „... eine unheimliche Eigenschaft, allen großen Werken eigen.“

1887 Geburt.
5. Februar in Wien.

Im Erscheinungsjahr 1962 wird Gütersloh, der literarische Geheimtipp aus Österreich, im deutschen Feuilleton für seinen „Wiener Wälzer" hymnisch gelobt: „Glücklicher Leser", schreibt Walter Jens in der Zeit, „der du, unvorbereitet diesem Zaubergarten begegnen darfst." Manche Kritiker sind auch etwas ratlos und entdecken doch irgendwann „freudig überrascht die Andeutungen menschlicher Figuren, Situationen, ja sogar die Spuren einer Handlung." Die *FAZ* hilft sich in dieser Situation enthusiastischer Ratlosigkeit, indem sie Gütersloh-Freund Heimito von Doderer diese „Sprachoper" über den jungen Grafen, Weltenbummler und Weiberhelden Lunarin loben lässt. Obwohl Gütersloh seinen Kumpanen Heimito im Roman als seltsame Figur, als „Ariovist von Wissendrum" karikiert. Erst Jahre später kommt es zum Zerwürfnis der beiden.

Zuvor bewohnt Doderer, der sich als Schüler des „lieben, verehrten Meisters" bezeichnet, gemeinsam mit dem älteren, nicht minder skurrilen Kollegen Gütersloh in der Josefstädter Buchfeldgasse ein Atelier. Die Freunde flüchten sich in die Welt der Antike, gerne wird der griechische Philosoph Heraklit zitiert: „Ein Haufen aufs Geratewohl hingeschütteter Dinge ist die schönste Weltordnung."

Um ihre sexuellen Verklemmungen zu lösen, finden Treffen mit „dicken Damen" statt. Während sich die beiden Herren mit „Pulverer", starkem türkischem Kaffee, und Zwetschkenschnaps stärken, haben sich die Frauen mit einer „Gewichts-Mindestanforderung von 100 Kilo" ihrer Kleidung zu entledigen, sie müssen ein weißes „Büßerhemd" überstreifen und – auf allen Vieren kriechend – lateinische Texte zitieren.

Wie die beiden der Perversion frönenden Freunde sucht auch der Schriftsteller von Schlaggenberg in Doderers Roman *Die Dämonen* mittels Annoncen in Zeitungen die Bekanntschaft von Frauen mit „überaus mächtiger Statur". An Beispielen wird zitiert, wie der Dicke-Damen-Idealtypus auszusehen hat: „Rosi A.: Fett, trefflicher Reithosentyp" oder „Hanna W.: Holzgeschnittene Kontur. Hypertrophisch dicke Fesseln."

Bizarrer Exzentriker mit wohlklingendem Pseudonym

Im Alter von 35 Jahren ändert der in Wien-Gumpendorf als Sohn „einfacher, mir aber höchst bedeutender Leute" geborene Albert Conrad Kiehtreiber seinen Namen offiziell in Albert Paris von Gütersloh. Schon seit sechs Jahren nennt er sich immer wieder so. Das „von" wird ab 1919 weggelassen. Zu dem wohlklingenden Pseudonym entschließt sich Albert, als er in der deutschen Stadt Gütersloh als junger Schauspieler engagiert und zur gleichen Zeit in zwei Mädchen verliebt ist. Hin- und hergerissen zwischen den beiden wird er zum „Paris", der sich zwischen mehreren Göttinnen entscheiden musste.

> Wenn man liebt, ist man von der Atmosphäre der Geliebten beschlagen wie eine Fensterscheibe zwischen Zimmerwärme und Straßenkälte.
>
> Albert Paris Gütersloh

Albert will ursprünglich Priester werden, verfehlt aber, wie schon sein Vater, diese Berufung. Er besucht das Stiftsgymnasium Melk und danach das Gymnasium der Franzis-

1909 Erste Ausstellung seiner Zeichnungen.

1911 Expressionistischer Roman. *Die tanzende Törin.*

kaner in Bozen. In seinem späteren Werk tauchen immer wieder deutliche Analogien zum Priestertum auf, obwohl er ein Leben lang in einem Spannungsverhältnis zur katholischen Kirche steht.

Bereits 1904 wählt er sein erstes Pseudonym: Als „Albert Matthäus" nimmt er Schauspielunterricht und tritt an vielen Provinzbühnen der Monarchie auf. Max Reinhardt wird auf den exzentrischen jungen Mann aufmerksam und engagiert in an das Deutsche Theater in Berlin.

1909 stellt der vielseitige Albert erstmals auf der Internationalen Kunstausstellung in Wien Zeichnungen aus. Später folgen Ausstellungen beim Hagenbund, in der Wiener Secession, aber auch in Deutschland, Italien und Frankreich. In Paris arbeitet er als Kunstkritiker, zurück in Wien wird er Schüler von Gustav Klimt und gehört dessen Kreis mit Josef Hoffmann und Egon Schiele, der ihn 1918 auch porträtiert, an.

Bereits 1911 erscheint der expressionistische Roman *Die tanzende Törin* – vieles ist unverkennbar mit den Augen eines Malers beschrieben. Doderer sieht beide Begabungen Güterslohs als völlig gleichwertig. Doch der Maler erreicht nie die Qualität Klimts, Kokoschkas oder Schieles, seine Romane nie die eines Doderer oder Musil.

Für den Literaten Gütersloh ist Malen „ein kampfloses Ändern des Ausdrucks, abhängend von der intellektuellen Ermüdung, welche die Pause zwischen meinen Büchern so groß macht. Tritt dies ein, so habe ich das Bedürfnis, mich in der begriffslosen Welt der Gebilde und Farben zu erholen."

Ruth, die *tanzende Törin,* ist Protagonistin der künstlerischen Welt der Jahrhundertwende. Trotz Absprungs aus der Bürgerlichkeit in die Freiheit der Kunst gelingt ihr die Verwirklichung ihrer Illusionen nicht. Voller Sehnsucht will sie als Tänzerin reüssieren, doch sie landet nur in einem Vorstadtlokal: „Der Drang zum Tanzen ist ein maskierter erotischer Trieb und die traurigen Fenster zwischen Ich und Leben, an die sie ihr Gesicht presst, werden nicht geöffnet", meint der Germanist Wolfdietrich Rasch, Ruth bleibt „jungfräulich, nicht nur im engeren erotischen Sinn".

Schillernde Barockfigur voller Pathos mit Hang zum Magischen

27 Jahre nach Erscheinen seines ersten Romans jubelt Gütersloh, zuvor überzeugter Dollfuß-Anhänger, über den „Anschluss" und beantragt die Aufnahme in die NSDAP. Doch für Goebbels ist diese bizarr-exzentrische Figur aus der „Ostmark" untragbar, ihre Kunst wird als „entartet" eingestuft. Der flammende Nazi-Sympathisant verliert seine Professur und erhält 1940 sogar Berufsverbot.

Ein Leben lang bleibt Gütersloh eine ambivalente Figur. Eine schillernde, seltsame, skurrile Persönlichkeit voller Pathos und boshaft-brillantem Humor. Und voller Selbstgefälligkeit. Er ist eine große Barockfigur, die aber auch Künstlerkollegen in ihren Bann zieht, die Jahrzehnte jünger sind als er. Er ist ein Anreger, ein Vermittler zwischen Tradition und Moderne, dessen Hang zum Magischen sich auf die Jungen überträgt. Im Kampf um die Autonomie der modernen Kunst wird Gütersloh im Wien der Nachkriegszeit Mentor und Präsident der Künstlervereinigung „Art Club".

Im Gütersloh-Atelier an der Akademie der bildenden Künste formieren sich die „Phantastischen Realisten" mit den Schülern Brauer, Fuchs, Hundertwasser, Lehmden. Und mit Wolfgang Hutter, dem Sohn von Gütersloh und Milena Hutter – die beiden verbindet eine jahrelange Liebesaffäre. Erst 45 Jahre nach seiner Geburt anerkennt Gütersloh 1973 im Testament Wolfgang Hutter als seinen Sohn.

1932 Theodor-Fontane-Preis für Kunst und Literatur.

1973 Tod. 16. Mai in Baden bei Wien.

Mit Bestsellern über Aggression und Terror ist Friedrich Hacker seiner Zeit lange voraus. Prominente Patienten wie Judy Garland oder Ray Charles helfen seiner Popularität. Der Psychiater aus Wien, der Sigmund Freud noch getroffen hat, beendet Geiselnahmen unblutig und hilft bei der Aufklärung spektakulärer Mordfälle.

Friedrich Hacker

Psychiater, Autor und Aggressionsforscher: Friedrich Hacker.

Gewalt ist ansteckend wie Cholera

„Erst wenn der Mülemann mit de Mülekandeln scheppert", ist Schluss. Zuvor hat der *Friedl* ein Wienerlied nach dem anderen gesungen. Zwei, drei Stunden lang. Von seinen beiden Lieblingsmusikern begleitet, von seinen Wiener Freunden beklatscht, von seiner Frau bewundert. Der weltbekannte Psychiater Friedrich Hacker auf Besuch in seiner Geburtsstadt: Jahr für Jahr kommt er aus Amerika nach Wien. Man hat sich wieder einmal beim „Heurigen Oppolzer" in der Himmelstraße oder hoch oben am Schafberg im „Wirtshaus zum Windradl" getroffen. Spät nachts, nach der letzten Zugabe, sinkt er selig in sich zusammen. Die resche Serviererin bringt das letzte Achterl …

1914 Geburt.
19. Jänner in Wien.

Hackers Frau *Stasi* hat ein Buch mit dem Titel *Im Prater blüh'n wieder die Bäume* verfasst, in dem die liebsten Wienerlieder ihres Mannes gesammelt sind. Er selbst kennt jede Textzeile auswendig, keine Nuance der Lieder aus dem Backhendl-Biotop hat Hacker jemals vergessen – auch nach der Emigration aus Wien nicht.

> Gewalt ist das Problem, als dessen Lösung sie sich ausgibt.
>
> Friedrich Hacker

Friedrich Hacker entstammt einer assimilierten jüdischen Familie. Die von seinem Großvater gegründete Manufaktur „Hacker-Silber" beliefert in der Monarchie mondäne Hotels und Restaurants mit Besteck und Silbergegenständen, die von Kunsthandwerkern wie Kolo Moser entworfen worden sind. Die Mutter stirbt früh an einem Krebsleiden, der Vater kümmert sich hauptsächlich um das Geschäft: „Für uns waren eine Köchin und ein paar Nachhilfelehrer zuständig, bei denen wir nicht viel gelernt haben", erinnert sich Hans Hacker, der heute fast hundertjährige Bruder Friedrichs, „wir haben denen eher das Bridgespielen beigebracht."

Als Hospitant an der Wiener Psychiatrischen Universitätsklinik arbeitet Friedrich Hacker in der Abteilung des Selbstmordforschers Erwin Stengel. In der Biografie *Sigmund Freud und das Geheimnis der Seele* von Georg Markus erinnert sich Hacker an 1937 und den Beginn des Schicksalsjahres 1938: „Stengel nahm mich zu Diskussionsabenden in die Räume der Psychoanalytischen Vereinigung in die Berggasse mit. Ich wurde Freud vorgestellt, durfte dem großen alten Mann die Hand schütteln und den damals schon sichtlich durch die Krankheit geschwächten Professor, der nur mehr ganz selten und dann mit nahezu unhörbar leiser Stimme sprach, von der hintersten Ecke des Raumes betrachten."

Nachdem 1938 der Besitz der Familie, die Fabrik und das gegenüber der Staatsoper liegende Zinshaus, „arisiert" wird, flüchtet Friedrich Hacker vor den Nationalsozialisten zunächst in die Schweiz, wo er in Basel das in Wien begonnene Medizinstudium abschließt.

1940 verlässt er Europa und geht in die USA, wo er zunächst an verschiedenen Kliniken und Hochschulen wie der Columbia University angestellt ist und 1945 in Kalifornien die „Hacker Psychiatric Clinic" gründet. Mit Stützpunkten sowohl in der mondänen Prominenten-Enklave Beverly Hills als auch in Lynwood, einem Arbeiterviertel. Prominente Patienten wie Robert Mitchum und Judy Garland vertrauen sich bald mit ihren Drogen- und Alkoholproblemen dem immer um Popularität bemühten Psychiater aus Wien an. Auch Ray Charles, dessen Heroinsucht von Hacker geheilt wird. Im Film *Ray,* einer Biografie über die Legende des Soul, gibt es auch die Rolle des „Dr. Hacker".

Von Patty Hearst bis Sharon Tate: Experte für spektakuläre Gewaltverbrechen

Der Gewaltexperte wird in den USA immer wieder bei spektakulären Verbrechen zu Rate gezogen. Wie beim Kidnapping der Millionenerbin Patty Hearst, der Enkeltochter des Medienmoguls W. R. Hearst, die wochenlang mit verbundenen Augen in einer Besenkammer gefangen gehalten wird, oder bei der Geiselnahme des österreichischen Botschafters in Bogotá, bei der Hacker die Terroristen zur Aufgabe überreden kann.

1968 Gründung der Sigmund-Freud-Gesellschaft.

1971 Bestseller. *Aggression. Die Brutalisierung der modernen Welt.*

Der umtriebige Psychiater aus Wien wird auch in aufsehenerregenden amerikanischen Mordprozessen als Sachverständiger eingesetzt, so bei der Suche nach den Mördern der hochschwangeren Schauspielerin Sharon Tate, die nur mit einem Bikini bekleidet langsam mit 23 symmetrisch angeordneten Messerstichen „hingerichtet" worden ist. Für die Polizei erstellt Hacker ein Psychogramm der möglichen Täter, das zur Festnahme der Manson-Gruppe beiträgt: „Solcher Satanismus kann nur von pseudo-religiösen, zeitweise geistesgestörten Tätern als Revanche gegen Einzelne oder aus Rache an der Gesellschaft vollzogen werden."

Auch beim Überfall auf die israelische Olympiamannschaft in München berät er die Behörden und verhandelt 1973 im Auftrag Bruno Kreiskys mit Terroristen, die Passagiere in einem Zug in Marchegg gewaltsam festhalten. Hacker gelingt es, die Geiselnahme unblutig zu beenden.

Terrorismus kann jeden zu jeder Zeit an jedem Ort treffen

Rund dreißig Jahre nach dem Tod des Begründers der Psychoanalyse überzeugt er unter Mithilfe von Sigmund Freuds Tochter Anna Bundeskanzler Klaus, in der ehemaligen Ordination in der Berggasse 19 ein Museum zu errichten. Hacker, der auch das Wiener „Institut für Konfliktforschung" gründet, versteht es, auch Laien komplizierte psychische Zusammenhänge verständlich zu erklären.

Seine Bestseller über Terror und Aggression sind voller brillanter Aphorismen und Denkanstöße, mit seinen Themen ist er seiner Zeit immer weit voraus. Im Buch über Terror warnt er davor, dass der Terrorismus jeden zu jeder Zeit an jedem Ort treffen kann. In seiner Arbeit über Aggression und die Brutalisierung der Welt meint er: „Gewalt ist ansteckend wie Cholera; sie verdankt ihre Virulenz dem Schein der Rechtfertigung, der sie epidemisch macht."

Im Juni 1968 ist Hacker als Aggressionsforscher wieder einmal Gast in einem Fernsehstudio. Unter dem Titel „Hau' ma's z'samm!" diskutiert er mit dem Polizeipräsidenten und Jugendlichen im *Club 2* über Gewalt. Die Skinheads halten sich auch gegenüber dem Diskussionsleiter Rudolf Nagiller nicht zurück: Nach rund fünfzig Minuten sachlicher Diskussion kommt es zu Handgreiflichkeiten. Nicht nur Hacker ist fassungslos.

„Friedrich Hacker hat in Österreich nicht jene Wertschätzung erhalten, die ihm auf Grund seiner internationalen Reputation und allem, was er für Wien getan hat, entsprochen hätte", meint der Psychiater Georg Psota, „er war Psychoanalytiker, bezog aber in seine Überlegungen zum Thema Gewalt und Aggression viele Aspekte der modernen Verhaltensforschung mit ein. Hacker war ein Wanderer zwischen den Welten – Vertreter der *reinen* Lehre taten sich damit schwer."

Am 23. Juni 1989 kollabiert Friedrich Hacker während einer ZDF-Fernsehdiskussion in Mainz über den ehemaligen Waffen-SS-Mann Franz Schönhuber, dessen rechtsradikale „Republikaner" einige Wochen später in Bayern bei einer Wahl fast 15 Prozent erreichen. Hacker stirbt unmittelbar nach dem Ende der aufwühlenden TV-Diskussion an Herzstillstand. Am folgenden Tag erscheint in der *New York Times* ein Nachruf auf den „großen Aggressionsforscher aus Wien".

1976 Initiator des „Instituts für Konfliktforschung" in Wien.

1989 Tod. 23. Juni in Mainz.

Peter Hammerschlag ist eine der kuriosesten Begabungen der Ersten Republik. Der Autor des bizarr-bösen „Krüppellieds“ ist ein Pendler zwischen Kabarett und Literatur. Ein Poet, der das Groteske liebt, ein Sprachkünstler, der die Satire pflegt, ein „Blitzdichter“, von dem seine Gegner sagen, er könne es nicht langsam.

Peter Hammerschlag

Für Hans Weigel „ein in die Welt gestoßenes Kind, ein vom Intellekt heimgesuchter reiner Tor“: Peter Hammerschlag.

Gugelhupf und Satire, Würstel und Seele

1931. Erstmals wird Österreichs Fußballteam, das mit hohen Siegen in zwölf Spielen in Folge ungeschlagen bleibt, als „Wunderteam“ apostrophiert, nachdem es auf der Hohen Warte am 16. Mai 1931 gegen die Fußballmacht Schottland 5:0 gewonnen hat. Zwei Monate vorher spricht Charlie Chaplin, der mit dem Stummfilm *City Lights* gegen den Tonfilm opponiert, erstmals in eine Filmkamera. Im Hotel Imperial sagt er: „Guten Tag!“ Zwei Worte, die – wie die *Neue Freie Presse* meint – eine „Liebenswürdigkeit für Wien“ darstellen.

In diesem Jahr gründet auch die Schauspielerin Stella Kadmon im Souterrain des Café Prückel die Kleinkunstbühne des „Lieben Augustin“. Auf der Suche nach

1902 Geburt. 27. Juni in Wien-Alsergrund.

Mitarbeitern wird Kadmon auf eine der kuriosesten Begabungen der Ersten Republik aufmerksam, den liebenswerten, schrulligen, introvertierten „meschuggenen Sohn eines Wiener Arztes", Peter Hammerschlag, der von zehn Uhr morgens bis zwölf Uhr nachts bei ihr bleibt und ununterbrochen Gedichte rezitiert. Er wird Mitgründer des „Lieben Augustin" – ein Jahr zuvor hat er bereits in Berlin als „Blitzdichter" im Künstlerkaffee „Küka" für Aufsehen gesorgt.

Am 7. November 1931 ist es so weit: Die erste Vorstellung beginnt. Die Miete für das Kellerlokal beträgt dreißig konsumierte Kaffees. Im Zentrum steht von Anfang an Peter Hammerschlag. Als Conférencier, Hausautor, Hauptdarsteller. Und als „Blitzdichter": Das Publikum ruft ihm Wörter und ein Thema zu, er produziert wie aus der Pistole geschossen daraus ein Gedicht.

Es gibt keine gebaute Dekoration, eine Tänzerin tanzt, ein Schnellzeichner zeichnet schnell, ein Stepptänzer steppt. Am Flügel begleitet Fritz Spielmann, dessen Lieder später von Bing Crosby, Judy Garland und auch Elvis Presley interpretiert werden. Im „Lieben Augustin" feiert auch der Sohn eines Juweliers vom Brillantengrund in Wien Neubau sein Debüt: Fritz Muliar. Im Alter von 17 Jahren.

Die Kritiken sind freundlich, das Publikum jedoch nicht, das Kellertheater wird immer weniger besucht, die Konsumation von dreißig Tassen Kaffee rückt in weite Ferne. Stella Kadmon hat eine Idee: Ihr Bruder, der in einer Zigarettenfabrik arbeitet, druckt für den „Lieben Augustin" Reklamezetteln. „Allein mit schwarzer Maske, zitternd", weiß der Kabarettforscher Hans Veigl, begibt sie sich auf Kundenfang und verteilt in der Wiener Innenstadt den von Hammerschlag verfassten Werbetext: „Keine Nebenspesen! Kunst und Konsumation 3 Schilling. Wir geben ihnen: Jazz und Butterkipferln, Gugelhupf und Satire, Sandwiches und Romantik, Bier und neue Sachlichkeit, Likör und Kitsch, Würstel und Seele!"

Scharfzüngiger Poet, der das Groteske liebte

Nach ein, zwei Jahren rückt der Hausdichter Peter Hammerschlag im „Lieben Augustin" vom Zentrum an den Rand. Die sozialdemokratische *Arbeiter-Zeitung* verfolgt ihn mit bösen Kritiken, er sage Gedichte auf, die „er, aber wohl nur er für gut hält", er bringe „mehr Überheblichkeit und Eitelkeit als Talent mit".

„Mir ins Stammbuch", schreibt Hammerschlag selbstironisch: „Ich liebe zärtliche Blondinen und läge schrecklich gern auf ihnen. Sie weigern sich. Auch die Brünetten sind gern allein in ihren Betten … und auf den Bettchen von die Roten steht ‚Eintritt Hammerschlag verboten!' Mensch bleibe, was du bist: Onanist."

> Ich liebe zärtliche Blondinen und läge schrecklich gern auf ihnen. Sie weigern sich. Auch die Brünetten sind gern allein in ihren Betten.
>
> Peter Hammerschlag

Sein sechs Jahre jüngerer Freund und Förderer Friedrich Torberg hilft ihm, gelegentlich Gedichte in Zeitungen wie dem *Prager Tagblatt* zu veröffentlichen. Niemandem fällt auf, dass Peter Hammerschlag ein Poet ist.

1931 Kleinkunst. Mitgründer „Der liebe Augustin".

1942 Tod. 1942 im KZ Auschwitz.

Erst dreißig Jahre nach seinem Tod erscheint der Band *Der Mond schlug grad halb acht:* Grotesk-Gedichte, die lange verschollen waren und von Torberg gesammelt, redigiert, eingeleitet und herausgegeben wurden.

Das „Krüppellied" interpretierte Helmut Qualtinger schon Jahre zuvor. Mit dem Refrain-Beginn „Krüppel ha'm so was Rührendes" und bizarr-bösen Strophen wie „Ich sprach zu einem Mägdelein: Du hast nur einen Haxen. Das macht mir nix, sei trotzdem mein, er wird dir doch nicht wachsen! Da bracht sich mir das Mägdelein dar im weißen Bettgehege. Ihr abgehackter Haxen war zumindest nicht im Wege."

Aber er konnte auch anders, Peter Hammerschlag, der Pendler zwischen Kabarett und Literatur. Er war ein Poet, der das Groteske liebte, ein Sprachkünstler, der die Satire pflegte, ein „Blitzdichter", von dem seine Gegner sagten, er könnte es nicht langsam. Für Hans Weigel war er „stets faszinierend, ein in die Welt gestoßenes Kind, ein vom Intellekt heimgesuchter reiner Tor, ein entlaufener Bürger, ein Lyriker, dem zarte Verse gelangen."

Eine Packung Zigaretten wird ihm zum Verhängnis

Peter Hammerschlag, der Sohn des jüdischen HNO-Facharztes und Universitätsprofessors Victor Hammerschlag, wird 1902 im Wien Kaiser Franz Josephs geboren und beim Eintritt in die Volksschule römisch-katholisch getauft. Er studiert nach der Matura kurz Kunstgeschichte und absolviert einen Lehrgang für Buch- und Illustrationsgewerbe, der ihm später ermöglicht, seine Texte mit Karikaturen zu illustrieren. Er verfasst Mittelschul-Revuen und tritt mit seinem Kabarettprogramm in der ersten Schule Österreichs, in der Mädchen maturieren durften, im Institut der revolutionären Pädagogin Eugenie Schwarzwald, auf.

Durch sein Talent der scheinbar mühelosen Improvisation wird Hammerschlag zu einer Säule des Kabaretts und der Kleinkunst im Wien der 1930er-Jahre, während der Weltwirtschaftskrise und dem unaufhaltbaren Weg Österreichs in seine dunkelste Zeit. Frech und riskant wagt man in den Kellertheatern – von den Mächtigen noch nicht wirklich wahrgenommen – Abend für Abend politisches Kabarett.

Als Erzähler brilliert Hammerschlag durch seine Beobachtungsgabe und schildert voller Poesie Menschen und ihre Schwächen. Es sind groteske Szenen des Alltags: Vom halbseidenen Glanz der Show- und Modewelt bis zur Gegenwelt aus Kinder- und Tierperspektive. Scharfzüngig spöttelt er über die Schickeria, aber auch das Spießbürgertum. Mit wenigen Sätzen porträtiert er Typen wie den Fahrgast in der Straßenbahn, der sich den Hals verrenkt, um die Zeitung seines Vordermanns mitlesen zu können.

Nach der Deportation seiner Eltern, die in Theresienstadt ein qualvolles Ende finden, taucht er unter und lebt im dritten Bezirk als U-Boot bei dem Komponisten Alexander Steinbrecher. Hammerschlag ist leidenschaftlicher Raucher. Er verlässt im Sommer 1942 die Wohnung und meint: „Ich geh' Zigaretten schnorren." Er wird dabei von Gestapobeamten beobachtet, verhaftet und mit dem Transport vom 17. Juli 1942 ins KZ von Auschwitz deportiert, wo er im Alter von 40 Jahren ermordet wird. Das genaue Datum des Todes von Peter Hammerschlag ist unbekannt.

1965 Krüppellied. Interpretiert von Helmut Qualtinger.

1972 Grotesk-Gedichte. *Der Mond schlug grad halb acht.*

Der frühere Kultautor des Zeitgeistes pflegt seit mehr als fünfzig Jahren die subversive Kraft der Poesie. Ein dunkler Schatten liegt über dem imposanten Werk des Sprachkünstlers und Provokateurs Peter Handke: Sein Eintreten für serbische Kriegsverbrecher löste Empörung aus. Immer mehr wird er zum einsamen Wanderer.

Peter Handke

Poet, Provokateur, Publikumsbeschimpfer: Peter Handke.

Das Sehnen eines ewigen Außenseiters

„Reizvoll mädchenhaft anzusehen, so befangen wie keck“, erlebt Hilde Spiel den jungen Literaten vor einundfünfzig Jahren bei einer Lesung, „die ermüdende Aneinanderreihung reiner einfacher Sätze ohne Belang ließen sich die Zuhörer geduldig gefallen.“

Ein Jahr zuvor zelebriert der 23-jährige Peter Handke die *Publikumsbeschimpfung*. In Frankfurts Theater am Turm gibt es weder Bühnenbild noch Kostüme. Bei der Uraufführung seines ersten „Sprechstücks“ bleibt die Bühne leer. Stattdessen mengen sich vier Jünglinge unters Publikum und beschimpfen es: „Ihr Großmäuler, ihr Totengräber der abendländischen Kultur.“ Regisseur Claus Peymann sieht auch eine Kletterpartie in die Logen vor,

1942 Geburt. 6. Dezember in Griffen, Kärnten.

das Publikum wird beobachtet und attackiert. Handkes Spiel gegen „den Muff unter den Talaren“, gegen den sich damals auch die Studentenbewegung wendet, gegen das Theater und sein Publikum geschrieben, gefällt. Es gibt mehr als eine Viertelstunde Beifall.

Monate zuvor hatte der „junge Wilde“ mit einem spektakulären Auftritt für Furore gesorgt: beim Literaten-Treffen der „Gruppe 47“ im amerikanischen Princeton. Nach stundenlangen Lesungen beschimpft er die „Beschreibungsimpotenz“ der etablierten Kollegen wie Günter Grass, ihre „läppischen und idiotischen Arbeiten“. Der schüchterne Jungautor mit Beatles-Frisur und der ewigen Sonnenbrille wird über Nacht als literarischer Popstar bekannt. Der Skandal sorgt für aufmunternde Aufmerksamkeit. Für das deutsche Feuilleton gibt es wieder Diskussionsstoff.

Später meint Handke, er habe die Dichter beschimpft, „weil es halt so fad war und weil die da meinen, es wär‘ schon modern, wenn ein Computer beschrieben wird“. Um dem weiteren Kontakt mit den irritierten Literaten zu entgehen, trampt er nach Mississippi, wo sein Idol William Faulkner gelebt hatte.

Rebellion mit der subversiven Kraft der Poesie

In diesem Jahr erscheint auch der Erstlingsroman *Die Hornissen* des gefeierten *Enfant terrible*. 1966 ist für Peter Handke, den Provokateur aus der kleinen Kärntner 3.500-Seelen-Gemeinde Griffen, zum Jahr des Durchbruchs geworden. Ein kometenhafter Aufstieg für den Sohn einer Slowenin beginnt. Er gilt mit Titeln wie *Die Angst des Tormanns beim Elfmeter* als Kultautor des jungen Zeitgeistes. Mit einem Roman, in dem er eine Rückwendung zu traditionellem Erzählstil vollzieht. Mit den Parolen der 68er-Bewegung kann er sich nicht identifizieren – für ihn ist Sprachkritik als Gesellschaftskritik relevant.

Er rebelliert mit der subversiven Kraft der Poesie, gegen den Strom der Zeit zu schreiben ist ihm Verpflichtung. Seit seinem ersten Roman vergeht kein Jahr, in dem er nicht mindestens ein Buch oder Theaterstück veröffentlicht. In *Wunschloses Unglück* erzählt er 1972 nicht nur vom Leben und der Selbsttötung der Mutter – die in der Kriegs- und Nachkriegsgesellschaft auf dem Land „systematisch entmenscht“ wurde –, sondern denkt auch ständig über die Art seines Schreibens nach.

> Schreiben ist eine Ein-Mann-Expedition in unbekanntes Land.
>
> Peter Handke

Seit mehr als fünf Jahrzehnten steht er in der ersten Reihe der literarischen Öffentlichkeit. In Kürze soll die komplette Peter-Handke-Bibliothek erscheinen. Eine fünfzehnbändige Werkausgabe des jüngsten, dreißigjährigen Büchnerpreisträgers aller Zeiten. Prosa, Gedichte, Theaterstücke, Journale, Aufsätze. Insgesamt 11.424 Seiten Handke. Geduld und Begeisterung sind gefordert. „Peter Handke hat mich seit dem ersten Pulsschlag meines künstlerischen Denkens und Lebens begleitet“, meint Martin Kusej, „in seinen Romanen und Theaterstücken, mit seinen kontroversiellen Ansichten …“

Umstrittenes Eintreten für serbische Kriegsverbrecher

Als umstritten gilt Handkes Haltung in den Konflikten am Balkan. Seine pro-serbische Position, sein Reisebericht aus dem Jahr 1996 *Eine winterliche Reise zu den Flüssen*

1966 Debütroman. *Die Hornissen.*

1966 Uraufführung *Publikumsbeschimpfung.* Regie: Claus Peymann.

Donau, Save, Morawa und Drina oder Gerechtigkeit für Serbien, sein Besuch beim Führer der bosnischen Serben Radovan Karadzic, obwohl dieser schon per Haftbefehl gesucht wird, und zehn Jahre später seine Rede bei der Beerdigung von Slobodan Milosevic sorgen für heftige Debatten. Sein Eintreten für Kriegsverbrecher löst bei vielen einen Sturm der Empörung aus. Er wird als „ideologisches Monster" und „verblendeter Elfenbeinturmbewohner" bezeichnet.

Ein dunkler Schatten liegt bis heute über dem imposanten Werk des Sprachkünstlers. Der Einzelgänger ist zum Außenseiter geworden. Immer wieder beklagt Handke den Verlust seiner Aura, er durchleidet Depressionen und Schreibkrisen. Das Ringen mit dem Ich und seine Weltsicht sind Themen, die ihn zum Schreiben bewegen: „Wenn Gedanken dann nur im Gehen." Für ihn sei „Schreiben eine Ein-Mann-Expedition in unbekanntes Land… was man früher den epischen Atem genannt hat, manchmal spüre ich das, dass ich das Unvergleichliche in mir habe, obwohl ich nicht so aussehe."

„Die Triebe lassen mit dem Alter zum Glück nach", meint Handke. Die würdelose Affäre mit Marie Colbin und jene mit Katja Flint, die fünf Jahre dauerte, liegen lange zurück. Gerne erinnert sich Flint an „gemeinsame Spaziergänge und Pilzesammeln…" In den frühen 1970er-Jahren läuft Handke mit Gottfried Kellers Roman *Der grüne Heinrich* durch Paris – und landet in den Armen der Grande Dame des französischen Films. Der scheue Poet fasziniert Jeanne Moreau. Neben Gérard Depardieu steht sie in Handkes *Ritt über den Bodensee* auf der Bühne. Nach der Premiere entführt die fünfzehn Jahre ältere Diva den schwermütigen Poeten nach Venedig, wo sie Silvester feiern. „Ich kann es schreiben – du bist die Liebe meines Lebens – die Liebe meines Lebens", betet sie ihn in einem ihrer vielen Briefe an. Peter antwortet pathetisch: „Du bist meine erste und letzte Liebe."

Die Sache mit Mann und Frau kann doch immer nur in Tragik enden

Seit 1995 ist er in zweiter Ehe mit der Schauspielerin Sophie Semin verheiratet. Man lebte in Chaville an der Pariser Peripherie hinter einer hohen Hecke verborgen in einem hundert Jahre alten, kleinen Sandsteinhaus. Es war ein erneuter Versuch, Familie und Schreiben miteinander zu verbinden. Um nicht Wut und Hass auszuleben, floh er jeden Tag vor dem „monströsen Spross", den Sophie in die Ehe mitbrachte, in den angrenzenden Wald. „Um mit Handke leben zu können", meint Sophie, „müsste man ein Schloss mit zwei Flügeln besitzen. Aber man hat halt kein Schloss." 2001 verlässt sie Handkes Haus und bestätigt seine These: „Die Sache mit Mann und Frau kann doch immer nur in Tragik enden."

Irgendwann erzählt Handke, er möchte seinen Lebensabend in einem selbst erbauten Altersheim verbringen, mit Freunden Karten spielen und aus dem Fenster auf die jungen Mädchen schauen, die draußen vorbeigehen. Auf die Frage, wie er sterben wolle, antwortet er: „Entweder am Schreibtisch mit dem Bleistift in der Hand, schreibend, oder während ich jemanden rette, aus einem Feuer zum Beispiel, einem brennenden Haus." Aber er würde auch gern ewig leben: „Wenn der Verstand, das Sehnen und die Träume bleiben."

1972 Filmdebüt *Die Angst des Tormanns vor dem Elfmeter.* Regie: Wim Wenders.

1996 Pro-Serbien. Eine heftige Kontroverse beginnt.

Als Tauchpionier und Unterwasserfilmer ist er Idol von Millionen. Er kämpft für den Schutz von Haien und die Umwelt. Hans Hass, einer der bedeutendsten Naturforscher des 20. Jahrhunderts, weiß auch, wie man sich perfekt in Szene setzt. Das Leben des „Herrn der Haie“ bestimmen Risiko, Neugier und Leidenschaft.

Hans Hass

Ein glamouröses, tauchendes Paar: der Meeresforscher Hans Hass und Lotte, mit der er mehr als sechzig Jahre verheiratet ist.

Die Abenteuer des furchtlosen Fischmenschen

Fast wäre die erste Begegnung mit dem Wasser für Hans Hass zu einer Katastrophe, zu einem Trauma geworden. „Der Bub muss endlich schwimmen lernen“, meint Onkel Fritz, „ich übernehme das. Kinder schwimmen, ohne dass man sie viel unterrichten muss, das ist ein natürlicher Instinkt…“ Und schon klettert der resolute Onkel mit dem vierjährigen Hans an der Hand auf das Sprungbrett. Der Bub springt. Und geht sofort unter. Eine junge Sportlehrerin rettet den Buben, der regungslos am Boden des Bassins liegt. Erst als Achtjähriger, während einer Urlaubsreise nach Istrien, gesteht der spätere *Herr der Haie* seiner Mutter, dass er Taucher werden und nie heiraten wolle.

1919 Geburt.
23. Jänner in Wien.

25 Jahre später erregen nicht nur die von Hass erstmals gefilmten Mantas Aufsehen, sondern auch Lotte Baierl, seine Assistentin, die er kurz darauf heiratet: Ohne jede Furcht geht sie mit einem Tauchgerät unter Wasser. Eine tauchende Frau, das gab es zuvor noch nie. „Haiköder – Lotte Hass schwimmt mit Menschenfressern“ titelt das britische Magazin *People* 1953. Ihre Mischung aus Charme, Schönheit und Wagemut, aber auch die immer knappen Badeanzüge bezaubern ein Millionenpublikum im Kino. Angebote aus Hollywood, aber auch Spott über das glamouröse, tauchende Paar bleiben nicht aus. *Der Spiegel* schreibt: „Keine Grotte ohne Lotte.“

Alles begann an der Côte d'Azur

Der Aufstieg zu einem der größten Naturforscher des 20. Jahrhunderts, zum umjubelten Star, der Generationen von Menschen die Unterwasserwelt näherbringt, kommt früh und schnell. 1937, während seiner Maturareise, verschwindet Hans erstmals an den Klippen des Cap d'Antibes unter den Wellen und wagt mit einer einfachen wasserdichten Brille den ersten Blick unter die Wasseroberfläche. Die Faszination der geheimnisvollen Tiefen lässt Hans Hass seit dem ersten Tauchabenteuer an der Côte d'Azur nicht mehr los.

Bald danach erfüllt sich Hass den Traum einer Tropenreise. Gemeinsam mit Freunden erkundet er die Korallenriffe der Südsee, jagt Haifische und fotografiert mit seiner selbst konstruierten und gebauten Unterwasserkamera das Leben im Riff. Es entstehen einzigartige Bilder. Die abenteuerlichen Berichte des 21-Jährigen machen ihn schlagartig berühmt. Das Buch *Unter Korallen und Haien* wird sofort zum Bestseller. Durch Hans Hass werden exotische Unterwasserwelten für Millionen Menschen zu einer zweiten Heimat. Noch nie zuvor gesehene Bilder von Haien, Trompetenfischen und Korallenriffen landen in den 1950er-Jahren im Kino und auf den ersten Fernsehgeräten im Wohnzimmer.

Abenteuer unter Wasser rund um den Globus

Um Geld für weitere Expeditionen zu verdienen, hält Hass in der Wiener Urania Vorträge: „Aha, mit einem Hai haben Sie sich also herumgerauft?!“ meint ein Herr Witthalm von der Urania, „versuchen wir es halt im mittleren Saal, schauen wir einmal, wie viele Leute kommen … von den Einnahmen bekommen Sie dann dreißig Prozent.“

> Es werden immer neue Begierden geweckt – aber die Ressourcen unseres Planeten sind zu klein.
>
> Hans Hass

Bald strömen Tausende Zuhörer zu seinen Vorträgen, um den packenden Geschichten vom Leben unter Wasser zu lauschen. Man will dabei sein, wenn Hans Hass von *Unterwasserjagden mit Harpune und Kamera* oder seinem *Vorstoß in die Tiefe* berichtet. Seine mit dramatischer Musik unterlegten Filme füllen kurze Zeit später Kinosäle. Während der 1960er-Jahre sammeln Kinder an Tankstellen Klebebildchen von seinen Tauchexpeditionen mit dem Forschungsschiff „Xarifa“, mit dem Hass rund um den Globus unterwegs ist: in die Ägäis, ins Rote Meer, nach Polynesien, Australien, zu den Galapagos-Inseln und in den Indischen Ozean.

1939 Erster Unterwasserfilm. *Pirsch unter Wasser.*

1951 Biennale-Preis für den Film *Abenteuer im Roten Meer.*

Eigentlich ist es eine Erfindung der Nazi-Kriegsindustrie, die dem Meeresforscher den entscheidenden Schritt zum Fischmenschen ermöglicht: Im Lübecker Dräger-Werk entwickelt man Notlufttauchgeräte für U-Boot-Besatzungen. Hass ordnet die Elemente des „Kreislauftauchgerätes" neu an: Die Sauerstoffflasche trägt er vor dem Bauch, den Atemsack auf dem Rücken und probiert es im Sommer 1942 in der Ägäis aus – und ist der erste frei schwimmende Taucher.

Später, nachdem er sein Schiff „Xarifa" verkauft hatte, wechselt er von den dunklen Meerestiefen an seinen Schreibtisch. Er widmet sich philosophischen Fragen. Im Fokus seines Interesses steht die Evolution des Lebens. Doch wirkliche Anerkennung bleibt Hass bei seiner zweiten Karriere verwehrt. Kritiker sehen seine „Energon-Theorie" eher als Gedankenexperiment und nicht als umwälzende naturwissenschaftliche Erkenntnis: „Man kennt ihn als Tauchpionier und Meeresforscher", glaubt einer seiner engsten Weggefährten, der Verhaltensforscher Irenäus Eibl-Eibesfeldt. „Seine Definition des Lebens geht über den Rahmen der konventionellen Biologie weit hinaus – diese Sichtweise schien wohl manchen viel zu radikal."

Ich wollte mich wie ein Fisch unter Fischen bewegen

Als Hans Hass 1970 aus einer Zeit der Zurückgezogenheit wieder auftaucht, ist er bestürzt, wie sehr sich die Unterwasserwelt binnen weniger Jahre verändert hat, er wird zu einem Pionier des Meeresschutzes und Kämpfer gegen Umweltzerstörung.

Die große Leidenschaft des studierten Zoologen, der eigentlich wie sein Vater Rechtsanwalt werden sollte, sind die Haie, denen er den Ruf als Schrecken der Ozeane nehmen will. Dass auch sie schreckhaft sind, entdeckt Hass durch einen Zufall: „Er war vier Meter lang und kam direkt auf mich zu", erzählt er im Alter von 85 Jahren von seinem ersten Tauchausflug in die Karibik. „Ohne nachzudenken, bin ich auf ihn los, um ihn zu fotografieren. Da ging durch den Riesenkörper ein Ruck, er drehte ab und raste davon." Hass ist derart fasziniert, dass er die Gefahr nicht erkennt. Als „furchtloser Haifischschreck" bleibt er Millionen Menschen in Erinnerung. Er selbst habe bei seinen Begegnungen mit Haien niemals Angst empfunden.

„Ich wollte mich wie ein Fisch unter Fischen bewegen", erzählt er bei einem Vortrag. Um sich völlig geräuschlos den Tieren unter Wasser nähern zu können, entwickelt Hass neuartige Tauchflossen und die ersten funktionstüchtigen Unterwasserkameras, er verwendet ein Schwimmtauchgerät mit Sauerstoff, das ihn vom Forschungsschiff unabhängiger tauchen lässt.

Das Leben des besessenen Meeresforschers ist von Faszination und Begeisterung geprägt, am Ende seines Lebens meint er voller Verve: „Jeder Abgrund, den ich mir eroberte, lockte mich zu einem nächsten weiter, der sich noch ein Stück tiefer, noch unheimlicher unter mir auftat."

Der Mann, der als amphibisches Wesen konsequent seinen großen Traum lebt, publiziert mehr als dreißig Bücher und produziert 73 Filme. Für sein Lebenswerk wird er 2004 beim britischen „Wildscreen-Festival" mit dem *Grünen Oscar,* der wichtigsten Ehrung für Naturfilmer, ausgezeichnet. „Hans, you started it all!", meint Tierfilmlegende Sir David Attenborough.

1963 Energon-Theorie. Beginn der Forschung zur Theoretischen Biologie.

2013 Tod. 16. Juni in Wien.

Marlen Haushofer gilt als Vorläuferin der modernen Frauenliteratur. Das eigene, meist unglückliche Leben dient als Muster ihrer beklemmenden, beeindruckenden Romane. Sie beschreibt Liebe, Sehnen und Vereinsamung einer Frau, die in sich selbst gefangen ist: „Mein Herz hatte sich schon gefürchtet, ehe ich es wusste."

Marlen Haushofer

Als „Schreibende am Küchentisch" gilt Marlen Haushofer lange Zeit als Gegengewicht zu Ingeborg Bachmann.

Schützende Wand vor der Dämonie der Idylle

Zwei Frauen haben Marlen Haushofer populär gemacht: Als Elke Heidenreich im Herbst 2004 in ihrer Literatursendung „Lesen!" ein Haushofer-Werk präsentiert und meint, es sei eines jener fünf Bücher, das sie nie mehr hergeben würde, klettert der mehr als vierzig Jahre zuvor geschriebene Roman *Die Wand* nach ganz oben in den Bestsellerlisten. Zuvor ist das Buch, ihr dritter Roman, kein *Erfolg* und die oberösterreichische Schriftstellerin ist in der literarischen Öffentlichkeit nie gebührend gegenwärtig. Ihr Werk wird als *Hausfrauenliteratur* heruntergemacht.

Die zweite Frau ist Martina Gedeck. Sieben Jahre nach Heidenreichs Empfehlung verfilmt Regisseur Julian Pölsler den lange als

1920 Geburt.
11. April in Frauenstein, Oberösterreich.

„unverfilmbar“ geltenden Roman. Es wird ein beklemmend eindringlicher, trauriger, wunderschöner Film. Martina Gedeck brilliert, gefangen in sich selbst, im Film *Die Wand,* in einer Parabel über unsere verlorene Beziehung zum Tier und zur Natur. Ein Hund, eine Katze, ein weißer Rabe und eine zugelaufene Kuh, der sie den Namen Bella gibt, sind die einzigen Lebewesen, zu denen die Einsiedlerin Kontakt aufbaut.

Die Welt, die Zivilisation, ist weit weg. Und plötzlich ist sie in der rauen Gebirgslandschaft da, die Wand, rätselhaft, unsichtbar und undurchdringlich. Die fiktive Wand schirmt ein einsam gelegenes Haus hermetisch von der Außenwelt ab: „Verdutzt streckte ich die Hand aus und berührte etwas Glattes und Kühles: einen glatten, kühlen Widerstand an einer Stelle, an der doch gar nichts sein konnte als Luft ... dann hörte ich lautes Pochen und sah um mich, ehe ich begriff, dass es mein eigener Herzschlag war, der mir in den Ohren dröhnte. Mein Herz hatte sich schon gefürchtet, ehe ich es wusste.“

Ein Hauptwerk voller Einsamkeit und Trauer

Zu Beginn versucht die Frau immer wieder, die Wand zu durchbrechen. Irgendwann findet sie sich mit ihrer Einsamkeit ab und beginnt, ihr Überleben zu organisieren: Im Vorrat der Jagdhütte findet sie Brennmaterial und Petroleum, Bohnen und Kartoffeln, die angepflanzt werden, sie geht auf die Jagd und macht Heu, damit die Kuh auch im Winter Milch geben kann. Ihr Wille findet trotz totaler Isolation, Dunkelheit und Angst für (fast) jedes Problem eine Lösung. Das Robinson-Crusoe-Thema ist in den oberösterreichischen Kalkalpen angekommen. Eine schlichte und klare Sprache mit präzise formulierten Gedanken prägen Haushofers Hauptwerk voller Einsamkeit und Trauer. Für ihren späteren Freund und Förderer Hans Weigel ist es „ein Meisterwerk abendländischer Literatur“.

> Es gibt keine vernünftigere Regung als die Liebe.
>
> Marlen Haushofer

Haushofers *Wand,* von manchen mit Albert Camus' *Pest* verglichen, ist offen für Interpretationen: Der Roman wurde als Kampfansage gegen das Patriarchat gehandelt, als radikale Zivilisationskritik; die Friedensbewegung glaubte auch, eine postnukleare Apokalypse darin zu erkennen. Die Frau, die von dieser beklemmenden Situation berichtet und ihre Geschichte niederschreibt, ist zuvor mit ihrer Cousine und ihrem Mann zu deren Jagdhaus am Rand der oberösterreichischen Kalkalpen unterwegs. Nach der Ankunft brechen Luise und Hugo zu einem Spaziergang auf, um ein Wirtshaus zu besuchen – und kehren nie wieder zurück.

Ein Jugendbuch wird zum größten Erfolg

Marlen Haushofer wird 1920 als Maria Helene Frauendorfer in Oberösterreich, in der Nähe der Gemeinde Molln, geboren. Ihre Kindheit als Tochter eines Försters und einer Kammerzofe im Effertsbachtal am Fuße des Sensengebirges ist für ihr gesamtes Werk als prägende Lebensphase entscheidend. Trotz des strengen Regiments ihrer bigotten Mutter wächst Maria Helene in relativer Freiheit auf. Haushofers spätere Kinder- und Jugendbücher mit schönen Titeln wie *Brav sein ist schwer,* die ihr den größten finanziellen Erfolg brin-

1952 Erster Erfolg. *Das Fünfte Jahr.*

1954 Debütroman. *Eine Handvoll Leben.*

gen, basieren auf glücklichen Erlebnissen der Kindheit. Auch in ihrem zweiten Roman *Himmel, der nirgendwo endet* wird ein Bild aus der Sicht eines Kindes gezeichnet.

In einem Interview erzählt Haushofer 1968: „Geschrieben hab' ich von meinem achten Jahr an bis zu meinem neunzehnten nur so für mich ... während des Krieges keine Zeile. Erst 1946 hab' ich wieder angefangen, und diesmal mit der Absicht, meine Geschichten anzubieten." Ab diesem Jahr publiziert sie regelmäßig in Zeitungen wie in der *Presse* oder im *Kurier*.

Ab 1948 sucht sie die Kommunikation mit der literarischen Szene des Nachkriegs-Wien. Sie lernt den Lyriker Hermann Hakel kennen, der in seiner Zeitschrift *Lynkeus* Marlens Erzählung *Für eine unvergessliche Zwillingsschwester* veröffentlicht. Der Feuilletonist und Kritiker Hans Weigel hält im Café Raimund Hof und lässt sich nicht ungern von den aufstrebenden Schriftstellerinnen Aichinger, Bachmann und Kräftner adorieren. Es ist die Zeit, als Weigel Ingeborg Bachmann fragt, was er ihr aus Amerika mitbringen solle. Gerne geht sie auf seine Frage ein: „1) Nylonstrümpfe 2) Sommerschuhe (nette, hohe Absätze) 3) weisses oder hellblaues Seidenbluserl 4) Wäsche jederzeit und jeder Art, am wichtigsten vielleicht ein Unterrock."

Unglückliches Privatleben und früher Tod

Für Marlen, die demütige, aber doch selbstbewusste Frau eines Zahnarztes in Steyr, dessen amouröse Affären stadtbekannt sind, ist Wien die große, weite Welt. Ein wohltuender Zufluchtsort aus einer beklemmenden Kleinstadt-Situation, in der eine dämonische Idylle vorherrscht. Für ihre literarischen Ambitionen zeigt man kein Verständnis – sie hat einen Haushalt und eine ärztliche Ordination zu betreuen.

Ihr erster Romanversuch, der die ungesühnte Ermordung eines ehrlosen Mannes durch Frauen zum Inhalt hat, wird aus „moralischen Bedenken" abgelehnt. 1953 übersiedelt sie für kurze Zeit nach Wien – obwohl sie sich „nie nachts im Wald gefürchtet hat, während ich in der Stadt immer ängstlich war". Hier will sie ihren Roman *Eine Handvoll Leben* fertigstellen. Die Scheidung von ihrem Mann drei Jahre zuvor wird – auch vor den beiden Söhnen – geheim gehalten. Nach dem Ende einer unerfüllten Liebe mit dem Literaten Reinhard Federmann heiratet Marlen ihren (Ex-) Mann ein zweites Mal – obwohl die Beziehung vermutlich unrettbar ist.

Im Winter 1968 merken die literarischen Vertrauten in der ewigen Wiener Anlaufstation, im Café Raimund, dass Marlen sehr krank ist. Diagnose: Knochenkrebs. Man täuscht vor, die tödliche Krankheit gar nicht zu bemerken. Marlen Haushofer stirbt im Alter von nur 49 Jahren nach einer Operation, die, wäre sie gelungen, Erleichterung ihrer peinigenden Schmerzen gebracht hätte. Wenige Tage zuvor besucht sie Hans Weigel im Krankenhaus und fragt: „Was macht dein Seelenleben", lächelnd antwortet sie: „Ich hab' überhaupt kein Seelenleben mehr."

Die unglücklich Liebende ist erlöst.

1963 Auszeichnung.
Arthur-Schnitzler-Preis für das Hauptwerk *Die Wand*.

1970 Tod.
21. März in Wien.

Nobelpreisträger Friedrich August von Hayek gilt als einer der bedeutendsten liberalen Denker des 20. Jahrhunderts, er selbst bezeichnet sich als „radikalen Anti-Sozialisten". Margaret Thatcher und Ronald Reagan sind Anhänger des Verfechters der Marktwirtschaft. Seine Thesen beeinflussten ihre Wirtschaftspolitik.

Friedrich August von Hayek

Dem liberalen Vordenker scheint Freiheit durch jede staatliche Regulierung gefährdet: Friedrich August von Hayek.

Individuelle Freiheit um jeden Preis

Am legendären King's College in Cambridge findet an einer langen Tafel das wöchentliche Dinner der Professoren statt. Unter ihnen ein junger Ökonom aus Österreich. In erstklassigem Englisch erläutert er seine Theorie zu den Ursachen der Weltwirtschaftskrise der 1930er-Jahre. Plötzlich unterbricht ihn ein älterer Kollege, John Maynard Keynes, von vielen als genialer Ökonom gefeiert: „Junger Freund, so einfach können Sie das aber nicht begründen!" Zwischen den beiden entsteht eine hitzige Diskussion. Der junge Österreicher ist Friedrich August von Hayek. Keynes bleibt sein lebenslanger Widersacher, sein wichtigster theoretischer Gegner.

1899 Geburt.
8. Mai in Wien.

Hayek gilt als Vordenker des Neoliberalismus, als wichtiger Ökonom und Sozialphilosoph – und zählt zu den Hauptkritikern des Sozialismus. Er bezeichnet sich selbst als *radikalen Anti-Sozialisten*. Der Verfechter der Marktwirtschaft tritt für den freien Markt ein und ist ein scharfer Kritiker jeder Form staatlicher Interventionen.

Niemand hat vom Kapitalismus mehr profitiert als die Arbeiterklasse.

Friedrich August von Hayek

Friedrich August wird 1899 als Sohn eines Arztes und Botanikers in Wien geboren, wächst in großbürgerlichen Verhältnissen in Erdberg und an der Ringstraße auf. Er ist ein Großcousin des Philosophen Ludwig Wittgenstein und des einarmigen Pianisten Paul Wittgenstein. Während seiner Kindheit interessiert sich Fritz, wie er von den Eltern genannt wird, für Mineralogie und Insektenkunde, später auch für die Evolutionstheorie. Als Jugendlicher kämpft er im Ersten Weltkrieg als Artillerieoffizier an der italienischen Front. Durch einen Granateinschlag bleibt er sein Leben lang auf einem Ohr taub. Nach Ende des Krieges kehrt er, von einer Malaria geschwächt, nach Wien zurück.

Ein echter Gentleman als „Radikalliberaler"

Hier beginnt er sofort mit dem Studium der Rechtswissenschaften, besucht aber vor allem Vorlesungen in Volkswirtschaftslehre und Psychologie. Im Alter von dreißig Jahren wird Hayek der erste ausländische Professor an der britischen London School of Economics, einer der renommiertesten Universitäten der Welt.

Von Anfang an fühlt er sich in London mit seiner Frau Berta Maria und den beiden Kindern wohl. „Er gibt sich wie ein echter Gentleman", erinnert sich der Ökonom Christian Watrin, „als er nach England kommt, blühte er regelrecht auf." Sein Auftreten ist sympathisch, bescheiden und charmant. Hayek liebt die Atmosphäre britischen Clublebens, hier genießt er die Treffen mit Menschen, die eine prononcierte Meinung vertreten.

Hayeks Vorträge sind immer fesselnd, oft provozierend. Wie seine berühmte Rede vom 6. Februar 1979 in der Aula der Freiburger Universität über „Wissenschaft und Sozialismus" bei der er für viele als *Radikalliberaler* erkannt wird, als er meint: „Ich muss gestehen, wenn Sie auch darüber entsetzt sein werden, dass ich nicht sozial denken kann – denn ich weiß nicht, was das heißt."

Hayek bezeichnet sich als Tüftler, feilt lange an seinen Manuskripten und überarbeitet diese immer wieder, von frühmorgens bis spätabends. Seine Kinder meinen später, sie hätten ihren Vater immer nur lesen gesehen …

Mit fünfzig lässt er sich von seiner Frau scheiden. Er will seine Jugendliebe Helene Bitterlich, die er noch aus Wiener Zeiten kennt, heiraten. An der Universität in London wird dieser Schritt negativ aufgenommen. Viele Kollegen und Förderer wenden sich von ihm ab und stellen sich auf die Seite seiner Familie. Bedingt durch diese private Situation, verlässt Hayek England und geht für zwölf Jahre an die Universität Chicago. Bald ist er auch hier als Professor anerkannt. Der Wechsel nach Chicago kommt allerdings einem sozialen Abstieg gleich.

An seinem sechzigsten Geburtstag überreicht er seinem Verleger das Manuskript *The Constitution of Liberty*. Die Verfassung der Freiheit wird sein Hauptwerk, repräsentativ für den Liberalismus des 20. Jahrhunderts. Es ist ein systematisch entwickeltes Konzept der liberalen Gesellschaft. Hayek meint, eine

1927 Gründung des Österreichischen Instituts für Konjunkturforschung.

1960 Hauptwerk. *Die Verfassung der Freiheit.*

solche sei nicht konstruierbar, sondern Resultat einer spontanen Ordnung. Dies sei der Kerngedanke der Marktwirtschaft.

Nach zwölf Jahren in Amerika zieht Friedrich von Hayek nach Europa. Zuerst nach Deutschland, nach Freiburg. Später kehrt er nach Österreich zurück. Trotz der langen Zeit im Ausland ist er seiner Heimat immer verbunden geblieben. Er wird Honorarprofessor in Salzburg, doch seine Erwartungen werden nicht erfüllt. Hayek missfällt das Klima an der Universität. Und er fühlt sich als Liberaler nicht richtig verstanden.

Die Verleihung des Nobelpreises für Wirtschaftswissenschaften 1974 trifft den inzwischen 75-Jährigen völlig überraschend. Ironischerweise teilt er sich die Auszeichnung mit dem schwedischen Sozialisten Gunnar Myrdal, dem Begründer des skandinavischen Modells des Wohlfahrtsstaats. Die beiden Preisträger werden für ihre „Pionierarbeit auf dem Gebiet der Geld- und Konjunkturtheorie" ausgezeichnet.

Ein österreichischer Ökonom prägt die internationale Wirtschaftspolitik

Hayek sucht nie politische Macht. Dennoch beeinflusst er als Mitglied mehrerer unabhängiger Thinktanks zahlreiche Politiker der 1970er- und 1980er-Jahre. Bereits 1947 gründet er im Hotel du Parc auf dem Mont Pèlerin über dem Genfersee eine Diskussionsgesellschaft. Mit 36 liberalen Denkern wie Milton Friedman, Karl Raimund Popper und dem späteren deutschen Bundeskanzler Ludwig Erhard ruft er eine liberale, hochkarätige Expertenrunde ins Leben.

Eine von Hayeks mächtigsten Anhängern ist Margaret Thatcher. Bereits als Chemiestudentin in Oxford ist sie von seinen Ansichten über Individualismus und Marktwirtschaft im Buch *Der Weg zur Knechtschaft* begeistert. Später werden Hayeks Thesen zur Basis ihrer Wirtschaftspolitik. Während einer heftigen Parlamentsdebatte unterbricht die *Eiserne Lady* einen Redner und holt die „Verfassung der Freiheit" – in der Hayek gegen den Wohlfahrtsstaat wettert – aus ihrer Handtasche und ruft: „This is what we believe." 1985 verleiht die Premierministerin Hayek die hohe Auszeichnung „Companion of Honour".

Der österreichische Ökonom beeinflusst auch Ronald Reagans Wirtschaftspolitik. Als er 1980 zum Präsidenten gewählt wird, huldigt er dem Neoliberalismus, zügelt die Staatstätigkeit und senkt die Steuern. 1991 zeichnet Reagan den 92-jährigen Nobelpreisträger mit der „Presidential Medal of Freedom", der höchsten zivilen Auszeichnung der USA, aus.

Friedrich August von Hayek, der liberale Vordenker, der ein Leben lang an die Kraft des Individuums glaubt, für den Freiheit durch jede staatliche Regulierung gefährdet erscheint, stirbt im März 1992 in Freiburg. Auf Wunsch seiner Frau wird er in Wien auf dem Neustifter Friedhof begraben.

1974 Nobelpreis für Wirtschaftswissenschaften.

1992 Tod. 23. März in Freiburg, Breisgau.

Die Kapriolen des Dichter-Dandys sind grenzenlos. Sein literarisches Raritätenkabinett, seine grotesk-verschrobene Fantasiewelt, sein barocker Humor mit surrealistischen Zügen sind einzigartig. Erst nachdem Friedrich Torberg das Werk des skurrilen Herzmanovsky-Orlando herausbringt, wird es zum Erfolg.

Fritz von Herzmanovsky-Orlando

„Letztes Genie barocken altösterreichischen Humors“: Zeichner und Literat Fritz von Herzmanovsky-Orlando.

Von Hofzwergen, Backfischen und tattrigen Baronen

Über dieses Horoskop freut sich Herr von Herzmanovsky-Orlando: Die Sterne attestieren ihm einen „feinen, witzigen, schlagfertigen Geist mit brennendem Durst nach höherem Wissen“ und prophezeien ihm, dass er „zu großer Berühmtheit gelangen“ werde. Mit einer „anmutigen, etwas launischen Frau“ werde er außer-dem „verfeinerte Sexualität“erleben.

Jener seltsame Sterndeuter, der seinem treu ergebenen Freund Fritz Herzmanovsky das Horoskop erstellt, erlangte selbst Berühmtheit und gilt mit seinen Tiraden zumindest für einige Jahre als „der Mann, der Adolf Hitler die Ideen gab“: Jörg Lanz von Liebenfels, Gründer und Guru eines mystisch-rassistischen „Ordens des Neuen Tempels“, dessen Mitglied Herz-

1877 Geburt. 30. April in Wien.

manovsky bald wird. Der entlaufene Wiener Zisterziensermönch Liebenfels zieht bereits am Weihnachtsmorgen 1907 die erste Hakenkreuzfahne hoch. In seiner Zeitschrift *Ostara. Bücherei der Blonden* und *Mannesrechtler* – von Hitler gerne gelesen – hetzt er gegen „Minderrassige" und fordert energisch: „Wir müssen sie dezimieren."

Die vom obskuren Okkultisten getätigten Vorhersagen über Herzmanovskys Berühmtheit stimmen nicht ganz. Zu Lebzeiten ist der skurrile Schriftsteller und kuriose Bildkünstler alles andere als erfolgreich. 1928 erscheint im kurzlebigen Verlag Artur Wolf die geniale, groteske Erzählung *Der Gaulschreck* im Rosennetz. Weil sich der Roman mit den schrulligen Figuren überhaupt nicht verkauft, entschließt sich Verleger Wolf, der kurz danach von seinem Pferd stürzt und stirbt, das Werk unter dem plakativen Titel *Der letzte Hofzwerg* zu verramschen.

Betrachtet den Unsinn, damit ihr auch den Sinn erkennen könnt.

Fritz von Herzmanovsky-Orlando

In dieser bekanntesten Erzählung des Dichter-Dandys blitzt immer wieder das Genie des Grotesken durch, der exaltiert-extravagante Autor lässt seine Leser oft verstört mit der Handlung allein. In einem literarischen Raritätenkabinett, in einer verschrobenen Fantasiewelt: Im *Gaulschreck* hat der Beamte im kaiserlichen Hoftrommeldepot, der Edle Jaromir von Einhuf, ein einziges Lebensziel, er will Kaiser Franz I. zu seinem 25-jährigen Regierungsjubiläum die Zahl 25, geformt aus Milchzähnen junger Mädchen, überreichen. Auf der Spur nach den Zähnen erlebt er höchst unschickliche Abenteuer mit Minderjährigen, um schließlich auf der Suche nach dem Milchzahn der Sängerin Höllenteufel zu verfallen. Als Falter in den Apollosälen verkleidet, treibt ihn ein Windstoß auf die Gumpendorfer Straße, wo er als Beamter mit Schmetterlingsflügeln die Pferde aufschreckt …

In seinem Universum, das zumeist im degenerierten k.u.k. Milieu spielt, herrscht ein ewiges Allotria: Herzmanovsky-Orlandos Welt ist von barockem Humor und mit surrealistischen Zügen überfrachtet. Man erfährt von Peregrinus Pratzentanz, der auf den Händen von Graz nach Wien geht und Franz Schubert zu seinem Lied *Der Wanderer* inspiriert, von einem kaiserlichen Hofzwerg, der die tschechische Sprache erfunden hat, um einen melancholischen Habsburger-Prinzen zu erheitern, und von der Stadt Scheibbs, die vom Kaiser einen zweiten Donnerstag fordert. Und man liest in diesem skurrilen Fantasie-Universum von Drachendynastien oder einem tattrigen Baron, der gerne den Gästen die Totenschädelvorräte seiner Familie zeigt.

Für Hugo von Hofmannsthal ist der Autor, der seine Fantasien ungehemmt in seine Reiseschreibmaschine tippt, die er auf den Knien hält, ein „ganz sonderbarer Mann", der ihn „wirklich sehr unterhalten hatte". Zu seinen Lebzeiten wird er allerdings nur von einer verschworenen literarischen Gemeinde geschätzt wie von seinem Maler-Freund Alfred Kubin. Dieser versorgt Herzmanovsky mit Kabbalistik, Okkultismus und Schriften der „Kosmiker", parareligiösen Intellektuellen. Die beiden Freunde teilen sich in Briefen „schwerste mystische Erlebnisse" mit, telepathische Wunderdinge aber auch eine „Art von Zeitdehnung, die Haschisch hervorruft".

Erfolglos versucht der Okkultist Herzmanovsky einen Verleger für seine Werke zu

1926 Erste Veröffentlichung. *Der Kommandant von Kalymnos.*

1928 Roman-Trilogie. 1. Teil: *Der Gaulschreck im Rosennetz.*

finden. Vielleicht wegen Sätzen wie „Ja ja, mein Lieber, jetzt tschundern S' im Mystischen umeinand wie ein Butterbrocken auf der heißen Kartoffel". Immerhin wird 1957 in den Münchner Kammerspielen die Komödie *Kaiser Joseph II. und die Bahnwärterstochter* uraufgeführt.

Friedrich Torberg wird zum erfolgreichen Mentor

Erst als knapp Sechzigjähriger lernt der vermögende und ewig kränkelnde Elegant am Stammtisch der künstlerischen Kaffeehausrunde im Herrenhof einen Literaten kennen, der sein Mentor werden soll: Friedrich Torberg. Nachdem er an den Texten des damals in der Öffentlichkeit so gut wie unbekannten, messerscharfen Satirikers Gefallen findet, beschließt er, sie zu bearbeiten und als Gesamtausgabe herauszugeben. Er streicht ganze Passagen, reduziert zu viel Klamauk und „glättet seine manchmal perverse Erotik".

Doch Germanistinnen wie Barbara Grunert-Bronnen bezichtigen Torberg aus dem „unverdaulichen Genie-Kauz Herzmanovsky einen wohlfeilen, verdaulichen und skurril-lustigen levantinischen Sonderling" gemacht zu haben. Er kontert: „Sie hat entdeckt, daß die Werke Herzmanovsky-Orlandos, die mit dem deutlichen Vermerk ‚Herausgegeben und bearbeitet von Friedrich Torberg' erschienen sind, von mir nicht nur herausgegeben, sondern auch bearbeitet wurden." Der Erfolg sollte Torberg Recht geben.

Dennoch spöttelt er über den Meister der ätzend scharfen Abstrusitäten: „Er dürfte wohl in seinem ganzen Leben nie mehr gelesen haben als den Gotha, Biedermeier-Pornographie und die Zeitung für Bullterrier-Zucht."

Seit 1896 liebt Herzmanovsky die morbide Atmosphäre von Altaussee. Der Sohn des Ministerialrats Ritter von Herzmanovsky und der Luise Edlen von Orlando besucht das Theresianum und zeigt hier bereits mit Zeichnungen und Holzschnitten künstlerisches Talent. Herzmanovsky studiert nach der Matura Architektur und entwirft später in Wien-Margareten und -Pötzleinsdorf Gebäude von schlichter Eleganz – das Haus in der Wehrgasse 22 bezeichnet Friedrich Achleitner als „für 1910 ungewöhnlich streng, eher eine Vorwegnahme des Purismus der 1920er-Jahre".

Ab 1918 trägt Herzmanovsky mit behördlicher Erlaubnis auch den mütterlichen Familiennamen – die Vorfahren der Mutter reichen in den Schweizer Uradel zurück. Dennoch fälscht er seinen Stammbaum und führt ihn fantasievoll zurück bis in die Zeit vor den Kreuzzügen. Und auch sonst bleiben seine Unternehmungen skurril: Er bemüht sich um eine honduranische Staatsbürgerschaft und versucht sich in windigen Geschäften, bei denen er mehrfach Betrügern aufsitzt.

Wegen seines labilen Gesundheitszustands unterzieht er sich immer wieder Kuraufenthalten, darunter 1914 in Ägypten. Zwei Jahre später übersiedelt er nach Meran, das milde Klima lässt den schwächelnden Grandseigneur wieder richtig durchatmen. Das beträchtliche Familienvermögen erlaubt es Herzmanovsky-Orlando zu zeichnen und zu schreiben, auch wenn beides nicht von Erfolg gekrönt ist.

Mit einer Vorhersage hatte der rassistische Sterndeuter Jörg Lanz von Liebenfels in seinem Herzmanovsky-Horoskop jedenfalls Recht: Dreißig Jahre bevor sein Freund Fritz im Alter von 77 Jahren auf Schloss Rametz in Südtirol an Nierenversagen stirbt, prophezeit Liebenfels, er werde in einem „Adelsnest, einem berühmten Schloss" sein Ende finden.

1954 Tod.
27. Mai auf Schloss Rametz bei Meran.

1957 Posthum. *Gesammelte Werke,* bearbeitet von Friedrich Torberg.

Ein Literat von labilem Charakter, ein Bildungsbürger, der sich mit aristokratischem Fluidum umgibt, ein Beobachter vielschichtiger Seelenstrukturen: Hugo von Hofmannsthal. Sein *Jedermann* ist seit fast hundert Jahren ein Publikumsmagnet.

Hugo von Hofmannsthal

Wunderkind, Dichterfürst, Mitbegründer der Salzburger Festspiele: Hugo von Hofmannsthal.

Im weiten Land schwankender Seelen

„Der liebe Gott stand einem so christlichen Spiel wohlwollend gegenüber. Die Sonne strahlte vom Himmel … es herrschte tiefe Andacht", berichtet Berta Zuckerkandl, die letzte Salonnière Wiens im Glanz des Fin de Siècle, die als Freundin des „Theaterzauberers" Max Reinhardt auch die Anfänge der Salzburger Festspiele aus nächster Nähe beobachtet. Als vor 98 Jahren auf dem Domplatz die erste *Jedermann*-Aufführung stattfindet. Die allererste Saison in Salzburg besteht überhaupt nur aus dem Mysterienspiel des armen reichen Mannes, der versucht, glauben zu lernen: „Die Bretterbühne vor dem Dom, das Seltene dieses Schauspiels verbreitet Beklemmung über die herbeiströmende Menge."

1874 Geburt.
1. Februar in Wien.

Vor der ersten Reihe sind drei Sessel aufgestellt. Regisseur Max Reinhardt und Autor Hugo von Hofmannsthal setzen sich. Zwischen ihnen ein gespenstischer Gast im Lodenmantel, die Kapuze hat er über den Kopf gezogen. Fanfarenstöße verkünden den Beginn des Gruselspiels. Kaum erscheint der *Gute Geselle* auf der Bühne, wirft die geheimnisvolle Loden-Figur den Umhang resolut von den Schultern und springt mit einem Satz auf das Podium. Es ist ein Star dieser Zeit. Alexander Moissi. Der erste Jedermann.

Statt Gagen erhalten die Schauspieler 1920 in Salzburg Souvenirs. Werner Krauß, der den „Teufel" verkörpert, bekommt eine Lederhose. Max Reinhardt als Mitbegründer der Festspiele dominiert das gesellschaftliche und künstlerische Leben in Salzburg, das *Spiel vom Sterben des reichen Mannes* aufzuführen, war seine Idee. Eigentlich nur als „provisorischer Lückenbüßer" gedacht, bleibt Hofmannsthals aus dem Mittelalter überlieferter *Jedermann* bis heute ein Publikumsmagnet.

Hugo von Hofmannsthal, ein Polyhistor, der sich in allen literarischen Sätteln behauptet: Als junger Lyriker bezaubert er die Wiener Gesellschaft, schreibt später Dramen und Komödien, ist insgesamt viermal für den Nobelpreis nominiert. Er ist ein Literat von labilem Charakter, ein Bildungsbürger, der sich mit aristokratischem Fluidum umgibt, ein Beobachter vielschichtiger Seelenstrukturen.

Bereits als 17-jähriger Gymnasiast veröffentlicht er in der *Neuen Freien Presse* unter dem Pseudonym Loris erste Gedichte. Bald wird er zum gerne geladenen Gast im Salon der „Poetischen Königin der Wiener Gesellschaft", bei Josephine von Wertheimstein, der Frau eines Fabrikanten. In ihrer Döblinger Villa trägt Loris/Hofmannsthal seine ersten lyrischen Dramen vor. Er versucht, im Kreise wohlwollender Verehrerinnen „Momente der Erhöhung" zu beschwören, sei es als „Weltgeheimnis" oder als „Traum von großer Magie". Literarische Ergüsse, die dem ätzenden Satiriker Karl Kraus schon früh Unverständnis entlocken, die er als „Ästhetizismus" anprangert.

Im Wohnzimmer von „Jung-Wien": das Café Griensteidl

Um das Jahr 1890 wird ein Kaffeehaus am Michaelerplatz zum Wohnzimmer der Literaten – und mitten unter den Bohemiens Wiener Zuschnitts ist ein hochbegabter Jüngling, Hugo von Hofmannsthal: Im Café Griensteidl treffen sich Arthur Schnitzler, Felix Salten und Hermann Bahr, für Karl Kraus ein „Herr aus Linz", ein „jodelnder Freimaurer". Bahr schart hier nach Aufenthalten in Paris und Berlin die *Wiener Moderne* um sich und fördert Hofmannsthals Talent. Auch Arthur Schnitzler erkennt und attestiert ihm „Wissen, Klarheit und, wie es scheint, auch echte Künstlerschaft". Hofmannsthal muss einmal ein Treffen mit Schnitzler absagen: „Dienstag um 12 Uhr bin ich in der Schule, dann mache ich Aufgaben und von 3-4 habe ich Deutschstunde …"

> Eine Stunde Betrachtung ist besser als ein Jahr Andacht.
>
> Hugo von Hofmannsthal

Im Café Griensteidl lernt der Gymnasiast Stefan George kennen. Es entsteht ein jahrelanges, aufreizendes Spannungsfeld aus Anziehung und Abstoßung. Hofmannsthal erlebt beim älteren, „auffälligen" Dichter ambivalente Faszination, fühlt sich zu ihm hingezogen, verachtet aber die meist inszenierten Rituale Georges und weist schließlich seine zudringliche Liebe zurück. Dennoch bekennt

1919 Erste Nominierung für den Literatur-Nobelpreis.

1920 Geburtsstunde der Salzburger Festspiele am 22. August.

Hofmannsthal später „Freundschaft zwischen Männern kann nicht den Inhalt des Lebens bilden, aber sie ist, glaube ich, das reinste und stärkste, was das Leben enthält…" Aber er bewahrt in zahlreichen Freundschaften zu homosexuellen Männern immer Distanz. Beim Kulturmäzen Harry Graf von Kessler, bei „Poldi", dem Freiherrn Leopold von Andrian, bei „Bubi", dem Diplomaten Baron Georg von und zu Franckenstein.

Richard Strauss, als dessen Libretto-Lieferant er bei *Arabella, Der Rosenkavalier, Die Frau ohne Schatten* und *Ariadne auf Naxos* fungiert, ist für Hofmannsthal ein „fabelhaft unraffinierter Mensch … mit einer fürchterlichen Tendenz zum Trivialen und Kitschigen", das Ordinäre sei bei ihm „gefährlich leicht aufsteigend wie Grundwasser".

Flammender Verteidiger der untergehenden Monarchie

Hofmannsthals Privatleben ist von scheuer Zurückhaltung geprägt, doch in seinen Texten kommen Travestie und Verwirrung der Geschlechter, ungleiche Paare und komplexe Verflechtungen, Sinneslust und Melancholie vor. In seinem Stück *Der Schwierige* charakterisiert er einen schwachen und unentschlossenen Menschen, der aus Scham der Frau, die er liebt, sagt, dass er sie nicht liebe, und aus Zartgefühl der Frau, die er nicht liebt, dass er sie liebe.

Hugo wird als einziges Kind einer Bankiersfamilie geboren. Der Bub wird vorerst von Hauslehrern unterrichtet, danach besucht er das Akademische Gymnasium, wo er auch maturiert. Er studierte an der Universität Wien zunächst Rechtswissenschaften, dann – nach einem Jahr Militärdienst – Französische Philologie, nach der Promotion 1898 wird er Schriftsteller.

Früh besucht er mit den Eltern das Burgtheater, wächst wohlbehütet und verwöhnt zwischen Wien, der Wachau und dem Salzkammergut auf. 1896 erscheint im Münchner *Simplicissimus* seine Erzählung *Das Dorf im Gebirge* – gemeint ist Altaussee.

Publizistisch ein flammender Verteidiger der untergehenden Monarchie, verfolgt Hofmannsthal den Ersten Weltkrieg beobachtend, fern der Front. Während der militärischen Ausbildung plagen ihn immer wieder Depressionen. Später verrichtet er seinen Dienst im Pressekorps des Wiener Fürsorgeamtes. Überliefert ist sein öffentlicher Appell an die Hautevolee, nicht von luxuriösem Lebensstil abzusehen – um den Handwerkern und Geschäftsleuten zusätzliche Not zu ersparen.

Er selbst wohnt in einem winzigen Schloss in Rodaun, das Maria Theresia einst der „Füchsin" – ihrer Hofdame Fuchs – geschenkt hatte. Der fragile, zerrissene Dichterfürst frönt dem schönen Leben, heiratet eine attraktive, reiche, 20-jährige Frau: Gertrud „Gerty" Schlesinger, Tochter eines Wiener Bankiers, bringt drei Kinder zur Welt und wird zu seinem Lebensanker. Hier, in jener morbid-barocken Welt, erfährt Hugo von Hofmannsthal am 13. Juli 1929, dass sich sein Sohn Franz im Alter von 26 Jahren erschossen hat. Als er zur Beerdigung seines Sohnes aufbrechen will, stirbt er an einem Schlaganfall.

1921 Uraufführung von *Der Schwierige* im Residenztheater München.

1929 Tod. 15. Juli in Rodaun bei Wien.

Ein Gymnasiallehrer als Avantgarde-Idol. Ein bürgerlich-bieder wirkender Herr als Jongleur der Worte. Ein Dichter als begnadeter Sprachspieler, der ein Leben lang in unvergleichlich poetischer Höhe unterwegs war: Ernst Jandl.

Ernst Jandl

Beim Hexer der Sprache schlagen Wörter Kapriolen: Ernst Jandl.

Sprachgewaltiger Poet und Provokateur

„Ich liebe Dich." Immer wieder versuchen Lyriker diese zwölf Buchstaben fern von Kitsch und Klischee auszudrücken.

Kaum jemand beherrscht es so unverkrampft wie ein Hexer der Sprache: Ernst Jandl. In *beschreibung eines gedichtes* ist „Ich liebe Dich" das Zentrum seiner poetischen Liebeserklärung: *bei geschlossenen lippen ohne bewegung in mund und kehle jedes einatmen und ausatmen mit dem satz begleiten langsam und ohne stimme gedacht ich liebe dich so daß jedes einziehen der luft durch die nase sich deckt mit diesem satz jedes ausstoßen der luft durch die nase das ruhige sich heben und senken der brust.*

1925 Geburt.
1. August in Wien.

Seinem kommunizierenden *Gefäß* Friederike Mayröcker, der Grande Dame der Poesie, hält er anlässlich ihres 70. Geburtstages eine Ansprache. Auch hier ist von Liebe die Rede: *unser leben ist, seit vierzig jahren, ein gemeinsames, ohne eine gemeinsame wohnung, und ohne kochtopf…hätten wir von ihr und ihrem werk kaum etwas erfaßt, würden wir nicht in jeder ihrer äußerungen die unerschöpfliche kraft ihrer liebe erkennen.*

Kinder sind Fallschirme mit denen sich das Leben nocheinmal rettet.

Ernst Jandl

Von der Hörrevolution bis zur Erfindung einer neuen Sprache erregt Ernst Jandl mit seinen Laut- und Sprechgedichten die Wiener Literaturszene wie kaum ein anderer. Immer wieder überschreitet der Wort- und Vortragskünstler, dessen Stimme *mehreren noch zu erfindenden Instrumenten* gleicht, die Grenzen zwischen Poesie und Performance. Der Mann, der die alltägliche Sprache lyrikfähig gemacht hat, avanciert im Laufe seines Lebens vom gefürchteten Provokateur zum gefeierten Poeten. DADA ist für ihn der *Kampf des Einzelnen auf dem Boden der Kunst gegen das braunrote Doppelgespenst des Jahrhunderts.*

Der spätere Gymnasiallehrer Dr. phil. Ernst Jandl lernt während seiner Gefangenschaft in England erstmals die neuere englischsprachige Literatur und vor allem das Werk von Gertrude Stein kennen. Beides hat Einfluss auf seine spätere Dichtung. Lange Zeit findet sich kein Verlag, der seine Lyrik herausbringt. 1952 veröffentlicht er in der Zeitschrift *neue wege* erste Gedichte, ein Jahr später lernt er Erich Fried kennen, der ihn zu einem geänderten Umgang mit der Sprache inspiriert, 1954 kommt es auf den Jugendkulturwochen in Innsbruck zur ersten Begegnung mit Friederike Mayröcker.

Sie wird fortan und für ein Leben lang seine literarische und private Gefährtin. 1956 erscheint Jandls erster Gedichtband, *Andere Augen,* 1957 folgt eine wahre Schreibexplosion, seine ersten Sprechgedichte werden publiziert. Doch Jandl soll seiner Meinung nach *als Schreibender ausgehungert werden.* Aufgrund eingeschränkter Publikationsmöglichkeiten für seine experimentelle Lyrik in den 1950er-Jahren, die als kulturelle Provokation empfunden wird, erscheint der Gedichtband *Laut und Luise* erst 1966 – mit dem Text *lichtung: manche meinen lechts und rinks kann man nicht velwechsern. Werch ein illtum!* Ernst Jandl führt die Spielarten der experimentellen Literatur perfekt vor: das visuelle Gedicht, das Sprechgedicht, das Lautgedicht und Gedichte im Wiener Dialekt.

Provokante Lautgedichte: In Wien flogen die „Wortfetzen"

1965 feiert er anlässlich einer legendären Beat Poetry Session in der Londoner Royal Albert Hall vor viertausend enthusiastischen Zuhörern mit *radikaler Dichtung* – darunter das *Niesgedicht* von Kurt Schwitters – seinen ersten großen Auftritt. Er wird wie ein Rockmusiker gefeiert. Spätestens hier wird deutlich: Seine Auftritte, sein Leben als Performer, sind ein wesentlicher Teil seiner künstlerischen Biografie.

1968 beginnt er gemeinsam mit Friederike Mayröcker die Arbeit an Hörspielen. Jandls erste Lautgedichte provozieren in der *Ö3-Musicbox:* „In Paris flogen die Pflastersteine, in Wien die Wortfetzen", erinnert sich Radiolegende Alfred Treiber. 1970 erscheint Jandls größter Erfolg, der Gedichtband *Der*

1954 Lebensmensch. Schicksalshafte Begegnung mit Friederike Mayröcker.

1957 Lyrik als „kulturelle Provokation sondergleichen".

künstliche Baum. Bereits im ersten Jahr werden an die 10.000 Exemplare verkauft.

Ist sein früherer Arbeits- und Wohnraum in der Unteren Augartenstraße nur knapp 20 m^2 groß und akkurat aufgeräumt – der Lehrer und Schriftsteller ordnet Briefe, Aufsätze, Gedichte und seine Schulunterlagen stets penibel –, ändert sich dies Mitte der 1970er-Jahre. In der *Presse* inseriert er im August 1975: „ERNST JANDL, Schriftsteller, sucht wegen akuten Raummangels und U-Bahn-Baulärms dringend ruhige private Zweitwohnung."

Radikales Leben zwischen Poesie, Performance und Provokation

Er findet wie Friedericke Mayröcker eine Wohnung im vierten Wiener Bezirk. Sein nunmehr größerer Arbeitsraum ist durchzogen von Textspuren aller Art. Halt findet er nicht mehr in der Ordnung, sondern in Listen, die auch für seine Gedichte von Bedeutung werden: Gepäcklisten, Medikamentenlisten und Einkaufslisten: Milchbrot und Marmelade, Wein, Bier und Eckerlkäse (Alma ...), Geruchstilger Klo und Rasierwasser. *Tageszettel* helfen den Alltag zu meistern.

Mitte der 1970er-Jahre beschäftigt ihn auch anstelle der experimentellen Lyrik ein neues Thema: die Erkundung seiner selbst. Jandl erfindet einen neuen Sprachstil und nennt ihn *heruntergekommene Sprache*. In dieser Zeit entstehen unter anderem auch zwei Theaterstücke. 1979 wird seine Sprechoper *Aus der Fremde* in Graz uraufgeführt.

Einmal mehr bewahrheitet sich, was er bereits im April 1952 niedergeschrieben hat: *viele wege kreuzen sich in mir/ und ich gehe immer/mehrere straßen zugleich*. Von 1980 an entstehen Kombinationen mit Jandls geliebter Jazzmusik. Seine Oper *laut und luise – aus der kürze des lebens* wird beim Berliner Jazz-Festival 1983 begeistert aufgenommen.

Zu dieser Zeit hat der eigenwillige Literat auch endlich eine Welle von öffentlichen Ehrungen erfahren: vom Georg-Büchner-Preis bis zum Großen Österreichischen Staatspreis. Ernst Jandl will ein Dichter für alle sein, ohne dabei je Konzessionen an den Publikumsgeschmack zu machen, seine Poesie ist voll von ungeheurem Ernst – aber auch voller Witz. Das deutsche Feuilleton zeigt sich begeistert: „In der experimentellen Poesie gibt es wieder etwas zu lachen, ohne das unangenehme Gefühl, man hätte etwas theoretisch ungeheuer Kluges bloß falsch verstanden."

Während der letzten Lebensjahre verliert Ernst Jandl immer mehr die Lust am Schreiben. An einem drückend heißen Tag, dem 9. Juni 2000, stirbt der unverwechselbare Avantgarde-Künstler an Herzversagen. Das radikale Leben zwischen Poesie, Performance und Provokation ist zu Ende. In der Todesanzeige liest man: *ich werde dir erscheinen wie stets ich erschienen dir bin und du wirst weinen denn ich bin dahin*.

1968 Hörspiel. Gemeinsam mit Mayröcker *Fünf Mann Menschen*.

2000 Tod. 9. Juni durch Herzversagen.

Provokant, radikal und umstritten, beschimpft und bejubelt. Lange wird das Werk der „Nestbeschmutzerin“ ignoriert, als erste Österreicherin erhält sie 2004 überraschend den Literaturnobelpreis. Elfriede Jelinek erregt, schockiert und verstört das Publikum oft mit ihrem Zorn und ihrer Leidenschaft.

Elfriede Jelinek

Leidenschaftlich – in der Sprache und im Leben: Elfriede Jelinek.

Schockierende Grenzgänge einer Unbequemen

Martin Kušej wollte nach dem bizarren Ibiza-Spektakel ein neues Stück von Elfriede Jelinek. Der Direktor des Burgtheaters deponierte diesen Wunsch bei den Herren Stermann & Grissemann.

Elfriede Jelinek. Präzise und radikal, unbequem und umstritten. Beschimpft und bejubelt. Provokation ist Teil ihres Programms. Ihre Texte sind voller politischer Brisanz, voller Kritik an Kapitalismus und Konsumgesellschaft. Sie entwickelt sich zu einer Leitfigur des Feminismus, beschreibt die „tödlichen Fallen, in die weibliche Figuren verstrickt sind" und geht für ihr politisches Engagement auch auf die Straße. Sie polarisiert mit ihren Aussagen: „Ich war als Mädchen sehr katho-

1946 Geburt. 20. Oktober in Mürzzuschlag.

lisch und bin dann nahtlos zum Kommunismus konvertiert. Nichts dazwischen kam für mich infrage. Wenn schon, dann aber richtig. Es war ein Akt der Unterwerfung."

Zentrale Motive in ihren Werken sind neben der Auseinandersetzung mit dem Rollenbild der Frau, Gewalt, Macht und verdrängte Vergangenheitsbewältigung. Fünfzig Jahre nach Kriegsende erzählt sie in ihrem monumentalen Anti-Heimatroman *Die Kinder der Toten* – vor Kurzem verfilmt und bereits mehrfach preisgekrönt – von der ignorierten NS-Vergangenheit.

Mit dem Anti-Porno-Stück *Lust,* einem schonungslosen Versuch über das Obszöne, schockiert sie. Der Roman über weibliche Unlust und mächtige männliche Geilheit wird zu einem Bestseller: „Ich zeige", meint Jelinek, „dass die Sexualität, wie sie sich im konventionellen Rahmen abspielt, selbst Gewaltausübung ist, und zwar Gewalt des Mannes gegen die Frau."

In Österreich lange Zeit ignoriert, in Deutschland ausgezeichnet

Elfriede Jelinek bezeichnet sich als „misstrauisch und kontaktarm". Bereits mit dreizehn beginnt sie sich zu schminken – mit Buntstift statt Lidstrich. Elegant und stilsicher zeigt sie sich später – wenn sie sich zeigt – in Kreationen avantgardistischer Modeschöpfer. Ein Bild, das gar nicht dem Klischee der politisch agierenden Dichterin entspricht.

„Ihre Literatur sei Lesefolter, sei Pornographie, findet die Kritik", so die Kulturpublizistin Sigrid Löffler über die noch nicht vierzig Jahre alte Autorin, „und ihr Leserpublikum neigt dazu, vor der Bösartigkeit des Geschriebenen auf die Bösartigkeit der Schreiberin kurzzuschließen: Man verfällt oft dem Irrtum, die Autorin für unmenschlich, lieblos und zynisch zu halten, weil sie die Unmenschlichkeit und Lieblosigkeit so zynisch beschreiben kann."

In Österreich wird Jelinek lange Zeit ignoriert, in Deutschland bringt sie es bald zu beachtlichem Ansehen. Nach zahlreichen Auszeichnungen, darunter dem Heinrich-Böll-Preis, dem Georg-Büchner-Preis und dem Franz-Kafka-Literaturpreis oder der „Theater heute"-Kür zur Dramatikerin des Jahres, erhält Jelinek 2004 als erste Österreicherin und zehnte Frau überraschend den Nobelpreis für Literatur: Für den „musikalischen Fluss von Stimmen und Gegenstimmen" in ihrem Werk.

> **Der Sensible muss verbrennen, dieser zarte Nachtfalter.**
>
> Elfriede Jelinek

Die Österreicherin sei eine „Autorin, die mit ihrem Zorn und mit Leidenschaft ihre Leser in den Grundfesten erschüttert", meint der Sprecher der Schwedischen Akademie der Wissenschaften. Überrascht und verwundert zeigt sich die literarische Elite – hat man doch mit einer anderen Frau wie Margaret Atwood oder Joyce Carol Oates, mit Philip Roth oder John Updike als Preisträger gerechnet. Auch in ihrer Heimat sind Freunde – meist frenetische Anhänger – und Feinde – meist glühende Gegner – über den Nobelpreis für Jelinek verblüfft.

Die scheue Schriftstellerin, die öffentliche Auftritte hasst, meint, die Auszeichnung könnte für sie „zu einer persönlichen Belastung" werden, allerdings „freue ich mich natürlich auch, da hat es keinen Sinn zu heucheln, aber ich verspüre eigentlich mehr Verzweiflung als Freude". Sie eigne sich nicht dafür, „als Person an die Öffentlichkeit gezerrt zu werden. Da fühle ich mich bedroht." Der Preisverleihung in Stockholm bleibt sie aus „gesundheitlichen Gründen" fern.

1975 Durchbruch mit dem Roman *Die Liebhaberinnen.*

1983 Roman-Erfolg. *Die Klavierspielerin.*

Die Wienerin Elfriede Jelinek kommt im steirischen Mürzzuschlag zur Welt, weil ihre Familie dort in den Bergen, in Krampen, ein Haus hat, und bekennt später: „Die Steiermark hasse ich am allerwenigsten." Bereits während ihrer Kindheit wird Elfriede Jelinek an der Klinik von Hans Asperger, dem Pionier der Autismus-Forschung, aufgenommen. Der berühmt-berüchtigte Entdecker des „Asperger-Syndroms" war nicht nur Förderer psychisch kranker Kinder, sondern schickte Patienten auch in die Wiener NS-Mordklinik „Am Spiegelgrund".

Nach der Matura erleidet Elfriede Jelinek den ersten psychischen Zusammenbruch und beginnt, Gedichte zu schreiben. 1967 bricht sie ihr Studium ab und lebt ein Jahr lang zu Hause in völliger Isolation. Sie leidet unter einer Angstneurose, kann nirgends alleine hingehen: „Da begann ich intensiv zu schreiben."

Schonungsloses Erzählen von Gewalt und Macht, von tabuisierten Abhängigkeiten menschlicher Beziehungen

1969 stirbt Jelineks Vater in einer psychiatrischen Anstalt in totaler geistiger Umnachtung. Mutter Olga, die 96 Jahre alt wird, stammt aus dem Wiener Großbürgertum und ernährt die Familie als Buchhalterin. Ihre Tochter Elfriede sieht sie als musikalisches Wunderkind. Bereits als Kind erhält sie Klavier-, Gitarren-, Flöten-, Geigen- und Bratschenunterricht. Jahrelang trägt sie eine blaue Schuluniform mit weißem Kragen. In der Klosterschule, die „das Gegenteil von Leben ist." Und schlimmer noch: „Jugendlicher Schwung stürzt ein und ist rasch verstorben, weil er nicht mehr hochkommt … In die Schule gehen ist wie in den Tod gehen."

Elfriedes Klavierlehrerin meint über ihre „sehr interessante" Schülerin, die am meisten Schuberts *Winterreise* beeindruckt, sie habe zu große Hände. Jelineks von Michael Haneke 2001 mit Isabelle Huppert verfilmter Roman *Die Klavierspielerin,* in dem sie, autobiografisch gefärbt, mit der Musik und ihrer „dämonischen" Mutter abrechnet, ist die Geschichte einer 36-jährigen Klavierlehrerin, die immer noch bei ihrer Mutter wohnt, von dieser erbarmungslos beherrscht und zu einer Karriere als Konzertpianistin gezwungen wird. Die Tochter ist „mit dem Stricken ihrer täglichen Pflichten verschnürt wie eine ägyptische Mumie" und scheitert schließlich. Durch den Druck dieser Erziehung abgestumpft, sucht sie Emotionen in Pornos, Peepshows und durch Schnitte mit Rasierklingen auf ihrer Haut.

Immer wieder geht die Nobelpreisträgerin, die auch mit dem Ruf einer „Nestbeschmutzerin" oder „moralisierenden Skandalautorin" leben muss, an die Grenze der emotionalen Verträglichkeit, des Zumutbaren. Sie provoziert mit scharfer Kritik, schonungslos erzählt sie von Gewalt und Macht, von tabuisierten Abhängigkeiten menschlicher Beziehungen.

Die p.t. Leserinnen und Leser sollten für die Jelinek-Lektüre gerüstet sein.

1989 Meistverkauftes Werk. *Lust.*

2004 Nobelpreis für Literatur.

Ein Akrobat der Worte. Ein Alchemist der Poesie. Ein ewiger Grenzgänger zwischen Realität und Fantasie: Gert Jonke. Nicht nur von Elfriede Jelinek und Peter Handke hochgelobt, ist das Werk des Literaten, der seine „Füllfeder als Aussichtsturm“ verwendet, ein wenig in Vergessenheit geraten.

Gert Jonke

Ein Dichter, dessen sprachliche Nuancen faszinieren: Gert Jonke.

Lustvolles Spiel mit der Sprache

Als vor zehn Jahren jener Mann, der seine „Füllfeder als Aussichtsturm" verwendet, im Alter von 62 Jahren stirbt, ist die literarische Welt Österreichs tief betroffen. Gert Jonke. Sein Verleger Jochen Jung spricht von einem „heimlichen Engel". Elfriede Jelinek schreibt: „Das Vergessen kann in diesem Fall nicht möglich sein", und erklärt, „er hat mit der Sprache gespielt wie ein Kind mit Seifenblasen. Aber es war keine Luft in den Blasen, da war ein sehr raffiniertes und genaues Denken drinnen."

Schon früh beginnt Gert Friedrich Jonke, der Sohn einer Klavierlehrerin und Konzertpianistin, Gedichte zu schreiben. Obwohl er Kinderreime „fürchterlich gehasst hat".

1946 Geburt.
8. Februar in Klagenfurt.

Seit jedoch ein Deutschprofessor des humanistischen Gymnasiums in Klagenfurt ein nicht gereimtes Gedicht von Georg Trakl an die Tafel schreibt, ist der junge Jonke von der Poesie infiziert, berichtet der Literaturwissenschaftler Klaus Amann.

Von der Literatur beflügelt verschlingt er Rainer Maria Rilke, Ingeborg Bachmann, Georg Trakl. Und H. C. Artmann. Die Gedichte seines späteren Freundes faszinieren den jungen Jonke am meisten: „Artmann hat die Sprache wie ein Kleid benützt, sie sich täglich angezogen, sich mit ihr verkleidet, indem er sich verschiedenste Stile umgehängt hat."

Gefangen in seiner Liebe zur Literatur, bleibt Jonke dem Schreiben treu. Die ersten schriftstellerischen Versuche vernichtet er, doch bald erscheinen Gedichte des Siebzehnjährigen in der Ausgabe 12/1963 der Literaturzeitschrift *Der Bogen* – einem Sprachrohr für vor allem junge Kärntner Literaten und Literatinnen. Die Publikation wird 1961 spontan nach einer Lesung in der Tourismusberufsschule in Oberwollanig bei Villach gegründet.

Beim Herausgeber, dem Architekten, Maler und Schriftsteller Hans Leb, meldet sich bald ein Dichterfürst aus Wien. Heimito von Doderer zeigt sich von der Lyrikauswahl begeistert, von Beiträgen, die sich „mit großer Kraft abseits eines gewollten Modernismus halten, dafür aber wirklich modern sind".

1965 eine ernüchternde, groteske Entwicklung in der Biografie Jonkes: Er darf keine Lyrik mehr verfassen. Der Vormund hat es dem vaterlos aufgewachsenen jungen Mann verboten. Die Großmutter, die mit Gert im selben Haushalt lebt, weiß sich nach Konflikten mit dem widerspenstigen Enkel keinen Rat mehr und wendet sich an das Jugendamt. Dessen Leiter, ein Herr Oberamtsrat, wird gesetzlicher Vormund des unehelich geborenen Gert Friedrich Jonke.

Experimentelles Suchen mit den Mitteln der Sprache

Dessen Macht und Willkür stacheln ihn auf: „Meine Form des Wehrens war der Versuch des Aufbaus eines eigenen Weltbildes, welches ich mir von keinem Jugendamt, welches damals mein Vormund war, wie eine Gasmaske über den Kopf stülpen ließ. So begannen meine ersten Bewegungen in der Literatur als ein experimentelles Suchen mit den Mitteln der Sprache, in dem Bestreben, die Sprache zum persönlichsten Ausdrucksmittel einer lebensnotwendig gewordenen künstlerischen Weltausgestaltung werden zu lassen."

Diese „Ausgestaltung der Welt", das Aufbegehren, die Wut und das Wehren findet man in seiner Roman-Trilogie *Schule der Geläufigkeit, Der ferne Klang* und *Erwachen zum großen Schlafkrieg,* in der auch die Musik immer eine wesentliche Rolle spielt.

Obwohl Jonke auf dringenden Wunsch seiner Mutter während der Zeit im Gymnasium eine jahrelange Klavierausbildung am Klagenfurter Konservatorium erfährt, ist bald klar, dass er kein Pianist wird. Trotz aller musikalischer Leidenschaft: Die Spannweite seiner kleinen Finger ist zu gering. Der Weg zur Literatur ist geebnet.

Improvisieren wie ein Jazzmusiker

Doch die Musikalität fließt in seine schriftstellerische Arbeit ein. Der Sprachkünstler Jonke schreibt seine Texte immer wieder um, experimentiert und spielt voller Lust mit den Worten, er improvisiert wie ein Jazzmusiker. Sein Stück *Sanftwut oder Der Ohrenmaschinist* nennt er eine „Theatersonate". Der ertaubte Ludwig van Beethoven verwandelt sich „zu einem selbstständig beweglichen Musikwesen" und wird zu seiner eigenen Sonate.

1969 Erstes Buch. *Geometrischer Heimatroman.*

1977 Erster Preisträger des Ingeborg-Bachmann-Preises.

„Er hatte genug damit zu tun, seine Sprache zu bändigen, von der er immer zu viel hatte ..."

In Wien studiert Jonke ab 1966 neben Germanistik und Geschichte auch Musikwissenschaft. Er unternimmt in dieser Zeit ausgedehnte Reisen in die Türkei, nach Afghanistan und Persien. Bereits 1969 folgt der literarische Durchbruch des erst 23-Jährigen: Sein erstes Buch *Geometrischer Heimatroman* erscheint und erlangt sofort in Österreichs Avantgardekreisen Kultstatus. Der Dorfplatz bildet einen schillernden Mikrokosmos. Mit rigiden Regeln, die das Leben bestimmen – aber auch der Kraft der Poesie, mit deren Hilfe es immer wieder gelingt, sich auf „das Hochseil zu schwingen", in die „raschelnde Luft".

Auch international wird man bald auf den jungen Jonke aufmerksam: *Der Spiegel* lässt das Buch von Peter Handke rezensieren. Er meint, man könne Jonkes Sätze „anschauen, gebannt wie die Kinder im Dorf von der für sie dämonischen Bewegung des Mörtels im Sandkasten. Mit diesem Buch kann man also Erfahrungen machen. Erfahrungen zu machen, bereitet Vergnügen: Es ist ein vergnügliches Buch."

1977 erscheint der erste Teil der Romantrilogie *Schule der Geläufigkeit,* in jenem Jahr, in dem Gert Jonke auch den Ingeborg-Bachmann-Preis, der damals zum ersten Mal verliehen wird, erhält.

Fast vierzig Jahre später – der immer wieder geehrte, dreifache *Nestroy*-Preisträger Jonke wäre siebzig geworden – meint Elfriede Jelinek: „Der Gert war ein Dichter, der vielen von uns in seinem Schreiben weit vorausgegangen ist, nur damit er überhaupt anfangen konnte, ohne auf andere zu schauen. Wir waren nicht wichtig für ihn, wichtig vielleicht schon, aber er hat keinen von uns gebraucht. Er hatte genug damit zu tun, seine Sprache zu bändigen, von der er immer zu viel hatte ..."

Ein halbes Jahr vor seinem Tod debütiert Jonke, der gesellschaftskritische Dramatiker und fantasievolle Poet, noch als Schauspieler. In seinem Stück *Platzen Plötzlich* treffen sich Menschen in einem Gewächshaus. Und bemerken nicht, dass sie von der Wachstumslampe und den Sprühapparaten des Glashauses außer Gefecht gesetzt werden: Durch „Vergiftungen, Verbrennungen, Durchnässungen, hysterische Anfälle, Ohnmacht".

Gedichte sind ja nichts anderes als Zaubersprüche, die bewirken, dass du außer dir bist.

Gert Jonke

Gert Jonke. Ein Akrobat der Worte. Ein Alchemist der Poesie. Ein Avantgardist der Sprache. Der ewige Grenzgänger zwischen Realität und Fantasie will Zauberer sein, denn „Gedichte sind ja nichts anderes als Zaubersprüche, die bewirken, dass du außer dir bist".

2008 Letzter großer Erfolg. *Freier Fall* im Wiener Akademietheater.

2009 Tod. 4. Jänner in Wien.

Seinen Nobelpreis verdankt Eric Kandel einer Schnecke. Ein Wissenschaftler, der ein Leben lang auf der Suche nach dem Gedächtnis ist. Ein 90-jähriger illusionistischer Optimist. Der geniale, schillernde Hirnforscher hat sich – spät aber doch – mit der Heimat seiner Kindheit, aus der er vertrieben wurde, versöhnt.

Eric Kandel

90 – und kein bisschen müde: Der in Wien geborene Nobelpreisträger Eric Kandel, einer der weltweit führenden Wissenschaftler auf dem Gebiet der Hirn- und Gedächtnisforschung.

Leidenschaftlicher Kämpfer gegen das Vergessen

Orgien am Meeresgrund: Aplysia-Schnecken verschmelzen miteinander, um ihr ausschweifendes Liebesleben zu praktizieren. Bis zu zehn dieser Zwitterwesen bilden Paarungsketten, in denen jedes dem Partner vor ihm als Männchen und hinter ihm als Weibchen dient. Hat eine Schnecke genug vom Sex, merken es die anderen – sie stößt lilafarbene Tinte aus.

Diesen erotomanischen Meeresbewohnern verdankt der Neurowissenschaftler Eric Kandel den Medizin-Nobelpreis, den er für die Entschlüsselung der molekularen Mechanismen des Gedächtnisses erhalten hat. Seit mehr als fünfzig Jahren helfen ihm dabei die katzengroßen, schlauen Schnecken bei der Erforschung des „verzwicktesten Problems der

1929 Geburt.
7. November in Wien.

gesamten Biologie": Was ist Gedächtnis, wie funktioniert es, wo wird Erinnerung gespeichert, wie kann sie abgerufen werden – und was steckt dahinter, wenn das Sich-Erinnern nicht mehr richtig funktioniert?

> Ich bleibe Optimist. Was kann man denn auch anderes tun, als Optimist zu sein – vor allem ein Mensch wie ich, der beinahe sein Leben verloren und überlebt hat.
>
> Eric Kandel

Die Meeresschnecke Aplysia, auch *Seehase* genannt, soll auch dabei helfen, einen uralten Menschheitstraum – das Lebenswerk Kandels – zu verwirklichen: Pillen, die dem nachlassenden Gedächtnis wieder neuen Schwung verleihen. Der *illusionistische Optimist* ist weiterhin überzeugt davon, dass diese Pille gegen das Vergessen kommen wird, als Hoffnung gegen die Geißel unserer Zeit, die Alzheimer-Demenz. Der inzwischen 90-jährige Kandel, auch *Rockstar der Neurowissenschaften* genannt, hört nicht auf zu forschen – mit Unterstützung seiner glitschigen Verbündeten. Im Gegensatz zu anderen Lebewesen muss sich die Aplysia-Schnecke mit 20.000 Nervenzellen begnügen. Die Biene verfügt im Vergleich dazu über eine Million, der Löwe über zehn Milliarden und das Hirn des Menschen über mehr als hundert Milliarden Nervenzellen, die ständig miteinander kommunizieren.

Doch die Nervenzellen der Aplysia-Schnecke sind vergleichsweise riesig und mit bloßem Auge erkennbar. Mit bis zu einem Millimeter Durchmesser sind sie tausendmal größer als eine menschliche Hirnzelle. Daher gelingt es Eric Kandel seit mehr als einem halben Jahrhundert, den Neuronen der Schnecke gewissermaßen beim Lernen zuzuschauen.

> „Ich darf nicht mehr mit dir verkehren, meine Eltern haben es mir verboten, du bist ja ein Jude!"

Ein Leben lang bleibt der in Wien geborene Hirnforscher voller Optimismus und empfindet keinen Schmerz mehr, wenn er an seine Kindheit denkt, auch wenn die Erinnerung an die Vertreibung aus der Heimatstadt nie schwinden wird. Am 12. März 1938 trifft er auf dem Schulweg einen Klassenkameraden: „Ich darf nicht mehr mit dir verkehren, meine Eltern haben es mir verboten, du bist ja Jude!" Plötzlich wird der fröhliche, von allen geschätzte Bub geächtet und bedroht. Keiner seiner Freunde spricht mehr mit ihm.

In der Pogromnacht vom 9. auf den 10. November 1938, von den Nazis süffisant als *Reichskristallnacht* bezeichnet, nimmt der Weg zum Holocaust seinen bitteren Anfang. Eric Kandel erinnert sich an Angst, Panik und Verzweiflung, als er die SA durch Wien marschieren hört, als die Gestapo an die Tür der Wohnung am Alsergrund hämmert, als die Familie vertrieben und alles geplündert wird. Nicht nur Wertgegenstände waren weg, sondern auch alle Geschenke nur zwei Tage nach Erics neuntem Geburtstag, darunter auch das mitternachtsblaue, ferngesteuerte Auto aus dem kleinen Geschäft des Vaters. In Währing, am Kutschkermarkt im Souterrain verkauft Papa Hermann Spielwaren: Kruse-Puppen, *Steiff*-Teddybären und hochmoderne, ferngesteuerte *Schuco*-Autos.

1963 Versuche mit Meeresschnecken. Nachweis der Funktion von Synapsen.

1966 Erkenntnisse über molekulare Veränderungen beim Lernprozess.

Noch heute erinnert sich Kandel: „Ich hatte Furcht davor, die Straße zu überqueren, aber ich ging mit meinem fünf Jahre älteren Bruder über den Atlantik“: Im April 1939 gelingt es den Eltern, die beiden Buben in die Vereinigten Staaten zu schicken. Sie selbst bleiben zurück, vermitteln jedoch Zuversicht und geben den Kindern das Gefühl, dass sie sie bald wiedersehen werden. Monate später gelingt tatsächlich auch ihnen auf waghalsigen Umwegen die Flucht nach Amerika.

In New York ist das Leben für Eric plötzlich unbeschwert: „Ich war auf einmal wieder beliebt.“ An der High School schreibt er für die Schülerzeitung und entdeckt Jazz und den Sport für sich. Später studiert er Geschichte in Harvard: „Ich wollte verstehen, wie Menschen an einem Tag Musik von Haydn, Mozart und Beethoven genießen und am nächsten Tag Juden totschlagen können. Deshalb studierte ich Europäische Geschichte.“

Komplizierte Verhaltensabläufe können durch einfache Zellvorgänge erklärt werden

Solange, bis der befreundete Psychoanalytiker Ernst Kris Eric davon überzeugt, man könne den menschlichen Geist nur erfassen, indem man ihn studiert – durch Psychoanalyse. 1952 wechselt Kandel an die New York University, um dort Medizin zu studieren und schließlich Psychoanalytiker zu werden. Bald drängt es ihn aber, die biologischen Vorgänge des Gehirns zu erforschen, er bewirbt sich beim medizinischen Labor der Columbia University und meint zu dessen Leiter Harry Grundfest, er wolle wissen, wo im Hirn das *Es*, das *Ich* und das *Über-Ich* sitzen würden. Seine Antwort: „Sind Sie meschugge? Wir wissen doch gar nicht, ob so etwas überhaupt existiert. Beim Hirn forscht man an den einzelnen Zellen.“

1962 geht Eric Kandel nach Paris und beginnt mit Hilfe des Nervensystems der Aplysia-Schnecken zu erforschen, wie das Gehirn lernt, sich zu erinnern. Zurück in New York entdeckt er ein Protein, das eine Schlüsselrolle beim Lern- und Erinnerungsvermögen des Menschen spielt. Seine Forschung fasziniert vor allem dadurch, dass komplizierte Verhaltensabläufe durch einfache Zellvorgänge erklärt werden können.

Im Herbst des Jahres 2000 läutet nachts bei Kandel das Telefon. Ein Herr des Stockholmer Karolinska-Institutes hat eine freudige Mitteilung, doch Erics Frau Denise meint: „Schlaf noch eine Runde.“ Wenig später erhält Eric Kandel den Nobelpreis für Medizin.

In den nächsten Jahren kann er sich der Ehrungen kaum erwehren. Auch Österreich ist jetzt stolz auf den Wiener Kandel und zeichnet ihn mehrfach aus. Er wird Ehrenbürger der Stadt, aus der er als Neunjähriger vertrieben worden ist – „ein bittersüßer Moment“. Es gelingt ihm sukzessive, sich mit der Heimat seiner Kindheit zu versöhnen, und er nimmt auch zusätzlich zu seiner amerikanischen die österreichische Staatsbürgerschaft wieder an.

Heute ist der bald Neunzigjährige mit dem Markenzeichen Mascherl (er besitzt rund hundert davon) weiterhin voller Vitalität und Leidenschaft. Er fasziniert Menschen mit seinem Charisma, hält Vorträge in der ganzen Welt, er schwimmt „langsam, aber gerne“, hat bis vor kurzem Tennis gespielt und er wird weiterforschen nach dem Geheimnis Gedächtnis, von dem noch immer nur rund ein Prozent wissenschaftlich entschlüsselt ist.

Eric Kandel, ein charmanter, geselliger Herr, hat seinen Humor nie verloren: „Ich bin Universitätsprofessor, habe ein wunderbares Büro mit Blick auf den Hudson. Und das alles für einen kleinen jüdischen Buben aus Wien. Mein Gott, was will ich mehr?“

1983 Aufbau des „Howard Hughes Medical Institute“ an der Columbia University.

2000 Nobelpreis. Gemeinsam mit Arvid Carlsson und Paul Greengard.

Während der Schulzeit bastelte er eine Dampfmaschine und einen Fotoapparat, dessen Linse in einer Schuhschachtel angebracht war. Später revolutionierte der leidenschaftliche Erfinder Viktor Kaplan mit seiner Turbine die Wasserkraft.

Viktor Kaplan

Ein besessener Erfinder, dessen große technische Begabung schon als Kind erkennbar war: Viktor Kaplan.

Von der Wasserkraft besessen

„Sie ist bloshax zum Konsum owi gangan, mit ana kurzn Hosn und is einigstig'n in die Kuafladn", erinnert sich ein ehemaliger Spielgefährte. Im Haus ihrer Großeltern hat Elfriede Jelinek viele Sommer ihrer Kindheit verbracht. Literarisch festgehalten hat die Nobelpreisträgerin ihre Heimat im Roman *Die Kinder der Toten*. Da tauchen – wie Gespenster – die drei Untoten Edgar, Gudrun und Karin zwischen Neuberg an der Mürz und Mariazell auf. Äußerst lebendig geistern die drei durch die obersteirischen Alpen.

Elfriede Jelinek ist nicht die einzige Berühmtheit dieser Region: Genau 70 Jahre vor ihr ist in Mürzzuschlag auch ein besessener Forscher, humorvoller Techniker und revolu-

1876 Geburt. 27. November in Mürzzuschlag.

tionärer Erfinder zur Welt gekommen: Viktor Kaplan, der Schöpfer der nach ihm benannten Kaplan-Turbine. Rund ein Drittel aller weltweit gebauten Turbinen sind Kaplan-Turbinen, die rund zehn Prozent der weltweiten Wasserkraft erzeugen.

Die auch wirtschaftlich wesentliche Bedeutung des Erfinders aus dem obersteirischen *Miaztal,* wie die Einheimischen ihre Gegend nennen, wird zwischen 1962 und 1972 auch durch sein Porträt, das den blauen Tausendschillingschein ziert, gewürdigt. Jeder freut sich, einen „Blauen", einen „Kaplan", in der Tasche zu haben.

Heute zählt die erste, kleinere Variante der Kaplan-Tausender zu den begehrtesten Schilling-Banknoten der Zweiten Republik. Die Scheine, die vom Bild eines streng blickenden Herrn mit Geheimratsecken und mächtigem Schnauzbart geziert werden, erzielen bei Auktionen mehrere Tausend Euro.

Als drittes Kind eines Eisenbahnbeamten, des resoluten Zentralinspektors Karl Kaplan, kommt Viktor im Winter 1876, im selben Geburtsjahr wie Konrad Adenauer, Mata Hari und Bruno Walter, in Mürzzuschlag zur Welt. In Neuberg an der Mürz besucht er die Volksschule, bald darauf in Wien-Wieden die Realschule. Schon als junger Gymnasiast zeigt Viktor eine auffällige technische Begabung.

Ein junger Erfinder macht seinen Weg

Als Vierzehnjähriger kommt er am Heimweg von der Schule in der Waltergasse an einem Optikergeschäft in der Wiedner Hauptstraße vorbei und sieht in der Auslage runde Glasplättchen in verschiedenen Größen – Linsen, die er für seine neueste *Erfindung* braucht. Um sechzig Kreuzer kauft Viktor eine Linse mittlerer Größe. Weil man in der Schule gerade in Physik die Optik durchnimmt, will er einen Fotoapparat bauen.

Nicht einen derart komplizierten, den er bei seinem Onkel bewundert hat, mit einem Balg, der sich verschieben lässt und sonstigen technischen Feinheiten, sondern einen ganz einfachen Apparat, mit dem man aber auch fotografieren kann. Die Linse um sechzig Kreuzer ist in einer Schuhschachtel angebracht, ein Drillbohrer dient zur Entfernungseinstellung. Und schon ist der Kaplan'sche Fotoapparat fertig.

> Technik ist nichts anderes als ein mehr oder minder glücklich gelungenes Stück kopierter Natur.
>
> Viktor Kaplan

Zuvor hat der junge Erfinder, als vom Physikprofessor Daurer die Elektrizität durchgenommen wurde, aus einer Flasche eine Elektrisiermaschine gebastelt, und als die Wärmelehre an der Reihe war, eine Dampfmaschine: Eine alte Kakaobüchse wird als Dampfkessel verwendet, eine leere Patronenhülse als Zylinder.

Wann immer Viktors Lieblingsgegenstand Physik am Stundenplan steht, will er das gelernte theoretische Wissen in die Praxis umsetzen. Und so entstehen zu Hause in seinem winzigen Kinderzimmer Geräte und Maschinen, die Viktor dann stolz vor seinen skeptischen Mitschülern im Physiksaal präsentieren darf.

Auch Professor Daurer ist auf seinen Musterschüler stolz: „Wenn ihr nicht daran glauben wollt, ich glaube daran", erklärt er bei Viktors neuestem Streich, einem Karton, mit dem man fotografieren kann, „es ist ja nicht

1903 Lehrkanzel für Maschinenbau bei Alfred Musil.

1912 Erfindung der Wasserturbine.

das erste Mal, dass uns Kaplan mit einem tadellos funktionierenden Modell überrascht."

Nach der Matura 1895 studiert der junge Forscher an der Technischen Hochschule Wien Maschinenbau. Nach Abschluss seines Studiums leistet Viktor Kaplan als „Maschinenbau-Eleve" seinen Militärdienst bei der k.u.k. Kriegsmarine in Pula auf der Halbinsel Istrien.

Danach arbeitet er in einer Fabrik in Leobersdorf, die vor allem Dieselmotoren herstellt. Die besessene Beschäftigung für die Verbesserung von Explosionsmotoren – ohne Absprache mit seinem Chef – führt zur Kündigung. 1903 beginnt Kaplan in Brünn bei Professor Alfred Musil, dem Vater des Schriftstellers Robert Musil, als Konstrukteur für Wasserturbinenbau.

Siegeszug einer österreichischen Erfindung; die „Kaplanturbine"

Viktor erkennt bald den dringenden Bedarf der Elektrowirtschaft an schnell laufenden Wasserturbinen, die auch bei kleinen Flussgefällen eingesetzt werden können. Der Weg von der Entwicklung von Explosionsmotoren zu optimierten Wasserturbinen ist vorgezeichnet. Die Idee dazu orientiert sich an einer Schiffsschraube. Nach Berechnungen, Versuchen und Verbesserungen entwickelt Kaplan ein axial durchströmtes Flügelrad mit verdrehbaren Schaufeln – die „Kaplanturbine", um die er jahrelang internationale Patent-Prozesse führen muss. Letztlich gewinnt er alles. Viktor Kaplan bleibt die Schmach eines „österreichischen Erfinderschicksals" erspart.

Turbinen sind der Lebensinhalt des leidenschaftlichen, humorvollen Erfinders, damit hat sich auch seine musische Frau Margarete abzufinden. Wenn er mit Wasserkraft und der Macht seiner Turbinen beschäftigt ist, vergisst er alles rund um sich: Einen feierlichen Universitäts-Vortrag hält er in einem wassertriefenden Frack – am Weg zum Auditorium musste er noch schnell ins Wasser steigen, um eine Turbine zu regulieren. Kaplan lässt sich auch durch kleine Bäche, die sich über das Vortragspult ihren Weg suchen, nicht aus der Ruhe bringen.

Viktor Kaplans erstes Turbinenpatent, das er am 28. Dezember 1912 eingereicht hat, trägt die Nummer ÖP 74388. Sieben Jahre später wird in Gramatneusiedl die erste „Kaplanturbine" in Betrieb genommen. Der weltweite Siegeszug seiner Erfindung beginnt, als 1925 in Schweden die damals größte Wasserturbine der Welt mit mehr als 11.000 PS und einem Durchmesser von fast sechs Metern zu arbeiten beginnt.

Die Fertigstellung der optimierten Turbine übernehmen seine engsten Mitarbeiter, Kaplan erkrankt 1922 schwer. Die physische und psychische Belastung des jahrelangen Patentstreits mit der Turbinenindustrie schwächt ihn immer mehr. Er zieht sich auf seinen Landsitz „Rochuspoint" zwischen Attersee und Mondsee zurück. Am liebsten sitzt er an einem Bach und hört dem Plätschern des Wassers zu, erinnert sich wehmütig an die Kindheit, als er in Mürzzuschlag schon Wasserräder gebastelt hat.

Knapp bevor Viktor Kaplan, noch keine 58 Jahre alt, in Unterach nach einem Schlaganfall stirbt, resümiert er: „Es war notwendig, um mein Werk zu kämpfen; dass ich dafür meine Gesundheit hingeben musste, macht mich nicht mehr traurig."

1919 Inbetriebnahme der ersten Kaplanturbine der Welt.

1934 Tod. 23. August in Unterach.

Seine Computermodelle simulieren chemische Reaktionen Richtung Cyberspace. Nach der Nobelpreis-Verleihung wird der Chemiker Martin Karplus endlich auch in Österreich gefeiert und gewürdigt. 76 Jahre davor durften seine beiden besten Freunde plötzlich nicht mehr mit ihm spielen, denn er sei ja Jude …

Martin Karplus

Weltbekannter Nobelpreisträger, leidenschaftlicher Forscher und passionierter Fotograf: Martin Karplus.

Die späte Versöhnung eines Vertriebenen

„Pagat Ultimo, Uhu im vorletzten Stich, Kanari im drittletzten Stich", schallt es durch den Salon. Im zweiten Stock des Palais Auspitz-Lieben an der Ringstraße, oberhalb des Cafés Landtmann und des legendären Salons von Berta Zuckerkandl. Auf einem Klapptisch spielt Johann Paul Karplus, Neurophysiologe und Primar der Polyklinik, mit seinen Freunden Tarock. Sehr gerne ist auch Sigmund Freud in der fröhlichen Kartenrunde der Wiener Ärzte dabei.

Gastgeber Karplus stirbt 1936, sein ältester Sohn Hans, der Vater des späteren Nobelpreisträgers Martin Karplus, ist als Einziger zur Zeit der Machtergreifung durch die Nazis in Wien und wird für mehrere Monate gefangen gehalten, man will das beträchtliche

1930 Geburt.
15. März in Wien.

Vermögen der großbürgerlichen Familie „arisieren". Hans Karplus gelingt es zumindest, vier Möbelcontainer zu organisieren, und sendet sie an seine Brüder nach Palästina und Amerika, wohin er Monate später selbst flüchtet.

Martin Karplus erbt den Klapptisch, an dem die Herren an der Ringstraße einst tarockierten, und schenkt ihn vor einigen Jahren neben einem Schaukelstuhl seines Großvaters dem Jüdischen Museum Wien, wo die Möbel mit Geschichte in der Dauerausstellung „Unsere Stadt! Jüdisches Wien bis heute" zu sehen sind.

Der 1930 in Wien geborene Martin Karplus wächst in Grinzing in der Paradisgasse 57 unweit des Heurigen Hengl-Haselbrunner auf. Seine Mutter Lucie Isabella flüchtet 1938 – bereits wenige Tage nach dem „Anschluss" – mit Martin und seinem Bruder Robert über die Schweiz in die Vereinigten Staaten. Der Vater Hans folgt ein halbes Jahr später. Am 8. Oktober 1938 ist die Familie wieder vereint. Die Eltern müssen während der ersten Jahre als Hausangestellte arbeiten, um sich eine neue Existenz aufzubauen.

„Meine Eltern haben früh gewusst, dass etwas passiert", erzählt Karplus später, „als ich fünf Jahre alt war, habe ich begonnen, mit meiner Tante Claire, die in England studiert hatte, Englisch zu lernen. Zwei Buben in meiner Nachbarschaft, meine besten Freunde, sagten im Frühjahr 1937 zu mir, sie dürften nicht mehr mit mir spielen, ich sei ja Jude … Am Tag als Hitler nach Österreich einmarschierte, hatten wir schon die Bahn-Tickets in die Schweiz reserviert. Mein Vater war allerdings noch im Gefängnis."

Jahrzehnte später sucht Martin Karplus, inzwischen Ehrenbürger von Wien, während eines Österreich-Besuches die nach seinem Großvater benannte Gasse in Favoriten. Und merkt, dass der Antisemitismus noch nicht überwunden ist. Er will wissen, wo die Karplusgasse sei und fragt die Inhaberin der Pension, in der er wohnt: „Sie antwortete, man versteht nicht, wie man eine Straße nach einem Juden benennen könne … Bis heute habe ich gemischte Gefühle, wenn ich Österreich besuche."

Martins Laufbahn als Mediziner scheint vorgezeichnet. Nicht nur der tarockierende Großvater, der wesentlich an der Entdeckung des Hypothalamus beteiligt ist, sondern auch sein Großvater mütterlicherseits, Samuel Goldstein, ist Mediziner und Leiter der Fangoheilanstalt, die früh auf Rheumabehandlungen spezialisiert ist.

Nobelpreis für richtungsweisende Computermodelle, die chemische Reaktionen simulieren

„Als Jude wurde man damals in Österreich entweder Anwalt oder Arzt", erinnert sich Martin Karplus später in Amerika. Auch er will Mediziner werden, „doch Nationalsozialisten und Antisemiten machen alle Pläne zunichte" – wie auch bei zwei seiner ebenfalls in Wien geborenen Nobelpreis-Kollegen, dem Physiker Walter Kohn und dem Psychiater Eric Kandel.

In den USA ändern sich Martins Interessen: Er studiert ab 1947 an der Harvard University Chemie und später am California Institute of Technology, wo er 1953 beim zweifachen Nobelpreisträger Linus Pauling promoviert. Danach arbeitet er als *Postdoc* zwei Jahre in Oxford, bevor er in die USA zurückkehrt und an seiner Alma Mater in Harvard weiterforscht – wo er 1979 den Theodore-William-Richards-Lehrstuhl für Chemie übernimmt.

Seit 1995 ist der frankophile Martin Karplus auch Professor an der Louis-Pasteur-Universität in Straßburg. In den französischen Alpen entspannt er sich in seinem Sommerhaus von der Welt der Chemie.

2013 erhält Karplus gemeinsam mit Michael Levitt und Arieh Warshel den Nobel-

1938 Vertreibung durch die Nationalsozialisten.

1959 Karplus-Gleichung. Erste Veröffentlichung im *Journal of Chemical Physics*.

preis für Chemie. Für ihre richtungsweisenden Computermodelle, die chemische Reaktionen simulieren und das reale Leben widerspiegeln – eine entscheidende Entdeckung für die meisten Fortschritte, die heute die Chemie prägen. Der Preis sei verantwortlich dafür, „das Chemieexperiment in den Cyberspace zu bringen", erklärt der Sprecher der Stockholmer Akademie.

Die drei ausgezeichneten Molekül-Versteher kombinierten die auf der klassischen Physik beruhende Darstellung von Atomen und die auf der Quantenmechanik basierende von Elektronen und Nukleonen. Das begeisterte Nobelpreis-Komitee illustrierte diese Kombination mit Newtons Apfel und Schrödingers Katze – die die verschiedenen Sichtweisen symbolisieren.

„Vielleicht ist es für die Versöhnung gut, wenn man doch ja sagt"

In seiner früheren Heimat wird der „Austro-Amerikaner", wie er sich selbst bezeichnet, erst nach dem Nobelpreis gefeiert und gewürdigt – fast vereinnahmt: „Ich habe nie etwas aus Österreich gehört, bevor ich Rockstar wurde", so Karplus in Anspielung auf seine seit der Überreichung des Nobelpreises gestiegene Bedeutung.

Als „Zeichen der Dankbarkeit" erhält der vertriebene Wissenschaftler am 8. Mai 2015 das Ehrenkreuz für Wissenschaft und Kunst. Bundespräsident Fischer verweist auf das Zusammentreffen der Ehrung mit dem Jahrestag des Kriegsendes. Es habe sich in Österreich „etwas gefestigt, was am Anfang gar nicht so einfach und klar war", nämlich dass dieser 8. Mai als „Tag der Befreiung gesehen werde, als Tag, an dem mit dem Krieg und der Diktatur des totalitären Naziregimes etwas ganz Entsetzliches zu Ende gegangen sei", meint Heinz Fischer.

Lange hat Karplus gezögert, ob er die Ehrung annehmen soll. Schließlich meint er: „Es ist etwas spät, aber vielleicht ist es für die Versöhnung gut, wenn man doch ja sagt."

Ich habe nie etwas aus Österreich gehört, bevor ich Rockstar wurde.

Martin Karplus

Kurz vor seiner Promotion erhält Karplus von seinen Eltern eine Leica-Kamera geschenkt. Es sollte der Beginn einer neuen Leidenschaft werden. Seine Bilder, Landschaften und Milieuszenen aus den USA, China, Japan und Lateinamerika, werden immer wieder in Amerika und auch Europa gezeigt, darunter 2015 anlässlich der Verleihung des Ehrendoktorats an der Wiener Universität.

Ob der passionierte Leica-Fotograf Karplus weiß, dass Ernst Leitz II., der Chef des deutschen Nazi-Musterbetriebs Leica, als Mitglied der NSDAP – ähnlich wie der Unternehmer Oskar Schindler – mehr als vierzig jüdische Angestellte seiner Firma vor dem KZ und dem sicheren Tod rettete, ist ungewiss.

2013 Nobelpreis für Chemie.

2015 Ehrenbürger der Stadt Wien.

Nur wenige wissen von Gina Kaus, einer der schillerndsten Figuren der Wiener Künstlercafés. Karl Kraus ist von ihr begeistert, Hilde Spiel nennt sie eine „Löwin der Literatur“. Das brodelnde Berlin der 1920er-Jahre steigert ihr Selbstbewusstsein. Am Ende reüssiert sie in Hollywood als Drehbuchautorin.

Gina Kaus

Sie führt ein abenteuerliches Leben und schreibt darüber: Gina Kaus.

Paradiesvogel mit ewiger Lust am Leben

Die junge Schriftstellerin wagt es, dem schärfsten Kritiker seiner Zeit ihre Novelle *Der Aufstieg* zum Lesen zu geben. Voller Angst, dass Karl Kraus, der „in einem bestimmten Sinn das Gewissen der Welt repräsentierte“, ihr Selbstwertgefühl mit einer einzigen Zeile vernichten könnte. Doch bereits am nächsten Tag, als er Gina Kaus zu einem Ausflug abholt, streckt er ihr beide Hände entgegen und meint: „Sie haben mich nicht enttäuscht, ich habe nicht einen einzigen Fehler gefunden, ihre Novelle ist wirklich gut.“

Die Geschichte von einem neurotischen Literaten, der auf gesellschaftlichem Parkett mit Hilfe psychologischer Tricks zu reüssieren versucht, bedeutet den literarischen

1893 Geburt. 21. Oktober in Wien.

Durchbruch: Karl Kraus ist von Ginas „Talent zur Ehrlichkeit“ überzeugt: „Für mich war es, als ob ein Staudamm gebrochen wäre, es verursachte mir eine wilde, beinahe sinnliche Freude, ihm alles zu erzählen.“

Kraus ist einer der wenigen Verehrer Ginas, der ihr zwölf Jahre, bis zu seinem Tod – ohne sexuelle Avancen – verbunden ist. Schmeichelhafte Komplimente, behutsame Berührungen, nur ein gelegentliches „Du“, tägliche Telefonate, Landpartien im „Tatra“-Automobil mit gemietetem Chauffeur in die Umgebung Wiens sollten Kraus genügen. Erst „viel später habe ich begriffen“, schreibt die Gefährtin in ihren Memoiren über den väterlichen Freund, dass „seine Erotik vornehmlich darin bestand, sich Frauen, an denen er interessiert war, mit anderen Männern vorzustellen – eine höchst harmlose Perversion, die aber sehr stark bei ihm entwickelt war“.

Gina Kaus ist jedenfalls davon überzeugt, dass „weder Mann noch Frau monogam veranlagt seien und es deshalb richtig sei, jedem seine Freiheit zu lassen“. Um auch über eine ihrer vielen Affären zu bekennen: „Ich hatte einen Geliebten, den ich nicht liebte … es war eines Abends über mich gekommen, wie ein Fieber, eine Krankheit, an der man nicht schuld ist …“ Für Carl Sternheim ist Gina die „großartigste Frau Mitteleuropas“. Auch Broch, Blei, Musil, Werfel und Lernet-Holenia zählen zu ihren Adoranten.

Als junges Mädchen adoptiert sie der von Skandalen und Spekulationen umwitterte Josef Kranz, um ihre Stellung als Mätresse des Bankiers zu verbergen: „Eines Nachts erwachte ich um vier Uhr früh und fand die Lösung: Kranz konnte mich als seine Tochter adoptieren … was wir nachts taten, ging niemanden etwas an.“ Der Wiener Gesellschaft wird reichlich Gesprächsstoff geboten …

Mit Kranz, einem skrupellosen Financier und dem Präsidenten des österreichischen Spirituskartells, lebt sie als schillernder Paradiesvogel in dessen Palais ein Leben in Luxus, aber auch in gesellschaftlich bedrückenden Verhältnissen. In Franz Werfels mehr als 800 Seiten langen Roman *Barbara oder die Frömmigkeit* firmiert Gina als *Hedda*.

Gina Kaus, die Tochter eines Geldvermittlers, wächst in bescheidenen Verhältnissen auf, wird zur blutjungen Kriegswitwe, ist dreimal verheiratet, aus der 1920 geschlossenen Ehe mit dem Literaten Otto Kaus stammen zwei Söhne. Sie lebt in ständigem Wechsel zwischen Armut und Reichtum, Börsenspekulationen ermöglichen ihr für gewisse Zeit eine Existenz wie in einem ihrer Romane.

Leben mit außergewöhnlicher Intensität

Gina Kaus, deren Komödie *Diebe im Haus* bereits 1917 im Burgtheater aufgeführt wird, ist eine Autorin, die es wiederzuentdecken gilt. In ihren Romanen zeichnet sie ein präzises Bild der Gesellschaft, sie selbst führt ein Leben mit außergewöhnlicher Intensität. Zwischen großbürgerlichen Salons, allmählich verfallenden Villen und Literatencafés, mit Stationen von Wien über Berlin, Paris, New York bis Hollywood.

Alfred Polgar ist von ihrem Talent beeindruckt und Hilde Spiel meint, die „Löwin der Literatur“ beschreibe „ebenso brillant jenen Novembertag des Jahres 1918, als Werfel vor dem Café Herrenhof die Republik ausrief, wie jenen Märztag des Jahres 1938, an dem sie gezwungen war, mit dem, was sie am Leibe trug, ins Exil zu gehen“.

1926 gründet sie das Magazin *Die Mutter* mit Artikeln über Fragen der Schwangerschaft und die Psychologie des Kindes. Sie richtet eine Frauenberatungsstelle ein, Ärzte und Juristen beraten verzweifelte Frauen.

1917 Uraufführung. *Diebe im Haus* im Burgtheater.

1921 Fontane-Preis für die erste Novelle *Der Aufstieg*.

In den Vorlesungen von Alfred Adler lernt sie die von ihm begründete Individualpsychologie kennen, die sowohl ihr Leben als auch ihre Literatur grundlegend prägen.

In diesem Jahr zieht Kaus später in das sündige, brodelnde Berlin. In der nervösen Metropole zwischen Glanz und Elend führt sie ein Leben voller geistiger und erotischer Abenteuer. Sie schreibt für verschiedene Magazine kritisch über das gesellschaftliche Leben und zeichnet das Bild der „neuen Frau“, die sie selbst verkörpert: frech und selbstbewusst, attraktiv und weltoffen. Über ihre literarische Fließbandarbeit meint sie: „Es ist eine schöne Sache, Geld zu verdienen, wenn man es nötig braucht…“ 1928 erscheint ihr Romandebüt *Die Verliebten*. Vicki Baum, der erste Medienstar der deutschen Literatur, wird ihre beste Freundin. Aus Begegnungen mit Bert Brecht und Thomas Mann werden Freundschaften fürs Leben.

> Jeder Mensch begegnet einmal dem Menschen seines Lebens, aber nur wenige erkennen ihn rechtzeitig.
>
> Gina Kaus

Die Nazis verbrennen auch ihre Bücher, sie meint dazu: „Nie zuvor war ich in besserer Gesellschaft.“ In jenem Jahr kehrt sie nach Wien zurück. Der Roman *Die Schwestern Kleh* erscheint in einem Exilverlag in Amsterdam. Der biografische Roman *Katharina die Große* folgt 1935 und wird in den USA ein Bestseller. Englische und amerikanische Verlage veröffentlichen jetzt ihre Werke.

Als am 11. März 1938 um 19 Uhr 47 Kanzler Schuschnigg im Radio „Wir weichen der Gewalt“ verkündet und die Höllenfahrt Österreichs beginnt, flüchtet Gina mit einem Handkoffer, den beiden Söhnen Otto und Peter und ihrer neuen Liebe, dem Anwalt Eduard Frischauer, über Zürich nach Paris. Im September 1939 emigrieren sie an Bord der „Ile de France“ nach New York.

Keine Rückkehr nach Österreich

Einige Monate später zieht die Familie nach Hollywood. Gina Kaus ist süchtig nach Schlaftabletten und schreibt „ohne intellektuelle Überlegung, wie unter Hypnose“ und etabliert sich bald als erfolgreiche Drehbuchautorin. Der Roman *Der Teufel nebenan,* in dem sie ihr Idol Alfred Adler als „Doktor Heinsheim“ Beziehungskatastrophen verhindern lässt, wird mit Lilli Palmer und Curd Jürgens unter dem Titel *Teufel in Seide* verfilmt.

1948 besucht Gina Kaus erstmals wieder Wien, will aber nie mehr zurückkehren. In der Autobiografie *Und was für ein Leben,* die 1979 erscheint, dominiert ihre subtile Menschenbeobachtung und -kenntnis über Liebe und Literatur, Theater und Film. Im Dezember 1985 stirbt sie in einem Pflegeheim in Los Angeles im Alter von 92 Jahren. Ein Jahr danach bedauert Milan Dubrovic: „In Wien, ihrer Heimat, wissen heute nur noch wenige von ihr.“

1940 Erfolgs-Roman. *Der Teufel nebenan.*

1985 Tod. 23. Dezember 1985.

Es gibt kaum einen Literaten, der von einem Roman allein im deutschsprachigen Raum 2,5 Millionen Exemplare verkauft hat. Daniel Kehlmann hat es geschafft: mit dem Gespür dafür, was Leser fesselt und Kritiker jubeln lässt. Wie zuletzt im Roman über Till Eulenspiegel, den Entertainer des 14. Jahrhunderts.

Daniel Kehlmann

Fantasievoller Literat mit erzählerischer Leichtigkeit: Daniel Kehlmann.

Hochstapler, Menschenfresser, Seeungeheuer

Als Daniel Kehlmann anlässlich der Verleihung des Anton-Wildgans-Preises Bundeskanzler Kurz in seiner Dankesrede auffordert, die Koalition mit der rechtslastigen FPÖ aufzulösen, ahnt er nicht, dass in den Redaktionen von *Spiegel* und *Süddeutscher Zeitung* bereits fieberhaft an den Texten gearbeitet wird, die zwei Tage später die Ibiza-Affäre enthüllen. Der Wunsch des Literaten wird Wirklichkeit: „Ich hatte keinerlei Hoffnung, dass irgendwas Derartiges passieren könnte."

Kehlmann, der 44-jährige wache Beobachter gesellschaftlicher Entwicklungen, habe lange geglaubt, als Schriftsteller nur durch das eigene Werk sprechen zu können, aber es gebe

1975 Geburt.
13. Jänner in München.

Momente, wo „solch noble Zurückhaltung nicht mehr angebracht ist. Da wäre sie sowohl moralisch falsch als auch politisch gefährlich." Daher sei es notwendig, neben historischen Romanen auch aktuelle politische Stücke wie im vergangenen Jahr im Theater in der Josefstadt *Die Reise der Verlorenen,* ein flammendes Bekenntnis zu Humanität, Toleranz und Antifaschismus, zu schreiben.

Der politisch engagierte Bestsellerautor hat das Gespür dafür, was seine Leser fesselt und Kritiker jubeln lässt. Als er im Alter von 22 Jahren, noch als Germanistik- und Philosophiestudent, seinen ersten Roman *Beerholms Vorstellung* veröffentlicht, in dem ein Bühnenmagier plötzlich glaubt, wirklich zaubern zu können, bleiben Anerkennung und Interesse dafür noch bescheiden: „Immerhin lernte ich die wohl gepolsterte Demütigung der Lesereisen kennen: leere Bibliotheksräume, leere Literaturhäuser, leere Buchhandlungen." Doch die geringe Resonanz von Lesern und Kritik hat auch einen Vorteil: Daniel Kehlmann entdeckt die Faszination der Zauberkunst für sich und legt sich eine Fülle von Tricks zu.

Ich und Kaminski – die Geschichte eines selbst ernannten Kunstkritikers, der hofft, mit der Biografie eines alten, blinden Malers endlich zu Ruhm und Geld zu kommen – bringt 2003 den internationalen Durchbruch. Und vom zwei Jahre danach folgenden Roman *Die Vermessung der Welt* des Dreißigjährigen, „das Alterswerk eines jungen Schriftstellers, ein genialer Streich", werden allein im deutschsprachigen Raum mehr als 2,5 Millionen Exemplare verkauft: Am Ende des 18. Jahrhunderts machen sich zwei junge Koryphäen der Wissenschaft auf, um die Welt zu vermessen. Davon erzählt Kehlmann im Roman um Wissenschaft, Ruhm und dessen Preis in zwei parallelen Erzählsträngen: Der eine, Alexander von Humboldt, kämpft sich durch Urwald und Steppe, kriecht in Erdlöcher und besteigt Vulkane, kostet Gifte, zählt Kopfläuse und begegnet Seeungeheuern und Menschenfressern.

Der andere, Carl Friedrich Gauß, der sein Leben nicht ohne Frauen fristen kann – und doch in der Hochzeitsnacht aus dem Bett springt, um eine Formel zu notieren –, beweist im heimischen Göttingen, dass der Raum sich krümmt. Alt und berühmt treffen sich die beiden sonderbar und weltfremd gewordenen Wissenschaftler 1828 in Berlin. Die Kritik lobt Kehlmanns Erzählkunst, die „exquisites Lesevergnügen" bereite.

Historiker kritisieren allerdings die Darstellung der Protagonisten und ihrer Zeit teilweise heftig, die *hübschen Erfindungen* des Autors. Wie auch immer: Auf einer Liste der international bestverkauften Bücher des Jahres 2006 rangiert *Die Vermessung der Welt* auf Platz zwei.

„Man fragt sich manchmal, warum es Leute gibt, die freiwillig diesen Job ausüben"

Gespannt wartet die Kritik auf den nächsten Roman, eines der „subtilsten und zugleich witzigsten Schriftsteller im Europa der Gegenwart", wie *The Guardian* bemerkt. Zu Beginn des Jahres 2009 erscheint, von gewaltigem Medienecho begleitet, *Ruhm.* Der Roman in neun Geschichten wird bereits nach vier Wochen mit mehr als 300.000 Exemplaren zum Bestseller. Die Kritik ist kontrovers und reicht von „Weltliteratur" bis zu „reine Germanistenprosa".

Als Kehlmann auf die teilweise heftige Kritik und nach „Alternativen zur gegenwärtigen literaturkritischen Praxis" angesprochen wird, meint er: „Das ist wie mit den Zahnärzten. Man fragt sich manchmal, warum es Leute gibt, die freiwillig diesen Job ausüben.

2003 Internationaler Erfolg. *Ich und Kaminski.*

2005 Bestseller. *Die Vermessung der Welt* in vierzig Sprachen übersetzt.

Aber die Abschaffung des Berufsstands kann man deshalb auch nicht fordern. Zahnärzte sind allerdings – es lässt sich nicht leugnen – im Normalfall besser ausgebildet."

Faible für historische Romane mit magischem Realismus

2017 erscheint sein Roman über den Provokateur und Entertainer des 14. Jahrhunderts, Till Eulenspiegel. *Tyll* ist kein zynischer Schelm, sondern ein Horrorclown in düsterer Zeit. Kehlmann, der fünf Jahre lang an dem Buch gearbeitet hat, hat ihn in das grausame Deutschland des Dreißigjährigen Krieges verpflanzt. Einmal mehr begeistert der Literat mit dem Faible für historische Romane mit erzählerischer Leichtigkeit und magischem Realismus.

Daniel Kehlmann wird 1975 als Sohn der Schauspielerin Dagmar Mettler und des Regisseurs Michael Kehlmann geboren. Fast dreißig Jahre davor leitet der Vater im „Studio der Hochschulen" ein Kabarettprogramm. Der Höhepunkt des nur von Freunden der Darsteller besuchten Opus „Die Grimasse" ist ein damals „schmales, immer neue Späße ausbrütendes Bürscherl", das auf einem Flügel tanzt: Helmut Qualtinger.

Jahre danach arbeiten die beiden Freunde Kehlmann und Qualtinger bei der Zeitung *Welt am Abend* als Kulturkritiker. Ihr Chef ist Johannes Mario Simmel. Jahrzehnte später erinnert sich der Bestsellerautor an das Wien der Nachkriegszeit: „Ich war damals ein gottbegnadeter Trinker, ein bis zwei Flaschen pro Tag. Auf meinem Redaktionstisch stand schon in aller Früh eine Flasche Whisky, die aber auch von meinen Mitarbeitern benützt wurde …"

Jetzt schreibt der Sohn Daniel Kehlmann, ein leidenschaftlicher Cineast, das Drehbuch für einen Klassiker von Thomas Mann: über den Hochstapler Felix Krull. Jannis Niewöhner, der noch vor Kurzem in der Amazon-Kultserie „Beat" durch die ekstatische Berliner Clubszene gewirbelt ist, ist im Film als Felix Krull jener attraktive junge Mann aus gutbürgerlichem Haus, der seine Hochstapelkünste seit frühestem Kindesalter perfektioniert, Menschen bezaubert, aber auch betrügt und schließlich am Königshof von Lissabon landet, wo er sein Meisterstück abliefert.

> Man kann dem Schrecken gegenübertreten, bis er nachgibt und sich zurückzieht."
>
> Daniel Kehlmann

Vielleicht hat ja Vater Michael Kehlmann, er stirbt 2005 und kann den gigantischen Erfolg der *Vermessung der Welt* gerade noch miterleben, seinem Sohn Daniel von jener wilden Zeit im Nachkriegs-Wien erzählt – als man Hochstaplern, Schaumschlägern und raffinierten Lebenskünstlern auf Schritt und Tritt begegnete. Und vielleicht findet man in der Felix-Krull-Neuverfilmung die eine oder andere kleine Gaunerei aus dem Wien zwischen Ruinen, Schleichhandel und Wiederaufbau, dem Dritten Mann und den Vier im Jeep.

2017 Buch & Bühne. *Tyll.*

2019 Aktuellste Auszeichnung. Anton-Wildgans-Preis.

Seine kritischen Gedanken, seine Reden gegen das Vergessen sorgen für heftige Diskussionen. In seinen Romanen besticht der streitbare Schriftsteller Michael Köhlmeier als Geschichtenerfinder, als ein Erzähler wie aus vergangenen Zeiten. Er entwickelt virtuos Wortwelten, in denen man sofort versinkt.

Michael Köhlmeier

Streitbarer Geist und leidenschaftlicher Schriftsteller: Michael Köhlmeier.

Märchen und Wahrheiten des Lebens

Nur sechs Minuten dauert der Flug in Irland von Connemara nach Inishmaan. Sechs Minuten benötigen Ärzte, um in einem „Gehtest" Schweregrad von Lungen- und Herzerkrankungen zu beurteilen. Sechs Minuten verbringt der Schimpanse Ham 1961 auf seinem Flug ins Weltall in Schwerelosigkeit, er löst Reaktionsaufgaben, ebnet damit den Weg für die bemannte Raumfahrt der USA. Und sechs Minuten dauert die Rede von Michael Köhlmeier am 4. Mai 2018 in der Wiener Hofburg.

Es ist ein kurzes, eindringliches Bekenntnis des Schriftstellers, das Österreich zum Rumoren bringt. Es sind kritische Gedanken zur aktuellen politischen Situation,

1949 Geburt.
15. Oktober in Hard, Vorarlberg.

die durch das ganze Land hallen. Mit seinem Kommentar am Gedenktag gegen Gewalt und Rassismus polarisiert Köhlmeier. Sein provokantes, bedingungsloses Engagement scheidet wieder einmal die Geister. Wieder einmal ist es ihm wichtig, Stellung zu beziehen.

> Erwarten Sie nicht, dass ich mich dumm stelle.
>
> Michael Köhlmeier

Der Redner meint am Beginn seiner nur sechs Minuten dauernden Philippika, er stelle sich vor, wie die Ermordeten des NS-Regimes ihn zur Verantwortung rufen würden: „Was wirst du zu jenen sagen, die hier sitzen und einer Partei angehören, von deren Mitgliedern immer wieder einige, nahezu im Wochenrhythmus, naziverharmlosende oder antisemitische oder rassistische Meldungen abgeben?"

Nach der Rede in der Hofburg vor erstarrten FPÖ-Regierungsvertretern wird er nicht nur in sozialen Medien beschimpft. Er sei der „Tanzbär der linken Schickeria" ist noch eine der mildesten Beurteilungen. Die Rechten fühlen sich mit den Nazis verglichen und werfen ihm vor, er habe den Gedenktag an die Befreiung des Konzentrationslagers Mauthausen instrumentalisiert.

Mehr als zwanzig Jahre zuvor meint der hellwache, streitbare Geist Köhlmeier in einer Rede zum Thema *Der Schriftsteller und die Politik:* „Im eigentlichen Leben, nämlich dem täglichen, das zwischen Aufschlagen der Augenlider am Morgen und dem Schließen derselben am Abend stattfindet, ist das Weltgeschehen in Wahrheit nichts weiter als eine Fußnote."

Michael, in Hard am Bodensee als zweites Kind eines Journalisten geboren, kennt seine Mutter nur an Krücken gehend oder mit einem Stützapparat im Bett liegend oder sitzend im Rollstuhl. Goethes *Faust* hat sie immer bei der Hand. Diese Bilder sind während Köhlmeiers Kindheit eine Selbstverständlichkeit des Alltags. Zu Hause wird nie darüber gesprochen, welche Krankheit die Frau hat, die zu Fuß von München nach Vorarlberg gegangen ist und über die Alpen nach Rom gehen wollte, um den Papst zu besuchen.

Alle vier Jahre fahren die Eltern im Opel Rekord nach Lourdes, die Mutter zehrt lange von der „schönen Sommerwoche in der Republik der Krüppel". Eines Tages reckt sich die nicht ganz einen Meter fünfzig große Frau an ihren Krücken hoch: „Groß genug für die Alpen. Groß genug für den Blick in die Vergangenheit, der so viel Politik erfasst hat, scheußliche Politik, die aber immer nur Fußnote blieb."

Auftakterfolg mit den Sagen des klassischen Altertums

Als Zwanzigjähriger wird Köhlmeier mit Hörspielen und kürzeren Texten bekannt. Bald gründet er mit Reinhold Bilgeri das Duo Bilgeri & Köhlmeier. Ihr Lied „Oho Vorarlberg" wird 1973 ein großer Erfolg – pro Auftritt verdient jeder 30.000 Schilling. Um weiterhin zu Geld zu kommen, fängt Michael bald an, Sagen des klassischen Altertums nachzuerzählen. Bei Lesungen und im Radio begeistert seine sonore, wohltuend durchdringende Stimme. Nach den Sagen folgen das Alte Testament, die Nibelungen, Shakespeare-Stoffe und Märchen der Gebrüder Grimm, die ihm einst die Großmutter erzählt hat. „Ein Leben ohne Märchen ist wie ein Leben ohne Musik", meint Köhlmeier, der Märchen sammelt und selbst verfasst. Sie seien seine „lebenslange Liebe", doch man müsse aufpassen, „nicht als Märchenonkel der Nation abgestempelt zu werden".

1982 Romandebüt. *Der Peverl Toni und seine abenteuerliche Reise durch meinen Kopf.*

1995 Durchbruch mit der Neuerzählung der *Sagen des klassischen Altertums.*

Heute schreibt er voluminöse Romane wie *Abendland,* an denen er bis zu sieben Jahre lang arbeitet und in denen er historische Fakten und Fiktion miteinander verknüpft. In diesem 773 Seiten langen Panorama des vergangenen Jahrhunderts legt ein Dandy und Weltbürger, Jazzfan und Mathematiker seine Lebensbeichte ab. Es ist die Geschichte einer Selbstfindung.

Virtuoser Geschichtenerfinder und fesselnder Fabulierer

In *Die Abenteuer des Joel Spazierer* begegnet man einem charmanten Monster. Der Kriminelle findet immer wieder Menschen, die ihm vertrauen – jedoch hört er nie auf, sie zu quälen. Der Mann ohne Moral ist ein Meister der Manipulation, beeindruckt durch Intelligenz, Eloquenz – und seine hübschen Sommersprossen. Er bietet bereits als Kind in der Wiener Pädophilenszene sexuelle Dienstleistungen an, wird zum Erpresser und Drogendealer, mit siebzehn erschießt er die Mutter seines besten Freundes. Es ist nicht sein letzter Mord. Nach der Lektüre des Romans resümiert der Rezensent der *Zeit:* „Gäbe es eine literarische Gerechtigkeit, es müsse so viele Preise auf ihn hageln, wie Leichen den Weg seines schlimmen Helden pflastern." Allerdings gibt es kaum einen Literaturpreis, der Köhlmeier nicht schon verliehen wurde.

In seinen Romanen besticht Michael Köhlmeier als virtuoser Geschichtenerfinder, als ein Erzähler wie aus vergangenen Zeiten. Aus Zeiten, die er auch in seinen Lesungen heraufbeschwört. Er schafft Wortwelten, in denen man sofort versinkt. Köhlmeiers Kosmos beginnt oft mit bildhaft-einprägsamen Sätzen. Wie in seinem zweiten Roman *Moderne Zeiten:* „In unbenannter Zeit fuhr ein Bürgermeister mit seinem Moped über die Erde, als ihm eine Vision vom Untergang der Welt kam, so bilderreich, dass er am Trottoir anhielt."

In *Zwei Herren am Strand* begleitet Köhlmeier anhand von historischen Tatsachen und fiktiven Ergänzungen zwei schillernde Heroen der Weltgeschichte, so unterschiedlich wie nur möglich und doch befreundet, auf ihren *talk-walks*. Der eine ist ein einzigartiger Komiker, der andere führt mit seinem Widerstandswillen eine ganze Nation durch den Krieg gegen Hitler: Charlie Chaplin und Winston Churchill. Auf ihren Spaziergängen philosophieren sie über Kunst und Politik, Humor – und ihre Selbstmordfantasien.

Das vielfältige Œuvre des fesselnden Fabulierers, der inzwischen die siebzig überschritten hat, umfasst Drehbücher, Hörspiele und Theaterstücke, Novellen, Erzählungen. Und Romane voller Fantasie. In seinem dritten großen Roman *Bruder und Schwester Lenobel* erzählt er vom Verschwinden eines Familienvaters und dem Trauma, das mehrere Generationen nicht mehr loslässt.

Den Verlust seiner Tochter Paula, die selbst literarisch begabt war und beim Wandern im Alter von 21 Jahren tödlich verunglückt ist, versuchte Köhlmeier in der Novelle *Idylle mit trinkendem Hund* zu verarbeiten. Ganz ohne Pathos.

2007 Mammut-Werk. *Abendland*

2018 Rede zum Gedenktag gegen Gewalt und Rassismus.

Er ist ein großer Kämpfer für das Kleine. Der Salzburger Philosoph Leopold Kohr gilt als Schöpfer der „Small is Beautiful"-Idee. Als glühender Gegner des globalen Größenwahns in Politik und Wirtschaft wird er mit dem Alternativen Nobelpreis ausgezeichnet. Und warnt vor der „Irrenanstalt der Unendlichkeit".

Leopold Kohr

Ein Philosoph im Kampf gegen die Gigantomanie: Leopold Kohr.

Der Mensch als Maß aller Dinge

Welch ein Leben: Der im Salzburger Oberndorf geborene Leopold Kohr unternimmt bereits als Student während der 1920er-Jahre Reisen durch ganz Europa, er teilt als Zeitungsreporter im Spanischen Bürgerkrieg den Schreibtisch mit Ernest Hemingway, schließt Freundschaft mit George Orwell und führt heftige Diskussionen mit André Malraux.

Vehement und verbissen versucht Kohr, vor allem auch die Welt im Kampf gegen den Faschismus wachzurütteln. Gemeinsam mit Otto von Habsburg gründet er im Frühjahr 1938 in Paris eine Widerstandsgruppe. Bei seiner Rückkehr nach Salzburg entgeht er nur knapp dem Zugriff der Nazis. Er wird in die Emigration gezwungen und verlässt im Herbst

1909 Geburt. 5. Oktober in Oberndorf.

dieses Jahres seine Heimat, schafft es im letzten Moment in Le Havre auf ein Schiff und landet am 31. Oktober in New York. Beim früheren Oberndorfer Bäcker Lämmermeyer kann er wohnen, bis er nach Toronto weiterzieht.

> Die größte Freude eines Menschen liegt in seiner Freiheit als Individuum. Diese ist untrennbar mit politischer Demokratie verbunden.
>
> Leopold Kohr

Ab 1939 schuftet Leopold Kohr in einem Goldbergwerk Kanadas am Rande der Arktis. Durch die unmenschlichen Arbeitsbedingungen erleidet er einen Hörsturz, wodurch sich sein Hörsinn sukzessive verschlechtert. Im Kampf gegen die Nationalsozialisten wird er in Kanada zu einem der wichtigsten Repräsentanten des *Free Austrian Movement* und setzt sein Engagement als Publizist in Washington fort. Der in der Nähe von Braunau geborene Diplomat Egon Ranshofen-Wertheimer, zu dieser Zeit Berater im Weißen Haus, wird Leopold Kohrs Mentor: Er bringt ihn mit medialen Meinungsmachern und den wichtigsten Chefredakteuren der USA zusammen.

Publizistischer Kampf gegen Hitler

1941 erscheint im katholischen US-Magazin *The Commonwealth* Kohrs erster flammender Appell für die Zerschlagung der Großmächte. Ein Jahr später startet er in der *Washington Post* eine Serie im publizistischen Kampf gegen Hitler. Gemeinsam mit seinen Verbündeten Habsburg und Ranshofen-Wertheimer beeinflusst er die Politik der USA, um nach Kriegsende Österreichs Unabhängigkeit wiederzuerlangen.

Bereits am 16. März 1938 richtet Otto von Habsburg in der Zeitschrift *Petite Parisienne* einen flammenden Appell an die freie Welt, militärisch gegen Nazideutschland vorzugehen. Einige Tage zuvor wird Leopold Kohr während eines Treffens von Auslandsösterreichern dem Sohn des letzten Kaisers vorgestellt: „Majestät, ich muss sie warnen", meint Kohr mit einem Sektglas in der Hand, „ich kann nämlich mit der Monarchie nichts anfangen, weil ich ein Sozialist bin. Das stört gar nicht, hat der Otto gesagt, er sei auch irgendwie ein Sozialist und hat mir dann herzlich die Hand geschüttelt …"

An diesem Abend wird in Paris die Widerstandsgruppe rund um Otto von Habsburg gegründet. Ein paar Tage später fährt Kohr mit Freunden zum Völkerbund nach Genf, zur ersten Sitzung nach dem Untergang Österreichs: Man will erreichen, dass deutsche und österreichische Flüchtlinge getrennt behandelt werden – sonst wäre der „Anschluss" gewissermaßen international anerkannt gewesen, „… wir Österreicher waren eine ganze Woche dort, das Resultat war Null", erzählt Leopold Kohr Jahrzehnte später dem Autor Gerald Lehner für sein Buch „Das menschliche Maß, eine Utopie?"

„Der Kohr ist ein Spinner", hört der Sohn eines jüdischen Gemeindearztes in Oberndorf immer wieder. Ein Leben lang. Auch noch 1983, als er den Alternativen Nobelpreis erhält: Der Preisstifter Jakob von Uexküll, erst Philatelist, dann Philanthrop – dem der Verkauf seiner Briefmarkensammlung eine Million Dollar beschert – begründet in seiner Laudatio Kohrs Ideen aus dem Irrweg des globalisierten Größenwahns: „Er hat

1942 Kampf. Publizistischer Widerstand gegen Hitler in der *Washington Post.*

1951 Hauptwerk. *The Breakdown of Nations.*

als Erster gewarnt, dass eine Gesellschaft ohne menschliches Maß unmenschlich ist."

Leopold Kohrs Ansicht, jede Obrigkeit störe nur die Entfaltung freier Individuen und vor allem seine Warnung vor zu großen Einheiten, die dem menschlichen Maß widersprechen, sorgen für heftigen Diskussionsstoff. Kohr gilt als Schöpfer des viel zitierten „Small is Beautiful"-Gedankens, den sein Schüler Fritz Schumacher 1973 in Buchform herausbringt.

„Was nicht in Oberndorf passiert, das passiert nirgends auf der Welt"

Zeit seines Lebens bezeichnet der Weltbürger, der immer wieder seine Salzburger Heimat, die intakte Dorfgemeinschaft, besucht, die kleine Einheit als ideale Menge: „Was nicht in Oberndorf passiert, das passiert nirgends auf der Welt. Denn Oberndorf ist überall." Und immer wieder schreibt Kohr während des Zweiten Weltkriegs in amerikanischen Zeitungen – fast kitschig – vom Oberndorfer Weihnachtslied „Stille Nacht", das vor genau 200 Jahren während der weihnachtlichen Mitternachtsmette uraufgeführt wurde. Er will damit ein Zeichen für die Eigenständigkeit der österreichischen Kulturgeschichte setzen.

Kohrs Eintreten für kleine, selbstständige Einheiten bezieht sich auf die These eines Arztes, Alchemisten und Astrologen – auf Paracelsus und seine These: „Alles ist Gift, ausschlaggebend ist die Dosis." Bis heute wird dieser berühmte Arzt der Frühen Neuzeit als Begründer einer neuen Medizin gewürdigt – und von vielen Vertretern der Schulmedizin genauso verehrt wie von Anhängern alternativer Behandlungsmethoden. Leopold Kohr spinnt den Paracelsus-Gedanken weiter: „Da die Einheitsfanatiker kein Ding finden, das sich nicht noch vergrößern ließe, können sie nirgends landen. Außer in der Irrenanstalt der Unendlichkeit."

Der Mensch muss das Maß aller Dinge sein

Kohr ist der Auffassung, dass jeder, der die „paracelsische Mengengrenze überschreitet, das Gute zum Schlechten, Demokraten zu Tyrannen, Medikamente zum Gift und Wachstum zum Krebs" mache. Das Maß aller Dinge müsse der Mensch, nicht der Staat sein: „Da der Mensch klein ist, müssen auch seine Institutionen – Familie, Betrieb, Wirtshaus, Spital, Dorf, Stadt, Gesangsverein – relativ klein bleiben, wenn sie ihn nicht zerquetschen sollen." Nur in diesen kleinsten Einheiten könne ein Mensch glücklich sein. Deshalb seien, glaubt man Kohr, jene Regierungen die besten, die sich am wenigsten in die Privatsphäre des Einzelnen einmischen und ihn in Ruhe lassen.

Leopold Kohrs Hauptwerk *The Breakdown of Nations* erscheint 1957. Seine Thesen sind vom totalitären Zeitalter, vom mörderischen Größenwahn der Nazis und Stalinisten geprägt. Die deutschsprachige Version lässt Jahrzehnte auf sich warten und erscheint unter dem Titel *Die überentwickelten Nationen* erst 2003. Der Nationalökonom, Jurist und Philosoph unterrichtet weltweit an Universitäten. 1967 kann der theoretische Verfechter der Kleinheit seine Thesen praktisch anwenden, das „Projekt seines Lebens" realisieren: Die 6.500 Bewohner der winzigen Karibik-Insel Anguilla haben ihre Kolonialregierung verjagt und bitten Kohr um seinen Rat. Er hilft ihnen bei der Gründung ihres eigenen Staates. Das Experiment endet, als britische Fallschirmspringer auf der Insel landen …

1983 Alternativer Nobelpreis für sein Lebenswerk.

1994 Tod. 26. Februar in Gloucester, Großbritannien.

Alfred Kolleritsch bietet jungen Dichtern abseits des Mainstreams eine künstlerische Heimat. In seinem Werk hält der feurige, ruhelose Doyen des österreichischen Literaturbetriebs die magische Balance zwischen Abstraktem und sehr Konkretem.

Alfred Kolleritsch

Doyen des Literaturbetriebs und sprachgewaltiger Schriftsteller: Alfred Kolleritsch.

Die Rastlosigkeit des ewigen Entdeckers

„Hinter dem Glas der Schaukästen stecken in runden Flaschen grünbleiche Lurche und Frösche. Drei kichernde Mädchen schleppen ein menschliches Skelett vorbei, einer trifft mich fast mit dem Ende einer zusammengerollten Landkarte": der Schulalltag des Deutschlehrers Alfred Kolleritsch, des späteren Doyens des österreichischen Literaturbetriebs. Er hat „Sehnsucht im Blut, mit jungen Menschen hoffen zu können. Vielleicht ist das die Angst vor der eigenen Identität …?" Er unterrichtet mit einer „gewissen Freude. Trotz aller Entmutigungen, trostlosen Vergeblichkeiten, trotz der Pyrrhussiege der resignierenden Praxis …"

Alfred Kolleritsch, der feurige, ruhelose Pädagoge, will seine Schüler für die Sprache

1931 Geburt.
16. Februar in Brunnsee, Südsteiermark.

begeistern. Die Erfahrungen in der Schule sind gleichzeitig wichtig für sein Schreiben. Mit großem Respekt vor der Literatur entwickelt sich der Gymnasialprofessor zum sprachgewaltigen Schriftsteller. Er schreibt Gedichte, Romane, Erzählungen, Essays und das Theaterstück *Die geretteten Köche*.

Das dunkelgrüne Kamelienblatt in deiner Hand übersetzt sich selbst: Das Blatt bist du, vergiß die Blüte.

Alfred Kolleritsch

Als junger Lehrer am Grazer Pestalozzi-Gymnasium unterrichtet er in einer siebenten Klasse für kurze Zeit auch Jochen Rindt. Vom tragischen Ende des Rennfahrers erfährt Kolleritsch im September 1970, während eines Urlaubs in Venedig. Oft gibt es im Hotel Streit mit einem jungen Kellner. Dieser ist glühender Ferrari-Fan. Während der Steirer immer wieder „Hoch, Rindt!" ruft...

Als er dann am Todestag des ersten österreichischen Formel-1-Weltmeisters – dessen Lotus in der Parabolica-Kurve von Monza plötzlich nach links ausbricht und mit Tempo 290 in die Leitplanken kracht – den Speisesaal betritt, läuft ihm der Kellner entgegen und brüllt: „Rindt in paradiso!"

Alfred Kolleritsch zelebriert in den 1960er- und 1970er-Jahren das Abenteuer Leben. In Graz, der Literaturhauptstadt Österreichs. Peter Handke schwärmt ihm auf langen Spaziergängen von Doderer vor, der in Handkes Pariser Tagebuch immer wieder vorkommt, im „Café Promenade" wird abends im Wurlitzer ein Song nach dem anderen gedrückt – alle von den Beatles.

Mit Wolfgang Bauer, Gunter Falk und anderen trinkfesten Künstlerkumpanen, die einen Lebensstil prägen, den Bauer als „exzessiv aktionistisches Gesamtkunstwerk" bezeichnet, unternimmt Kolleritsch nächtliche Exkursionen in das Branntwein-Biotop „Haring". Es gibt Grog, Punsch, Pfefferoni-Schnaps. Schließlich landet man im „Theatercafé" – wo zu den Klängen des Pianisten, des Herrn Albin, am frühen Morgen Eierspeis mit Kernöl serviert wird. Und der Magen der Poeten eingerenkt wird.

Im Frühjahr 1971 begleitet Kolleritsch Peter Handke einige Wochen lang auf einer Lesereise durch die USA. Die erste Hälfte der Reiseroute deckt sich mit dem Verlauf von Handkes Werk *Der kurze Brief zum langen Abschied*. Ein halbes Jahr später schreibt Handke an seinen Freund Freddy Kolleritsch, der Roman sei fertig: „Du kommst auch ein bißchen vor, aber natürlich nicht lebensecht."

Anschluss an die Avantgarde: die *manuskripte* und das „Forum Stadtpark"

Als Herausgeber der Literaturzeitschrift *manuskripte* bietet Alfred Kolleritsch ab November 1960 Schriftstellern eine künstlerische Heimat. Jahrzehnte lang setzt er sich für die bedeutendsten deutschsprachigen Autoren abseits des Mainstreams ein. Zunächst bringen die *manuskripte* Texte von Autoren der Wiener Gruppe wie H. C. Artmann und Konrad Bayer, gegen den Abdruck des Oswald-Wiener-Romans *die verbesserung von mitteleuropa* setzt es Anzeigen wegen Pornografie. Der gesuchte Anschluss an die Avantgarde bringt Anfeindung – aber auch Anerkennung.

Die erste Ausgabe der *manuskripte* in einer Auflage von hundert Exemplaren zum

1960 *manuskripte.* Gründung der Literaturzeitschrift.

1972 Erster Roman. *Der Pfirsichtöter. Seismografischer Roman.*

Preis von 3 Schilling, für Studenten 2 Schilling, hat einen Umfang von fünfzehn Seiten, die mit Hilfe der Schüler von Kolleritsch hekto grafiert werden. Ab der fünften Ausgabe veröffentlicht Kolleritsch in dem von ihm gegründeten Magazin, seinem Lebenswerk, frühe Texte von Barbara Frischmuth und Wolfgang Bauer, Peter Handke und Michael Scharang, Elfriede Jelinek und Gerhard Roth, Ernst Jandl und Friederike Mayröcker.

Kolleritsch ist einer der Mitbegründer und später bis 1995 Vorsitzender des „Forum Stadtpark“: 1959 wird im leer stehenden, ehemaligen „Stadtpark Café“ die avantgardistische Künstlervereinigung gegründet. Gegen Widerstände von allen Seiten. Doch zwei Grazer Kulturschaffende kämpfen für die Gründung des fortschrittlichen Forums: ÖVP-Landesrat Hanns Koren und Karl „Charly“ Hans Haysen, ein Journalist der *Kleinen Zeitung*. Als 2019 das „Forum Stadtpark“-Jubiläum mit einem großen Fest „für die Freiheit der Kunst“ gefeiert wird, ist der fast 88-jährige Kolleritsch umjubelter Ehrengast.

1973 ist Kolleritsch neben Schriftstellern wie Mayröcker und Jandl auch Gründungsmitglied der „Grazer Autorenversammlung“, die den Gegenpol zum Österreichischen P.E.N.-Club bildet.

Magische Balance zwischen dem Abstrakten und sehr Konkreten

Neben allem kulturpolitischen Engagement beeindruckt auch das Werk von Alfred Kolleritsch, der seine Dissertation über Martin Heidegger geschrieben hat. Für Peter Handke ist sein Freund, der Sohn eines Forstverwalters und einer Postangestellten, ein „freundlicher Mensch mit einem ziemlich bösen Blick“, er hat „diesen bösen Blick für die ihn umgebenden Zustände und der Freundlichkeit für die einzelnen Leute“. Kolleritsch schreibt unaufgeregt, liebt die Genauigkeit der Details und hält, wie ihm die Literaturwissenschaftlerin Daniela Strigl attestiert, eine „magische Balance zwischen dem Abstrakten und sehr Konkreten.“

Seinen ersten und bekanntesten Roman *Die Pfirsichtöter* bringt er 1972 heraus. Er ist bereits 41 Jahre alt. Siebzehn Jahre später erscheint der berührend-beklemmende, durchaus autobiografische Schul- und Internatsroman *Allemann*. Der Autor erinnert sich an das scheinbar Ewiggültige der Ewiggestrigen, an den Schrecken nationalsozialistischer Pädagogik – es ist die Geschichte von Kindern, die „mit Sinn ausgestopft werden“. Es ist aber auch die Geschichte der Titelfigur Allemann, eines halbblinden, unangepassten Erziehers, der den Heranwachsenden das Sexuelle ins Bewusstsein ruft und dafür noch 1945 zum Tode verurteilt wird.

Kritiker meinen: „Schier überwältigend sind der Umfang und die Geschlossenheit seines lyrischen Werks, das an sprachlicher Schönheit bei einerseits hermetischer Dunkelheit, andererseits klarer und eingängiger Musikalität in der deutschsprachigen Gegenwartsliteratur nichts Gleichwertiges hat.“ Eindringlicher als Volker Breidecker in der *Süddeutschen Zeitung* kann man das Werk von Anton Kolleritsch vermutlich nicht beschreiben.

1973 Mitbegründer der Grazer Autorenversammlung.

1987 Georg-Trakl-Preis für das lyrische Gesamtwerk.

Die kurze Reise einer großen, wenig bekannten Literatin und unglücklich Liebenden. Die „Selbstmörderin auf Urlaub“ ist zu traurig, zu zerrissen, um das Abenteuer Leben zu meistern. Hertha Kräftner wählt im Alter von 23 Jahren den Freitod.

Hertha Kräftner

Scheu, hochsensibel und lebensunfähig: Poetin Hertha Kräftner.

Wesen gewordenes Herbstblatt

Eines Vormittags läutet beim Dichter Hermann Hakel das Telefon. Mit bedrückter Stimme bittet Hertha Kräftner den Freund um ein Gespräch bei ihm zu Hause. „Ist es dringend?", fragt er. „Nein, nein", weicht sie aus. Hakel meint: „Dann ruf mich bitte während der nächsten Tage wieder an und wir vereinbaren einen Termin ..."

Wenige Tage später ist Hertha Kräftner tot. Mit einer Überdosis *Veronal*-Schlaftabletten wählt die hochsensible 23-Jährige in der Nacht eines tristen Novembertages des Jahres 1951 den Freitod. Der schwer gehbehinderte und seit Geburt an auf einem Auge blinde Hakel, Förderer junger Literatinnen wie Ingeborg Bachmann und Marlen Haushofer,

1928 Geburt.
26. April in Wien.

erinnert sich an seine „feige Ausrede“: „Mein aufgeregtes Herzklopfen während ihres Anrufes, meinen Versuch, mich zu beherrschen, um Zeit zu gewinnen, konnte die Hilfesuchende nicht ahnen ... Die meist berechtigte Eifersucht meiner Frau war gerade in diesem Fall, de facto wenigstens, unbegründet. Ich selbst hatte mir diese angebotene Liebe verboten und die allzuwillige Nymphomanin gebeten, mich als väterlichen Freund zu akzeptieren.“

Aus der Lyrik und Prosa der tieftraurigen Literatin, deren Vorbilder Kafka, Trakl und Rilke sind, sprechen Schwermut und Trübsinn, die auch ihr kurzes Leben bestimmen. Das Motiv des Todes zieht sich wie ein roter Faden durch ihr Werk. Dennoch bleibt sie eine Poetin ohne Pathos.

Mancher Mentor der Wiener Literaturszene während der ersten Nachkriegsjahre schwärmt von Hertha Kräftner, einem „Wesen gewordenen Herbstblatt“, von ihren „melancholisch-dunklen und silbern-vernebelten Augen, ihrem brünetten, weichen Haar, dem deutlich geformten Busen, den etwas langsamen Bewegungen ihrer lässigen, blassen Hände“.

Ringen mit Resignation und Todessehnsucht

Der Psychiater Viktor Frankl – sie hat ihn wegen ihrer Neugier auf Psychologie kennengelernt – erlebt sie als scheu, „zaghaft bis verzagt“ und immer wieder von depressiven Schüben gepeinigt. Von Frankl wird sie in den Kreis um den Kulturkritiker Hans Weigel, der im Café Raimund Hof hält, eingeführt. Auch Weigel, Förderer und Mentor, aber auch Geliebter vieler junger Literatinnen, ist von Hertha Kräftners Begabung beeindruckt.

Seine Bemühungen, ihr Werk zu unterstützen, sind nur bedingt erfolgreich. Ihre „literarische Hoffnungslosigkeit“ kann trotz viel Lob der Kritik durch die bescheidenen Erfolge nicht aufgewogen werden. In seinem Buch *In Memoriam* nennt Hans Weigel die tragische Lyrikerin eine „Selbstmörderin auf Urlaub“, deren Gemütssituation immer mehr in Resignation und Todessehnsucht mündete. Weigel lobt Kräftner, wann immer er kann: Wie in einer Zeitungskritik wenige Wochen vor ihrem Tod – Helene Thimig liest im Kosmos-Theater aus Kräftners Werk.

> Es gefällt mir, meine Gefühle zu sezieren. Ich habe etwas erkannt: dass ich zwei Leben lebe. Die Wirklichkeit besitzt mich nie ganz.
>
> Hertha Kräftner

Einige Tage vor dem Freitod – zuvor hat sie schon mehrmals versucht, sich das Leben zu nehmen – schreibt Hertha an ihre Mutter: „Es ist einfach so, dass ich viel zu traurig und zu müde bin, um noch leben zu wollen.“ In einem ihrer letzten Gedichte findet sie laut Hans Weigel „das Gleichnis von der großen Reise – sterben, im Schlafwagen fahren, die Fahrkarte ist sehr teuer gewesen, sie hat das Leben gekostet, doch nur um diesen Preis gewinnt man die Ewigkeit“.

Sie setzt ihrem Leben auch aus Liebeskummer ein Ende. Hertha wohnt in Wien nach der Matura bei einer streng-resoluten Tante, die keine „Herrenbesuche“ duldet und sie auch sonst be- und überwacht. Kurz vor ihrem Ende überlegt sie, einer ihrer unglücklichen Lieben, Harry Redl, der nach Kanada ausgewandert ist, zu folgen. Es sei ja „nur eine Seereise“ meint

1948 Lyrik. Erste Veröffentlichung: *Einem Straßengeiger.*

1950 Pariser Tagebuch. Erste Anerkennung der Prosatexte.

dieser im Sommer 1951, doch entscheidungs- und kraftlos bleibt Hertha in Wien zurück. Sie telegrafiert Redl nach Vancouver: „Vielleicht hätte ich gerne mit dir gelebt, aber du warst so weit, ich konnte nicht hinüber ...“

Harry Redl, der Sohn eines Wiener Weinhausbesitzers am Praterstern, wird später als *Life-*, *Time-* und *Newsweek*-Fotograf weltbekannt und begleitet viele Jahre hindurch Literaten wie Allen Ginsberg und Henry Miller in Amerika mit seiner Kamera. Seine große, unerfüllte Liebe ist in Wien zurückgeblieben.

Im Buch *Kühle Sterne* meint sie: „Es gefällt mir, meine Gefühle zu sezieren. Ich habe etwas erkannt: dass ich zwei Leben lebe. Die Wirklichkeit besitzt mich nie ganz. Die Träume sind von einer gefährlichen Süße. Aber ich fühle nichts vom Rausch und meine Lippen schmecken jetzt schon bitter. Ich werde zu Ende trinken.“

In Wien geboren, zieht Hertha als Kind mit ihrer Familie ins Burgenland. In Mattersburg unternimmt sie schon während der Schulzeit poetische Versuche. Ihr erstes Gedicht trägt den Titel *Mädchen:* „Am Fenster stehn und warten und so voll Sehnsucht sein, wie draußen im Garten die roten Rosen sind, wenn sie in Nächten fühlen: wir werden blühen. Und man ist nicht mehr Kind.“

Traumatisches Kriegserlebnis: der Tod des Vaters

Als 1945 Soldaten der Roten Armee in das Haus der Familie eindringen, wird das Leben des übersensiblen Mädchens erschüttert: Während einer Schlägerei mit einem Besatzungssoldaten wird der Vater so schwer verwundet, dass er bald danach seinen Verletzungen erliegt.

Hertha zieht nach Wien, um an der Universität ein Lehramtsstudium zu beginnen. Sie besucht auch Vorlesungen über Psychologie, in denen sie mit Jean-Paul Sartres Existenzialismus konfrontiert wird. Davon beeindruckt, flüchtet Kräftner im Sommer 1951 nach Paris. Hier geht es ihr besser, sie schreibt ein befreiendes Tagebuch.

Nach einer beklemmenden, burgenländischen Kindheit und dem strengen Diktat der Tante in Wien und schwierigen, oft quälenden Liebesbeziehungen wie zum Bibliothekar Otto Hirss, den sie in Anlehnung an Schnitzlers Einakter-Zyklus „Anatol“ nennt, lebt sie in den Kellern des Pariser Quartier Latin auf: „Durchtränkt und hingerissen von lyrischen, alkoholischen und sexuellen Exaltionen wußte sie“, meint Mentor Hermann Hakel, „nach Wien und in ihre Erinnerungen zurückgekehrt und nachts allein gelassen, nicht mehr, wer sie eigentlich war. Ihr einsames Spiegelbild, ein Gespenst, ihr einziger wirklicher Gesprächspartner, ist eine Fantasiegestalt namens Gabriel. Drei Jahre lang steigert sich ihre Schizophrenie.“

Zu Lebzeiten Hertha Kräftners, die heute als eine der bedeutendsten Lyrikerinnen Österreichs gilt, werden nur einige Gedichte veröffentlicht, der breiten Öffentlichkeit ist die Dichterin nicht bekannt. Erst zwölf Jahre nach ihrem Tod gibt Andreas Okopenko das Buch *Warum hier? Warum heute?* heraus.

Die erst 23-jährige Schriftstellerin wird im November 1951 vom altkatholischen Pfarrer Czeipek am Atzgersdorfer Friedhof begraben. Hätte sie das Abenteuer Leben länger gemeistert, wäre vermutlich ein Gesamtwerk in der Dichte einer Aichinger, Bachmann oder Mayröcker entstanden.

1951 Tod. 13. November in Wien.

1963 Erstes Buch. *Warum hier? Warum heute?*

Der lyrische Freund einfacher Menschen engagiert sich „für die, die ohne Stimme sind“. Thomas Mann und Stefan Zweig schwärmen von ihm, lange hat man sich in seiner Heimat nicht um ihn gekümmert. Erst knapp vor seinem Ende kehrt Theodor Kramer aus dem englischen Exil zurück. Einer der großen Dichter Österreichs.

Theodor Kramer

Für Carl Zuckmayer ist er „der stärkste Lyriker seit Georg Trakl“: Theodor Kramer.

Poet an der Peripherie des Lebens

Gemeindearzt Dr. Fliegenfuß, der Lehrer Zeißl und der Geistliche Rat Mayerhofer sind Ehrenbürger von Niederhollabrunn. Theodor Kramer, einer der bedeutendsten österreichischen Lyriker, hat es in seiner Weinviertler Heimatgemeinde nicht so weit gebracht.

Nicht nur in Niederhollabrunn ist Theodor Kramer in Vergessenheit geraten. Ein kritischer Poet, dem man vorwirft, er habe zu rasch und zu viel gedichtet, ein chaotischer Mensch, ein eigenwilliger Einzelgänger, ein entwurzelter Suchender.

Andere Literaten schwärmen von ihm. Wie Stefan Zweig, der meint, Kramers Bücher „gehören längst zum unzerstörbaren Bestand deutscher Lyrik, und es ist keiner unter uns,

1897 Geburt. 1. Jänner in Niederhollabrunn.

der für Theodor Kramer nicht die äußerste Bewunderung hätte“. Carl Zuckmayer sieht in ihm „den stärksten Lyriker seit Georg Trakl“ und für Franz Werfel ist er ein „wirklicher, echter Dichter von ganz außerordentlichen Gnaden und Gaben“.

Während der letzten Jahre findet – vor allem in Deutschland – eine Kramer-Renaissance statt. Schon vor mehr als zehn Jahren meint Marcel Reich-Ranicki, man müsse den „wunderbaren poetischen Zeitkritiker“ wieder mehr lesen. Die Literatur-Nobelpreisträgerin Herta Müller ist, nachdem sie einst in einem Bukarester Antiquariat einen Kramer-Gedichtband gefunden hat, überzeugt: „Kein anderer fand für das Schwerste so leicht einen Klang, keiner war so mündlich im Ton und so einprägsam.“ Und Elke Heidenreich empfiehlt in ihrer Sendung *Lesen!* Kramers Gedichte als ideale Lektüre in schwierigen Zeiten: „Wer getröstet werden muss, und wer muss das nicht, der kann das wunderbar in diesen Gedichten werden.“

Mit achtzehn in den Krieg in Wolhynien

Theodor Kramer, der Sohn des jüdischen Gemeindearztes von Niederhollabrunn, wird 1897 geboren und wächst ohne religiöse Erziehung in einem Meierei-Hof, den man im Ort das „Doktorhaus“ nennt, auf. In einer schönen, kargen Gegend, rund dreißig Kilometer nördlich von Wien, wo sich zwischen Hügeln, Lößgräben und Weingärten die Häuser fast verstecken. In einem „Buckelland“, durch das Verliebte ziehen, die später in zarten Liebesgedichten wie *Lass still bei dir mich liegen* auftauchen.

Bereits im Alter von dreizehn Jahren beginnt Theodor zu schreiben. Mythisch aufgeladene Gedichte. Mit achtzehn muss er 1915 in den Krieg. In Wolhynien, in Polen, wird er fast tödlich verwundet, erleidet einen Schlund-Oberkiefer-Schulter-Durchschuss. Die Ärzte geben ihn auf. Doch er überlebt. Zehn Jahre braucht Kramer, um darüber Gedichte schreiben zu können.

Ein bürgerliches Leben ist ihm nie möglich. Seine Gedichte spielen auch im Bett mit Huren. Auch zu Weihnachten, wenn die Einsamkeit erdrückend ist. Meist ist es Lyrik des Morgengrauens, jener eigentümlichen Zeit, wenn der Moment des Abschieds gekommen ist.

Theodor Kramer sieht sich als Sprecher von Randfiguren der Gesellschaft, von erniedrigten und geschundenen Kreaturen, von Mägden und Melancholikern, Land- und Stadtstreichern. Er engagiert sich „für die, die ohne Stimme sind“: „Man hört in seinen Versen das Echo des jungen Brecht“, stellt Marcel Reich-Ranicki fest.

> Nicht fürs Süße,
> nur fürs Scharfe
> und fürs Bittre
> bin ich da; schlagt,
> ihr Leute, nicht die
> Harfe, spielt die
> Ziehharmonika.
>
> Theodor Kramer

1931 gibt Kramer im *Berliner Tagblatt* Auskunft über seine Arbeitsweise: „Ich arbeite – mit Ausnahme von Sonntagen, Urlaub und Krankheit – täglich. Dies mag merkwürdig erscheinen, doch es ist so; vielleicht brauche ich diese Tätigkeit, wie sie Pianisten, Artisten, Tennisspieler auf ihrem Gebiet brauchen.“

Viele seiner rund 12.000 Gedichte – manisch schreibt er, vermutlich auch um sich seelisch zu stabilisieren, fast täglich ein

1928 Erste Gedichte. *Die Gaunerzinke.*

1931 Kriegsgedichte. *Wir lagen in Wolhynien im Morast …*

Gedicht – kann man dem Umfeld der Naturpoesie zurechnen. Doch er ist ein Heimatdichter ohne Blut-und-Boden-Kitsch, das Ländliche erscheint bei Kramer in enger Verflechtung mit dem Sozialen. Wie kaum ein anderer zeichnet Kramer ein poetisches Bild von Österreich – vital und volkstümlich.

Weil er Glücksmomente des Sommers und des „rasselnden Herbstes" beschreibt, von der Schönheit der Natur schwärmt, erscheint er den Nationalsozialisten als Heimat- und Landschaftsdichter zunächst unverdächtig. Um 1930 ist Theodor Kramer einer der meistveröffentlichten Autoren des deutschen Feuilletons – aber bald stehen die Werke des „Juden ohne religiöses Empfinden", des nie linientreuen Sozialisten ohne den Willen zur Propaganda, der bekennt: „Ich bin Demokrat, aber kaum im Parteisinn Sozialist; Marxist war ich nie", auf der „Liste des unerwünschten und schädlichen Schrifttums".

Die Angst ist ständiger Begleiter: „fremd für immer bleib ich hierzuland"

Berufsverbot, der Verlust der Wohnung, Arbeitslosigkeit und Aussichtslosigkeit. Ständige Angst bestimmt sein Leben. In Panik verbrennt er seine Gedichte und Bücher. Wie durch ein Wunder entgeht er der Verhaftung und Verschleppung. Ein Suizidversuch bleibt ohne Erfolg. Thomas Mann, für den Theodor Kramer „einer der größten Dichter der jüngeren Generation" ist, interveniert für ihn, im Juli 1939 erfolgt die Flucht nach England.

Obwohl ihn der internationale P.E.N.-Club und einige Freunde unterstützen, lebt er zunehmend isoliert, ist oft krank, fühlt sich „ausgesetzt", während eines depressiven Schubes notiert er „fremd für immer bleib ich hierzuland". Fremd und wurzellos schon in der Heimat, jetzt auch im Exil. Während der 1950er-Jahre erleidet Theodor Kramer immer wieder Nervenzusammenbrüche, die ihn mehrfach zu Spitalsaufenthalten zwingen. Fast zwanzig Jahre arbeitet er in England – elend bezahlt – in einem College als Bibliothekar.

In Deutschland gilt Theodor Kramer als einer der größten Dichter Österreichs: „Umso befremdlicher ist es, dass man sich um diesen Autor in seiner Heimat nach dem Ende der Nazi-Zeit kaum gekümmert hat", schreibt *Die Zeit*.

Erst einige Monate vor seinem Tod kehrt Theodor Kramer 1958 erschöpft, depressiv und schwerkrank nach Wien zurück: Bewunderer wie Viktor Matejka, der während der 1930er-Jahre in seiner Wohnung Lesungen mit der Einhebung eines „Kramer-Schillings" zur Unterstützung des Dichters veranstaltet hat, und Bruno Kreisky, Staatssekretär im Außenministerium, haben sich dafür eingesetzt und dem langen Verschwinden eines großen Dichters Österreichs im Exil ein Ende gesetzt. Freunde chauffieren ihn noch durch jene Gegenden, die er als Junger voller Vitalität, voller Begeisterung, durchwandert hat und die in seine frühe Lyrik einfließen: das sanfthügelige Weinviertel, die Gegend rund um den Neusiedler See.

Er erfährt gerade noch, dass ihm die Stadt Wien den Literaturpreis zuerkennt. Der Verleihungsakt findet aber erst sechs Wochen nach seiner Beerdigung statt. Am 28. März 1958 erleidet er einen Hirnschlag. Als Theodor Kramer am 14. April begraben wird, folgen dem Sarg des Literaten, der geklagt hat: „Erst in der Heimat bin ich wirklich fremd", kaum dreißig Menschen.

1936 Umfangreichster Gedichtband. *Mit der Ziehharmonika.*

1958 Tod. 3. April in Wien.

Leidenschaftlicher Kämpfer gegen Krieg und Korruption. Der Satiriker, zynische Prophet und *Fackel*-Herausgeber Karl Kraus führt ein Leben in Widersprüchen. Im gigantischen Antikriegsdrama *Die letzten Tage der Menschheit* sind die grellsten Erfindungen Zitate: „Lemuren, die hier auftreten, tragen lebende Namen“.

Karl Kraus

Für Elias Canetti ist Karl Kraus – der zynische Prophet aus Wien – Genie, Ungeheuer, Weltwunder.

Selbst ernannter Hohepriester der Wahrheit

„Soweit das Auge reicht, alles – rot. Einen solchen Tag hat Wien nicht wieder erlebt", berichtet Schriftsteller Scheu, „… war das ein Geraune, ein Geflüster, ein Hautrieseln! Auf den Straßen, auf der Tramway, im Stadtpark, alle Menschen lesend aus einem roten Heft."

Vor 120 Jahren bringt ein 25-Jähriger die erste Ausgabe seines Lebenswerkes heraus: Auf der ersten Seite des roten, vorerst dünnen 32-Seiten-Heftes steht: *Die Fackel*. An diesem 1. April 1899 ahnt Karl Kraus, der Herausgeber und Autor fast aller Beiträge, noch nicht, dass von seiner kämpferischen Zeitschrift 922 Ausgaben mit mehr als 22.500 Seiten erscheinen werden. Trotz Zensur, Denunziation und mehrmaliger Konfiszierung. Die letzte

1874 Geburt.
28. April in Jičín, Böhmen.

Nummer erscheint vier Monate vor seinem Tod und endet mit dem Wort „Trottel".

Bereits in der ersten *Fackel*-Ausgabe, die innerhalb weniger Tage in Tausenden Exemplaren nachgedruckt werden muss, greift Karl Kraus mit kämpferischem Elan, voller Sprachkunst und Wortwitz alles an, was ihn in Österreich, der „Versuchsstation des Weltuntergangs", stört: die Habsburger, Korruption und Krieg, falsch verstandener Zeitgeist, Missbrauch der Sprache und Spekulanten, bestechliche Herren der Börse, der Banken und des Journalismus. Wie der korrupte ungarische Zeitungsmagnat Imre Békessy, für Kraus die „Inkarnation eines liberalen Machtleckers". Nicht „was wir bringen" ist das Credo der *Fackel,* sondern „was wir umbringen".

Nach ein paar Monaten muss Karl Kraus, der sich als Monument der Moral sieht, erkennen, dass seine satirischen Rundumschläge, seine oft auch polemischen Pamphlete nicht nur Droh- und Schmähbriefe, sondern auch zwei Überfälle nach sich ziehen. Besessen arbeitet er weiter. Jeden Tag sechzehn bis achtzehn Stunden. Kein persönliches Opfer ist ihm zu groß. Helene Kann, viele Jahre lang seine treue Lebensgefährtin, die auch gemeinsam mit der Putzfrau Wallek den Haushalt führt, erinnert sich: „Er war die verkörperte Konzentration. Man sah ihn förmlich denken. Wenn er am Morgen, nachdem er die ganze Nacht durchgeschrieben hatte, vom Schreibtisch aufgestanden war und zur Erholung ins Freie ging, war er so erschöpft, dass er nicht einmal die Zeit vom Zifferblatt einer Turmuhr abzulesen vermochte."

Die physische und psychische Belastung seit der Gründung der *Fackel* führt laut *Ärztlicher Konstatierung* im Sommer 1901 zu einer „totalen Nervenerschöpfung". Sein Vertrauensarzt diktiert Kraus eine sofortige Ruhephase. Seine Feinde jubeln. Das erste Mal kann die *Fackel* nicht erscheinen.

Doch bald prägt das rote Heft wieder das Wiener Straßenbild. Der Kampf des Satirikers, für Elias Canetti der „strengste und größte Mann, der heute in Wien lebt … dieses Weltwunder, dieses Ungeheuer, dieses Genie", geht weiter. Die anonymen Drohbriefe werden immer heftiger und hasserfüllter: „Lecke mich tausendmal im Arsch, du Hurensohn, du syphilitischer Judenbub!" oder „Überspannen sie nicht ihre Frechheit! Die Watschen und Hundspeitschen sind für sie reservirt um ihnen ihr Affengefrieß zu moderniesiren, sie Dreckfrechling! Viele Wiener aus den III. und XI. Bezirk."

Unbeugsamer Missionar und einsamer Prophet

Bereits zwei Jahre vor der Fackel-Veröffentlichung verzeichnet der junge Journalist Karl Kraus mit seiner ersten schriftstellerischen Arbeit einen Publikumserfolg: *Die Demolirte Litteratur* ist eine satirische Abrechnung mit dem Ästhetizismus jener Wiener Literaten, mit denen er im Café Griensteidl verkehrt: Bahr und Salten, Hofmannsthal und Schnitzler. Die *Literaturgeräthe* der Kaffeehausliteraten sind „Mangel an Talent, verfrühte Abgeklärtheit, Posen, Größenwahn, Vorstadtmädel, Cravatte, Manieriertheit, falsche Dative, Monocle".

Er selbst sieht sich als unbeugsamer Missionar, als einsamer Prophet, als ethische Instanz. Oft ist die Polemik des selbst ernannten „Hohepriesters der Wahrheit" wichtiger als die Sache. Seine Pamphlete und Philippikas, Dialoge und Glossen beziehen Witz und Wirkung aus der Sprache. Seine Sprachkritik ist immer auch Gesellschaftskritik.

Thomas Mann fühlt sich von der „geistreichen Leidenschaft, den scharf und rein stilisierten Schriften dieses Antijournalisten sympathisch mitgerissen", Adolf Loos meint: „Seine Stimme wird durch die kommenden Jahrhunderte dringen, bis sie gehört wird". Aber es gibt auch viele kritische Stimmen über den zynischen Propheten aus Wien, er sei einfach nur ein „Staubaufwirbler in einer

1897 Satire. Erster großer Publikumserfolg mit *Die demolirte Litteratur.*

zur Provinz herabgesunkenen kaiserlichen Stadt". Arthur Schnitzler attestiert: „Kraus hat die Wahrheit verkündet, in Fällen, wo seine Galle und seine Eitelkeit ihn nicht davon abgehalten haben", und für Franz Werfel ist er der „Ekel, den die öffentliche Meinung vor sich selbst empfindet".

„Die Volkszählung hat ergeben, daß Wien 2.038.834 Einwohner hat. Nämlich 2.038.833 Seelen und mich", konstatiert Kraus 1911 in eine Glosse. Ist es für den Individualisten unerträglich, in einer Volkszählung als Nummer mitgezählt zu werden? Er führt ein Leben in Widersprüchen. In einem Land der Widersprüche. Er attackiert dieses Land ein Leben lang, liebt Wien und Österreich – und leidet deshalb so sehr an den Zuständen. Er liebt markige Sprüche: „So viele Hundspeitschen können gar nicht fabriziert werden, als man brauchte, um in Wien Anstand und Menschlichkeit zu erpressen."

Kompromissloser Sprachkult: „Meine Sprache ist die Allerweltshure, die ich zur Jungfrau mache"

Dreimal schlägt ihn die Pariser Sorbonne für den Nobelpreis vor. Dem offiziellen Österreich ist er zu Lebzeiten suspekt, er ist in das rigide Weltbild von Staat und Medien nicht einzuordnen. Kraus verdammt den *Zeitgeist,* den uneingeschränkten Fortschrittsgedanken. Das heutige Umweltbewusstsein der Jungen, von allen politischen Gruppierungen plötzlich nachgebetet, das Besinnen auf Umwelt und Ökologie, lebt Karl Kraus schon vor mehr als hundert Jahren vor.

Kraus ist das neunte Kind einer kränkelnden Mutter. Sie stirbt, als er sieben ist. Sein Vater, ein jüdischer Papierfabrikant aus Nordböhmen, übersiedelt mit der Familie nach Wien. Karl ist „mutterfixiert, die Ablösung gelingt schlecht", meinen Vertreter der Psychoanalyse – für Kraus jene „Geisteskrankheit, für deren Therapie sie sich hält". In seinem Sprachkult erahnen sie ein „erotisches Übergangsobjekt". Er wolle Frauen und Sprache beherrschen, er selbst sagt: „Meine Sprache ist die Allerweltshure, die ich zur Jungfrau mache."

1899 verlässt Kraus die jüdische Religionsgemeinschaft und tritt 1911 der katholischen Kirche bei, 1923 trennt er sich wieder von ihr. Der Grund: Die Kirche hat dem von ihm verachteten Max Reinhardt erlaubt, in der Salzburger Kollegienkirche das Drama eines noch intensiver verachteten Autors, Hugo von Hofmannsthala, aufzuführen.

Ursprünglich will Kraus Schauspieler werden. Wie jeder Bühnenkünstler ist er süchtig nach Anerkennung und Applaus. Er tritt in großen, aber auch kleinen Städten auf, liest 701-mal eigene Texte, Nestroy-Possen und Shakespeare-Dramen – und singt Offenbach-Operetten, dabei imitiert er immer wieder Duette und Chöre. Auf der Bühne ist er nur alleine zu sehen. Der Klavierbegleiter hat hinter einem Paravent verborgen zu bleiben.

Der unsichere Kraus meint: „Ich hätte Lampenfieber, wenn ich mit jedem einzelnen von den Leuten sprechen müßte, vor denen ich spreche", doch sobald er sich, mit Manuskripten bewaffnet, lautlos auf die Bühne an den kleinen Tisch geschlichen hat, beginnt er sich zu spüren: Im Lichtkegel der Leselampe blitzen die Brillengläser. Mit der linken Hand stützt er den leicht zur Seite geneigten Kopf, während seine Rechte mit ausholenden Gebärden die Worte im Raum nachformt. Bei bestimmten Stellen springt er auf und liest stehend weiter. Schmallippig, die Adern an den Schläfen stark herausgequollen, die metallische Stimme das Dunkel des Saals durchdringend. Beim geringsten Husten oder Rascheln unterbricht er abrupt die Lesung.

Die bedingungslose Bewunderung seiner Fans, die mitunter hysterische Begeisterung der *Krausianer* ist oft so peinlich, dass auch Freunde wie Manès Sperber das „Theater der Dichtung" vor dem Ende verlassen – wegen der „schwer erträglichen Nachbarschaft der Anbeter".

1899 Erstes Erscheinen der Zeitschrift *Die Fackel.*

Karl Kraus ist ein Philanthrop, der ein Vermögen an karitative Vereinigungen, meist Kinderhilfswerke, verschenkt. Aber seine Eitelkeit und Geltungssucht kennen keine Grenzen. Irrtümer kann er nicht zugeben, Selbstironie ist Karl Kraus ein Leben lang fremd. Mitunter überwiegt bei Karl Kraus Hass mit pathologischen Zügen statt kritischer Analyse.

„Journalisten schreiben, weil sie nichts zu sagen haben"

Wie bei seiner Einschätzung der *Journaille: Die Tintenstrolche,* die „nicht genau wissen, welchen Beruf sie verfehlt haben", die Zeitungen zu „Senkgruben des Geistes", zu „Stundenhotels der geistigen Unterhaltung" machen: „Journalisten schreiben", meint Karl Kraus, „weil sie nichts zu sagen haben, und haben etwas zu sagen, weil sie schreiben."

Noch zu Beginn des Ersten Weltkriegs ist Karl Kraus ein Verehrer des Thronfolgers. Am 10. Juli 1914 erscheint anlässlich des Attentats in Sarajevo in der 400. *Fackel*-Ausgabe ein Nachruf auf Franz Ferdinand. Am Ende bekennt Kraus seine „Sehnsucht nach aristokratischem Umgang". Mit den zunehmenden Gräueln des Krieges ändert er seine Einstellung. Er sympathisiert mit den Sozialdemokraten und verurteilt die Habsburger.

Der Pazifist Kraus stellt zunächst bei Kriegsbeginn das Erscheinen der *Fackel* ein und meldet sich erst im November 1914 wieder zu Wort: „In dieser großen Zeit, die ich noch gekannt habe, wie sie so klein war; die wieder klein werden wird, wenn ihr noch dazu Zeit bleibt." Ab diesem Zeitpunkt veröffentlicht er fast nur Texte gegen den Krieg.

All seine Pamphlete verdichten sich als Reaktion auf den *Großen Krieg* im Hauptwerk zu einer erschreckenden Realsatire mit 220 Szenen – manchmal nur ein einziger Satz, aber meistens zu grandiosen Bildern gesteigert: Im gigantischen Antikriegsdrama *Die letzten Tage der Menschheit*. Mit 1.114 Rollen. Jenes „Weltgericht", jenes für ein „Marstheater" gedachte Drama, ist eine Tragödie, die die Wirklichkeit spiegelt: „Die unwahrscheinlichsten Gespräche, die hier geführt werden, sind gesprochen worden; die grellsten Erfindungen sind Zitate. Larven und Lemuren, die hier auftreten, tragen lebende Namen…"

Man hört: „Gebt dem Ruß einen Schuß… dem größten Schuft, dem Oberschuft dem Britt' einen Tritt… und schlagt den Serben zu Scherben." Doch nur in wenigen Szenen kommen Kriegshandlungen vor, die wahren Untaten wirft Kraus jenen Chauvinisten vor, die sich weit weg von den Schlachtfeldern bereichern, vom Krieg profitieren und mit patriotischen Phrasen den Krieg beschönigen. Waffenschieber und Offiziere fern der Front, Journalisten wie die kuriose Kriegsberichterstatterin Alice Schalek: „Wer wirklich dabei ist, wird vom Fieber des Erlebens gepackt… wir putzen sie weg wie auf der Hasenjagd."

> Es gibt kein unglücklicheres Wesen unter der Sonne als einen Fetischisten, der sich nach einem Frauenschuh sehnt und mit einem ganzen Weib vorlieb nehmen muß.
>
> Karl Kraus

Beim Ritual des Sehen-und-Gesehen-Werdens sind „Optimist" und „Nörgler" die Kommentatoren des Zeit- und Kriegsgeschehens. Die Satire der einzelnen Szenen ist von der Realität der Kriegsgräuel längst eingeholt: Etwa wenn „die männliche Gasmaske die

1922 *Die letzten Tage der Menschheit* erscheint am 26. Mai.

weibliche Gasmaske als ‚schöne Maske' anspricht", „ein alter Schieber zusammenbricht, weil vom Frieden gesprochen wird" oder „ein Photograph einen Feldherrn um ein ‚feindliches Gesicht' ersucht".

Am Ende der *Letzten Tage der Menschheit,* nachdem vorher in einer apokalyptischen Szene die Hyänen auf dem Leichenfeld Walzer getanzt haben, hat die Stimme Gottes das letzte Wort: „Ich habe es nicht gewollt" – ein reales Zitat von Kaiser Wilhelm II.

Als Kraus auf Plakaten den Rücktritt des Polizeipräsidenten Schober fordert, den er als Hauptschuldigen für das Blutbad beim Brand des Justizpalastes 1927 sieht, findet er viel Beifall in der Öffentlichkeit. Seine widersprüchliche politische Rolle, seine wechselnde Überzeugung zeigt sich 1932 wieder. Er bricht mit der Sozialdemokratie, sie unternehme zu wenig gegen die Nationalsozialisten. Bundeskanzler Engelbert Dollfuß sei das „kleinere Übel", er sei Garant dafür, dass Österreich die Nazi-Herrschaft abwehren könne. Am 25. Juli 1934 wird Dollfuß von nationalsozialistischen Putschisten im Bundskanzleramt ermordet.

Warnung vor dem „nationalsozialistischen Alptraum"

Schon früh warnt Kraus vor dem „Gezücht von Hakenkreuzottern". 1933 schreibt er *Die dritte Walpurgisnacht* – 300 Seiten über „grässliche, fratzenhafte Spukgestalten des nationalsozialistischen Alptraums" und die Machtergreifung Hitlers im Jänner dieses Jahres. Der Text beginnt mit dem oft isoliert zitierten Satz „Mir fällt zu Hitler nichts ein". Schon für die *Fackel* redigiert, entschließt sich ihr Herausgeber plötzlich, auf die Veröffentlichung zu verzichten. Er befürchtet, dass eine Publikation für Bedrohte keine Hilfe bedeute, sondern „im Gegenteil eher Vermehrung aller einschlägigen Gefahr". Erst sechzehn Jahre nach seinem Tod erscheint der Text.

Am 10. Juni 1936 erleidet Kraus im Café Imperial eine massive Herzattacke. Seine Vertraute Helene Kann bringt ihn in die nahe gelegene Wohnung in der Lothringerstraße 6. Hier stirbt er zwei Tage später an einem Herz- und Gehirnschlag. Die Herrschaft der Nationalsozialisten muss er nicht mehr erleben. Karl Kraus glaubte nie wirklich, berichtet Kann, sterben zu müssen: „Der Geist müsse die Macht haben, den Tod zu verhindern … nur im Zustand des Irrsinns kann ich dem Tod verfallen. Es ist nicht wahr, daß Goethe friedlich starb. Er schrie drei Tage und drei Nächte lang in Todesangst."

In seinem zehn Monate zuvor flüchtig formulierten Testament, in dem er nie von *Tod,* nur von *Ableben* schreibt, verfügt er, der Druckereidiener Jakob möge 300 Schilling erhalten. Und dass die Briefe von Sidonie ungelesen an diese zu senden sind: Sidonie Nádherný von Borutin, böhmische Baronin und Saloniére, ist neben der Schauspielerin Annie Kalmar die unerfüllte, konfliktreiche Liebe seines Lebens, die ihn viele Jahre lang leiden lässt.

Dem bettelnden Liebhaber Kraus würde es auch reichen, „ihr Hündchen" zu sein. Er verflucht die „elende Post", die ihm nicht genug Briefe der „Heiligen, der Herrlichen", bringt und winselt, wenn er vergeblich auf eine Nachricht von *Sidi* wartet: „Ich weiß jetzt, wie einem zum Tode Verurtheilten ist. In meinem Zimmer waren gestern hundert Galgen." Karl Kraus hört nie auf, sich in seiner Liebe zu Frauen so abhängig zu machen, wie er es einst als Kind von seiner Mutter war.

Am 15. Juni 1936 wird Karl Kraus auf dem Wiener Zentralfriedhof begraben. Sidonie Nádherný erscheint unvorhergesehen und wirft, noch bevor die ersten Erdhäuflein fallen, einen Ring in das offene Grab.

1936 Tod.
12. Juni in Wien.

Max Reinhardt ist der Erste, der sie als „schönste Frau der Welt“ bezeichnet. Berühmt wird sie durch die erste Nacktszene der Filmgeschichte, berüchtigt durch den ersten Leinwand-Orgasmus. Hedy Lamarr hat aber auch mit ihrer Erfindung des „Frequenzsprungverfahrens“ der heutigen Telekommunikation den Weg geebnet.

Hedy Lamarr

Geheimnisvolle Schauspielerin und geniale Erfinderin: Hedy Lamarr im Film *The Heavenly Body*, 1944.

Glamour, Genialität, Geheimnisse

Glanz und Glamour, Genialität und Geheimnisse: Es ist ein Leben, das als Vorlage für ein Hollywood-Drama dienen könnte. Max Reinhardt, bei dem sie eine kurze Ausbildung in Berlin absolviert, bezeichnet sie als Erster als die „schönste Frau der Welt". Zehn Jahre später wird sie auch in Amerika ex aequo mit Ingrid Bergman als solche tituliert. Ein Mythos, mit dem sie gut leben kann.

Berühmt wird Hedy Lamarr durch die erste Nacktszene der Filmgeschichte. Und berüchtigt durch den ersten Leinwand-Orgasmus. Die Affären der geheimnisvollen, dunkelhaarigen Diva mit Mittelscheitel und vollen Lippen sind legendär, sie ist sechsmal verheiratet

1914 Geburt. Vermutlich 9. November in Wien.

und meint: „Was immer ich gemacht habe, geschah aus Liebe – andere haben es für Geld gemacht." Milliardär Howard Hughes soll ihr eine gigantische Summe geboten haben, um nach ihrem Modell eine Gummipuppe produzieren zu dürfen. Am Ende eines schillernden, tragischen Lebens wird sie als Diebin in einem Drugstore ertappt. Sie stiehlt Waren im Wert von 86 Dollar. Andy Warhol ist inspiriert und dreht die Film-Farce *Hedy, The Shoplifter*.

Aber die selbstsichere, hochintelligente Hedy Lamarr ist auch fern aller bizarren, dunklen Seiten ihrer Biografie legendär geworden: als Erfinderin. Die *Süddeutsche Zeitung* schreibt, sie habe „praktisch das Handy erfunden" und der *Guardian* meint, dass wir heute ohne Hedy Lamarr kein WLAN hätten.

Hedwig Eva Maria Kiesler kommt als Tochter des aus Lemberg stammenden jüdischen Bankiers Emil Kiesler und der Konzertpianistin Gertrud Lichtwitz zur Welt. Es passt in das Bild eines Lebens voller Mythen, dass das genaue Geburtsdatum ungewiss ist. 1913, 1914 oder 1915, am 9. 9. oder am 9. 11. – denn der Standesbeamte hat ursprünglich als Monat IX eingetragen und später in XI korrigiert.

Der erste Orgasmus der Filmgeschichte

Das wohlbehütete Mädchen wächst in einer dreistöckigen Villa in der Peter-Jordan-Straße auf, nur ein paar hundert Meter vom Wohnhaus Arthur Schnitzlers entfernt. Hedwig besucht eine Privatschule, erhält Ballett-, Klavier- und Sprachunterricht. Eine Kindheit im Wiener Cottage. In einem goldenen Käfig.

Bereits im Alter von achtzehn Jahren spielt Hedwig in der Komödie *Man braucht kein Geld* neben Hans Moser. Und ein Jahr später sorgt sie im Film *Ekstase* als nackte Nymphe für Aufruhr: Zehn Minuten sieht man sie nackt: Nach einem Bad im See eilt sie, weiterhin nackt, durch den Wald, ihrem Pferd hinterher, das mit den Kleidern weggaloppiert ist. In einer Liebesszene sieht man ihr erregtes Gesicht, sie versucht, einen Orgasmus vorzuspielen. Später meint sie, der Regisseur Gustav Machatý habe ihr während der Aufnahme mit einer Stecknadel in den Hintern gestochen, damit der sexuelle Höhepunkt echt wirkt.

Ein Skandal! Hedy Kiesler ist über Nacht berühmt und berüchtigt. Der Film wird in mehreren Ländern verboten, Papst Pius XI. empört sich, die Zensur greift ein. Noch 1933, im Jahr des *Ekstase*-Skandals, schlittert sie in den nächsten goldenen Käfig, fühlt sich wie Cinderella: Ihr Vater verheiratet sie mit dem wesentlich älteren „Patronenkönig" Fritz Mandl. Die Hochzeit des damals drittreichsten Österreichers und der Filmdiva in der Karlskirche wird zum gesellschaftlichen Ereignis.

Flucht aus der Ehe mit dem „Patronenkönig" Fritz Mandl nach Hollywood

Der Besitzer der Hirtenberger Patronenfabrik führt einen großen Salon, in dem bei Cocktails auch zwanglos über Waffentechnik diskutiert wird. Eine Tatsache, die im späteren Leben seiner umschwärmten Frau wichtig sein wird. Der weltweit vernetzte Waffenschieber, der sich auch nicht vor Geschäften mit Hitler und Mussolini scheut, verbietet ihr, weiterhin Filme zu drehen, und versucht weltweit alle *Ekstase*-Kopien aufzukaufen, damit niemand mehr seine Frau nackt sehen kann. Der rasend eifersüchtige Ehemann zahlt bis zu 60.000 Dollar pro Stück. Ein Hausmädchen wird engagiert, das sie stets im Auge haben soll. Nach vier Jahren Ehe erträgt Hedwig das Misstrauen ihres Mannes, das nicht unberechtigt ist – so tuschelt die Wiener Gesellschaft von ihrem Verhältnis mit Vizekanzler Fürst Starhemberg – nicht mehr: Sie

1942 Erstes Patent. Funkfernsteuerung für Torpedos.

1997 Auszeichnung. „Electronic Frontier Foundation Pioneer Award".

betäubt ihre Aufpasserin mit Schlaftabletten und flieht nach London.

Hier trifft sie auf Hollywoodmogul Louis B. Mayer, der sie für 150 Dollar pro Woche bei MGM unter Vertrag nimmt und ihr den Künstlernamen nach dem heroinsüchtigen Stummfilmstar Barbara La Marr verpasst. Hedy Lamarrs Aufstieg zu einer der begehrtesten Frauen der Traumfabrik beginnt, der 1949 mit dem Bibelepos *Samson und Delilah* den Höhepunkt erreicht.

Jedes Mädchen kann glamourös sein. Du musst nur still stehen und dumm dreinschauen.

Hedy Lamarr

Filmkomponist George Antheil schreibt nebenbei im Magazin *Esquire* in seiner Sex-Kolumne immer wieder über Hormoncremes, die den Busen vergrößern. Bei einem Cocktail lernt er Lamarr kennen. Später erinnert er sich: „Sie war zweifellos die schönste Frau der Welt, ich fing an zu stottern, ‚Ihre Brüste, ihre Brüste', ‚Was ist damit?', fragte sie." Er meint, sie seien zu klein und überredet sie zu einer Hormonkur.

Die Erfinderin: das Frequenzsprungverfahren

Wie der Komponist und die Diva von der Brustvergrößerung auf das Thema funkgesteuerte Torpedos kommen, bleibt ein Mirakel. Jedenfalls reichen die beiden am 10. Juni 1941 bei der amerikanischen Patentbehörde unter der Nummer US 2.292.387 ein Patent ein, das im August 1942 erteilt wird. Es soll eine Nachrichtenübermittlung garantieren, die „schwer zu entdecken und zu entschlüsseln" ist. Ihre Erfindung nutze „Trägerwellen unterschiedlicher Frequenzen", um damit „beispielsweise Torpedos" zu steuern. Möglicherweise hat Hedy im Salon ihres ersten Mannes Mandl das Prinzip des Frequenzwechsels mitbekommen. Immerhin hat sie bereits im Alter von sechs Jahren ihre automatische Spieldose zerlegt, um die Mechanik zu verstehen.

Bei ihrem Patent findet ein Wechsel zwischen 88 Funkfrequenzen (die den 88 Tasten eines Klaviers entsprechen) statt und macht dem Feind das Abhören oder Stören des Signals unmöglich. Die Nutzungsrechte übergibt Lamarr dem US-Militär. Erst 1962 kommt die bahnbrechende Funktechnologie während der Kuba-Krise zum Einsatz – als das Patent längst abgelaufen ist.

Die Anerkennung des Frequenzsprungverfahrens lässt noch lange auf sich warten. Erst nachdem es das US-Militär in den 1980er-Jahren freigibt, wird das gigantische Potenzial der Erfindung erkennbar: Auch die Kommunikation im mobilen Internet lässt sich dadurch störungs- und abhörsicher machen. WLAN, Smartphones und Navigationssysteme funktionieren heute auf Basis des Verfahrens, das die „schönste Frau der Welt" entwickelt hat. Den 9. November, den vermutlichen Geburtstag Hedy Lamarrs, hat man zum „Tag der Erfinder" ausgerufen, an dem seit 2006 die innovativsten Denker geehrt werden.

Lamarrs letzten Wunsch, ihre Asche im Wienerwald zu verstreuen, erfüllen ihre Kinder Anthony und Deedee. „Am Himmel" streuen sie die Hälfte der Asche aus, der Rest wird in einem Ehrengrab der Stadt Wien unweit der Präsidentengruft beigesetzt.

2000 Tod. 19. Jänner in Altamonte Springs, Florida.

2014 Aufnahme in die „National Inventors Hall of Fame".

Der besessene Entdecker revolutioniert die Medizin auf den verschiedensten Gebieten. Elende Arbeitsbedingungen vertreiben ihn aus seiner Heimat. Hier bleibt er lange ein Vergessener. Erst 60 Jahre nach der Entdeckung der Blutgruppen wird der Nobelpreisträger Karl Landsteiner in Wien posthum geehrt.

Karl Landsteiner

Seit 1976 ist ein Mondkrater nach dem österreichischen Nobelpreisträger Karl Landsteiner benannt.

Der Forscher mit den traurigen Augen

Ein österreichisches Schicksal. Erst achtzehn Jahre nach seinem Tod, 30 Jahre nachdem Karl Landsteiner den Nobelpreis erhalten hat und 60 Jahre nach seiner bahnbrechenden Entdeckung der Blutgruppen wird einer der wichtigsten Vertreter der Wiener Medizinischen Schule in seiner Heimat gewürdigt: Am 28. August 1961 findet im Arkadenhof der Wiener Universität die Enthüllung eines Landsteiner-Reliefs statt.

Posthum wird anlässlich seines 100. Geburtstages eine Briefmarke mit dem Porträt des vergessenen Genies aufgelegt, und später ist man selig, wenn man ihn im Börsel hat: Bis zur Euro-Umstellung ziert sein Bild den 1000-Schilling-Schein. Späte, zu späte Ehrun-

1868 Geburt. 14. Juni in Baden bei Wien.

gen für einen einzigartigen österreichischen Forscher, der Millionen Menschen das Leben rettete – und weiter rettet. Lange zollt ihm seine Heimat nicht die gebührende Anerkennung.

Ein Leben lang leidet Landsteiner auch daran, dass es in Österreich nie eine Initiative gibt, den international gefeierten Forscher aus Amerika, wo er sich nie ganz heimisch fühlt, in seine Heimat zurückzuholen. Er stirbt an einem Herzinfarkt in New York.

346 wissenschaftliche Arbeiten verfasst der „geniale Kopf", der Pathologe, Hämatologe und Serologe Landsteiner – manche davon revolutionieren die Geschichte der Medizin.

Die Entdeckung seines Lebens: die Blutgruppen

Mit der Erforschung der Blutgruppen gelingt dem zurückhaltenden, fast scheuen Mediziner die Entdeckung seines Lebens. Bereits zu Beginn des 20. Jahrhunderts findet der Forscher aus Leidenschaft heraus, dass das Blut von mehreren Menschen bei Kontakt verklumpt und entwickelt das „AB0-System", bei dem festgestellt wird, welche Blutgruppe mit welcher kompatibel ist, und welche nicht, sondern zu einer Verklumpung des Blutes führen. Genau das findet Landsteiner heraus und teilt das Blut in die drei Gruppen A, B und 0 ein. Später entdecken seine Mitarbeiter zusätzlich die seltene Blutgruppe AB.

Landsteiner erkennt auch, dass bestimmte Blutgruppen nicht verklumpen. Ein wesentlicher Umstand für die Bluttransfusion und überlebenswichtiger für Patienten – denn Voraussetzung für eine Transfusion ist, dass die Blutgruppen kompatibel sind.

Der „besondere Saft" interessiert den besessenen Forscher schon während seines Medizinstudiums: Der junge Student veröffentlicht eine Arbeit über den Einfluss von Diäten auf die Zusammensetzung des Blutes.

Dass es drei verschiedene Blutgruppen geben müsse, erwähnt Landsteiner erstmals bereits 1901 in der *Wiener Medizinischen Wochenschrift* in einer Fußnote seiner wissenschaftlichen Arbeit *Über Agglutinationserscheinungen normalen menschlichen Blutes.* Nach Experimenten mit seinem eigenen und dem Blut von 21 Kollegen.

> Wer Großes will, erreicht auch viel.
>
> Karl Landsteiner

Fast 30 Jahre später, am 10. Dezember 1930, überreicht der König von Schweden der 63-jährigen medizinischen Koryphäe aus Österreich den Nobelpreis für Physiologie und Medizin – „für seine Entdeckung der Blutgruppen des Menschen". Anschließend meint der Festredner Tor Hedberg: „Landsteiner ist ein Vertreter der geistigen Gemeinschaft zwischen der Alten und der Neuen Welt, der edlen Tradition österreichischer Kultur und des amerikanischen neuen Baues auf diesem alten Fundament."

Wechsel ans Rockefeller Institut in New York

Wegen elender Arbeitsbedingungen hat Landsteiner seine Heimat verlassen. Das Gehalt für seine Pathologie-Professur an der Wiener Universität wird ihm erst viele Jahre später zuerkannt und ausbezahlt, als er schon längst nach Den Haag, wo er die Prosektur eines katholischen Krankenhauses leitet, gezogen ist… 1922 erhält er die Berufung an das medizinische Rockefeller Institut in New York. Hier stehen endlich alle Mittel zur

1900 Entdeckung. Das AB0-System der Blutgruppen.

1930 Nobelpreis für Physiologie und Medizin.

Verfügung, die intensive Forschungsarbeit ermöglichen. 1929 wird Landsteiner amerikanischer Staatsbürger.

In den USA führt er als Erster Versuche mit Affen durch und entdeckt 1940 gemeinsam mit seinem Assistenten Philip Levine eine charakteristische Bluteigenschaft, den Rhesusfaktor, als er bei Versuchen das Blut von Kaninchen untersucht, denen Blut von Rhesusaffen übertragen worden war. Jetzt konnten bislang unerklärliche, oft tödliche Zwischenfälle bei Blutübertragungen aufgeklärt werden.

Der in seiner Heimat lange vergessene Nobelpreisträger Karl Landsteiner revolutioniert die Medizin mit verschiedensten Forschungsergebnissen. Er klassifiziert nicht nur als Erster die Blutgruppen, er stellt auch fest, dass Blutgruppen nach den Mendel'schen Regeln vererbt werden, entdeckt die Pneumokokken, die Erreger der Lungenentzündung, erkennt, dass Kinderlähmung durch ein submikroskopisch kleines Virus hervorgerufen wird, es gelingt ihm der Nachweis des Fleckfieber-Virus. Und er modifiziert die Wassermann-Methode im Kampf gegen Syphilis.

Arbeit im Labor bis zur physischen Erschöpfung

Landsteiners Schüler Adriano Sturli berichtet von der Besessenheit seines Lehrers, der bis zur physischen Erschöpfung arbeitete: Am Nachmittag des Silvesters 1901 darf Sturli mit ihm ins Labor. Der Abend, die Nacht bricht an, statt das neue Jahr feuchtfröhlich begrüßen zu können, muss der Eleve „immer wieder unerbittliche Aufträge akzeptieren, Blutkörperchen waschen, verschiedene Sera vermischen und zentrifugieren“.

Auch Landsteiners Frau Leopoldine, die Tochter des Mesners einer griechisch-orientalischen Kirche, kennt die Leidenschaft Karls für die Forschung – viele Jahre bleibt sie seine „ewige Braut“. Erst 1916, im Alter von 48 Jahren, wird eine Familie gegründet, fast 50-jährig wird er Vater. Ein vorbildliches, besorgtes Familienoberhaupt: Während des letzten Kriegsjahres kauft Landsteiner eine Ziege, um trotz allen Mangels zumindest frische Milch in Haus zu haben, und sammelt eigenhändig Kräuter, um daraus Ersatzspinat zu kochen.

Karl Landsteiner wächst in einem jüdisch-großbürgerlichen Haus auf. Im Salon steht ein Bechstein-Flügel, der Bub beginnt bald Klavier zu spielen. Sein Vater Leopold ist ein bedeutender Journalist seiner Zeit, erster Chefredakteur der *Presse* und später Herausgeber mehrerer Blätter. Der Vater stirbt, als Karl sechs Jahre alt ist. Dadurch entsteht eine extrem enge Beziehung zu seiner Mutter Fanny – ihre Totenmaske hängt bis zu seinem Tod in seinem Schlafzimmer.

Der „Forscher mit den traurigen Augen“, wie ihn sein Biograf Paul Speiser bezeichnet, setzt sich weit über 70-jährig am Ende seines Lebens noch einmal ans Mikroskop – seine Frau leidet an Krebs, er will ihr helfen, die heimtückische Krankheit zu überwinden. Ohne Erfolg.

Die einzige Niederlage im Leben eines Forschers, der die Medizin auf vielen Gebieten entscheidend verändert hat.

1940 Erste Beschreibung des Rhesusfaktors.

1943 Tod. 26. Juni in New York.

Es gilt, die Lyrikerin Christine Lavant neu zu entdecken. Vor allem auch als Prosaautorin. Eine hochsensible Dichterin aus der Enge der Kärntner Berge. In ihren berührenden Büchern erzählt sie von Armut und Ausgrenzung, Leid und Liebe.

Christine Lavant

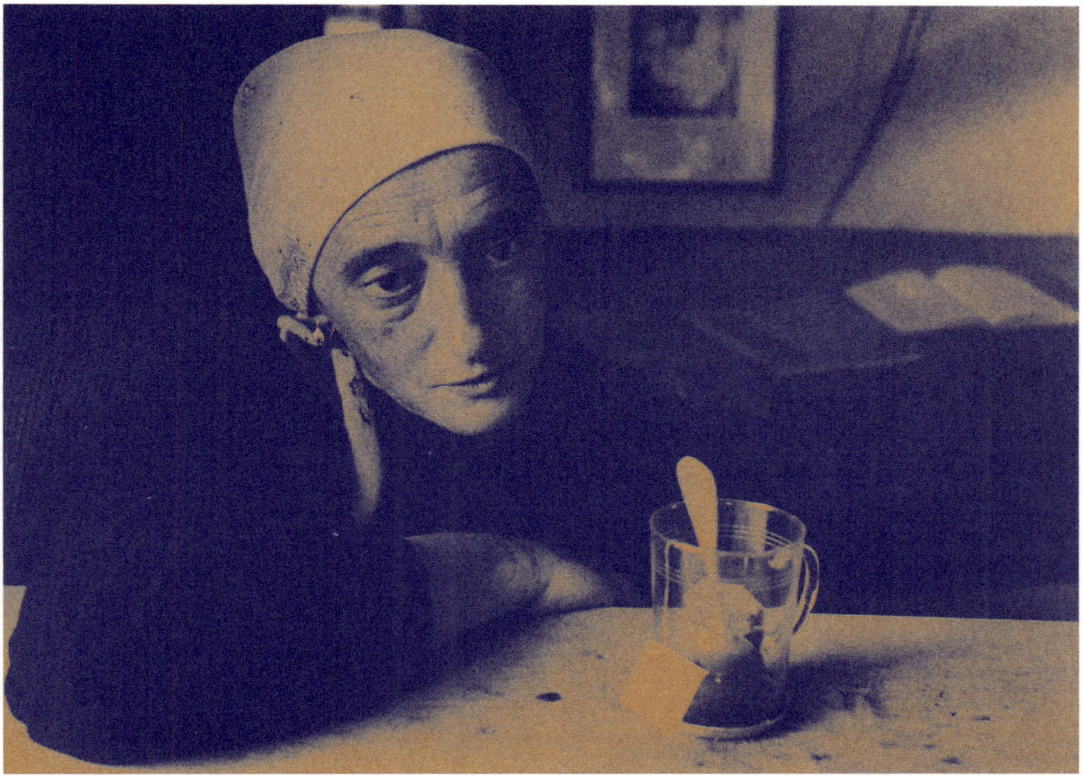

1.800 Gedichte schreibt Christine Lavant in ihrer Dichter-Mansarde.

Leben in der Vorhölle der Verdammnis

Schlaflos in St. Stefan. Christine Lavant sitzt oft nächtelang auf dem Diwan in einer Ecke ihres Wohnzimmers. Im Türkensitz, Tee trinkend. Sie raucht und isst Kekse. Schlaflosigkeit, Schmerz und Depressionen bleiben ein Leben lang Begleiter der Kärntner Dichterin, die man als tieftraurige Frau mit großen, dunklen Augen und dem ewigen Kopftuch kennt.

Im Juli 1915 wird Christine Thonhauser geboren. Sechs Wochen zuvor hat das bis dahin neutrale Italien Österreich-Ungarn den Krieg erklärt. Als neuntes Kind eines Bergarbeiters und einer Flickschneiderin wächst Christine in ärmsten Verhältnissen im Lavanttal, in Groß-Edling bei St. Stefan, auf. Ihr Pseudonym Lavant, das sie ab 1948

1915 Geburt. Neuntes Kind eines Kärntner Bergmanns.

verwendet, ist der Name des Flusses, der sich durch ihr Heimattal schlängelt.

Schon als kleines Kind wird Christine von *Skrofulose,* einer für damals typischen, langwierigen *Arme-Leute-Krankheit,* gepeinigt. Das Leiden schädigt später auch Gehör und Sehvermögen nachhaltig. Geld für eine Berufsausbildung ist nicht vorhanden. Christine ist physisch und psychisch zu instabil, um einer regelmäßigen Beschäftigung nachgehen zu können. Sie bleibt bei der Mutter zu Hause und erlernt von ihr das Stricken, liest viel, Rainer Maria Rilke wird zu ihrem Idol, bald beginnt Christine selbst wie besessen zu schreiben.

Körperliche und seelische Verwundungen

Bereits den Besuch der Hauptschule muss Christine aus gesundheitlichen Gründen abbrechen. Im Alter von zwölf Jahren wird Tuberkulose diagnostiziert, die Ärzte geben dem schwächlichen Kind nur mehr ein Jahr zu leben. Die Mutter hat kein Geld für den Zug, um Christine im Spital zu besuchen, die Krankenschwestern kümmern sich kaum um sie. Ihre Wunden werden mit den neu entdeckten Röntgenstrahlen hochdosiert *verbrannt* – lebensrettend, aber schmerzhaft nachwirkend. Zurück bleiben Verbrennungen am Kopf, an Hals und Brust, deshalb trägt Christine Lavant fast immer ein Kopftuch. Die Verletzungen und die Folgen der Wundbehandlung sollen verhüllt werden.

Die psychischen Verwundungen sind nicht zu verbergen. Das zwanzigjährige Mädchen versucht in einer ihrer wiederkehrenden Depressionsphasen, ihrem Leben mit Schlafpulvern ein Ende zu setzen, und begibt sich freiwillig in die „Landes-Irrenanstalt". Die beklemmenden Berichte mit „schmerzender und selbstverletzender Genauigkeit" ihres sechswöchigen Aufenthalts, von denen man bis dahin nur aus Briefen wusste, werden 55 Jahre nach ihrer Entstehung gefunden und veröffentlicht: Das Buch *Aufzeichnungen aus einem Irrenhaus* schildert mit klaren, scharfen Bildern das Zusammenleben von Patienten und Personal, Besuchern und ihr selbst. Die Ich-Erzählerin erhofft sich in der *Vorhölle der Verdammnis* Heilung, die sie vermutlich nie erfährt.

> Ich habe eine Welt und diese Welt brennt! Und wo etwas brennt, da entsteht Kraft. Und diese Kraft reißt mit!
>
> Christine Lavant

Nicht nur für H. C. Artmann ist diese psychologisch präzise Studie ein Hauptwerk Lavants. Artmann schätzt diese *originäre, große Dichterin* und korrespondiert mit ihr. Zwischen 1961 und 1965, während der abenteuerlustige Poet in Schweden lebt, schickt er immer wieder Ansichtskarten aus Malmö und Stockholm nach St. Stefan. Wie besessen schreibt Lavant hier. In sich und ihrer Welt zurückgezogen. In einer Mansarden-Dichterklause. Nur einmal fährt sie in die Welt hinaus, verlässt ihr enges Kärntner Tal: Auf Einladung der St.-Georgs-Bruderschaft reist sie erster Klasse mit dem Orientexpress nach Istanbul, wo sie drei glückliche Wochen verbringt.

Gefährdung durch das Euthanasie-Programm der Nationalsozialisten

Im Kärntner Dorf gilt sie schon immer als Außenseiterin, beim Greißler, in der Kirche, am Stammtisch mokiert man sich

1933 Lyrik. Veröffentlichung der ersten Gedichte.

1946 Arbeitsrausch. In 15 Jahren schreibt sie 1.800 Gedichte.

über die „Verrückte". Vermutlich ist Christine durch das *Euthanasie*-Programm der Nationalsozialisten gefährdet, vernichtet alle Manuskripte und zieht sich in die Isolation zurück. Sie lebt vom Stricken. Sie ist, wie sie selbst schreibt, zu einer „völligen innerlichen Stummheit verurteilt".

Für einen hochsensiblen Menschen wie Christine gibt es ein Leben lang nichts Schlimmeres, als das „Sich-Darstellen-Müssen" in der Öffentlichkeit. Es ist auch „ein Krampf", als die Außenseiterin später zur Ehrenbürgerin ihrer Gemeinde ernannt wird.

„Große Dichtung, die in der Welt nicht so wie sie es verdient bekannt ist"

Christine Lavant ist keine naive Dichterin aus der Kärntner Provinz, die bei Kerzenlicht mit Gott hadert. Ihre sprachliche Souveränität fasziniert neben H. C. Artmann auch Thomas Bernhard, der mit Anerkennung für Kollegen äußerst verhalten umgeht. Er charakterisiert Lavants Werk, die „sehr gescheit und durchtrieben" ist, als „das elementarste Zeugnis eines von allen *guten Geistern* missbrauchten Menschen, als große Dichtung, die in der Welt nicht so wie sie es verdient bekannt ist".

Mitte der 1950er-Jahre begegnen Bernhard und Lavant einander erstmals. Später immer wieder auf dem Gutshof des Musikers Lampersberger in Maria Saal, dem sommerlichen Treffpunkt der Avantgarde. Hier ermutigt Lavant den jungen Bernhard, an seinen Gedichten weiterzuarbeiten. 1987, Christine Lavant lebt seit 14 Jahren nicht mehr, gibt er bei Suhrkamp Gedichte der bewunderten Kollegin heraus.

Schon zu Lebzeiten wird sie geehrt. Unter anderem zweimal mit dem Trakl-Preis. Ihre drei Gedichtbände *Die Bettlerschale, Spindel im Mond* und *Der Pfauenschrei* gelten als bedeutende Literatur. Lavants Werk umfasst rund 1.800 Gedichte *– ihre Kinder –* und 1.200 Seiten Prosa. Die Texte entstehen in fast rauschhaften Arbeitsphasen in weniger als 15 Jahren. Rund die Hälfte davon bleibt zu ihren Lebzeiten unveröffentlicht – und erscheint seit zwei Jahren erstmals im Verlag Wallstein.

Neben dem Leid ist die Liebe ein durchgehendes Thema in Lavants Lyrik: erträumte, zurückgewiesene, schmerzhaft erlebte Liebe. Kurz nach dem Tod ihrer Eltern heiratet sie „aus Mitleid" den um 36 Jahre älteren Landschaftsmaler Habernig. Mit dem Lohn für Strickarbeiten bringt sie den mittellosen Künstler und sich selbst durch. Die Begegnung mit dem Maler Werner Berg ufert in eine aussichtslose Liebe aus.

Die Christine Lavant Gesellschaft, die mit Unterstützung des Unternehmers Hans Schmid das Gesamtwerk der Lyrikerin aufbereitet, verleiht den mit 15.000 Euro dotierten „Christine Lavant Preis".

1948 Buch. *Das Kind* – erste Veröffentlichung.

1973 Tod. Nach einem Herzinfarkt.

Ein Herr aus erlauchtem Hause mit Lust an der Provokation. Ein Grandseigneur, der das Vergangene mehr als das Bestehende liebt. Ein vielseitig begabter Dichter, der mit ironischer Lässigkeit Situationen schildert: Alexander Lernet-Holenia. Seine Lyrik und Prosa werden wieder neu entdeckt.

Alexander Lernet-Holenia

Hugo von Hofmannsthal: „Lernet kann alles, was er will."

Seitenblicke in eine versunkene Welt von gestern

„Ich bin kein eigentlicher Briefschreiber", meint er. Dennoch korrespondiert Alexander Lernet-Holenia wie ein Besessener. Meist schreibt er mehrere Briefe pro Tag. „Deine Briefe, Lieber, machen mir das Warten leicht", antwortet Maria Charlotte Sweceny. Jahrelang findet reger Briefkontakt zwischen dem Dichter und Lotte, einer gebildeten, emanzipierten und verheirateten Frau, die er *Hase* nennt, statt. Knapp nach dem Anschluss unternimmt der inzwischen erfolgreiche Autor mit seiner Geliebten Lotte eine Kreuzfahrt in die Karibik.

Literarisch verewigt wird sie als Cuba Pistohlkors im Roman *Mars im Widder,* der den Überfall Hitlers auf Polen schildert:

1897 Geburt.
21. Oktober in Wien.

Ein gewisser Graf Wallmoden, gerade aus einer aufkeimenden Liebesromanze herausgerissen, rückt zu einer Übung ein, erfährt im Kreise seiner Offizierskameraden übersinnliche Erlebnisse und verliebt sich in eine geheimnisvolle Dame mit „bemerkenswert schönen Beinen". Er erscheint am 15. August 1939 bei der Truppe, die im Norden Wiens stationiert ist. Genau an diesem Tag tritt auch der ehemalige Leutnant der k.u.k. Kavallerie Lernet-Holenia seinen Dienst an und befindet sich plötzlich mitten im „Polenfeldzug". Bereits am zweiten Tag wird er an der Hand verwundet, später aus der Wehrmacht entlassen und schließlich der Heeresfilmstelle in Berlin zugeteilt, wo er bis Kriegsende bleibt. Und wo er die Idee für den erfolgreichsten Film der NS-Zeit, *Die große Liebe* mit Zarah Leander, entwickelt. Emil Jannings kann seine militärische Reaktivierung verhindern. Alexander ist in dieser Zeit häufig in Wien und am Wolfgangsee. Die Beziehung mit der „Halbjüdin" Lotte endet 1942, ihr Briefwechsel erst 1945, im Jahr seiner Heirat in St. Wolfgang mit der Berlinerin Eva Vollbach.

Mars im Widder wird zunächst als Serie im Magazin *Dame* publiziert, 1941 verbietet Goebbels die Auslieferung der gespenstisch-irrealen Erzählung fern jeder Kriegsromantik. Fast ein Widerstandsroman. Die Gesamtauflage von 15.000 Stück wird im Keller des S. Fischer-Verlages gelagert und verbrennt bei einem Luftangriff. Die Nazis verhängen allerdings kein Schreibverbot, den Roman *Beide Sizilien* kann Lernet-Holenia noch 1942 veröffentlichen. Hingegen wurden 1933 Werke von ihm verbrannt, in jenem Jahr, in dem er Trauzeuge seines Freundes Ödön von Horváth ist. Drei Jahre später erscheint die Novelle *Der Baron Bagge*. Für viele ist der Baron Bagge, dem vorgeworfen wird, dass zwei Frauen seinetwegen aus dem Leben geschieden seien, sein reifstes Werk.

Da der Dichter Tourismus verabscheut, zieht er 1952 vom Wolfgangsee nach Wien und bezieht in der Hofburg auf der Batthyánystiege die einstige Wohnung von Kronprinz Rudolf. Hier veranstaltet er samstags gerne eine Art *Lever,* einen Morgenempfang, zu dem er im blauen Frotteeschlafrock erscheint.

In Wien muss der streitbare Literat „schlimme Erfahrungen machen. Denn was im Zweiten Weltkrieg die Nazis waren, wurde nun das Finanzamt, das auch mein ständiger Gegner wurde, ich war gezwungen, mehrere Werke gegen diese Einrichtungen zu richten", stellt er fest und schreibt den Roman *Das Finanzamt* und in der *Furche* die Kolumne *Der allwöchentliche Ärger.*

Grandseigneur mit Monokel und Rittmeister-Gesinnung

Es bleibt aber nicht bei bösen, brillanten Essays – ein vor seiner Garage parkender Autofahrer oder ein aggressiver Fußgänger kann ihn zu Zornesausbrüchen, durchaus auch zur Verabreichung von schallenden Ohrfeigen reizen. Als der neue „Demel"-Besitzer zum Jahrestag der Oktoberrevolution einen brennenden Marzipan-Zarenpalast und ein Lenin-Porträt in die Auslage stellt, spuckt Lernet ins Lokal und lässt sich nie wieder blicken …

Für manche ist der konfliktfreudige Herr ein Snob. Mit Rittmeister-Gesinnung und dem Stallgeruch der Sattelkammer. Die Reiterei nimmt für ihn eine ähnlich dominante Rolle ein wie für Hemingway der Stierkampf. Ein ewig Suchender, der als Kind einer flüchtigen Affäre seiner Mutter fast mit dem gesamten Kärntner Adel verschwägert ist. Ein Grandseigneur mit Monokel, der das Vergangene mehr als das Bestehende liebt. Ein Dichter, der mit ironischer Leichtigkeit Situationen schildert und bei dem man manchmal das Gefühl hat, er betreibe das Schreiben nur als Hobby.

1934 Hauptwerk. *Die Standarte.*

1941 Erfolg mit dem Roman *Mars im Widder.*

Als die Monarchie versinkt und Alexander als einer der jüngsten Fähnriche den Waffenrock ablegt, war er eben großjährig geworden. Er ist noch keine 30, als er jene Kärntner adeligen Damen, die ihn als neuen Rilke sehen, schockiert, denn er „werde seine Leier in den Baum hängen und sich dem Gelderverdienen zuwenden".

„Warum schreibst du nicht so wie der Goethe?"

Das Leben ist voller Bitternis und hängt mit dem Rätsel seiner Abstammung zusammen. Eine pittoreske Welt des Landadels, in der sich die Sonne durch herabgelassene Jalousien auf Kirschholzmöbel schwindelt. Alexanders Mutter, verwitwete Sidonie Baronin Boyneburgk-Stettfeld, geborene Holenia, ist in zweiter Ehe mit dem Marineoffizier Lernet verheiratet. Bald nach der Geburt des Sohnes Alexander Marie Norbert wird die Ehe geschieden, hartnäckig hält sich das Gerücht, ein Habsburger sei der Vater des Kindes. Alexander selbst ist bis zu seinem Tod überzeugt davon, Sohn des Erzherzogs Karl-Stephan, eines Enkels des Siegers von Aspern, zu sein.

Stefan Zweig, mit dem Lernet gemeinsam unter dem Pseudonym Clemens Neydisser das Stück *Gelegenheit macht Liebe* schreibt, empfiehlt diesen „geheimnisvollen Menschen" Richard Strauss als Librettisten, er sei „ganz groß in seinen Gedichten und einigen seiner dramatischen Szenen, dann wieder unglaublich lässig, wenn er mit der linken Hand und aus Geldverdienerei Komödien oder leichte Romane schreibt, die dann gar keine Tiefe, aber noch immer Grazie haben".

Bereits mit 24 Jahren veröffentlicht er erste Gedichte. Die Lyrik Lernets, der mit seinen Komödien und Romanen schnell Ruhm und Geld erlangt, bleibt eher unbekannt. Seine neun schmalen Lyrikbände erscheinen nur in limitierten Auflagen von 200 bis 600 Exemplaren. Denn Lyrik sei das „Eigentliche", das er am liebsten nur für sich bewahrt hätte. Er übersetzt Petrarca und Dante, beherrscht ein halbes Dutzend Sprachen und kann viele seiner Lieblingsgedichte von Goethe oder Rilke auswendig. Rainer Maria Rilke schätzt Lernets Gedichte, die „oft herrlich, weit über die Erwartung hinaus" seien.

Ich schreibe meine Stücke wirklich nur der Tantiemen halber ... an wirklicher Dichtung gemessen sind sie nur Quark.

Alexander Lernet-Holenia

Bald erkennt der nonchalante Herrenreiter wehmütig, dass Lyrik nicht mehr zeitgemäß sei: „Sich heute noch im Gedicht ausdrücken zu wollen – das wäre fast so, wie wenn man ein Pferd bestiege, um ans Ziel zu gelangen."

Mit der Verwechslungskomödie *Ollapotrida* – für Kollegen Flesch-Brunningen eine „Schaumrolle für die österreichische Rokokokonditorei" – wird Lernet-Holenia 1926 über Nacht berühmt und erhält dafür den Kleist-Preis, den er vier Jahre später wegen einer Plagiatsaffäre zurückgibt.

Von einer Bridgepartnerin erfährt die Frau Mama, dass ihr Sohn dichte. Sie liest eines seiner Werke, Alexander bittet sie um ihre Meinung: „Mein Gott, wenn du mich schon fragst, Xandi, ich hab mir gedacht, ich muss es dir einfach sagen, warum schreibst du nicht so wie der Goethe?"

1942 Lyrischstes Werk. *Beide Sizilien.*

1976 Tod. 3. Juli in Wien.

Zu Ostern des Jahres 1921 revolutioniert ein Traum die Welt der Wissenschaft. Der Pharmakologe Otto Loewi erbringt mit einem der epochalsten Experimente in der Geschichte der Biologie den Beweis für die chemische Übermittlung der Nervenimpulse. Die Erleuchtung überkommt den Forscher, während er schläft.

Otto
Loewi

Weltweit anerkannter Biologe, der sich in Graz „vollkommen glücklich" fühlte: Otto Loewi.

Im Schlaf zum Nobelpreis

Das Jahr 1921: Deborah Kerr, Simone Signoret und Peter Ustinov werden geboren, der Chaplin-Stummfilm *The Kid* feiert in Hollywood Premiere, in Wien schlägt das Fußball-Nationalteam den Erzrivalen Ungarn 4:1 und erstmals findet die „Wiener Messe" statt – mit dem Ziel, Österreich aus der wirtschaftlichen Isolation nach dem Ersten Weltkrieg zu führen.

Und zu Ostern 1921 revolutioniert ein Traum die Welt der Wissenschaft. Lange hatte der spätere Nobelpreisträger Otto Loewi darüber nachgedacht, wie er seine Vorstellungen der chemischen Übertragung von Nervenreizen experimentell überprüfen könne – die Erleuchtung ist ihm im Schlaf gekommen: In der Nacht zum Karsamstag erscheinen ihm

1873 Geburt.
3. Juni in Frankfurt, Main.

die Umrisse seiner späteren Experimente als nächtlicher Geistesblitz. Es ist die zündende Idee für ein ausgeklügeltes Experiment.

Loewi nickt beim Lesen eines Buches ein, als er plötzlich aufwacht und ihn die Erkenntnis einer Entdeckung durchzuckt. Hastig notiert er den Einfall, kann aber am nächsten Morgen das Gekritzel nicht mehr entziffern, auch die Erinnerung an die nächtliche Intuition ist weg. Selbst in der gewohnten Umgebung des Labors will sie nicht wiederkommen.

Während der nächsten Nacht zum Ostersonntag taucht die Eingebung wieder auf. Diesmal notiert er seine Gedanken genauer. Und tatsächlich kann Loewi schon am Abend des Ostermontags 1921 mit einem der epochalsten Experimente in der Geschichte der Biologie den klassischen Beweis für die chemische Übermittlung der Nervenimpulse erbringen.

Die Entdeckung: Chemische Botenstoffe übermitteln Nervenimpulse

Bis dahin meinten Wissenschaftler, dass Impulse der Nerven an Muskeln und Drüsenzellen durch die hohe Geschwindigkeit elektrisch erfolgen müssten. Auf drei Seiten im *Archiv für die Gesamte Physiologie des Menschen und der Tiere* teilt der entfesselte Biologe Otto Loewi mit, dass mit einer genial einfachen Methode der Beweis erbracht ist: Aus dem Körper herausgelöste Froschherzen schlagen unter Sauerstoffzufuhr in einer Kochsalzlösung weiter. Bei dem einen wird der Vagusnerv gereizt – die Verlangsamung der Herztätigkeit tritt ein. Schließlich hört das Herz zu schlagen auf.

Danach bringt Loewi die Kochsalzlösung mit dem anderen Herzen, das noch in gewohntem Rhythmus weiterschlägt, in Berührung. Die erwartete Wirkung bleibt nicht aus: Auch dieses Froschherz verlangsamt sofort seine Frequenz und hört auch zu schlagen auf.

Mit diesem bahnbrechenden Experiment weist Otto Loewi, einer der Väter der modernen Pharmakologie, zum ersten Mal einwandfrei nach, dass durch Reizung des Vagusnervs ein chemischer Wirkstoff entsteht, der stark genug ist, nicht nur das unmittelbar betroffene Organ, sondern sogar ein anderes in seiner Tätigkeit zu beinträchtigen.

Es sei „der Geist, der sich den Körper baue“, schreibt Friedrich Schiller im *Wallenstein*. Jahrzehnte nach Loewis Erforschung erkennen Neurowissenschaftler, wie richtig der Dichter und Arzt damit lag: Die Seele kann die Biologie des Körpers verändern und ihm helfen, Erkrankungen zu überwinden: Dabei fungiert der rätselhafte Vagusnerv durch Stimulation als Schrittmacher für die Psyche.

1936 erhält Otto Loewi gemeinsam mit seinem Freund und wissenschaftlichen Partner Sir Henry Dale den Nobelpreis für Medizin. Loewi, der Sohn eines Weinhändlers, der sich den Nobelpreis sozusagen im Schlaf erarbeitet hat, will als junger Mann Kunstgeschichte studieren, wird aber von seinen Eltern überzeugt, an den Universitäten von Straßburg und München Medizin zu studieren.

Bereits 1910 veröffentlicht der Pharmakologe, der auch auf anderen Gebieten forscht, eine Untersuchung mit dem Ergebnis, dass bereits kleine Dosen der Rauschdroge Kokain die Reizbarkeit des vegetativen Nervensystems potenzieren. Jahrzehnte später trifft Loewi zufällig seinen ehemaligen Schüler Paul Parin, einen Psychoanalytiker, der dafür kämpft, bei sterbenskranken Patienten Schmerzen zu dämpfen und durch die kontrollierte Einnahme von Drogen den Tod zu erleichtern. Auch Loewi hat bei dem Treffen das Ende seines Lebens erreicht. Doch der an Asthma leidende Kettenraucher wirkt höchst lebendig.

Auf die Frage, warum er so vital erscheint, antwortet Loewi: „Ich bin doch Pharmakologe. Seit ich keine Vorlesungen mehr

1909 Universität Graz. Beginn einer fast dreißigjährigen Lehrtätigkeit.

1921 Entdeckung des ersten Neurotransmitters.

gebe, darf ich mich nur noch selbst bedienen. Morgens ein wenig Speed, also ein Weckamin, um ganz wach zu werden, dann ein schleimlösendes Mittel, um die Bronchien frei zu kriegen. Bei depressiven Gedanken eine kleine Dosis Heroin und abends zur Entspannung ein Opiat."

Nazi-Terror: mittellos in die Emigration gezwungen

Ab 1909 ist der eigenwillige Wissenschaftler für fast dreißig Jahre lang Professor für Physiologie und Pharmakologie an der Universität Graz und begeistert als fesselnder Redner und Lehrer. Bis 1938. Der Jude Otto Loewi wird für einige Monate inhaftiert und danach gezwungen, das Land zu verlassen. Davor zwingen ihn Gestapobeamte, die schwedische Staatsbank anzuweisen, sein Preisgeld für den Nobelpreis, das noch in Stockholm im Safe deponiert ist, an eine von den Nationalsozialisten kontrollierte Bank zu transferieren. Wie auch das gesamte Vermögen seiner wohlhabenden Familie.

> Nachdem ich um drei Uhr früh erwachte, ging ich sofort ins Labor, um meinen nächtlichen Geistesblitz niederzuschreiben.
>
> Otto Loewi

Der vertriebene Wissenschaftler unterrichtet zuerst in Brüssel, danach über Vermittlung Henry Dales in Oxford und geht 1940 nach Amerika. Obwohl der Amtsarzt am US-Konsulat in London bei den Einwanderungsformalitäten im Attest über den 67-Jährigen schreibt: „Otto Loewi wird wohl seinen Lebensunterhalt wegen Senilität nicht verdienen können." Doch an der School of Medicine der New Yorker University empfängt man ihn mit offenen Armen, wo er dann als Professor trotz angeschlagener Gesundheit viele Jahre lang weiterforscht. 1946 wird Loewi amerikanischer Staatsbürger.

Ab 1950 besinnt man sich auch in Graz seines großen Gelehrten, der den damals neuen Zweig der Neuromedizin mitbegründet und im pharmakologischen Institut durch seine außergewöhnliche Persönlichkeit beeindruckt. Man verleiht ihm das Ehrendoktorat der Philosophie und der Medizin, später auch die Ehrenmedaille der Karl-Franzens-Universität und zwei Jahre vor seinem Tod, er ist nach einem Sturz an den Rollstuhl gefesselt, den Ehrenring der Stadt Graz. Der unermüdliche Forscher fühlte sich hier bis zur Machtergreifung der braunen Horden „vollkommen glücklich", wo er im Garten seiner Villa in der Johann-Fux-Gasse Entspannung fand.

Im 89. Lebensjahr stirbt Otto Loewi in New York. Zum 100. Jahrestag seiner Geburt ehrt ihn auch das offizielle Österreich. Mit einer Briefmarke.

1936 Nobelpreis für Medizin.

1961 Tod.
25. Dezember in New York.

Als Bub schläft er mit einem Entenküken unter seiner Daunendecke, Graugänse betrachten ihn als Muttertier. Als Pionier der vergleichenden Verhaltensforschung erhält der glühende Umweltschützer Konrad Lorenz den Nobelpreis. Seine Äußerungen während der NS-Zeit hinterlassen einen düsteren Schatten über seinem Schaffen.

Konrad Lorenz

„Er hat in der Biologie des 20. Jahrhunderts die tiefsten Spuren hinterlassen“: Antal Festetics über Konrad Lorenz.

Resi, Martina, Konrad und der Nobelpreis

Das Kindermädchen und der Nobelpreis. Resi, eine aus dem „Kometenschweif der Bediensteten“ in der herrschaftlichen Villa in Altenberg bei Greifenstein an der Donau, liest dem kleinen Konrad Zacharias die Geschichte von Nils Holgerssons Reise mit den Wildgänsen vor. Der Bub schreibt in einem Aufsatz: „Eigentlich wollte ich Wildgans werden.“ Realist, der er ist, gibt sich Konrad Lorenz mit einem frisch geschlüpften Entenküken als Spielgefährten zufrieden. Das Tier folgt ihm wie einer Entenmutter überallhin – sogar unter die Daunendecke ins Bett. Das Küken ist auf das erste Wesen, das sich ihm zuwendet, fixiert. Der kleine Konrad wird zum Leittier.

1903 Geburt.
7. November in Wien.

Ein Zusammenspiel von Instinkt und Lernfähigkeit, das bis dahin kein Biologe für möglich gehalten hat, ist die Folge. Die wissenschaftliche Erklärung für dieses Phänomen der Prägung findet der spätere Nobelpreisträger erst viele Jahre, nachdem ihm das Kindermädchen Selma Lagerlöfs die abenteuerliche Reise der Wildgänse vorgelesen hat: als Lorenz bei Martina, seiner geliebten Graugans, das gleiche Verhaltensmuster beobachtet. Gerne erzählt Lorenz, wie sie ihn, die ständig hinter ihm herschwimmt, anschaut und ein „einsilbiges Pfeifen des Verlassenseins" ausstößt, und von ihrem freudigen *Wiwiwiwi,* sobald sie ihn sieht.

Wieder betrachtet ihn der Jungvogel als Muttertier. Diese Beobachtung führt ihn zu der damals revolutionären Erkenntnis, dass nicht nur die körperlichen Merkmale einer Art, sondern auch ihre Verhaltensprogramme ein Ergebnis ihrer Entwicklung sind. Von der Graugans schließt er später auf das größere Ganze – und wird zum Mitbegründer der modernen Verhaltensforschung.

Als er während der 1950er-Jahre im US-Fernsehen auftritt, titelt die *Herald Tribune:* „He Talks Baby Ducks Into Thinking He's Mother", er überredet Entenbabys, ihn für ihre Mutter zu halten. Schon früh zieht seine charismatische Persönlichkeit Medien in seinen Bann – man nennt ihn bald „Einstein der Tierseele".

Verhalten resultiert aus der biologischen Anpassung an den Selektionsdruck

Auch viele der Spezies Mensch eigentümliche Verhaltensweisen hätten, so Lorenz, ihren Ursprung in einer früher einmal notwendig gewordenen „biologischen Anpassung an diesen Selektionsdruck" – für seine Forschungsarbeit auf diesem Gebiet erhält er 1973 den Nobelpreis für Medizin, gemeinsam mit dem niederländischen Wespenbeobachter Nikolaas Tinbergen und dem großen österreichischen Bienenforscher Karl von Frisch. Drei Pioniere der Ethologie, der vergleichenden Verhaltensforschung, werden zu wissenschaftlichen Helden des Jahres.

> Seit der Mensch den Faustkeil erfunden hat, balanciert er auf des Messers Schneide – zwischen einer gloriosen Zukunft und dem Sturz in die Hölle.
>
> Konrad Lorenz

Am 12. Oktober 1973 läutet in Altenberg das Telefon: der Anruf aus Stockholm, auf den weltweit Wissenschaftler sehnsüchtig warten. Konrad Lorenz liegt mit einer schweren Grippe im Bett. Seine Frau Gretl nimmt den Anruf entgegen. Kurz darauf die Bestätigung per Telegramm. Mit einem Tippfehler: Die Altenberger Postlerin hatte aus dem Nobel- einen „Nopelpreis" gemacht.

Lorenz reist mit seiner Frau und sechsköpfiger Großfamilie an. Mit der Gärtnerstochter Gretl, die beiden kennen einander seit dem dritten Lebensjahr, veranstaltete schon der kleine Bub im Park der väterlichen Villa, eines angesehenen Orthopäden, Rollenspiele: Konrad ist ein Dinosaurier. Als Schwanz zieht er einen Gartenschlauch hinter sich her.

Später wird das Anwesen in Altenberg zu einem Privatzoo: Der Dr. Dolittle von der Donau kümmert sich um Hunde und Katzen, Fische und vor allem Federvieh. Enten,

1949 Erfolg. *Er redet mit dem Vieh, den Vögeln und den Fischen.*

1963 Bestseller. *Das sogenannte Böse.*

Kormorane, Adler, Papageien, Raben, Dohlen, Krähen und die geliebten Gänse. Mit einem Teil des Nobelpreisgeldes lässt er im Haus an den Donauausläufen ein riesiges Meerwasseraquarium mit 32.000 Litern Fassungsvermögen bauen.

Das dunkelste Kapitel im Leben des Nobelpreisträgers ist seine Anpassung an die Ideologie der Nationalsozialisten. Im Juni 1938 vermerkt er im Antrag auf Aufnahme in die NSDAP handschriftlich: „Auf meinen vielen Kongress- und Vortragsreisen habe ich immer und überall mit aller Macht getrachtet, die Lügen der jüdisch-internationalen Presse über die angebliche Beliebtheit Schuschniggs und über die angebliche Vergewaltigung Österreichs durch den Nationalsozialismus mit zwingenden Beweisen entgegenzutreten."

Düsterer NS-Schatten: „noch schärfere Ausmerzung ethisch Minderwertiger"

Als Ordinarius in Königsberg meint Konrad Lorenz zwei Jahre später in einem Aufsatz: „Die Rassenpflege muss auf eine noch schärfere Ausmerzung ethisch Minderwertiger bedacht sein, als sie schon heute ist." Zu diesem Zeitpunkt werden im *Dritten Reich* bereits Psychiatriepatienten zwangssterilisiert und die „Erbgesundheitsgesetze" sind sieben Jahre zuvor beschlossen worden. Wie viel Lorenz davon wusste, ist allerdings auch heute noch unklar. Die Äußerungen des anerkannten Wissenschaftlers haben den Machthabern mit der „Herrenrassen"-Ideologie jedenfalls sehr gefallen.

Obwohl Lorenz seine Ansichten später und lange vor dem Nobelpreis „zutiefst bedauert" hat und in einem *Spiegel*-Interview knapp vor seinem Tod erklärt: „Vor einer Auseinandersetzung mit den Nazis habe ich mich in sehr verächtlicher Weise gedrückt", bleibt ein düsterer Schatten über dem Schaffen des großen Naturforschers bestehen.

Im Laufe der Zeit verleihen dem „Vater der vergleichenden Verhaltensforschung" neun Universitäten wie die von Basel und Birmingham, Chicago und Durham ein Ehrendoktorat. 1983 folgt das zehnte der Universität Salzburg. 25 Jahre nach seinem Tod wird es ihm aufgrund seiner problematischen Rolle während des Dritten Reichs posthum wieder „aberkannt".

Nicht nur seine Schüler sind wütend, wie etwa Antal Festetics, für den Konrad Lorenz einer der bedeutendsten Biologen des 20. Jahrhunderts – nur mit Charles Darwin vergleichbar – ist. Die Entscheidung der Salzburger Uni stößt auch im Ausland auf heftige Kritik: Die *FAZ* findet den Beschluss „bodenlos" und „schäbig", die *Welt* spricht von einem „unergiebigen historischen Putzfimmel".

Als glühender Umweltschützer wird der Verhaltensforscher, der immer wieder auf die Todsünden der zivilisierten Menschheit hinweist, auch zur Galionsfigur der Anti-Atom-Initiative und der jungen grünen Bewegung. 1985 startet er das *Konrad-Lorenz-Volksbegehren* zur Erhaltung des Nationalparks Hainburger Au.

Lorenz, der studierte Mediziner und Zoologe, konnte Darwins These, dass Mensch und Tier auf einen gemeinsamen evolutionären Ursprung zurückgehen, um die Verhaltens-Dimension erweitern. Später hat man in der Lorenz-Forschungsstelle in Grünau im Almtal über Funk den Herzschlag der Graugänse gemessen: Sobald sie in Kontakt mit dem Partner oder den Kindern sind, schnellt der Herzschlag rasant in die Höhe – von 100 auf 400 Schläge pro Minute. Ähnlich wie bei den Fans beim Fußball-WM-Finale.

1973 Nobelpreis für Physiologie oder Medizin.

1989 Tod. 27. Februar in Wien.

Er ist Autor, Anreger, Aufreger und als Politiker ein leidenschaftlicher Visionär. Er kämpft gegen die Verschandelung Österreichs und die Gefühllosigkeit der Politik: Jörg Mauthe. Die Stadt Wien, die er als „meine Geliebte“ bezeichnet, hat er mit seinen Ideen und Initiativen bleibend verändert.

Jörg Mauthe

Leidenschaftlicher Kämpfer gegen die „Vernichtung der Schönheit“: der Dichter und Denker Jörg Mauthe.

Vordenker, Nachdenker, Querdenker

Wenn an einem trüben Herbsttag im Café Eiles eine Tarockpartie gespielt wird, wenn jeder Spieler den „Schlüssel zu den Mysterien in der Hand hält“ (Herzmanovsky-Orlando), dann kommt der Oberkellner Richard Pelikan bei einem Herrn kaum mit dem Leeren des Aschenbechers nach. Bei Jörg Mauthe, dem kettenrauchenden Multitalent, dem Denker, Dichter und Stadtpolitiker, dem Wien sehr viel an Lebensqualität verdankt.

Mit seinen Ideen und Initiativen sorgte der unkonventionelle Quereinsteiger als ÖVP-Stadtrat zwischen 1978 und 1986 im Wiener Rathaus immer wieder für Furore. Mitunter voller Grant, Pessimismus und schlechter Laune. Mauthe ist zwar kein großer Red-

1924 Geburt.
11. Mai in Wien.

ner, aber ein kreativer Kopf und ein brillanter Schreiber, dessen Auftritte im Gemeinderat viel beachtet werden und oft nicht zur Freude der Rathauspolitiker ausfallen. Da spricht der Gemeinde- und Stadtrat immer wieder davon, dass sich Wien „mit fortschreitendem Wohlstand auch fortschreitend verhäßlicht und an urbaner Kultur gewaltig verloren hat".

Bewegung statt Stillstand

Mit dem Anreger, Aufreger und Visionär Jörg Mauthe hätten heutige Wutbürger große Freude. Gemeinsam mit seinem Mentor Erhard Busek gründete er das Team der „Bunten Vögel" und forderte im Wiener Rathaus Bewegung statt Stillstand. Und er plädierte wie in seinem ersten Roman *Die große Hitze* über den Sektionschef Tuzzi für eine „höhere Einheit zwischen dem Humanen und dem Beamtentum".

1984 formiert sich eine Bürgerbewegung gegen die Überzeugung, die Mächtigen wären immer im Recht: Bei der „Pressekonferenz der Tiere" erscheinen Jörg Mauthe als Schwarzstorch, Günther Nenning als Rothirsch, Othmar Karas als Kormoran und Peter Turrini als Rotbauchunke verkleidet. Ein halbes Jahr später wird es ernst: Das Naturparadies der Stopfenreuther Au bei Hainburg wird im Kampf gegen ein geplantes Donau-Wasserkraftwerk besetzt. Der Widerstand, der sich durch alle politischen Lager formiert, ist für Jörg Mauthe Signal einer Wende des Denkens.

In jenem Jahr 1984 verfasst Mauthe gemeinsam mit seinem streitbaren Freund Nenning das *Schönheitsmanifest*. Mit temperamentvollen Thesen wird die „Betonierwut der Technokraten, die Gefühllosigkeit der Politiker, die Lüge vom Konsumglück" angeprangert. Mauthe & Nenning stellen in ihrer Proklamation fest: „Das schöne Land Österreich wird immer häßlicher … unsere in Jahrhunderten gewachsenen Kulturlandschaften werden zerschnitten, verwüstet, zerstört."

In Wien, das Jörg Mauthe als „meine Geliebte" bezeichnet, gelingt ihm viel. Er kämpft gegen die „tägliche Vernichtung von Schönheit", mit seinen Ideen gibt er den Impuls für eine lebenswertere Stadt, die Bürgermeister Helmut Zilk dann gerne übernimmt: Denkmalpflege und sowohl Erhaltung als auch Erneuerung des Stadtbildes, die Revitalisierung dahindämmernder Gebiete wie des Spittelbergs, die Wiederbelebung des echten Wienerliedes. Und die Beiselkultur. Wiener Wirtshäuser, in denen man einfach gut isst und wo der Schmäh rennt, werden von Mauthe entdeckt und gefördert.

Bereits 1962, lange bevor *Gault Millau-* oder *Tafelspitz-Tester* unterwegs sind, fragt Jörg Mauthe in einem Band: *…belieben zu speisen?* Es sei der „erste Versuch eines Baedekers durch die Wiener Küchen", beschreibt der Autor den ersten Gourmet-Guide Österreichs.

> Lasst uns überlegen, wie wir nach dem Untergang weiterleben könnten! Schaden kann's nicht, nützen aber vielleicht doch.
>
> Jörg Mauthe

Der leidenschaftliche Esser und Kartenspieler, Querdenker und Ideenlieferant, Kunsthistoriker und Kulturkritiker, der die junge Ingeborg Bachmann als Schreiberin für die „Radiofamilie" entdeckt und aus seiner Freimaurer-Mitgliedschaft niemals

1974 Erster Roman. *Die große Hitze.*

1978 Politik. Einstieg als Stadtrat in Wien.

ein Geheimnis macht, ist für Günther Nenning ein „Kentaur mit nervös trommelnden Vorderhufen, ein Kentaur aus vorne Politik und hinten Kultur und obendrauf ein löwenmähniger Mauthekopf".

1974 erscheint Jörg Mauthes erster Roman *Die große Hitze:* Der Held des Buches ist Sektionschef Tuzzi aus Robert Musils Roman *Der Mann ohne Eigenschaften*. Durch eine nicht enden wollende Hitzeperiode (kein Wunder, dass während des vergangenen Rekordsommers von manchen Literaturliebhabern der Roman aus der Bibliothek geholt worden ist) ist Österreich dem Untergang geweiht. Die Regierung weiß sich nicht mehr zu helfen. Die Rettung vor der großen Trockenheit erzielt der findige Sektionschef mithilfe eines Kanals.

„Weil jetzt eh schon alles wurscht zu sein scheint, leiste ich mir einen Ausbruch kalter Wut"

Mauthes schönster Roman ist *Die Vielgeliebte*. Eine Hommage an eine geheimnisvolle, begehrenswerte Frau. Hochattraktiv, vital, verständnisvoll. Sie zieht Scharen von Männern Wiens in ihren Bann: Einen echten Fürsten und einen echten Unterweltkönig, einen Medizinalrat und Dr. Tuzzi, den Helden aus Mauthes erstem Roman.

Im Buch verabschieden sich alle Liebhaber gemeinsam am Grab der Geliebten. Noch viele Jahre nach dem Tod des Autors, der sie sehr gut gekannt hat, sieht man die Vielgeliebte in Ottakring. Draußen im Liebhartstal, am Montag, beim Wienerlied-Stammtisch der reschen „singenden Wirtin" Anny Demuth. Mit ihrer Anmut und Attraktivität zieht die jetzt schon ältere Romanheldin noch immer begehrliche Blicke auf sich. Etwas sondiert von der singenden Menge sitzt sie im hinteren Stüberl. Rauchend, versunken in den Erinnerungen an ihre eigene Welt von gestern.

„Weil jetzt eh schon alles wurscht zu sein scheint, leiste ich mir einen Ausbruch kalter Wut", meint Jörg Mauthe am Ende seines Lebens bei einer Gemeinderatssitzung: „In meinen gesunden Tagen hätte ich mit einem solchen Auftritt wahrscheinlich nicht viel Erfolg erzielt. In meinem jetzigen Zustand habe ich ihn. Alle nicken ernst."

Ein halbes Jahr vor seinem Ende schreibt der erst 61-jährige Mauthe in seinem Tagebuch: „Demnächst werde ich sterben. Ich begriff es schon in der ersten Minute der Visite … Ich bin nicht entsetzt, verzweifelt, erschüttert …" Während der letzten Wochen seines Lebens schreibt der Todkranke sieben Briefe mit dem Auftrag, sie nach seinem Tod den Adressaten zuzustellen und sie im von ihm gegründeten *Wiener Journal* zu veröffentlichen.

Darunter ein Brief an Helmut Zilk mit dem Wunsch, der Bürgermeister möge an der Bestattung nicht teilnehmen. Mauthe hat Zilk bereits mehr als drei Jahrzehnte zuvor als Redakteur bei der *Austria-Wochenschau* kennengelernt. Eine Art Freundschaft zwischen den beiden entwickelt sich. Mauthe verzeiht Zilk, dass er „Ideen und Anregungen anderer auf ordentliche Weise exekutiert", doch er kann dem Bürgermeister nie verzeihen, dass dieser bei seinem Amtsantritt droht, „Busek & Co einfach zu vernichten". Er schreibt am Ende an den „lieben Helmut": „Adieu. Und versuch vielleicht doch, wenigstens für eine Weile wieder der Mann zu werden, der Du einmal gewesen bist."

Jörg Mauthes Zorn, Aufregung und Verzweiflung basieren auf einer unbändigen Liebe zu Wien. Und auf einer Liebe zum Leben. Voller ätzender Ironie im Sinne Nestroys und voller Skurrilität eines Herzmanovsky-Orlandos.

1979 Großer Erfolg. *Die Vielgeliebte.*

1986 Tod. 29. Jänner in Wien.

Seit mehr als sieben Jahrzehnten ist sie auf der Suche nach der Wahrheit der Sprache. Friederike Mayröcker ist eine stille, experimentierfreudige Dichterin: Denn ihre poetische Existenz unterliegt einer ständigen Veränderung. Für das Schreiben benötigt das ewig junge Mädchen die absolute Einsamkeit ihres „Zettelreichs".

Friederike Mayröcker

Die *Grande Dame* der deutschsprachigen Poesie: Friederike Mayröcker.

Einsame Poetin, elegische Träumerin, ewige Kinderseele

Die Idylle, das Paradies, die Sommerfrische während der Kindheit. Hier in Deinzendorf bei Retz erfährt Friederike Mayröcker erste prägende Eindrücke für ihre spätere schriftstellerische Arbeit: „Ich saß mit einer Mundharmonika beim Brunnen vis-à-vis vom Haustor und habe zu spielen versucht, in einer traurigen Stimmung, wie ich sie heute noch brauche, um Schreiben zu können." Jeden Sommer verbringt das Mäderl bis zu ihrem elften Lebensjahr hier im Weinviertel zwei Monate auf dem Vierkanthof ihrer Eltern.

Die Liebe zur Natur gräbt sich während der Sommerwochen auf dem Land in die Erinnerung Friederikes ein. Tiere und Blumen tauchen später immer wieder in ihren Texten

1924 Geburt.
20. Dezember in Wien.

auf: Hyazinthen, Schwertlilien, das Warten auf das Erblühen der ersten Fliederbüsche… Sobald es Frühling wird, würde sie auch heute noch gerne hinaus in die Natur fahren. Doch das ist für die *Grande Dame der deutschsprachigen Poesie,* die inzwischen längst die Neunzig überschritten hat, nicht ganz unbeschwerlich.

Auch das Lieblingswirtshaus in der Nähe ihrer Wohnung in der Zentagasse besucht sie seit rund einem Jahr nicht mehr, „Rudi's Beisl" auf der Wieden, wo das *Mayröcker-Nischerl* für sie reserviert ist. Spät mittags zog sie sich dort immer in ihren geschützten Bereich zurück und bestellte das Tagesgericht. Ein Ritual für mehr als zwanzig Jahre.

Erst das Schreiben selbst erzeugt die Wirklichkeit

Heute lebt die experimentelle Poetin, die meint, eine Kinderseele zu haben, und schon als junges Mädchen nur Kunst im Kopf hat, einsam in ihrer Wiener Wohnung, einem „Treibhaus aus Papier, das wuchert". Hier vergräbt sie sich in die Welt ihrer Texte: „Ich fühle mich nur am Leben, wenn ich schreibe. Seit ich 15 bin, explodiert es jeden Tag in mir. Mein Kopf ist so voll, alles muss raus, ich kann nicht anders…"

Nie hat sich Friederike Mayröcker für die Außenwelt interessiert. Sie braucht das zurückgezogene Leben, um schreiben zu können und sich ihre eigene Welt zu schaffen – „denn erst das Schreiben selbst erzeugt die Wirklichkeit: unmittelbar und intensiv."

Die Wiener Dichterin hat sprachlich immer mehr gewagt als alle anderen und gilt heute als eine der ganz großen Autorinnen des 20. und 21. Jahrhunderts. Ihre Bücher haben immer geringe Auflagen, doch die stille Poetin, die 2004 als Favoritin für den Literaturnobelpreis gehandelt wird, erfährt viele Ehrungen. Sie wird mit dem Trakl-, Hölderlin-, Wildgans- und Laske-Schüler-Preis ausgezeichnet. *Für Fünf Mann Menschen* erhält sie bereits 1969 gemeinsam mit Ernst Jandl den begehrten Hörspielpreis der Kriegsblinden.

Erst mehr als dreißig Jahre später folgt, *endlich* – wie manche Kritiker meinen – mit dem Georg-Büchner-Preis die wichtigste deutschsprachige Literatur-Auszeichnung. In der Laudatio wird ihr *undomestiziert-wildwuchernder poetischer Blick* hervorgehoben. Sie habe mehr als siebzig Titel vorgelegt und sei damit die *deutsche Titelmeisterin.*

Am 20. Dezember 1924 in Wien geboren, besucht Friederike zunächst eine private Volksschule, dann die Hauptschule und maturiert später in einer kaufmännischen Wirtschaftsschule. Von 1946 bis 1969 arbeitet sie als Englischlehrerin an verschiedenen Wiener Hauptschulen – „ohne Lust, ohne Freude, es war halsschnürend, eine Qual – aber nach dem Krieg musste ich ja von irgendetwas leben". Im Alter von 45 Jahren lässt sie sich vom Dienst befreien. Denn sie wollte „den Kindern nicht sagen, was sie zu schreiben und zu denken haben".

Zehn Jahre Arbeit für die Schublade

Bereits 1939 verfasst das junge Mädchen literarische Texte, ihr großes Vorbild ist Hölderlin. 1946 veröffentlicht Mayröcker erstmals im *Plan,* einer der wichtigsten Kulturzeitschriften Österreichs in der Nachkriegszeit. Ihr erstes Buch, *Larifari,* bleibt erfolglos – genauso wie das Erstlingswerk von Ernst Jandl. „Die ersten zehn Jahre haben wir für die Schublade geschrieben", erinnert sich die Poetin ihrer Anfänge und ihrer großen Liebe, ihrem „Hand- und Herzgefährten" Jandl.

Die 1950er-Jahre sind ihre wilde Zeit, als es ihr gemeinsam mit Ernst Jandl und H. C. Artmann um das reine Experimentieren geht.

1939 Erste Texte. Als fünfzehnjähriges Mädchen.

1954 Lebensliebe. Begegnung mit Ernst Jandl.

„Aber eigentlich“, so Mayröcker heute, „bin ich jetzt noch wilder als damals. Jetzt weiß ich, ich muss mit dem Kopf durch die Wand.“ Die erste wichtige Publikation, *Tod durch Musen,* erscheint 1966 im Rowohlt Verlag, denn in Österreich hat ihre experimentelle Literatur keine Chance.

Jetzt blickt Friederike Mayröcker auf ein Lebenswerk von nahezu hundert Büchern in Prosa und Lyrik zurück, darunter Kinderbücher, Hörspiele und Bühnentexte. Aber das ist für die Vielgeehrte Vergangenheit: „Mich interessierte immer nur, was kommt, nicht, was war.“

Ich fühle mich nur am Leben, wenn ich schreibe. Seit ich 15 bin, explodiert es jeden Tag in mir.

Friederike Mayröcker

Die Texte der Schriftstellerin, die zurückgezogen in ihrer Dichterhöhle, in ihrem *Zettelreich* lebt, „entziehen sich“, wie die *Süddeutsche Zeitung* meint, „dem rationalen Zugriff, sind poetisches, oft melancholisches Gespinst, sind Träume, die uns bezaubern – und befreien“. Seit rund sieben Jahrzehnten geht sie ihrem Schreiballtag nach. Auf der Suche nach der Wahrheit der Sprache. Manchmal bereits ab fünf Uhr früh. Da ist der Traum der Nacht noch in ihr: „Ich träume in Wörtern und Sätzen, dann wache ich auf und muss alles aufschreiben.“ Damit nichts davon verloren geht, liegen stets Stift und Heft neben ihr auf dem Nachtkastl. Dann fängt sie an, im Bett mit der Hand in ein großes Zeichenheft zu schreiben: „Es ist ein richtiges Herumschmieren. Manchmal auch ein Kritzeln. Denn wenn es einmal elf wird, dann kommt er nicht mehr, der Heilige Geist des Schreibens“.

„Das Tyrannchen, der Tod, kann noch warten…“

Sie braucht die absolute Einsamkeit – „das ist nicht immer angenehm.“ Der Drang, zu schreiben, resultiert immer aus der Wehmut, der Trauer – „wenn man glücklich ist, kann man nicht schreiben“. Friederike Mayröcker geht es um den Wahnwitz der Sprache, „da kann einem der Leser schon leidtun…“ Denn ihre poetische Existenz unterliegt einer ständigen Veränderung. Noch heute fühlt sie sich am Anfang ihrer Möglichkeiten: „Ich habe ja erst angefangen, zu schauen, zu sprechen, zu schreiben, zu weinen… Jedes Jahr ist der Frühling ganz neu – der war noch nie da. Das allein macht einen schon glücklich. Was kommt jetzt? Ich bin gespannt auf die ersten Fliederbüsche. Das Tyrannchen, der Tod, kann noch warten…“

Die über neunzigjährige, ewige Poetin ist heute „nur äußerlich das alte Weib, das durch die Straßen humpelt, innerlich bin ich immer noch das junge Mädchen, das in Deinzendorf barfuß über die Wiese läuft…“

1966 Poesie.
Erste wichtige Publikation
Tod durch Musen.

2001 Auszeichnung.
Georg-Büchner-Preis.

Eine Pionierin der Physik. In einer frauenfeindlichen Forschungswelt. Das Drama der Pazifistin Lise Meitner, die durch ihre epochale Entdeckung die Grundlage für die gefährlichste Waffe aller Zeiten geschaffen hat. Ein anderer erhält dafür den Nobelpreis und erwähnt seine jahrzehntelange Kollegin mit keinem Wort.

Lise Meitner

Flucht nach Schweden mit 13 Mark in der Tasche: Lise Meitner, die epochale Physikerin.

Glühende Pazifistin und „Mutter der Atombombe"

Um nachzudenken zieht sie sich in den Wald zurück, um sich zu entspannen singt sie im Labor Brahms-Lieder. Sie führt ein Leben ohne Liebesaffären: „Dafür", bekennt die Forscherin Lise Meitner als fast 90-jährige Greisin, „hatte ich einfach keine Zeit. Ich liebe die Physik, es ist so eine Art persönliche Liebe, wie bei einem Menschen, dem man sehr viel verdankt."

Mit aufopfernder Arbeit ringt die Pionierin der Physik durch ihre Grundlagenforschung in der Kernphysik der männlich dominierten Wissenschaftsgemeinde Anerkennung ab. Sie verdient es, in einer Reihe mit Forschern wie Isaac Newton, Marie Curie oder Albert Einstein genannt zu werden. Wie Curie und Einstein ist Meitner überzeugte Pazifistin

1878 Geburt. 7. November in Wien-Leopoldstadt.

– und erlebt einen der drei traurigsten Tage ihres Lebens, als sie in Amerika kurz nach dem Bombardement von Hiroshima als „Mutter der Atombombe“ bezeichnet wird.

Noch erschütternder ist jener Tag, an dem sie wegen ihrer jüdischen Wurzeln – obwohl sie schon jahrzehntelang evangelischen Glaubens ist – 1938 vor der Nazi-Diktatur nach Schweden fliehen muss. Unter abenteuerlichen Umständen, mit 13 Mark Bargeld, einem bescheidenen Diamantring und einem einzigen Koffer. Der dritte Schicksalstag fällt in das Jahr 1945: Ihr wissenschaftlicher Partner Otto Hahn, mit dem sie mehr als drei Jahrzehnte zusammengearbeitet hat, erhält den Nobelpreis für die Entdeckung der Kernspaltung. Ohne Lise Meitners Forschung wäre er nie so weit gekommen.

Meitners Leben gibt Zeugnis von einer starken, unbeugsamen Frau, von einer Forscherin, die ihrer Zeit voraus war, einer Vorreiterin der Frauenbewegung, einer Wegbereiterin der Atombombe wider Willen, von einer Frau, die sich immer für die friedliche Nutzung der Atomkraft eingesetzt und Zeit ihres Lebens gegen soziale und politische Widerstände gekämpft hat.

Promotion als zweite Frau an einer Universität in Österreich

Lise kommt im November 1878 in Wien Leopoldstadt zur Welt. Elise, wie die zarte Tochter eines jüdischen Rechtsanwaltes damals genannt wird, wird protestantisch erzogen, dreißig Jahre nach ihrer Geburt wird sie durch die Taufe in die evangelische Kirche aufgenommen.

Ende des 19. Jahrhunderts ist für Mädchen der Besuch höherer Schulen oder gar Universitäten nicht erlaubt. Also bereitet sich das scheue, introvertierte Mädchen zu Hause im Selbststudium auf die Matura vor. Im Alter von 22 Jahren legt Lise im Akademischen Gymnasium Wien die Reifeprüfung ab. Fünf Jahre später promoviert sie 1906 als zweite Frau an einer Universität in Österreich. Ihr wichtigster akademischer Lehrer dort war Ludwig Boltzmann. Bereits zu Beginn ihres Studiums beschäftigt sich Lise leidenschaftlich mit der Radioaktivität. Bald schon bewirbt sie sich bei Madame Curie in Paris – allerdings ohne Erfolg.

> Das Leben muss nicht leicht sein, wenn es nur inhaltsreich ist.
>
> Lise Meitner

Daher geht sie 1907 nach Berlin, wo sie Assistentin von Max Planck, dem Begründer der Quantenphysik, wird. Die deutsche Metropole lockt damals nicht nur wegen des fruchtbaren wissenschaftlichen Niveaus, im Berlin des Jahres 1907 *tanzt der Bär:* in Bars und Varietés, zwischen Kultur und Konsum. Das Schiller-Theater und das *luxuriöse Kaufhaus des Westens* sind gerade eröffnet worden, und im Oktober weiht Kaiser Wilhelm II. das Hotel Adlon ein, wo es bald zu schicksalshaften Begegnungen für die deutsche Geschichte des 20. Jahrhunderts kommt.

Diskriminierung am Institut Max Plancks: „Fräulein Meitner darf nur hier sein, wenn sie im Keller bleibt“

Auch in Preußen hat die 31-jährige Wiener Physikerin mit Schwierigkeiten zu kämpfen: Frauen sind an Universitäten nicht zugelassen. Als sie 1907 am Institut Max Plancks den Chemiker Otto Hahn kennenlernt, muss sie anfangs als unbezahlter Gast in dessen Ar-

1906 Physikerin. Promoviert als zweite Frau an der Wiener Universität in Physik.

1909 Forscherin. Entdeckt gemeinsam mit Otto Hahn den radioaktiven Rückstoß.

beitsraum – einer dunklen ehemaligen Holzwerkstatt – forschen. „Fräulein Meitner darf nur hier sein", entscheidet Otto Hahns Chef, der Nobelpreisträger Emil Fischer, der fünf Jahre zuvor als erster deutscher Chemiker den Nobelpreis erhalten hat, „wenn sie im Keller bleibt und das Institut nur durch den Hintereingang betritt." Mit Unmengen von schwarzem Kaffee und Zigaretten hält sich Lise in der frauenfeindlichen Forschungswelt bei Laune.

Während der ersten beiden Jahre darf sie Labors nicht betreten, so lange, bis 1909 das Studium für Frauen in Preußen offiziell eingeführt wird. Bis dahin sind Frauen an Universitäten eigentlich nur in der Putzkolonne geduldet. Sogar Max Planck, der spätere Förderer Meitners, findet an dieser Regelung nichts Frauenfeindliches: „Amazonen sind auch auf geistigem Gebiet naturwidrig."

Zu Beginn des Ersten Weltkriegs tritt Meitner als Röntgenschwester in die österreichische Armee an der Ostfront ein. Die Gräueltaten, die sie dort erlebt, lassen sie zur glühenden Pazifistin werden. Währenddessen arbeitet ihr Kollege Hahn am deutschen Giftgasprogramm.

Entdeckung der Kernspaltung

1919 wird sie erste weibliche Physik-Professorin Preußens. Viele Jahre später ist sie fasziniert von dem Italiener Enrico Fermi, der die erste kontrollierte Atomspaltungsreaktion der Welt durchführt. Meitner überredet Hahn, dieses Experiment auch zu versuchen, um die heimlichen und unheimlichen Energien des Atoms zu zähmen – und dadurch erst die Entfesselung seiner Kraft möglich zu machen.

Bei den Versuchen Hahns und seines Partners Straßmann ist sie nicht mehr dabei. Der von den Nazis in die Emigration getriebenen Physikerin bleibt nur der Briefkontakt zu Hahn. Zu Weihnachten des Jahres 1938 erhält sie im Exil, in einer schäbigen schwedischen Absteige, einen Brief von Otto Hahn. Er berichtet von einem scheinbar seltsamen Ergebnis, ohne sich der Tragweite des Experiments bewusst zu sein: „Vielleicht kannst Du irgendeine phantastische Erklärung dafür vorschlagen."

Lise Meitner zieht sich wieder einmal in den Wald zurück. Auf einem Winterspaziergang ergründet sie das Wesen der Kernspaltung und erklärt Hahn in einem Brief, wie der Spaltungsprozess des Atomkerns stattfinden hat können. Sie schafft damit die Grundlage für die Entwicklung der Atombombe. Ein Forschungsergebnis, das die Welt für immer verändern wird. Hahn erntet die Früchte der epochalen Entdeckung Meitners und erhält einige Jahre später dafür den Nobelpreis. Er erwähnt seine jahrzehntelange wissenschaftliche Partnerin Ilse Meitner mit keinem Wort.

48-mal wird Meitner für den Nobelpreis nominiert, ohne ihn je zu erhalten. Erst 26 Jahre nach ihrem Tod entsinnt sich die Wissenschaft der bedeutenden Kollegin. Seit 1994 ist das 109. Element nach Lise Meitner benannt: *Meitnerium*.

1938 Exil.
Flucht nach Schweden, wo sie bis 1960 lebt.

1968 Tod.
28. Oktober in Cambridge.

Als „großer Erzähler der Gegenwart“ ist er vielfach preisgekrönt. Für die einen ist er der Linksaußen der Literatur, für die anderen ein bedeutender europäischer Intellektueller. Geschichten aus Brüssel, Großmutter Dolly und warum Hans Krankl schuld ist, dass die Kicker-Karriere von Robert Menasse abrupt endete …

Robert Menasse

Ein brillanter Kopf, der polarisiert, der gerne und oft Stellung bezieht: Robert Menasse.

Europa, Fußball und Spinat vom Karmelitermarkt

Eine Sau läuft durch Brüssel. Sie ist einem Schweinezüchter aus Wien entkommen. Ein Polizeikommissar muss aus politischen Gründen einen Mordfall auf sich beruhen lassen, die Beamtin Fenia Xenopoulou soll das Image der Kommission aufpolieren, ein emeritierter Professor tritt dafür ein, in Auschwitz die Hauptstadt der EU zu errichten: In einem Krimiplot eingebettet ist *Die Hauptstadt* ein politischer Roman, der penibel recherchiert und packend geschildert ist.

In dem satirischen, fantasievollen Buch, das monatelang auf den Bestsellerlisten zu finden ist, erzählt Menasse mit Leidenschaft von der EU als Machtzentrum – aber auch von dem lebendigen Organismus von Menschen für Menschen. Von Zehntausenden „Eurokraten",

1954 Geburt.
21. Juni in Wien.

die an dem „Ort einsamer Seelen“ entwurzelt, als Vertreter ihrer Länder leben.

Der Skeptiker Menasse fährt nach Brüssel, mietet sich eine Wohnung und bleibt schließlich vier Jahre lang hier. Er sieht, was alles schiefläuft, erlebt aber eine Überraschung: Kaum eines der gängigen Klischees von verknöcherten Eurokraten trifft zu. Im Gegenteil: Es sind die „nationalen Regierungen, die die Idee eines gemeinsamen Europa kurzsichtigen ökonomischen und populistischen Winkelzügen unterordnen“.

Robert Menasse ist während seiner Brüsseler Jahre ein Verfechter der EU geworden, da hat er sich keine leichte Aufgabe ausgesucht. Doch er ist überzeugt davon: „Entweder geht das Europa der Nationalstaaten unter, oder es geht das Projekt der Überwindung der Nationalstaaten unter.“ Die *Frankfurter Allgemeine Zeitung* attestiert dem Romancier und Essayisten aus Wien: „Europa war die Welt der Grenzen und Begrenzungen. Er will auf keinen Preis der Welt dahin zurück. Heute braucht die EU solche Fürsprecher.“

Für den Roman über *Die Hauptstadt* erhält Menasse, der zuvor schon unter anderem mit dem Heinrich-Mann-Preis, dem Max-Frisch-Preis oder dem französischen Orden der Arts et Lettres ausgezeichnet worden ist, den Deutschen Buchpreis 2017. Die Jury begründet ihre Wahl mit der „gelungenen Wiedergabe des Zeitgeists“. Ein angenehmer Nebenaspekt dieser bedeutenden Auszeichnung im deutschsprachigen Literaturbetrieb ist das Preisgeld von 25.000 Euro.

Im Jänner dieses Jahres erhält Menasse auch die Carl-Zuckmayer-Medaille. Obwohl er nicht nur im Roman über die EU-Hauptstadt, sondern auch in Diskussionen erfundene Fakten verwendet und ein „seltsam elastisches Geschichtsbild“ hat. Nachdem sich der Literat mit einer „reichlich vernarbten Seele“ für Zitate, die er Walter Hallstein, dem ersten Präsidenten der Europäischen Wirtschaftsgemeinschaft, zugeschrieben hat, offiziell entschuldigt und einräumt, einen Fehler begangen zu haben – allerdings „nicht mit dem Ziel der Täuschung“ – wird der „große Erzähler der Gegenwart“ im Staatstheater Mainz einmal mehr gewürdigt.

Luftikus, geselliger Autist und heiterer Depressiver

„Dass ein so bedeutender europäischer Intellektueller wie Robert Menasse die Stimmigkeit in der Geschichte noch immer ihrer Wirklichkeit vorzieht“, schreibt Iris Radisch in der *Zeit*, „hätte dem Geschichtsphilosophen Hegel gefallen, dem ebenfalls ein allzu stimmiges Zitat untergeschoben wurde: *Wenn die Tatsachen nicht mit der Theorie übereinstimmen – umso schlimmer für die Tatsachen.*“

Robert Menasse, der sich selbst als Luftikus, als geselligen Autisten, als heiteren Depressiven bezeichnet, sieht die Welt immer mit einem ironischen Blick. Ironie sei ein „Überlebensmittel“. Die Literatur liefere dafür ja die Bestätigung: „Musil ohne Ironie wäre unerträglich. Thomas Mann ohne Ironie völlig unerträglich. Doderer ohne Ironie völlig verblasen.“

> **Man kann nur mit der ersten Frau oder mit der letzten glücklich werden.**
>
> Robert Menasse

Für manche gilt der „glänzende Erzähler“ als Linksaußen der Literatur, der, wie für den Politologen Roland Freudenstein, ein „links-westeuropäisches Weltbild“ vertritt. Für seinen klar-europäischen Standpunkt wird er wiederholt heftig kritisiert. Für viele ist er

1988 Erstes Buch. *Sinnliche Gewissheit.*

1999 Grimmelshausen-Preis. *Schubumkehr.*

ein wichtiger europäischer Intellektueller. Das deutsche Feuilleton attestiert ihm „mutige und erhellende" Ansichten, und die *Neue Zürcher Zeitung* schreibt, er liefere „brillante Zeit- und Milieustudien", er sei ein „Erzähler, der empfindungs- und temporeich, welthaltig, tragisch, komisch und mit viel Witz" schreibe.

„Zum Wohlfühlen gehört auch, dass man auf eine Stadt, die man liebt, wütend ist"

Roberts Vater Hans ist eine Sturzgeburt. Seine Schwester Eva Menasse beschreibt in ihrem berührenden Bestseller *Vienna* die Geburt des Vaters im März 1930: „Er und ein Pelzmantel wurden Opfer der Bridge-Leidenschaft meiner Großmutter, die, obwohl die Wehen einsetzten, unbedingt noch die Partie fertigspielen musste."

Ein außergewöhnlicher Ankick in ein bewegtes Fußballerleben. Als Achtjähriger muss Hans Menasse im Dezember 1938 mit einem der ersten Kindertransporte Wien verlassen und glaubt, er würde eine Ferienreise nach England machen. Ein Leben für den Fußball beginnt hier, wo er inzwischen länger als in Österreich lebt, ein Angebot vom „FC Arsenal" ist unterwegs – doch die spätere „Vienna"-Legende kehrt zu ihren Wurzeln zurück. Man ruft dem Rechtsaußen in Wien nicht „Hoppauf, Herr Jud!", sondern „Hoppauf Herr Engländer!" zu.

Es ist für Hans Menasse, den Stürmer nach der Sturzgeburt, völlig klar, dass auch sein 1954 geborener Sohn „Robby" Fußballer werden muss – und völlig unklar, warum er Gedichte schreibt. Roberts kurze Karriere beginnt in der Jugendmannschaft des WAC. Und endet abrupt, als ein neuer Stürmer gleich bei seinem ersten Match in der Kindertruppe neun Tore schießt: „Ich habe Hans Krankl gratuliert und gesagt, dass ich, solange er keine Gedichte schreibt, nicht mehr Fußball spielen würde. Daran haben wir uns eisern gehalten."

1973 veröffentlicht Menasse in der Kulturzeitschrift *Neue Wege* seine erste Erzählung *Nägelbeißen,* drei Jahre später ist er Mitgründer eines „Zentralorgans herumstreunender Germanisten". 1980 promoviert er mit der Arbeit *Der Typus des Außenseiters im Literaturbetrieb,* kurz danach wird er Lektor für österreichische Literatur und später Gastdozent an der Universität São Paulo, nach acht Jahren kehrt er nach Wien zurück. Den kritischen Blick auf seine Heimat hat er nie verloren: „Zum Wohlfühlen gehört auch, dass man auf eine Stadt, die man liebt, wütend ist und gleichzeitig sich so mit ihr verkrallt, dass es einer Liebesverschmelzung gleicht."

Als Menasse nach vielen Jahren wieder erste Rundgänge durch den zweiten Bezirk unternimmt, wo seine Wurzeln sind, erinnert er sich auch an Großmutter Dolly und an den Obst- und Gemüsestand am Karmelitermarkt, wo sie eingekauft hat: „Es war mir immer peinlich, mit ihr dorthin zu gehen, denn sie hatte einen Tick. Sie wollte jeden Tag mit frischen Produkten kochen und hat daher nur in ganz kleinen Mengen eingekauft. Wir hatten damals noch keinen Kühlschrank. Eines Tages hat sie Spinat gekauft, nur ein paar Blätter, die sie aus dem Steigerl herausgezupft hat: ‚Frau Menasse, Sie müssen zumindest so viel nehmen, dass die Waage ausschlägt', sagte der Gemüsehändler."

2001 Persönlichster Roman. *Die Vertreibung aus der Hölle.*

2017 Bestseller-Satire. *Die Hauptstadt.*

Ein anonymer Repräsentant seiner Zeit, ein Mann ohne Eigenschaften, ist im monumentalen Roman von Robert Musil eine der Figuren, die sich langsam auf den Schrecken des Krieges zubewegen. In einer 1.700 Seiten langen, literarischen, gesellschaftskritischen Zeitanalyse, die auch Ausdauer erfordert.

Robert Musil

Ein Dichter, dessen monumentaler Roman mit Werken von James Joyce und Marcel Proust verglichen wird: Robert Musil.

Geheimer Gigant der Weltliteratur

Nicht Joseph Roth. Nicht Arthur Schnitzler. Nicht Stefan Zweig. Sondern Robert Musil begleitet Bruno Kreisky nach mehrmonatiger Gestapo-Haft ins Exil nach Schweden: eine bereits zerlesene Ausgabe der beiden ersten Teile des Romans *Der Mann ohne Eigenschaften* – das Werk eines Autors, das auch Ausdauer erfordert. Ein monumentaler Roman rund um die Hauptfigur Ulrich, einen scheinbar plan- und ziellos lebenden jungen Herrn, der Züge des Dichters selbst trägt. Musils Held, ein ehemaliger Kavallerieoffizier, ein von den Frauen umworbener Außenseiter, ist Mathematiker, Philosoph und Psychologe.

In den vielfältig verschlungenen Erlebnissen Ulrichs spiegelt sich in einem giganti-

1880 Geburt. 6. November in Klagenfurt.

schen literarischen Protokoll das Schicksal der untergehenden Donaumonarchie und ihrer morbiden Gesellschaft während des Übergangs von 1913 zum ersten Kriegsjahr 1914. Ein endlos scheinendes, atemloses Jahr lang bewegen sich Musils Menschen in „Kakanien" langsam auf Sarajevo und den Schrecken des Krieges zu. Auch Ulrich, als eine Person ohne spezielle Besonderheiten, als ein Mann ohne Eigenschaften, als ein anonymer Repräsentant seiner Zeit.

> Die Intellektualität ist, wie wir wissen, nur der Ausdruck oder das Werkzeug eines ausgetrockneten Lebens.
>
> Robert Musil

Bereits 1930 und 1933 bringt Rowohlt die beiden ersten Teile des monumentalen Romans heraus. Robert Musil erinnert den Verleger in seiner „unnachgiebigen Schärfe und Gesellschaftskritik an James Joyce", er bewundert die „minutiöse Hartnäckigkeit wie bei Marcel Proust". Eine Fortsetzung des Romans, die bereits in den Satzfahnen vorliegt, zieht der unendlich selbstkritische Autor, obwohl er in extremer wirtschaftlicher Not lebt, wieder zurück. 1943 erscheint ein dritter Teil, den Martha, die Frau des inzwischen verstorbenen Dichters, provisorisch aus dem Nachlass zusammengestellt hat. Erst 1952 erscheint posthum der komplette Roman, an dem Musil Jahrzehnte lang gearbeitet hat.

Robert Musil wird 1880 als Sohn eines Ingenieurs, eines geadelten Universitätsprofessors in Klagenfurt geboren. Seinen rechtmäßigen Titel „Robert Edler von Musil" führt der Dichter nie. Er tritt in das Internat der Militär-Unterrealschule in Eisenstadt ein, weil er endlich „lange Hosen tragen" will. Doch bald leidet er unter „leidenschaftlichstem Heimweh."

Barbarei unter der Oberfläche des Internats: *Die Verwirrungen des Zöglings Törleß*

Nach zwei Jahren wechselt er in die Militärerziehungs- und Bildungsanstalt in Mährisch-Weißkirchen. In seinem ersten erfolgreichen Roman *Verwirrungen des Zöglings Törleß* reflektiert er facettenreich das „Gespenstische" des Geschehens in der Verborgenheit einer Militärschule. Man hält die Zöglinge wie Sträflinge. Musil durchleuchtet pubertäre Spannungen und sexuelle Aggressionen. In einem Arsenal der Rohheit. Die Kruste der Anständigkeit zerspringt, unter der Oberfläche von Internatspsychosen bricht die Barbarei hervor. Noch 40 Jahre später versetzt Musil die Erinnerung an seine Zeit in der Anstalt in Schrecken.

Bevor Robert Musil „nichts als Schriftsteller" ist, studiert er Technik, Philosophie und Psychologie und arbeitet später als Beamter, Bibliothekar und Journalist. Die längste Zeit seines Lebens bezieht er kein fixes Einkommen. Vorschüsse seines Verlegers Rowohlt ermöglichen den Lebensunterhalt. Akkurat notiert er täglich in einem blauen Heft die gerauchten Zigaretten der Tagesration, die der Arzt widerstrebend auf sechs bis acht Stück festgesetzt hatte. Musil meint: „Ich behandle das Leben als etwas Unangenehmes, über das man durch Rauchen hinwegkommen kann!"

Musils Bühnenwerke finden nicht viel Beifall. 1924 kommt es in Wien fast zu einem Theaterskandal. Und gegen die Uraufführung seines um zwei Drittel zusammengestrichenen Schauspiels *Die Schwärmer* in Berlin protestiert Musil am Tag davor in den Zeitungen,

1906 Erster Roman. *Die Verwirrungen des Zöglings Törleß.*

1942 Tod in der Schweizer Emigration.

obwohl er „morgens Scheck von 66,25 Mark über zehn Aufführungen erhalten" notiert.

Im Herbst 1938 übersiedelt Musil in die Schweiz. In einem kleinen Gartenhaus eines Genfer Vorortes schreibt er weiter am Roman seines Lebens, dem *Mann ohne Eigenschaften*. Sein 60. Geburtstag am 6. November 1940 wird von allen übergangen. Nur der Zürcher Pfarrer Dr. Lejeune gratuliert. Der Vereinsamte dankt ihm und meint: „Es sieht so aus, als ob ich schon so gut wie nicht da wäre ..."

Bereits am 1. Juni 1939 prophezeit Thomas Mann Musil: „Es gibt keinen anderen lebenden deutschen Schriftsteller, dessen Nachruhm mir so gewiß ist." Und zehn Jahre später, sieben Jahre nach dem Tod des Autors, schreibt die Literaturbeilage der Londoner *Times,* dass Robert Musil „der bedeutendste deutsch schreibende Romancier dieser Jahrhunderthälfte" sei. Lange kursiert danach in Literaturkreisen die Ansicht, dass *The Times Literary Supplement* den bis dahin relativ unbekannten Robert Musil entdeckt hat. Doch bereits zwei Jahre zuvor, 1947, erschien vom Lyriker Victor Wittner eine Hymne auf den Dichter. In Wien. In der *Presse*.

Epische Enzyklopädie unseres Jahrhunderts: *Der Mann ohne Eigenschaften*

Als 1952 nach Erscheinen des fast 1.700-Seiten-Romans *Der Mann ohne Eigenschaften* Buchhändler nach dem gigantischen Opus gefragt werden, können sie nur mit einem bedauernden Achselzucken antworten. Der bei Rowohlt erschienene, dickste und teuerste Roman, der nach dem Krieg erschienen ist, ist längst vergriffen. Verleger Ernst Rowohlt schäumt vor Wut. Sein Verlagsleiter hat verabsäumt, rechtzeitig nachdrucken zu lassen.

Die Kritik spricht von „einer der größten dichterischen Aussagen nicht nur über unsere Zeit, sondern über Welt und Mensch schlechthin" *(Süddeutsche Zeitung)*. Und die *FAZ* schwärmt von der „epischen Enzyklopädie unseres Jahrhunderts". Ingeborg Bachmann meint 1954: „Musil will uns aus einem schablonenhaften und konventionellen Denken herausführen. Seine Bilder zwingen uns nachzudenken, genau zu denken und mutig zu denken." Wenige sind von Musils Werk nicht begeistert. Einer davon ist Marcel Reich-Ranicki. Er bezeichnet den *Mann ohne Eigenschaften* als misslungen und Musil selbst als gehässig.

In Robert Musils Tagebuch tauchen immer wieder Lebensangst und Verzweiflung über seine „Schreiblähmung" auf: „Ich glaube, daß man außer unter Selbstmördern nicht viele Existenzen in einem Augenblick gleicher Unsicherheit antreffen wird, und ich werde mich dieser wenig verlockenden Gesellschaft kaum entziehen können ..."

Sein letzter Tag beginnt ruhig. Musil schreibt am Vormittag im Genfer Gartenhäuschen, geht mittags ins Badezimmer und stirbt an einem Gehirnschlag. Vermutlich während seiner Lieblingsbeschäftigung: der Gymnastik im Bad. Martha Musil schreibt an Freund Csokor: „Es war unmöglich zu fassen, daß er tot sei, so lebendig und etwas spöttisch-erstaunt sah er aus."

1949 Londoner *Times*. „Bedeutendster deutsch schreibender Romancier".

1952 Gesamtausgabe. *Der Mann ohne Eigenschaften* erscheint.

Elias Canetti, Peter Handke und Martin Walser schätzen ihn. Doch Franz Nabl kämpft mit dem Vorurteil, antiquiert zu sein. Seine Sehnsucht nach der versunkenen Welt der Monarchie ist nur oberflächlich, seine Schilderungen menschlicher Abgründe beeindruckend. Es gilt, sein in Vergessenheit geratenes Werk wiederzuentdecken.

Franz Nabl

Ein großer vergessener Romancier Österreichs: Franz Nabl.

Seismograf geschundener Seelen

„Zürne mir nicht, dass der Dank für Deine wunderschöne Weihnachtsgabe erst so spät zu dir gelangt. Aber eine böse gegen Magen und Darm gezielte Grippe geht hier um und da ich schon als Jüngling für Viren offenbar sehr attraktiv war, hat sie sich meiner ausgerechnet zu Weihnachten bemächtigt und mir den Genuss alles Guten, was aus Ilses Küche hervorging, gründlich verdorben", schreibt Franz Nabl am 28. Dezember 1973 an einen „verehrten und mir so lieben Freund". An Hans Weigel.

Es ist vermutlich der letzte Brief, den der 90-jährige Schriftsteller drei Wochen vor seinem Tod schreibt. Für Weigel, eher als Förderer junger Autorinnen wie Bach-

1883 Geburt.
16. Juli in Böhmen.

mann, Haushofer oder Mayröcker im Wien der 1950er-Jahre bekannt, ist der Romancier ein „großartiger, völlig lebendig gebliebener Erzähler von Rang. Franz Nabl, gleich alt wie Franz Kafka, erzählte in klassischem Stil, in völlig lesbar gebliebener Prosa".

Realistische Schilderungen menschlicher Abgründe

Zeit seines Lebens kämpft Franz Nabl mit dem Vorurteil, antiquiert zu sein. Sein umfangreiches Werk ist längst in Vergessenheit geraten. Das Trauerspiel des Ersten Weltkriegs prägt den 1883 in Böhmen geborenen Sohn eines Land- und Forstwirts, der den Fürstlich Thurn- und Taxis'schen Grundbesitz verwaltet, in seiner Sehnsucht nach der versunkenen Welt der Monarchie. Stilistisch ist er der Tradition des 19. Jahrhunderts verbunden, er ist ein Adalbert Stifter verwandter Naturschilderer, der die Regionalliteratur aus einer Welt der Idylle herausführt. Mit seinen realistischen Schilderungen menschlicher Abgründe und seelischer Situationen, deren Regungen, Zwänge und Befreiungen er nachspürt. Manche vergleichen ihn sogar mit Dostojewski oder Ödön von Horváth.

Marcel Reich-Ranicki leitet eine große Anthologie mit Franz Nabl ein. Elias Canetti setzt sich für sein Œuvre ein und Martin Walser meint 1994 anlässlich der Entgegennahme des Franz-Nabl-Preises über den Roman *Das Grab des Lebendigen:* „Literaturhistorikern möchte man gerne die Bitte aufdrängen, einmal zu untersuchen, woran es liegt, dass dieses Buch nicht jedes Mal genannt wird, wenn die großen Bücher in deutscher Sprache genannt werden."

Dieser 1917 erstmals erschienene Roman ist die düstere, seismografische Schilderung einer kleinbürgerlichen Beamtenfamilie, die sich in Lebensangst, Menschenscheu und Selbstgerechtigkeit von der Gemeinschaft isoliert, bis schließlich die verwitwete Mutter und die dämonische Schwester eine tödliche Katastrophe herbeiführen. Mehr als 60 Jahre nach dem Ersterscheinen des beklemmenden Romans, der später unter dem Titel *Die Ortliebschen Frauen* wiederaufgelegt wurde, verfilmte 1979 Luc Bondy mit Edith Clever den Stoff.

> Alle Menschen tragen Masken, manche bewußt, die Mehrzahl unbewußt, ohne daß man ihnen deswegen den Vorwurf der Unaufrichtigkeit machen dürfte.
>
> Franz Nabl

Der Blick auf Franz Nabls Nähe zum Nationalsozialismus sollte differenziert sein: 1933 tritt er demonstrativ aus dem PEN-Club aus, als es nach den Bücherverbrennungen zu einer Fraktionierung zwischen den NS-Kritikern und dem nationalen Lager kommt – zu dem Nabl neben Bruno Brehm und Mirko Jelusich zählt. Ab 1936 ist er Mitglied einer NS-Vorfeldorganisation, dem „Bund deutscher Schriftsteller Österreichs". Nach dem „Anschluss" lehnt er eine Funktion bei der NS-Kulturverwaltung ab, ist aber stolz auf Einladungen und Ehrungen wie den „Mozart-Preis", der an Künstler verliehen wird, denen eine „deutschnationale, mit dem ‚Altreich' sympathisierende Gesinnung attestiert wird". Wie auch Max Mell und Josef Weinheber.

1911 Erster Roman. Autobiografisches in *Der Ödhof.*

1917 Größtes Werk. *Das Grab der Lebendigen.*

Im Gegensatz zu anderen Autoren hat Nabl nie Huldigungsgedichte an den Führer oder öffentliche Solidaritätsbekundungen an die Machthaber formuliert und ist – eine Seltenheit für einen derart hofierten und geförderten Schriftsteller – kein Mitglied der NSDAP. Auf der Homepage des „Nabl-Institutes" ist zu lesen: „Der Autor muss als einigermaßen opportunistischer Nutznießer des NS-Systems eingeschätzt werden, der auch nach 1945 keine klaren Worte zur eigenen NS-Verstrickung fand."

Erzähler aus einer längst versunkenen Welt

Bereits 1911 erscheint Nabls Roman *Der Ödhof,* ein erschütterndes Zeitbild aus dem alten Österreich, durchwachsen von klaren Vorurteilen etwa gegen Frauen und Sozialdemokraten, andererseits auch tolerant gegenüber Außenseitern. Hauptschauplatz ist ein drei Bahnstunden von Wien entfernt gelegener schlossartiger Herrensitz im Voralpenland, auf dem der tyrannische Johannes Arlet nach dem Tod seiner Frau zurückgezogen, naturnah und frei leben will. Ein Familientyrann, der schließlich alles zerstört. Sogar das Leben seines Sohnes. Schließlich wird der „Herrenmensch" Opfer seiner eigenen Überheblichkeit.

Einmal verpasst Nabl beim Schwammerlsuchen den letzten Zug der Waldbahn zwischen Deutschlandsberg und Freiland. Er darf auf einer Draisine vorbei an Schluchten über Viadukte und durch Tunnel mitfahren: „Wir kauerten vielleicht nur ein oder zwei Handbreiten über dem Erdboden, und da schien es uns, als würden anstatt der Geleise unsere Gedärme aus uns herausgespult und in rasender Eile immer weiter hinter uns zurückgeschleift."

Die Abschottung von der Idylle traditioneller Heimatliteratur gefällt auch den „jungen Wilden", den aufstrebenden Autoren rund um das „Forum Stadtpark": Sie schätzen die strenge Erzählform des vom Literaturbetrieb isolierten Literaten Franz Nabl und erleben eine „euphorische Entdeckung", wie es der Germanist Klaus Kastberger nennt.

Einmal besucht ein Journalist Franz Nabl, er erwähnt, dass er Wolfgang Bauer sehr schätze, und ihn gerne kennenlernen würde – und schon hat das Interview einen fetten, mehrspaltigen Titel. Bauer überwindet seine Hemmungen und besucht den greisen Nabl in seiner Wohnung. Zwischen dem hemmungslosen Bürgerschreck und dem Erzähler aus einer längst versunkenen Welt ergibt sich eine echte, gute Beziehung, ähnlich wie zu Alfred Kolleritsch, Gerhard Roth und Peter Handke.

Zum 90. Geburtstag Nabls im Jahr 1973 sitzen sie alle für den ORF an einem Tisch. Bevor Handke zur Aufzeichnung nach Graz kommt, will er sich neu in die Nabl-Prosa einlesen, geht in eine deutsche Buchhandlung, fragt nach Büchern Franz Nabls – und findet im Gesicht des Verkäufers nur Ahnungslosigkeit … Später bringt Peter Handke einen Sammelband mit den frühen Erzählungen Nabls unter dem Titel *Charakter. Der Schwur des Martin Christ. Dokument* heraus.

Im Winter 1973 erkrankt Franz Nabl und muss ins Spital. Seine jungen Kollegen besuchen ihn, man will sie nicht mehr ins Krankenzimmer lassen, aber er besteht darauf, sie noch einmal zu sehen. Knapp danach stirbt einer der Großen der steirischen, der österreichischen Literatur.

Hans Weigel erinnert sich an die Zusammenkunft nach dem Begräbnis in der überfüllten Wohnung in der Laimburggasse: „In einer Flasche war noch von dem Dirndlschnaps, den seine literarischen Freunde bei ihm aufgewartet bekommen hatten. Wolfgang Bauer, Gerhard Roth und ich haben sie in memoriam geleert."

1974 Tod.
19. Jänner in Graz.

1975 Literaturpreis.
Die Stadt Graz stiftet den Franz-Nabl-Preis.

Ein Mensch, der sich viele Hürden seines Lebens selbst aufstellt. Eine schillernde Figur voller Bosheit, aber auch Weisheit. Ein Literat, der Thomas Mann als seinen Lehrmeister bezeichnet – ihn aber trotzdem verhöhnt: Robert Neumann, ein in Vergessenheit geratener Romancier und Satiriker.

Robert Neumann

Robert Neumann, sein sarkastischer Humor entspringt oft nur einem Verbergen der eigenen Verletzlichkeit.

Parodie muss ins Herz treffen

Er ist Hilfsbuchhalter und Korpsstudent, Matrose und Wasserballer, Bankbeamter und Börsenmakler, Parodist und Pleitier, Firmeninhaber und Frachtaufseher. Erotomane und Ehrenpräsident des P.E.N.-Clubs.

Schillernd ist ein Hilfsausdruck für den Hürdenlauf dieses Lebens. Voller drastischer Episoden, Erlebnisse und Verstrickungen. Robert Neumann nennt sein Dasein ein leichtes, aber er meint auch das nicht ernst. Die Ironie, die sein Leben bestimmt, macht nicht einmal vor der Einschätzung seines eigenen, schwierigen Lebens halt.

Robert Neumann wird 1897 in Wien als Sohn eines jüdischen Mathematiklehrers, der es später vom Bankangestellten zum Direktor

1897 Geburt.
22. Mai in Wien.

schafft, geboren. Nach der Matura studiert Robert an der Wiener Universität Medizin, Chemie und später für kurze Zeit Germanistik. Er ist aktiver Schwimmer und Schwimmlehrer, dennoch für den Militärdienst im Ersten Weltkrieg untauglich.

Bald wird Literatur zu seinem Lebensmittelpunkt: Im Grinzinger Elternhaus lädt seine ältere Schwester Viola immer wieder zu literarischen Gesellschaften. 1918 beginnt Neumann zu schreiben. Bereits ein Jahr später erscheint sein erstes Buch mit dem schlichten Titel *Gedichte,* vier Jahre später das nächste: *Zwanzig Gedichte*.

Durch eine Autobiographie verliert man gewöhnlich auch noch den Rest seiner Freunde.

Robert Neumann

Robert scheitert während der 1920er-Jahre als Geschäftsmann und weiß bald nicht mehr, wie er Frau und Sohn ernähren soll. Nachdem er als Hilfsbuchhalter in einer Bank von Börsengeschäften fasziniert ist, versucht auch er sich als Glücksritter. Später gründet er einen Lebensmittel-Großhandel, der wegen zwielichtiger Importe von abgelaufenen Konserven und ranzigen Zigaretten in den Konkurs getrieben wird – bittere Erfahrungen, die vier Jahre später in seinem Roman *Sintflut* verarbeitet werden. Er musste sich zu einer Zeit bewähren, „da Geld wie Gummi sich dehnte, Werte wegschmolzen wie Eisstücke auf der Herdplatte … Armut und Reichtum innerhalb weniger Stunden sturzhaft ineinander übergingen … ein Alptraum, ein tolles Feuer- und Schattenspiel", wie Stefan Zweig diese Epoche der Inflation nennt.

Der literarische Durchbruch gelingt 1927 mit der Parodiensammlung *Mit fremden Federn*. Drei Jahre hat Neumann zuvor erfolglos versucht, sein spöttisches Satire-Kaleidoskop Verlagen anzubieten. Erst als er von einer abenteuerlichen Schiffsreise als Frachtaufseher an den Bosporus zurückkehrt, sieht er in der Auslage einer Buchhandlung ein Exemplar seiner *Fremden Federn*. Das verdankt Neumann seinem Freund Ernst Lisssauer, dem „deutschesten aller jüdischen Dichter", der 1914 mit dem Pamphlet *Hassgesang gegen England* zweifelhaften Ruhm erlangte. Lissauer hatte während Neumanns Abenteuer auf dem Schiff den Engelhorn Verlag überzeugt, das Buch herauszubringen.

Goebbels liest ihn begeistert

Kronprinz Wilhelm sucht seine Gesellschaft, Goebbels liest ihn begeistert, Neumanns Bücher werden 1933 von den Nazis dennoch auf den Scheiterhaufen geworfen. Germanisten delektieren sich an Neumanns Satiren – die Parodierten wie Brecht, Rilke und Thomas Mann weniger, obwohl dieser *Mit fremden Federn* als das beste Buch des Jahres bezeichnet. 1932 folgt mit *Unter falscher Flagge* die zweite Sammlung von Parodien. Ein Parodist „darf nicht verulken, sondern muss ins Herz treffen", meint Neumann. Diesen Grundsatz pflegt er ein Leben lang. Seine Wortspiele mit Titeln gehören dabei zum Schwächsten: Aus Zuckmayers *Der fröhliche Weinberg* wird „Der fröhliche Schweinberg".

Manchmal ist sein Spott milde wie bei Erich Kästner: „halb Bürgerschreck, halb erschrockener Bürger". 1955 schreibt Neumann an Thomas Mann: „Ich selbst komme mir mitunter mit dieser singulären Fertigkeit wie der Mann vor, der ein Salonlöwe wird, weil er mit

1927 Durchbruch. Parodien-Sammlung *Mit fremden Federn.*

1939 Roman. *An den Wassern von Babylon* erscheint auf Englisch.

den Ohren wackeln kann." Er meint damit die Fertigkeit der literarischen Parodie – mit Titeln wie *Nietzsches Verdauungsbeschwerden als Symbol einer prae-embryonalen Tantenliebe*. Nach Sigmund Freud.

Manchmal ufert seine Angriffslust aus. Etwa wenn er seinen Nachbarn am Lago Maggiore, einen seiner Lieblingsfeinde, ins Fadenkreuz nimmt: Hans Habe alias János Békessy, den Sohn des schon von Karl Kraus geschmähten Zeitungsverlegers Imre Békessy, dem Korruption vorgeworfen wurde. In den 1960er-Jahren *dichtet* Neumann „Der See ist trüb, die Luft ist rein/Hans Habe muß ertrunken sein." Doch Habe kontert, Neumann „leide an schwerer Senilität", er sei ein „in die Literatur verirrter kleiner Parodist, der teils von Thomas Mann ‚Anleihen' nimmt."

Tatsächlich wirft Erika, die Tochter Thomas Manns, Robert Neumann 1961 vor, in *Olympia,* einem Buch über eine Hasardeurin, zumindest ein Teilplagiat des Romans *Die Bekenntnisse des Hochstaplers Felix Krull* begangen zu haben. Als eine „Krull-Parodie" und „spaßhafte Ovation für meinen Freund und Lehrmeister Thomas Mann" will der Schriftsteller *Olympia* verstanden wissen – widerspricht er nicht sehr überzeugend.

Ein selbstbewusster Satiriker und glühender Querulant, voller Bosheit, Intrige und Polemik

Es ist ein langer Weg vom Lieblingsort der Literaten, vom plüschigen Café Central, bis in die Redaktion der Zeitschrift *pardon,* eines bissigen Satiremagazins, in dem in den 1960er-Jahren alles verlacht, verspottet und verhöhnt wird. Der Wiener Robert Neumann ist neben Erich Kästner, dessen Popularität weitere illustre Autoren wie Kishon oder Walser anlockt, Mitarbeiter des Frankfurter Magazins, dessen ersten blutroten Cover Loriot gestaltet hat. Neumanns Texte, die deutlichen Worte, mit denen er die Nachkriegsgesellschaft immer wieder an das Geschehene erinnert und ihre Vergesslichkeit anprangert, erscheinen bis 1974 auch in der *Zeit* und in *Konkret,* gelegentlich auch im *Spiegel* und im *Stern*.

Robert Neumann ist ein Mensch, der sich viele Hürden seines Lebens selbst aufgestellt hat und dem nicht viel erspart blieb: der Tod seines ersten Sohnes und seiner dritten, geliebten Frau und die Emigration nach England. Mehrfach kämpfte er bis zu seinem Ende mit schweren Krankheiten, bis er nach einer unheilbaren Krebserkrankung den Freitod wählt.

Neumann veröffentlicht mehr als 100 Bücher, darunter *An den Wassern von Babylon* und das triste Nachkriegsepos *Die Kinder von Wien* sowie Drehbücher und Hörspiele in deutscher und englischer Sprache. Als einem der wenigen gelingt es ihm, im englischen Exil in einer fremden Sprache zu schreiben, in einer, die Briten amüsierte und „Nicht-Engländer für Englisch hielten".

Neumann ist ein in Vergessenheit geratener Romancier, ein selbstbewusster Satiriker und glühender Querulant. Voller Bosheit, Intrige und Polemik, aber auch voller Weisheit und Liebenswürdigkeit. Seine Persönlichkeit stößt nicht nur auf Sympathie, obwohl sein sarkastischer Humor oft nur einem Verbergen der eigenen Verletzlichkeit entspringt.

Er greift „Hilfsbedürftigen in ehrlicher Sympathie unter die Arme, um sich im nächsten Moment über sie zu mokieren", meint Hilde Spiel, „keiner seiner Freunde, den er nicht dann und wann erzürnte. Keiner seiner Feinde, dem er nicht dann und wann Respekt abrang."

1947 Kunstsprache. *Die Kinder von Wien* erscheint auf Deutsch.

1975 Freitod. 3. Jänner in München.

Christine Nöstlinger wusste, was Kindern gefällt. Es bereitete ihr Freude, sprachliche und thematische Tabus zu durchbrechen. Ihre Kinderbuch-Klassiker sind auch heute noch geliebte Gäste in den Kinderzimmern. Auch wenn sie ganz ohne Harry-Potter-Schurken, Flucht in die Fantasy-Welt und digitalen Overkill auskommen.

Christine Nöstlinger

Für Christine Nöstlinger das wichtigste Requisit: die Schreibmaschine, die später durch den Computer ersetzt wird.

Ehrliche Töne aus der Buchstabenfabrik

Danke, Christine Nöstlinger. Ihren Geschichten verdanken meine Enkel Nelly, Romy, David und Philipp, dass ich ihnen nicht von leckerem Napfkuchen, sondern von Gugelhupf vorlese, dass es statt Frikadelle und Tüte immer Fleischlaberl und Sackerl heißt.

Ihre Sprache lebt von melodischem Wienerisch, den Wortschöpfungen wie Gruselwusel, Pudding-Pauli oder von Zweizeilern wie „Es stemmt im roten Hausmantel/ein Leichtgewicht von Maus Hantel". Nöstlinger wusste besser als andere, was Kindern gefällt.

1936 Geburt. 13. Oktober in Wien-Hernals.

1970 Erstes Buch. *Die feuerrote Friederike.*

Es bereitete ihr Freude, sprachliche und thematische Tabus zu durchbrechen. Das Aufbegehren gegen jede Art von Autorität zieht sich wie ein roter Faden durch ihre Bücher. Mit dieser wilden, ungenierten Mischung prägte sie eine völlig neue Art von Kinderliteratur.

1970 langweilt sie das Leben einer Hausfrau und Mutter, sie beginnt zu schreiben. *Die feuerrote Friederike* erscheint. Das erste, von Christine Nöstlinger noch selbst illustrierte Kinderbuch. Sofort wird es von Kinderzimmer zu Kinderzimmer weitergereicht, begeistert Kritiker und fortschrittliche Eltern zu einer Zeit, als die adretten Zwillinge Hanni und Nanni, fleißige Bienenvölker und Abenteuer auf Ponyhöfen die Heile-Welt-Idylle der Kinderbücher dominieren.

Und plötzlich ist Friederike da: dick, voller Sommersprossen und mit Haaren, die rot wie Paradeiser sind. Ständig wird sie ausgelacht und verspottet. Wenn die Kinder sie sehen, rufen sie: „Feuer, Feuer, auf der ihrem Kopf brennt's!" Sie versteckt ihre Haare unter einem Hut, doch der wird ihr vom Kopf gerissen. Nöstlinger erzählt von der Außenseiterin Friederike zu einer Zeit, als es den Begriff Mobbing noch nicht gibt, Gewalt und Ausgrenzung unter Kindern hingegen schon längst.

Mit Fantasie und Sozialkritik in einem Milieu der ganz normalen Menschen geht es drei Jahre nach ihrem fulminanten Debüt weiter: Für das antiautoritäre Märchen *Wir pfeifen auf den Gurkenkönig,* in dem ein gurkenförmiges Scheusal dominiert, erhält die Wienerin den Deutschen Jugendbuchpreis.

Schreiben aus dem Glauben an die Möglichkeit einer besseren Welt

Nur Traditionshüter mokieren sich. Über Nöstlingers subversive Schimpfwörter wie „Hundsarsch" oder „beleidigte Blunzn". So manch entrüstete Mutter trägt die Schmuddelliteratur, in der aufmüpfige Kinder widersprechen und Eltern nicht automatisch Recht behalten, zurück in die Buchhandlung. Längst sind die Rotzpiepen aus Nöstlingers Büchern salonfähig geworden. Und sie hören nicht auf, die Strebsäue zu beschimpfen: „Der flüssige Schleimschlag soll euch treffen!"

> Es steckt in jedem Kinderbuch ein Stück meiner Kindheit. Ich kann immer nur Kinder beschreiben, die so ähnlich sind wie ich.
>
> Christine Nöstlinger

Auch in einer Zeit, in der weit mehr als die Hälfte der Zehnjährigen ein eigenes Smartphone besitzen und *Germany's Next Topmodel* als ihr Lieblingsprogramm bezeichnen – und auch wenn digitaler Overkill und die Fantasy-Welt bis heute in Nöstlingers Kinderbuch-Klassikern nicht vorkommen –, lieben Kinder ihre Geschichten.

1987 erhält die höchst produktive „Ein-Mann-Buchstabenfabrik", wie sie sich selbst bezeichnet, für den Roman *Der Hund kommt!* auch den Österreichischen Staatspreis. Für die Geschichte eines alten, verwitweten Hundes, der endlich etwas von der Welt sehen will, seinen Rucksack packt und sich auf die Reise begibt…

Damals, zu Beginn der 1970er-Jahre, glaubt Christine Nöstlinger noch daran, dass: „… eine gerechtere Welt kommen wird, in der Kinder, für die ich schreibe, später einmal ein schöneres, besseres Leben haben werden."

1973 Autobiografisch. *Maikäfer flieg!.*

1974 Mundart-Gedichte. *Iba de gaunz oaman kinda.*

Heute hat sie längst den Glauben daran verloren, dass Literatur die Welt verändern kann. Sie sei traurig, desillusioniert, schaue nur zu, wie Europa nach rechts drifte und glaube nicht, dass die Kinder von heute einmal ein besseres Leben haben werden – ganz im Gegenteil.

Sozialistische, antfaschistische Familientradition

Die 1936 als Tochter eines sozialistischen, antifaschistischen Uhrmachers und einer Kindergärtnerin geborene Christine sei ein „wildes und wütendes Kind", meint die Mutter. Ihre ältere Schwester und sie sind die Einzigen weit und breit, die zu Hause keine Strafen und Watschen bekommen, „... da kann man leicht wild und wütend werden." Die Beziehung zur Mutter ist schwierig, der Vater ist ihr „ein und alles": „Die Liebe meines Vaters ist in allem, was ich tue, gegenwärtig." Nach der Matura will sie Malerin werden, an der Akademie wird ihr aber bald klar, dass „mein Talent nur mittelmäßig war. Da habe ich einen großen Schrecken bekommen, geheiratet und zwei Kinder bekommen."

Nachkriegszeit in Wien, die schüchterne Christine ist auf dem Weg zum jungen Mädchen. Viele vegetieren unter Brücken dahin, frierend trommeln sie mit den Beinen auf den Boden, um sich ein wenig zu erwärmen. Das Gewicht der Kinder beträgt nur rund 50 Prozent des Normalgewichtes. „Care-Pakete" der Amis und „Stalin-Spenden" der Sowjets werden verteilt. Die meist wurmigen Erbsen sind keine Delikatesse. Auch die Silver-Hake-Konserven der Amerikaner nicht: Seehecht mit Köpfen und Gräten in einer wässrigen Lake mariniert. Beim Öffnen der Dosen starren einem die Fischaugen entgegen. Manche vermuten, dass die Amis die Fische zu Hause nur als Futter für Schlittenhunde verwenden.

Der Schleichhandel blüht: Ein Packerl „Chesterfield" kostet so viel wie das Monatsgehalt eines Angestellten. Im Schleich bekommt man alles: Bettdecken, Nylonstrümpfe und Präservative. In den Tanz-Cafés blüht die Prostitution mit den Besatzungssoldaten.

Am Ende des Zweiten Weltkriegs zwischen Bomben und Sirenen und im Milieu des Nachkriegs-Wien spielt die autobiografische Nöstlinger-Geschichte *Maikäfer, flieg!* – mit den Erlebnissen eines vorurteilsfreien Mädchens inmitten von Angst und Armut, aber auch Abenteuern. 2016 wird der Roman von Mirjam Unger eindrucksvoll verfilmt.

Christine Nöstlinger schrieb rund 150 Bücher, für Kinder und Erwachsene, darunter auch drei Kochbücher, Lyrik wie *Iba de gaunz oaman kinda* verfasst. Und Drehbücher, Hörspiele, Theaterstücke. Jahrelang stehen Kinder plötzlich in der Früh gerne auf, um auf Ö3 die Alltagsprobleme des „Dschi Dsche-i Wischer" zu verfolgen. Preise. Orden. Ehrungen. Auch international. Als Erste erhält Nöstlinger den Astrid-Lindgren-Gedächtnispreis.

Ihre Romane sind in mehr als 30 Sprachen übersetzt – auch auf Thailändisch, wie sie in „Willkommen Österreich" erzählt. Auch, dass sie ein Couch-Potato sei, immer erst um ein, zwei Uhr früh schlafen gehe, kein Hobby und nichts mit Natur am Hut habe, seit Jahren im Ausland, in der Brigittenau lebe, oft lange, bevor sie endlich zu schreiben beginnt, um den Computer schleicht, gerne kocht und strickt – aber aufräumen hasst.

Ein ganz normaler Mensch. Wie die Helden ihrer Geschichten. In denen auch unsympathische Kinder vorkommen. Denn man wird ja nicht „plötzlich mit achtzehn ein Ungustl ..."

2003 Auszeichnung. Astrid-Lindgren-Gedächtnispreis.

2018 Tod. 28. Juni in Wien-Ottakring.

Avantgardist Andreas Okopenko experimentiert mit Literatur. Er sieht sich als Spontandichter und schreibender Radikaler, der voller Ironie mit der Sprache spielt. Mit seinem *Lexikon-Roman* aus dem Jahr 1970 ist der sanfte, scheue Autor einer der Wegbereiter von späterer Netzliteratur und Hypertext.

Andreas Okopenko

Bedeutender Dichter, dessen Bücher manchem Literaturliebhaber unbekannt sind: Andreas Okopenko.

Zigarettenautomat gegen die Einsamkeit

Dichterlesung in Floridsdorf. 1976. Gemeindebau Autokaderstraße. Ein Herr in bodenlangem, beigem Kaftan öffnet die Tür und bittet in seine bescheidene Wohnung. Vier Freunde sind gekommen. Als erste Erfrischung an dem schwülen Sommernachmittag reicht der sanfte, scheue Eigenbrötler Andreas Okopenko, der sonst gerne alleine beim Heurigen sein Vierterl genießt, seinen Gästen Schwechater-Bier. Aus der Flasche.

Im Wohnzimmer sind halbkreisförmig Lederhocker, wie man sie im Basar von Istanbul recht günstig erwerben kann, arrangiert. Gegenüber von seinen Zuhörern sitzt der Literat neben der ausladenden Topfpflanze auf einem hohen Holzschemel und liest aus seinem

1930 Geburt.
15. März in Kosice.

soeben erschienenen Buch *Meteoriten*. Rauchschwaden. Fast eine Zigarette pro Seite.

Es gibt reichlich Weißwein (Brünnerstraßler) gespritzt. Reichlich Frankfurter Würstel auf Papptellern, reichlich Senf und Kren sind vorbereitet. Die Salzstangerln ragen aufrecht aus einem Bierkrügel.

Die Freunde des Avantgarde-Lyrikers, der visuelle Poesie am laufenden Band erzeugt, sind begeistert. Man nickt beifällig und lässt die mit dünner Stimme vorgetragenen Okopenko-Gedanken nachklingen. Jeder für sich wird wie ein Geschenk in die Runde geschleudert. Es sind ironische Betrachtungen, witzige Wortspiele und lebhaft-lebendige Metaphern: „Mein Leben ist eine nasse Lunte zu einem herrlichen Dynamitfaß."/ „Betrunken kam Hilde von der Pause, die ich ihr widerrechtlich gestattet hatte, vom Stundenhotel, von unserem Steuerprüfer, zurück, und sie lehnte sich an meinen melancholischen Schreibtisch."/„Beleuchtetes Feld in nächtlichem Zigarettenautomaten. Hier denkt doch jemand an mich."/„Die im Psychischen jährlich entschiedener werdende Ex-Animierdame, heute Kosmetikerin Lilly nannte ihre beiden meliertschwarzen Zwergpudel *Lidschatten* und *Goldschraube*."/„Das Leben vieler Menschen ist nur eine Reihe von Proben für eine Aufführung, die nicht stattfinden wird."

Erfrischender Nonsense: ein Roman, der keine Geschichte erzählt

Bereits sechs Jahre vor Erscheinen der *Meteoriten* wird man auf Okopenkos *Lexikon einer sentimentalen Reise zum Exporteurtreffen in Druden* aufmerksam. Auf einen Roman, der keine Geschichte erzählt. Äußerlich eine Fahrt auf der Donau nach Dürnstein, in der inneren Struktur aber eine frühe Form heutiger „Hypertexte" und Netzliteratur.

Am Beginn des Buches meint der Autor: „Es wäre hübsch, wenn Sie sich aus ihm einen Roman basteln wollten", und liefert eine Gebrauchsanweisung, in der er ermuntert, kreuz und quer im Textdschungel mit skurrilen, miteinander vernetzten Impressionen, Parodien, Reflexionen und Nonsens zu lesen.

Das Leben vieler Menschen ist nur eine Reihe von Proben für eine Aufführung, die nicht stattfinden wird.

Andreas Okopenko

An einem „Hochfrühlings-Morgen, 6.30" reist der Wiener Chemiekaufmann J., 40, mit der Donaudampfschifffahrtsgesellschaft in die Wachau. Alles, was der Frühaufsteher auf seiner Dienstreise erblickt, erlebt und denkt, erzählt der Sprachspieler Okopenko, 40, in der *Ich-, Er-* oder *Man*-Form.

Der 1970 erstmals erschienene Avantgarde-Klassiker voller grenzenloser Ironie und erfrischendem Nonsens, der 28 Jahre später als digitale Version veröffentlicht wird, gilt als eines der Hauptwerke der österreichischen Nachkriegsliteratur. Die *Süddeutsche Zeitung* schwärmt von diesem *Lexikon-Roman,* der enzyklopädisch in Stichworten von A bis Z aufgebaut und mit immer neuen Querverweisen versehen ist: Es sei „wunderbare Kleinprosa mit viel Witz und Intelligenz". Ein Buch, das allerdings für breite Leserschichten unbekannt bleibt. Friederike Mayröcker über den Stellenwert des von manchen

1949 Erste Gedichte in der Zeitschrift *Neue Wege.*

1951 Gründung der Zeitschrift *publikationen einer wiener gruppe junger autoren.*

unterschätzten Okopenko: „Er ist einer unserer bedeutendsten Dichter, und die Stille um ihn ist gleichzeitig seine Gloriole."

Für den *Spiegel* ist der Chronist der Nachkriegszeit ein „äußerst phantasievoller Verwandter der phantasievollen *Wiener Gruppe"*, jener Künstlervereinigung, von der er sich einmal voller Zurückhaltung äußert, seine „Abgrenzung von Hochstaplern" später aber bedauernd wieder zurücknimmt. Der 1930 als Sohn eines ukrainischen Arztes geborene Andreas wächst in einer vielsprachigen, rückständigen Region auf, in der Karpato-Ukraine. Zu Hause spricht man Deutsch, in der Umgebung Slowakisch, Ukrainisch oder in gemischten Fantasiesprachen. Okopenko meint, diese „Sprachzerrüttung" hätte ihm schon von frühester Kindheit an gefallen. Als Neunjähriger flüchtet er mit seiner Familie nach Wien, der Vater arbeitet zwei Jahre lang „Am Steinhof", bevor er für das Rote Kreuz in der Ukraine tätig wird. 1945 wird er für den Rest seines Lebens von der Familie getrennt, von den Sowjets in ein Lager verbannt und stirbt 1965 in Moskau.

Ohne Pathos und moralisierendem Unterton: Auseinandersetzung mit der Vergangenheit

In verschlüsselter Form taucht die dramatische Kindheits- und Familiengeschichte als Zeitzeugnis in verschiedenen Werken Okopenkos auf – vor allem im Roman *Kindernazi* aus dem Jahr 1984: Sie trugen braune Röcke, kurze Hosen und weiße Stutzen. Als 1945 das *Dritte Reich* dem Zusammenbruch nahe war, wurden sogar zwölf- und dreizehnjährige Buben zum letzten Kampf gerüstet. Empfindungen als pubertierender „Pimpf" der NS-Zeit, Briefe, Tagebuchnotizen und Schulaufsätze montiert der Autor als *Kindernazi* ohne Pathos und ohne moralisierenden Unterton.

Der gelernte Industriechemiker Okopenko sammelt mit scharfer Beobachtungsgabe Erlebnisse, saugt sie wie ein Schwamm auf und verarbeitet sie mit hemmungsloser Freude in seinen „Lockergedichten" und Romanen. Es ist schwungvolle Spontan-Dichtung, er will kein „konkreter Poet" sein.

Schon im Gymnasium wird man auf seine lyrischen Arbeiten aufmerksam, die ersten Gedichte erscheinen 1949 in der Literaturzeitschrift *Neue Wege*. In dieser Zeit gründet er gemeinsam mit H. C. Artmann die literarische Sektion der Künstlervereinigung Art Club, genannt „der keller". Noch bevor sein erstes Buch erscheint, gründet Okopenko 1951 im tristen Kulturklima Österreichs die Zeitschrift *publikationen einer wiener gruppe junger autoren*, in der er der literarischen Avantgarde Platz für Experimente gibt.

Andreas Okopenko – mit dem Großen Österreichischen Staatspreis für Literatur und dem Georg-Trakl-Preis für Lyrik ausgezeichnet – geht seinen eigenen Weg und bleibt immer ein Außenseiter des Literaturbetriebes. Er verfasst Drehbücher, Hörspiele und Songtexte für die allererste Austro-Pop-Band „The Worried Men Skiffle Group" – aber auch Werbetexte für Humanic.

Am Ende der Dichterlesung 1976 in Floridsdorf gibt es als Dessert für jeden Gast ein Glückskeks aus dem nahen „China-Palast" in der Prager Straße. Mit Weisheiten wie „Geh Deinen eigenen Weg und schlag nicht den Pfad des anderen ein". Fern jeder Okopenko-Fantasie.

1970 Prosa-Hauptwerk. *Lexikon-Roman.*

2010 Tod. 27. Juni in Wien.

Albert Einstein hält anlässlich der Verleihung des Nobelpreises an Wolfgang Pauli eine bewegende Rede: Der 20 Jahre Jüngere müsse vollenden, was er selbst nicht mehr schaffen könne – die große Theorie, die alle Naturkräfte umfasst. Und noch heute verdanken Physiker weltweit ihren Nobelpreis den Erkenntnissen Paulis.

Wolfgang Pauli

Bereits als Gymnasiast beschäftigt er sich mit Einsteins Relativitätstheorie: Wolfgang Pauli.

Wunderkind aus Wien als Gewissen der Physik

Er beschäftigt sich bereits als Schüler mit Einsteins Relativitätstheorie. Wenn der Physikprofessor des Döblinger Gymnasiums an der Tafel einen Fehler macht und ihn auch nach langem Suchen nicht findet, ruft er zur Erheiterung der Klasse: „Pauli, jetzt sag mir endlich, wo der Fehler liegt, du weißt es doch längst!" Wolfgang Pauli, das „Wunderkind".

Sein Sitznachbar im BG XIX in der Gymnasiumstraße ist der gleichaltrige Richard Kuhn. Auch er erhält den Nobelpreis (1938). Der Maturajahrgang 1918 der beiden wird von den Lehrern als „Klasse der Genies" bezeichnet: Jeder der 27 Buben ragt im späteren Leben durch überdurchschnittliche Leistungen aus der Masse empor. Doch die jungen, klugen Köpfe –

1900 Geburt. 25. April in Wien.

vor allem Wolfgang Pauli – leisteten sich zuvor auch so manche Eskapaden. Gipfel der Lausbubenstreiche ist, als Wolfgang einmal die gesamte siebente Klasse inklusive Lehrer im Klassenzimmer einsperrt, um dann aus der Entfernung zu beobachten, wie seine Mitschüler und der verzweifelte Herr Professor versuchen, durch die Fenster im Halbstock zu kriechen.

Sein Vater, ein Arzt und Chemieprofessor, gibt Wolfgang oft unterschriebene Blankoentschuldigungen mit, damit sein Sohn die Klasse verlassen kann, wenn ihm der Unterricht zu langweilig ist. Wolfgang stammt aus einer jüdischen Verlegerfamilie und konvertiert später zum Katholizismus. Seine Mutter ist Journalistin und Frauenrechtlerin. Mit zweitem Vornamen wird Wolfgang Pauli nach seinem berühmten Patenonkel benannt, dem Physiker und Philosophen Ernst Mach.

> Meine Ansicht ist, dass in einer zukünftigen Wissenschaft die Realität weder *psychisch* noch *physisch* sein wird, sondern irgendwie beides und irgendwie keines von beiden.
>
> Wolfgang Pauli

Wolfgang Ernst Friedrich Pauli hat bereits als Sechzehnjähriger ein Wissen, durch das er den damals in ihren letzten Konsequenzen noch nicht erkennbaren Gedanken Einsteins nicht nur folgen kann – sondern diese auch in ihrer Tragweite richtig einschätzt.

Knapp 30 Jahre später erhält Wolfgang Pauli den Nobelpreis für Physik. Bei einem pompösen Dinner feiert man den Wiener Wissenschaftler. Albert Einstein hält die Festrede. Er meint, mit seiner Weisheit nun am Ende zu sein. Jetzt müsse der zwanzig Jahre jüngere Pauli vollenden, was er, Einstein, nicht mehr schaffen könne – die große Theorie, die alle Naturkräfte umfasst. „Nie werde ich diese Rede vergessen", meint Pauli Jahre später. „Er war wie ein König, der abdankt und mich als eine Art ‚Wahlsohn' zum Nachfolger einsetzt."

Gemeinsame „Pilgerfahrt" mit Niels Bohr

Wolfgang Pauli ist noch keine zwanzig Jahre alt, als er bereits drei viel beachtete physikalische Publikationen veröffentlicht hat. Schon im Alter von 21 Jahren promoviert er in München zum Doktor der Philosophie, im Jahr darauf arbeitet er als Assistent in Göttingen, wo er Gastvorlesungen von Niels Bohr, einem der größten Physiker des 20. Jahrhunderts, besucht: Der dänische Forscher erhält in jenem Jahr, 1922, den Physik-Nobelpreis „für seine Verdienste um die Erforschung der Struktur der Atome und der von ihnen ausgehenden Strahlung".

Das Zusammentreffen mit Bohr ist für Pauli der Beginn eines neuen Abschnitts seines wissenschaftlichen Lebens. Der erst 22-jährige Wiener Wissenschaftler folgt einer Einladung des Nobelpreisträgers und geht mit ihm als Assistent nach Kopenhagen. Die lange „gemeinsame Pilgerfahrt" beginnt, wie Pauli 1955 zum 70. Geburtstag Bohrs feststellt.

Niels Bohr spricht leise, missachtet Regeln der Grammatik, Logik und Akustik. Er wiederholt sich oft und wenn er zu wesentlichen Dingen kommt, wird er noch leiser. Doch wenn Physiker aus aller Welt nach Jahren sein Institut am Blegdamsvej in Kopenhagen ver-

1924 Entdeckung des „Pauli-Prinzips".

1928 Professur. Beginn einer 30-jährigen Lehrtätigkeit an der ETH Zürich.

lassen, wissen sie sehr viel über Physik, über die Einsicht in das Gefüge der kleinsten Welt.

Pauli, der Student und frühere Abstinenzler, hat Alkoholprobleme, wechselt „direkt vom Mineralwasser zum Champagner“, wie er später selbst meint, bis in die Morgenstunden hängt er in Spelunken herum und verschläft häufig die 11-Uhr-Vorlesungen. Für den Führerschein braucht er 100 Fahrstunden und durch die bloße Anwesenheit des Ungeschickten soll jedes Gerät im Labor den Geist aufgeben – seine Kollegen nennen dieses Phänomen spöttisch den „Pauli-Effekt“.

Richtungsweisende Entdeckung: das „Pauli-Prinzip“

1924 entdeckt er das später nach ihm benannte Ausschließungsprinzip, das er 1925 formuliert: Das „Pauli-Prinzip“ besagt, dass „zwei Elektronen in der Atomhülle oder zwei Protonen oder Neutronen im Kern nie in allen Quantenzahlen übereinstimmen können“. So wenig verständlich dieser Satz für physikalische Laien ist, so richtungsweisend ist die Erkenntnis des erst 25-Jährigen für die Zukunft der Physik.

Bereits im Alter von 28 Jahren ist er Professor an der Technischen Hochschule Zürich, von eminenter Bedeutung für ihn und die Atomforschung sind seine mehrmaligen USA-Aufenthalte: Zwischen 1940 und 1946 ist er Gastprofessor im idyllischen Princeton, 50 Meilen südlich von New York, wo Albert Einstein an der Uni unterrichtet. Zu seiner großen Freude landet der „gut geölte Kopf“, mit dem er gerne diskutiert, hier. Paulis scharfer Verstand, sein Sarkasmus, sein maliziös-schonungsloser Umgang mit Kollegen ist bekannt und gefürchtet – man nennt ihn auch das „Gewissen der Physik“.

Im Dezember 1929 heiratet Wolfgang eine Berliner Tänzerin, doch die Ehe hält kaum ein Jahr. Sein Privatleben ist unrund, die Lebenskrise wird immer bedrohlicher. Er wendet sich an den Tiefenpsychologen C. G. Jung, der ihn, der aufgrund von Beziehungs- und Alkoholproblemen ernsthaft gefährdet ist, zur Behandlung an die junge Psychoanalytikerin Erna Rosenbaum weiterreicht. In den darauffolgenden Jahren beschäftigt sich der scharfzüngige Rationalist Pauli auch mit Alchemie und der Materie-Geist-Problematik: Diese dunkle Facette seines Denkens bleibt bis zu seinem Tod 1958 weitgehend unbekannt.

1930 folgt eine weitere bahnbrechende Erkenntnis des Ausnahmephysikers: Er stellt die These von der Existenz eines rätselhaften Urteilchens der Natur auf, des sogenannten *Neutrinos*. 60 Milliarden *Neutrinos* prasseln pro Sekunde auf jeden Quadratzentimeter von uns ein. Sie rasen unbemerkt durch unseren Körper, sind überall – aber wir merken nichts von ihnen.

Doch Pauli ist damals nicht zufrieden und meint: „Ich habe etwas Schreckliches getan: Ich habe ein Teilchen postuliert, das man nicht nachweisen kann.“ Der Nachweis gelingt dann doch – 26 Jahre später, zwei Jahre vor seinem Tod. Und Experimente in Japan und Kanada Ende der 1990er-Jahre zeigen, dass *Neutrinos* tatsächlich eine Masse besitzen. Für diesen Nachweis erhielten vor drei Jahren der Japaner Takaaki Kajita und der Kanadier Arthur B. McDonald den Nobelpreis für Physik.

Die Jäger der Geisterteilchen verdanken ihre Auszeichnung einem Wunderkind aus Wien …

1945 Nobelpreis für Physik.

1958 Tod. 15. Dezember in Zürich.

„Wenn Agatha Christie mit Franz Kafka ein Kind hätte“, meint Friedrich Torberg, „wäre es Leo Perutz geworden.“ Der Literat, Mathematiker, Sportler und Erotomane erreicht im 20. Jahrhundert mit erzählerischer Virtuosität ein Millionenpublikum. Heute gilt es, das Werk des fast vergessenen Dichters wiederzuentdecken.

Leo Perutz

Wünscht sich sein Grab im Kaffeehaus, wo er als Gegner im Schach gefürchtet ist: Leo Perutz.

Odyssee eines rätselhaften Romanciers

Ein Leben lang bleibt seine Biografie ein Rätsel. Beinahe platzt ein Vertrag über 18.000 Mark für einen Vorabdruck in der *Berliner Illustrirten Zeitung,* weil der scheue Leo Perutz kein Porträtfoto von sich veröffentlichen lassen will. 1928 erscheint dann in der Zeitschrift – mit mehr als zwei Millionen Auflage – doch sein Roman *Wohin rollst du, Äpfelchen …*

Perutz, einer der meistgelesenen deutschsprachigen Autoren des vergangenen Jahrhunderts, entzieht sich fast immer allen Auskünften über seine Person und schirmt seine Privatsphäre akribisch vor der Öffentlichkeit ab. Er wünscht sich, als ein befreundeter Journalist zu seinem 75. Geburtstag einen Essay vorbereitet: „Bitte schreib nichts über mich und alles über meine Romane."

1882 Geburt.
2. November in Prag.

Neugier ist ihm zuwider. Nur wenige Fotos von ihm existieren. Die Spuren, die er zwischen Prag, Berlin, Palästina und Wien hinterlassen hat, will er verwischen. Auch zu den vielen Liebschaften seines Lebens, die er trotz tiefer Depressionen wegen des frühen Todes seiner Frau kurz nach der Geburt des dritten Kindes durchleben muss. Mit Hilfe von Séancen versucht er, mit ihr Kontakt aufzunehmen.

Leo Perutz erreicht mit großer erzählerischer Virtuosität ein Millionenpublikum. Von manchen Literaturwissenschaftlern wird er als reißerischer Kolportageautor klassifiziert, obwohl ihn andere mit Edgar Allan Poe, Joseph Roth, Stefan Zweig und Alexander Lernet-Holenia, dem Herausgeber seines letzten Romans *Der Judas des Leonardo* (posthum, 1959), vergleichen.

Nur lückenhaft ist seine „Kindheit ohne Spuren" zu rekonstruieren. Am 2. November 1882 wird Leo als ältestes von vier Kindern einer assimilierten Kaufmannsfamilie in Prag geboren. Aus geschäftlichen Gründen übersiedelt der Vater Benedikt, ein wohlhabender Textilfabrikant, mit seiner Familie um die Jahrhundertwende nach Wien. 1902 verlässt der schlechte Schüler Leo das Gymnasium ohne Matura. Trotzdem beginnt er nach einem kurzen Handelsakademie-Intermezzo drei Jahre später als Gasthörer an der Wiener Universität Versicherungsmathematik zu studieren.

Der „Meister des phantastischen Romans"

Den Kriegsausbruch 1914 kommentiert er voller Sarkasmus: „Ultimatum an Serbien. Tarock gespielt und viel verloren." Mit einer halben Lunge kehrt Leo Perutz nach einer schweren Verwundung 1916 an der galizischen Ostfront aus dem Ersten Weltkrieg zurück. Dennoch bleibt er begeisterter Bergsteiger und Schwimmer. Noch Jahrzehnte später verwundern seine sportlichen Kunststückeln – wie auf Wasserski über den Wolfgangsee zu rauschen – nicht nur seine Freundin Hilde Spiel.

Jene leicht lesbaren sechs Romane, die Leo Perutz zwischen 1918 und 1928 in Wien schreibt, werden zu Bestsellern. Von manchen verkauft er auch die Filmrechte. Er inspiriert Alfred Hitchcock, und der junge Ian Fleming, der später James Bond zum Leben erweckt, schreibt Perutz 1931 einen begeisterten Brief. Der erste Perutz-Roman, *Die dritte Kugel,* erscheint bereits 1915. Es ist eine Geschichte um die Eroberung des Aztekenreichs durch die Spanier und beginnt pathetisch: „Mich fröstelt's und das Feuer ist erloschen. Der Herbstwind bläht mir den Mantel auf, daß die geflickten Löcher nach allen Seiten starren wie Teufelsfratzen."

Für Friedrich Torberg ist Perutz der „Meister des phantastischen Romans". Nicht alle sind von den Geschichten auf historischer Grundlage restlos begeistert. Nach der Lektüre von „Die dritte Kugel" urteilt Kurt Tucholsky: „Das ist ein hübsches Buch. So eins, das man, wenn's draußen furchtbar regnet, verschlingt, mit der einen Hand blättert man um, mit der zweiten stopft man sich langsam eine Knackmandel nach der andern in den Mund ..." Der Feuilletonist Bermann meint: „Es ist alles echt, und so, als hätte er sich's aus dem Finger gesogen."

Gratwanderungen zwischen Traum und Wirklichkeit

1933 erscheint der Roman *St. Petri-Schnee*. Fünf Jahre vor der zufälligen Entdeckung von LSD beschreibt Perutz, der selbst mit Haschisch experimentiert, eine Massenhysterie, die durch einen seltsamen Baron, der an einer Droge bastelt, entfacht worden ist.

Leo Perutz schreibt unterhaltsame Romane mit literarischem Anspruch. Er ist einer der besten Erzähler der Zwischenkriegszeit,

1915 Erster Roman. *Die dritte Kugel.*

1923 Publikumserfolg. *Der Meister des Jüngsten Tages.*

ein großer Romancier. Es sind meist raffiniert konstruierte Psychothriller, die er erzählt: „Wenn Agatha Christie mit Franz Kafka ein Kind hätte, wäre es Leo Perutz geworden“ (Friedrich Torberg). Mit Kafka hat Perutz nicht nur Prag als Geburtsort gemeinsam, sondern 1907 arbeiten die beiden auch bei derselben Versicherungsgesellschaft.

Perutz' Romanhelden sind Getriebene, Zerrissene, ewig Suchende. Oft sind sie ihrer Identität beraubt, die sich mit anderen Lebensgeschichten vermengen. Das Reale vermischt sich mit Mystischem – als Leser erlebt man eine ständige Gratwanderung zwischen Traum und Wirklichkeit. Seine Schilderungen, oft über die Abgründe der menschlichen Psyche, sind spannungsgeladen und mit großer Sorgfalt recherchiert. Sein Freund, der „rasende Reporter“ Egon Erwin Kisch, ist von der „mathematischen Präzision“, mit der Leo Perutz die Stoffe seiner Romane entwickelt, beeindruckt.

Begeisterung für Mathematik: die „Perutzsche Ausgleichsformel“

Ein Umstand, der nicht überraschen kann: Perutz ist früh von Mathematik begeistert. 1911 veröffentlicht er eine lange Zeit geltende Berechnungsform – die „Perutzsche Ausgleichsformel“, mit der Versicherungen Prognosen zur Sterblichkeit aufstellen. Vier Jahre zuvor wird er von der „Assicurazioni Generali“ in Triest engagiert. Von dort übersiedelt Perutz nach Wien, wo seine schriftstellerische Laufbahn beginnt.

Im Stammkaffeehaus ist er bald für seinen Spott und Zynismus, seinen beißenden Sarkasmus bekannt. Lange Zeit ist er im Café Herrenhof Gastgeber an zwei Stammtischen: der eine für Literaten und Lebenskünstler, der andere für an Mathematik, Naturwissenschaften und Philosophie Interessierte. Zwischendurch spielt er an anderen Tischen voller Leidenschaft Schach, Bridge und Tarock.

„Ein Grab im Kaffeehaus und rings um mich her der Rauch der Zigaretten … das Klappern der Dominosteine und der Duft des schwarzen Kaffees“, wünscht sich Leo Perutz. Daraus wird nichts. Am Ende eines Lebens, das vom Zwiespalt zwischen populärer und anspruchsvoller Literatur bestimmt ist, attestiert man ihm, er sei einer von Europas wichtigsten *forgotten writers*. Eines nach fast zwanzig Jahren Exil in Israel gebrochenen, tieftraurigen Literaten.

> Ich kenne alles.
> Alles, nur
> nicht mich.
>
> Leo Perutz

Nach einem Zusammenbruch während eines Sommeraufenthaltes im Salzkammergut im Haus seines Freundes Alexander Lernet-Holenia stirbt Leo Perutz im Krankenhaus von Bad Ischl.

1928 Millionenpublikum.
Wohin rollst du, Äpfelchen ….

1957 Tod.
25. August in Bad Ischl.

Der Wiener Nobelpreisträger Max Ferdinand Perutz revolutioniert die Wissenschaft durch die Begründung der Molekularbiologie. In seinem Institut in Cambridge fördert er unermüdlich die Begabung anderer Forscher. Einer seiner lebenslangen Leitsätze: „In der Wissenschaft gewinnt die Wahrheit immer."

Max Ferdinand Perutz

Wiener Wissenschaftler, der in Cambridge Weltruhm erlangt: Max Ferdinand Perutz.

Warum Blut rot ist und Gras grün

„Immer, wenn ich schreibe, sitzt ein Papagei auf meiner Schulter und krächzt: Kann man das nicht einfacher sagen?“, meint Max Ferdinand Perutz in seinem Buch *Is Science Necessary?* Ein Leben lang ist es dem Nobelpreisträger wichtig, wissenschaftliche Erkenntnisse auch für Laien verständlich zu formulieren.

Im Mai des Jahres 1914, knapp vor Ausbruch des Ersten Weltkriegs, kommt Perutz in Wien als Sohn assimilierter jüdischer Fabrikanten zur Welt. Sowohl Vater Hugo als auch Mutter Adele, von Freunden *Dely* genannt, entstammen Familien aus der Textilbranche, die es schon im 19. Jahrhundert durch die Einführung des mechanischen Spinnens und

1914 Geburt. 19. Mai in Wien.

Webens zu Ansehen und Vermögen gebracht haben. In kaisertreuem Patriotismus erhält der Sohn den Habsburgernamen Maximilian Ferdinand und wird im Alter von sechs Jahren römisch-katholisch getauft. Nach dem Studium soll er in die väterliche Textilfirma eintreten: „Meine Eltern hatten ein breites Interesse für fast alles außer Wissenschaft", erzählt Perutz viele Jahre später. Um von Anfang an gesellschaftlich anerkannt zu werden, besucht Max das Theresianum, an dem er 1932 maturiert. Der weitere Weg als Jusstudent scheint vorgezeichnet.

Doch es kommt anders, wie er in seinen biografischen Notizen für die Nobelstiftung festhält: Einer seiner Lehrer am Theresianum, Professor Prätorius, erweckt das Interesse des Buben für Chemie. Er überredet den Vater – und studiert statt Jus an der Wiener Universität Chemie. Zunächst *vergeudet* er, wie er selbst schreibt, fünf Semester bei anorganischer Chemie. Erst später wendet er sich der organischen Biochemie zu und ist vor allem von der Forschung des Professors F. G. Hopkins an der Universität Cambridge begeistert.

Als *research student* nach Cambridge

Dort will Perutz seinen Doktor machen. Er überredet den Vater zur finanziellen Unterstützung und übersiedelt im September 1936 als *research student* an das „Cavendish Laboratorium" nach Cambridge. Hier beginnt er sich bereits im Alter von 22 Jahren mit der Struktur von Eiweißstoffen zu beschäftigen und erklärt später seiner britischen Biografin Georgina Ferry „Warum Blut rot ist und Gras grün, warum Diamanten hart sind und Wachs weich, wie sich Muskeln zusammenziehen – die Antwort auf alle diese Fragen müssen von der Strukturanalyse kommen".

Doch er wird von Kollegen belächelt, weil er sich mit dem roten Blutfarbstoff Hämoglobin beschäftigt, der Sauerstoff transportiert: Die komplizierteste Substanz, deren Struktur damals mittels Röntgenanalysen bestimmt worden ist, hat 58 Atome. Wie könne Perutz also hoffen, die rund 6.000 Atome von Hämoglobin lokalisieren zu können …?

> Eine Entdeckung ist wie eine neue Liebe, das Erreichen eines Berggipfels oder eine Ekstase ohne Drogen.
>
> Max Ferdinand Perutz

Als der Zweite Weltkrieg ausbricht, wird die Forschungsarbeit des *Enemy Alien,* eines feindlichen Ausländers, unterbrochen. Perutz wird monatelang interniert, nach Kanada deportiert und dort mit anderen Wissenschaftlern in ein Lager gesperrt. Doch Perutz bleibt voller Optimismus und schreibt nach Wien: „Wir haben hier bereits eine Universität gegründet, an der wir Vorlesungen halten. Ich bin der Sekretär für die naturhistorische Fakultät."

Der große Wurf: die Enträtselung der Anatomie des Hämoglobin-Moleküls.

Seine Kollegen in Cambridge schaffen es schließlich, ihn zurückzuholen. Ab 1942 arbeitet er sogar am britischen Kriegsforschungsprojekt *Habakuk* mit: Mitten im Atlantik soll eine Plattform errichtet werden, auf der Flugzeuge aufgetankt werden können. Ein Jahr später wird Perutz britischer Staatsbürger und forscht unermüdlich weiter. Bis zum dramatischen Augenblick im September 1959: Der große Wurf ist gelungen – vor den

1947 Gründung der Abteilung „Molekularbiologie" in Cambridge.

1962 Chemie-Nobelpreis für die Entschlüsselung des Proteins Hämoglobin.

Augen des Forschers und seiner treuesten Mitarbeiter steht plötzlich ein dreidimensionales Bild des Hämoglobins: Die Struktur und die Gestalt dieses Riesenmoleküls sind endgültig enträtselt. Jene Entdeckung, die Laien wenig sagen, erregt in der Welt der Wissenschaft sofort enormes Aufsehen.

Bereits 1947 gründet er in Cambridge die Abteilung für Molekularbiologie, bildet eine Brücke zwischen Biologie und Physik, unter seiner mehr als dreißigjährigen Leitung befinden sich sechs Nobelpreisträger. Am 10. Dezember 1962 erhält Max Ferdinand Perutz selbst – gemeinsam mit seinem Kollegen John C. Kendrew – vom schwedischen König den mit damals rund 1,3 Millionen Schilling verbundenen Nobelpreis für Chemie. In seiner Stockholmer Dankesrede meint Perutz: „Die Anatomie des Hämoglobin-Moleküls zu enträtseln, mag viel Ausdauer und harte Arbeit benötigt haben – aber vergleichsweise wenig Vorstellungskraft." Ein Freund aus Wien gratuliert ihm: „Blut, Mühe, Schweiß und Tränen waren schon immer eine gute Mischung."

Ein Jahr nach dem Nobelpreis wird der charismatische Chemiker mit scharfem analytischem Verstand auch Mitglied der „American Academy of Arts and Sciences" sowie „Commander of the Order of the British Empire". Drei Jahre müssen nach dem Chemienobelpreis vergehen, bis Max Ferdinand Perutz zum Ehrendoktor der Universität Wien ernannt wird.

Bis 1970 forscht Perutz an dem roten Blutfarbstoff weiter, um zu verstehen, wie er Sauerstoff bindet, was ihm schließlich auch gelingt: „Hämoglobin ist nicht nur ein Tank, der den Sauerstoff von den Lungen ins Gewebe führt, sondern ein beweglicher Mechanismus, eine lebende Maschine", stellt er fest. Danach widmet er sich – weiterhin rastlos und voller Engagement – den Veränderungen von Hämoglobin und anderen Eiweißstoffen, auch um Krankheiten lindern zu können.

Zur Entspannung erholt sich der begeisterte Bergsteiger und Skitouren-Geher bei einer *Seitenlinie* der Forschung: bei der Untersuchung der Gletscher, ihrer kristallinen Struktur und dem Kräftespiel ihrer Bewegungen.

Er schreibt aber auch viel beachtete Kritiken für Literaturzeitschriften wie *The New York Review of Books*. Obwohl seine schriftstellerischen Ambitionen von seinem Verwandten Leo Perutz, einem der rätselhaftesten Schriftsteller des vergangenen Jahrhunderts, kritisiert und belächelt werden. Der Wissenschaftler hat aber auch Freude an plakativen Zitaten wie „Die Befreiung der Frauen wäre erfolglos geblieben, wenn die Wissenschaft nicht die Voraussetzungen für die Empfängnisverhütung und die Haushaltstechnologie geschaffen hätte".

Warnung vor Terror und Gegenterror

Max Ferdinand Perutz stirbt im Februar 2002 im Alter von 87 Jahren in Cambridge an einer seltenen Hautkrebserkrankung. Fünf Monate zuvor schreibt er nach den Anschlägen vom 11. September dem britischen Premier Tony Blair: „Ich bin alarmiert durch die amerikanischen Rufe nach Vergeltung und besorgt, dass Präsident Bushs Rache zum Tod Tausender unschuldiger Menschen führen und uns in eine Welt aus eskalierendem Terror und Gegenterror stürzen wird. Ich hoffe, dass Sie Ihren mäßigenden Einfluss dazu nutzen können, dass dies nicht passiert."

1989 Bucherfolg *Is Science Necessary?*

2002 Tod. 6. Februar in Cambridge.

Ein Sprachkünstler, der voller Schärfe die Welt durchschaut. Lächelnd spricht Alfred Polgar auch traurige Wahrheiten aus. Als Virtuose des Understatements formuliert er sparsam, aber souverän. Der „Meister der kleinen Form“ verfasst literarische Miniaturen, geistreiche Pamphlete und Stimmungsbilder.

Alfred Polgar

Mit vollendeter Beiläufigkeit serviert er scharfsinnige Gedanken: Alfred Polgar.

Geistreicher Grandseigneur der Feder

„Wurde in Wien geboren. Mein Vater war Musiker. Ich habe vielerlei studiert und nichts gelernt. War Journalist, Parlamentsberichterstatter, Theaterkritiker. Übersiedelte 1927 nach Berlin und ging 1933 nach Wien zurück. Besondere Kennzeichen meines Lebens: keine."

Die Selbstbeschreibung eines Skeptikers, der Understatement als Stilmittel pflegt. Alfred Polgar ist ein Sprachkünstler, der voller Ironie und Schärfe die Welt durchschaut. Lächelnd spricht er traurige Wahrheiten aus. Er formuliert sparsam, aber souverän. Er sei der „Marquis des Feuilletons" und „von so provokant in sich gekehrter Sanftmut, daß dieses Piano seines We-

1873 Geburt.
17. Oktober in Wien-Leopoldstadt.

sens die Tassen erklirren machte", sagt sein Gefährte Anton Kuh.

Polgar schreibt am liebsten über die „kleinen Leute" und ihr alltägliches Leben, über scheinbar nebensächliche Dinge des Lebens: „Die kleinen Ereignisse haben gute Tage in Tagen, wo die großen so groß sind." Er beobachtet und beschreibt ein Reh oder einen Ringkampf, ein Sechstagerennen oder eine stehen gebliebene Turmuhr, einen Zoo oder eine Zirkusvorstellung.

Sein Wortwitz hat ihm früh das Klischee eines „Meisters der kleinen Form" eingebracht, er wird von manchen auch als charmanter Plauderer abgetan. Hermann Hesse spricht ihm einen „wirklichen, ernsthaften Glauben" ab. Für Robert Musil ist er ein „Filigranist". Kurt Tucholsky nennt Polgar den „feinsten und leisesten Schriftsteller unserer Generation", er könne „aufs Augenhärchen genau sagen, was er will". Joseph Roth, der als Zeitungsreporter mit Polgar beim *Neuen Tag* in Wien zusammenarbeitet, ist von seinem Stil derart begeistert, dass er immer wieder meint: „Ich bin ein Schüler von Alfred Polgar."

Der Idealist geht glatt durch Mauern und stößt sich wund an der Luft.

Alfred Polgar

Und Franz Kafka meint, man merke gar nicht, dass man von seinen „glatten, gefälligen Sätzen beeinflusst und erzogen wird. Unter dem Glacéhandschuh der Form verbirgt sich ein fester, unerschrockener Wille als Inhalt." Polgar soll über Kafkas Lob, schreibt Friedrich Torberg, „stolz wie ein Gymnasiast" gewesen sein. Stolz und erstaunt ist Polgar auch über den Erfolg seiner Bücher in den 1920er-Jahren.

1873 wird er als Alfred Polak, als jüngstes von drei Kindern ungarisch-slowakischer Juden geboren. Vater Josef, der eine Klavierschule besitzt, wechselt mit seiner Familie – Beethoven ähnlich – mehrmals den Wohnsitz. Als Zwanzigjähriger veröffentlicht Alfred, der sich gerne zwei Jahre jünger macht, in der Zeitschrift *Die Zukunft* seinen ersten Artikel. Als Beobachter der Wiener Kabarettszene beginnt er mit seinem Freund Friedell Sketches für das Kabarett „Fledermaus" zu schreiben. Zwischen 1908 und 1910 beherrschen sie die Kleinkunst-Programme Wiens. Da es oft schwierig ist, die Anteile der beiden Autoren auseinanderzuhalten, bezeichnet man sie als *Polfried AG*.

Sein Mitgefühl gehörte den einfachen Menschen

Vieles schreiben Polgar & Friedell im Café Central. Es „liegt unterm wienerischen Breitengrad am Meridian der Einsamkeit. Seine Bewohner sind größtenteils Leute, deren Menschenfeindschaft so heftig ist wie ihr Verlangen nach Menschen, die allein sein wollen, aber dazu Gesellschaft brauchen", meint Polgar. Diese Zufluchtsstätte der Literaten ist für Polgar und Friedell, Peter Altenberg und Karl Kraus eine Art erweitertes Wohnzimmer.

Der Feuilletonist Polgar kommt über den Journalismus zur Dichtung: „Seine Prosa war rein und schlackenlos wie keine zweite", meint Friedrich Torberg. Er bearbeitet Theaterstücke, übersetzt Franz Molnárs *Liliom* und feiert damit 1913 einen triumphalen Erfolg im Theater in der Josefstadt. Den eleganten Stilisten in Anzügen aus dem teuersten Schneideratelier Wiens mit meist geblümter Fliege

1908 Erstes Kabarett. *Goethe. Eine Groteske in zwei Bildern* mit Egon Friedell.

1913 Übersetzer. Großer Erfolg mit Ferenc Molnárs *Liliom*.

umgibt immer ein Hauch von Distanz. Mit düster hängenden Augenlidern beobachtet er die Welt. Selten fehlt die Zigarette zwischen den Lippen.

„Ein monströses Arschloch aus dem Innviertel"

Er formuliert mit unermüdlicher Freude und spiegelt spielerische Leichtigkeit vor. Ob in einer Kritik oder in einem Feuilleton – das ein „Nichts sei, aber in Seidenpapier", wie er selbst meint. Das Mitgefühl des ewigen Essayisten gehört den einfachen Menschen, den Soldaten, den Angeklagten und Außenseitern. An ihren Beispielen analysiert er Tragödien und Hoffnungslosigkeit, das Elend des Krieges. Mit moralischer Rigorosität. Alfred Polgar verachtet die Kommunisten und hasst die Nazis. Adolf Hitler nennt er ein „monströses Arschloch aus dem Innviertel". Nach der Machtergreifung des NS-Regimes ist für den „österreichischen Juden und linksliberalen Antifaschisten Polgar im nationalsozialistischen Deutschland kein Platz".

Im März 1933 werden auch seine Bücher verbrannt. Polgar flüchtet ins Exil. Zunächst nach Prag, dann nach Zürich, Paris und schließlich 1940 in die USA. Er übersetzt amerikanische Bühnenstücke und arbeitet als Drehbuchautor für Metro Goldwyn Mayer. Nach der Emigration in Amerika kehrt er nach Wien zurück, wo er früher in jenem Haus in der Stallburggasse logiert hat, wo auch Hofmannsthal, die Sängerin Maria Jeritza und Kanzler Dollfuß gewohnt haben. „Mein Gott, Sie leben noch?!", wird er auf der Straße begrüßt.

1951 erhält er den Preis für Publizistik der Stadt Wien, aber leben will er hier nicht mehr: Die Fremde sei nicht Heimat geworden, aber die Heimat sei Fremde. Dennoch kehrt er immer wieder auf Kurzbesuche nach Wien zurück. Bei Rowohlt erscheint 1953 das Buch *Standpunkte* und 1954 *Im Lauf der Zeit*. Doch Bestseller wie während der 1920er-Jahre werden seine Bücher nicht mehr.

1955, fünf Wochen vor seinem Ende, schreibt Polgar dem Freund Willi Schlamm aus Wien: „Im Augenblick sind hier alle Leute völlig närrisch wegen der kommenden Eröffnung der wieder auf Glanz hergerichteten Oper und Burg, und sehr stolz darauf, daß sie wegen so was rein Kulturellem so närrisch sind … Verschweigen möchte ich Dir nicht, daß es in der ‚Linde' einen gesulzten Karpfen gibt, täglich, der mit manchem, was es sonst in Wien gibt, versöhnen kann … Trotzdem freuen wir uns schon sehr auf unsere übermorgige Abreise von hier. Wien ist ein merkwürdiger Erdenfleck: eine wunderbare Stadt sowohl zum Dort-Sein wie zum Wegfahren."

Abschied vom dialektischen Labyrinth des Daseins

Um 6 Uhr 40 eines Aprilmorgens 1955 stirbt er in einem Züricher Hotelzimmer an seinem zweiten Herzinfarkt. Alfred Polgar hinterlässt einen eigenen Nachruf, die letzten Sätze daraus: „Er schlief schmerzlos hinüber, weil es ihm langweilig war, immer wieder morgens aufzustehen, sich die Zähne zu putzen, zu waschen, anzuziehen und im dialektischen Labyrinth des Daseins noch und immer noch ein paar nutzlose, nie zu einem Ausgang führende Schritte zu stolpern. Wir versagen es uns, das Genie und die Arbeit dieses glänzenden, einzigartigen, wahrhaft überlegenen Mannes zu rühmen, weil wir wissen, wie unendlich geringschätzig er über Ruhm und Nachruhm dachte."

1926 Bestseller.
An den Rand geschrieben.

1955 Tod.
24. April in Zürich.

Bereits als Kind ist er von philosophischen Fragestellungen fasziniert. Trotz der Bedrohung durch totalitäre Systeme bleibt der kritische Rationalist Karl Raimund Popper ein Leben lang Optimist. Und engagiert sich für die individuelle Freiheit. Heute sind die Thesen eines der größten Denker des 20. Jahrhunderts aktueller denn je.

Karl Raimund Popper

Ein streitbarer Philosoph, dessen Thesen heute aktueller denn je sind: Sir Karl Raimund Popper.

Der Kampf für die offene Gesellschaft

„Er hat das Tischlerhandwerk ordnungsgemäß erlernt und die Gesellenprüfung vor der genossenschaftlichen Prüfungskommission mit Erfolg bestanden." So der Gesellenbrief von Karl Raimud Popper, der zwischen 9. Oktober 1922 und 9. Oktober 1924 beim Kunsttischlermeister Adalbert Pösch in Wien-Gumpendorf beschäftigt ist.

Einer der bedeutendsten Philosophen des 20. Jahrhunderts verdankt als junger Tischlerlehrling seinem Meister die Einsicht, dass „die einzige Weisheit, die zu erwerben ich hoffen konnte, das sokratische Wissen von der Unendlichkeit meines Nichtwissens war". Durch den Tischler Pösch wird Popper „zu einem Jünger von Sokrates".

1902 Geburt. 28. Juli in Wien.

Als Karl Popper, eine der schillerndsten Figuren im Reich des Denkens, 1974 in der Autobiografie *Ausgangspunkte* die Erkenntnisse seines Meisters aus der Tischlerei niederschreibt, ist er längst selbst ein Meister: emeritierter Hochschulprofessor der „London School of Economics“, Schöpfer des „Kritischen Rationalismus“, bereits vierfacher Ehrendoktor. Insgesamt wird er bis zu seinem Tod zwanzigmal mit der Ehrendoktorwürde ausgezeichnet, darunter in Cambridge, Chicago und Wien – und von Queen Elizabeth II. zum ritterlichen „Sir Karl“ geschlagen.

Ein streitbarer Philosoph als idealer Verbündeter der Politik

„Wer von Popper beeinflusst ist, ändert seine Arbeitsweise und in dieser wie in anderer Hinsicht sein Leben“, meinte der britische Philosoph und Labour-Politiker Bryan Magee, und Margaret Thatcher baute ihr politisches Programm auf Thesen von Karl Popper auf. Auch Ronald Reagan apostrophierte Karl Popper immer wieder im Kampf gegen die Sowjetunion. Der deutsche Kanzler Helmut Schmidt stand mit dem streitbaren Wissenschaftsphilosophen in regem Briefkontakt, sah in ihm einen idealen Verbündeten als Gegner von Alt- und Neu-Marxisten, die „zwar den Himmel auf Erden versprechen – in Wirklichkeit aber nur eine Hölle auf Erden schaffen“. Helmut Schmidt riet Freunden und Feinden immer wieder, Popper zu lesen, von ihm zu lernen, jenem glühenden Verfechter der Demokratie, der meint: „Die Frage, wer an die Macht kommen soll, ist falsch gestellt. Es genügt, wenn eine schlechte Regierung abgewählt werden kann.“

Karl Raimund Popper kommt im Sommer des Jahres 1902 als Sohn eines Rechtsanwalts und Philanthropen in Wien zur Welt. Seine Eltern sind zum Protestantismus konvertierte, assimilierte Juden. Karl, der bereits als Kind von philosophischen Fragestellungen fasziniert ist, wächst in einem großbürgerlichen Elternhaus „im Herzen von Wien, gegenüber dem Riesentor der Stephanskirche“ auf, in dem Bücher und Musik eine wichtige Rolle spielen. Den Salon dominiert ein Bösendorfer-Konzertflügel.

In der weitläufigen Wohnung werden in jenen Jahren, als der arbeitslose Maler Adolf Hitler bis Mai 1913 im Männerheim Meldemannstraße Asyl findet, von der Familie Popper immer wieder Obdachlose aufgenommen. Als Karl zwölf Jahre alt ist, beginnt der Erste Weltkrieg. Vier Jahre später verlässt er das Gymnasium und wird Gasthörer an der Wiener Universität. Seine Matura legt er als Externist erst im zweiten Anlauf ab. Ein Jahr zuvor ist einer der großen Philosophen des 20. Jahrhunderts an den Fächern Latein und Logik gescheitert.

Frühe Abkehr vom Marxismus

Bereits als Siebzehnjähriger sympathisiert Karl Popper, später einer der schärfsten Kritiker von Karl Marx, mit der kommunistischen Bewegung. Nach der Ausrufung der Republik wird er Mitglied der Kommunistischen Partei und arbeitet zeitweise in der Parteizentrale. Karls Vater, der in verschiedenen gemeinnützigen Einrichtungen tätig ist, weckt schon früh das Interesse seines Sohnes an sozialen Problemen. Doch die Hoffnung Karl Poppers, der Kommunismus könne diese Probleme lösen, wird von einem Ereignis überschattet, das er zu den wichtigsten seines Lebens rechnet: Im Juli 1919 versuchen Demonstranten gewaltsam, inhaftierte Kommunisten aus dem Wiener Polizeipräsidium zu befreien. Dabei werden mehrere Arbeiter getötet.

Der junge Karl ist nicht nur über die Brutalität der Polizei entsetzt, sondern auch über sich selbst: Er stellt fest, dass er „als Mar-

1937 Exil in Neuseeland.

1945 Hauptwerk. *Die offene Gesellschaft und ihre Feinde.*

xist zumindest prinzipiell an dem Unglück mitschuldig war. Denn die marxistische Theorie behauptet, daß wir umso schneller zum Sozialismus kommen würden, je mehr sich der Klassenkampf verschärft…"

> Das Gehirn ist das Instrument, mit dem unser Geist Musik macht.
>
> Karl Raimund Popper

Trotz seiner Abkehr vom Kommunismus bleibt Popper Sozialist, und wäre es geblieben, wie er selbst sagt, wenn sich „der Sozialismus mit der individuellen Freiheit vereinbaren ließe". Der Arbeiteraufstand vom Juli 1927 beweist ihm endgültig, dass „dies nicht mehr als ein wundervoller Traum ist". Und er gelangt bald zu der Überzeugung, dass die marxistische Idee ein „Irrlicht ist, das uns in einen Sumpf lockt".

Fundamentalanalyse totalitärer Systeme: *Die offene Gesellschaft und ihre Feinde*

Nach einem längeren Aufenthalt in England, wo er Erwin Schrödinger, Bertrand Russell und Ernst Gombrich begegnet, flüchtet Karl Popper, der den „Anschluss" an das nationalsozialistische Deutschland näher kommen sieht, 1937 aus Europa nach Neuseeland. Die Errichtung totalitärer Systeme Hitlers und Stalins bewegen Popper zu einem fundamentalen Buch: *Die offene Gesellschaft und ihre Feinde,* einer philosophischen Analyse totalitärer und autoritärer Ideen. Voller Verve attackiert Karl Popper Theoretiker geschlossener Staatsformen, Utopisten wie Plato, Hegel und Marx. Und er ist davon überzeugt, dass es – sobald die Menschen aufhören, für eine offene Gesellschaft zu kämpfen – mit allem vorbei ist. Mit der Freiheit, mit der Demokratie, mit der Marktwirtschaft.

Am Tag des Einmarsches von Adolf Hitler in Österreich beschließt Popper, im neuseeländischen Exil sein Manifest über die Feinde der offenen Gesellschaft zu schreiben. Sieben Jahre später, 1945, als der Krieg in Europa zu Ende geht, erscheint das Buch. Hitler und Stalin verabscheut er so sehr, dass er ihre Namen in seinem Buch „nicht erwähnen wollte". Nach dem Ende des Kalten Krieges scheint der Kampf Poppers für eine offene Gesellschaft in Vergessenheit zu geraten.

Die Bedrohung durch religiösen Fanatismus, die die Welt voller Angst, Wut und Ohnmacht in einen Schockzustand versetzt, zeigt, wie verwundbar die offene Gesellschaft heute ist. Die Gedanken des Philosophen – Poppers pathetische Philippika, vor fast 80 Jahren formuliert – erleben in Zeiten von unberechenbarem Terror eine Renaissance. Aktueller denn je ist sein Urteil: „Wenn eine Gesellschaft gegenüber offen intoleranten Menschen tolerant ist, geht das nicht gut für diese Gesellschaft aus."

1965 Ritterschlag durch Queen Elizabeth II.

1994 Tod. 17. September in London.

Christoph Ransmayr ist davon überzeugt, dass sich Menschen manchmal an die Grenzen der Welt, an den Rand der Zivilisation begeben müssen, um zu sich selbst zu finden. In den Büchern des unermüdlich Reisenden, großen Erzählers und apokalyptischen Chronisten atmet der Leser die Intensität des Lebens.

Christoph
Ransmayr

Auf der Suche nach dem Fremden, den Geschichten und den Geheimnissen von Menschen: Christoph Ransmayr.

Dem Rätsel des Lebens auf der Spur

Neugierde bestimmt sein Leben. Und treibt ihn voran. Christoph Ransmayr ist auf der ewigen Suche nach dem Fremden, nach den Geschichten und den Geheimnissen von Menschen.

Der wortgewaltige Dichter beginnt als Reporter. Schon früh, vor fast vierzig Jahren, beweist er im österreichischen *Extrablatt,* später in deutschen Magazinen wie *Trans-Atlantik* des Literaten Enzensberger, der sich mit seiner Zeitschrift „partout dem uniformierten Geschmack verweigert", dass man Journalismus mitunter auch mit literarischem Anspruch betreiben kann, zum Beispiel wenn Ransmayr Geschichten von einsamen, skurrilen Menschen erzählt. Wie im Magazin *Me-*

1954 Geburt.
20. März in Wels.

rian von einem ehemaligen Bergführer, der Holzlöwen bastelt, oder einem greisen Hufschmied auf einer Hallig in Schleswig-Holstein, der Robben schnitzt. Zwischendurch verdient er sich seinen Lebensunterhalt auch als Chauffeur und Reiseleiter.

Seit 1982 arbeitet der große Erzähler, der unermüdlich Reisende, der sich selbst als „Halbnomaden“ bezeichnet, als Schriftsteller. Er führt seine Romanhelden an die Grenzen der Welt, erzählt von Abenteuern, Eroberungen und Expeditionen in extremen Landschaften, in seinen Büchern atmet der Leser die Intensität des Lebens, die Sehnsucht nach der Ferne, den Bergen und dem Meer.

1984 erscheint sein erster Roman *Die Schrecken des Eises und der Finsternis* über die k.u.k. Expedition ins ewige Eis: „Im Gehen wurde ihm die Welt nicht kleiner, sondern immer größer, so groß, dass er schließlich darin verschwand.“ Wie auch später immer wieder beginnt die Geschichte mit einer Katastrophe – bereits auf der ersten Seite geht ein Mann im arktischen Winter verloren. In Ransmayrs in mehr als 30 Sprachen übersetztem Welterfolg *Die letzte Welt* führt die Suche nach dem verbannten Dichter und Erotiker Ovid dessen Freund Cotta in einen Orkan. Und die apokalyptische Romanfantasie *Morbus Kitahara* beginnt mit dem Satz: „Zwei Tote lagen schwarz im Januar Brasiliens.“

„Eher würde ich mein Leben beenden als meine Arbeit“, meint Ransmayr in einem Philosophie-Magazin. Nach seinem ersten großen Erfolg wird der stille, scheue Dichter, der Menschenansammlungen wie Buchmessen meidet, bereits 1988 nicht nur in Österreich umjubelt. *Die letzte Welt* stürmt die Bestsellerlisten und wird auch in Deutschland einhellig als Buch der Saison bezeichnet. *FAZ, Die Zeit* und *der Spiegel* – alle preisen sein Werk, er habe jetzt einen „Logenplatz in der deutschen Kultur“.

Vor 30 Jahren kürt auch der deutsche Buchhandel den oberösterreichischen Literaten zum Autor des Jahres. Die Liste seiner Preise ist eindrucksvoll, unter anderem erhält er Auszeichnungen, die nach Literaten wie Fontane und Hölderlin, Kleist und Kafka, Böll und Brecht, Nestroy und Wildgans benannt sind. Gemeinsam mit Salman Rushdie wird er mit dem „Prix Aristeion“ der Europäischen Union ausgezeichnet. Allein 2018 erhält der Vielgerühmte sechs Preise – vom Bayerischen Buchpreis bis zum Preis der Stadt Wien für Literatur.

Ein „Wahrsager, der Bilder von morgen entwarf“

Für seine Romane lässt sich der langsame Schreiber viel Zeit. Sehr viel Zeit. Seine Werke sollen reifen. Voller Ruhe und Geduld wartet er darauf. Nach einer Krisensituation ist er mehr als zwei Jahre nicht fähig, auch nur einen einzigen Satz zu schreiben. Zwischen *Morbus Kitahara* und *Der fliegende Berg* liegen elf Jahre.

In diesem Roman erklettern zwei ungleiche Brüder den majestätischen Himalaya und lernen einander in Extremsituationen völlig neu kennen. Schmerz. Schwindel. Ohnmacht. Und Sterben – 6840 Meter über dem Meeresspiegel. In der Erzählung aus dem Jahr 2006 verarbeitet Ransmayr die Geschichte des Extrembergsteigers Reinhold Messner, dessen Bruder Günther bei einer gemeinsamen Besteigung des Nanga Parbat unter mysteriösen Umständen ums Leben gekommen ist.

Für Messner ist Ransmayr ein „Wahrsager, der Bilder von morgen entwarf“: „Da war einer, der zurückgekommen war aus der Welt, die mich seit einem halben Menschenleben narrte; einer, der den Grenzgang in sich zu Ende gegangen war; einer, der alles, was ich immerzu gesucht hatte und nie finden würde, hinter sich gelassen hatte.“

1984 Erster Roman. *Die Schrecken des Eises und der Finsternis.*

1988 Internationaler Durchbruch. *Die letzte Welt.*

Messner schreibt dem Dichter 1989 einen Brief und lädt ihn ein, seine Expedition zum 8516 Meter hohen Lhotse an der Grenze zwischen Nepal und China zu begleiten. Da muss Ransmayr bekennen: „Ich komme zwar aus einer Berggegend, aber ich bin kein Höhenbergsteiger." Und er gesteht auch, dass er nie in der Arktis war, wo sein erster Roman spielt. Auch gibt er zu, dass er die Aufzeichnungen des Alpinisten Julius von Payer „leise umgearbeitet hatte".

Messner ist zuerst fassungslos. Doch für ihn sind die meisten Bergbücher unlesbar, weil darin „die Menschen wie Roboter unterwegs sind", der Dichter Ransmayr „kommt mit seinen Bildern viel näher an die Wahrheit heran". Über 30 Jahre entwickelt sich eine tiefe Freundschaft. Irgendwann wandern sie gemeinsam über die Gletscherlandschaft des Franz-Josef-Archipels. Und gemeinsam sind die beiden Abenteurer auch in der Südsee, in Brasilien und im Himalaya-Gebiet unterwegs.

Spiel mit der Sehnsucht nach fremden Welten

Durch Messner entdeckt Ransmayr eine Welt wieder für sich, die verloren schien – die Welt der Berge. Die Kindheit im Salzkammergut, das Höllengebirge, das Tote Gebirge sind wiederauferstanden.

Christoph Ransmayr wird 1954 in Wels geboren und wächst in Roitham auf. Thomas Bernhards Bauernhof ist nur zehn Kilometer weit entfernt. In seinen Romanen kommen Orte wie Ungenach vor – für den Schüler Christoph ist der Fußballverein dieses Dorfes der Erzfeind in der „Vierten Klasse G-Liga". Sein Großvater ist Schleusenwärter, der Vater Volksschullehrer. Bereits im Vorschulalter kann er lesen, daher ist es ihm möglich, sich in fremde Welten wie nach Amazonien zu versetzen, ohne die häusliche Geborgenheit zu verlassen. Später erkennt er, dass die Strukturen des Dorfes, aus dem er kommt, „gar nicht so unüberbrückbar verschieden sind von denen in einem südindischen Dorf oder einem Weiler in Yucatán".

> Eher würde ich mein Leben beenden als meine Arbeit.
>
> Christoph Ransmayr

Der junge Naturliebhaber ist überzeugt, in der Wildnis aufgewachsen zu sein, in den Flussauen der Traun, wo er kaum Unterschiede zum Mississippi erkennt. Auch später am Meer hört er in der Brandung noch manchmal den Traunsee plätschern, an dem er in die Schule gegangen ist. Und in den Bergen erahnt er mitunter die Gipfel des Toten Gebirges und des Höllengebirges, wie „ich sie aus den Fenstern meines Elternhauses in der Ferne gesehen habe", erzählt er in einem Interview mit der *Süddeutschen Zeitung*.

Schon sehr früh weiß Ransmayr, dass Schreiben das Einzige ist, „was ich wirklich will und kann, und dass es keine einzige Anstrengung gibt, die mich auch nur annähernd so erfüllt".

Seine Romanhelden erkennen gerade in Extremsituationen, in der Fremde, wo ihre Wurzeln liegen. Manchmal müssen sie sich an den Rand der Zivilisation begeben, um zu sich selbst zu finden.

1995 Apokalyptisch. *Morbus Kitahara.*

2016 Historisch. *Cox oder der Lauf der Zeit.*

Er hält leidenschaftliche Plädoyers gegen „neurotische Lebensverunstaltung“. Der Psychiater und Individualpsychologe Erwin Ringel – „Mr. Suicide“ – ist Pionier der Selbstmordverhütung. Mit seiner These, Österreich sei die Brutstätte der Neurosen, wird er anerkannt, aber auch angefeindet, und spaltet das Land.

Erwin Ringel

Der Psychiater, der polarisiert: Erwin Ringel.

Nestbeschmutzer und Seelendoktor der Nation

Man spielt in den Kulissen künstlicher Welten seine Rolle. Durch die Macht der sozialen Netzwerke wird es immer schwieriger, mit eigenen Gefühlen zurechtzukommen. *Virtuelle Freunde* beherrschen oft das emotionale Leben – Eltern gelingt es manchmal nicht, mit ihren Kindern zu kommunizieren, Beziehungen und Ehen bleiben häufig kalt und oberflächlich.

Statt in geschützter Privatsphäre lebt man in einer Vermengung von psychischer Innen- und Außenwelt. In einem Kosmos der digitalen Lust. Man will von anderen gesehen und gehört, beachtet und beurteilt werden. In einer Zeit, in der die Menschen immer gestresster, überforderter und ausgebrannter sind. In einer Zeit, in der Philosophen von ei-

1921 Geburt.
27. April in Temesvár.

ner *Müdigkeitsgesellschaft* sprechen. Bei permanenter Erschöpfung helfen keine Meditationsübungen auf dem iPad mehr. Dann spricht man mitunter von einem Burnout-Syndrom, einem Zustand, der zu Depressionen führen und psychosomatische Erkrankungen auslösen kann – dabei beeinflusst die Seele den Körper und macht ihn krank.

Pionier der psychosomatischen Forschung

Bereits vor 65 Jahren – als der Begriff „Burnout" noch lange nicht virulent war – hat der Psychiater und Individualpsychologe Erwin Ringel die „Station 6B" an der Medizinischen Universität Wien aufgebaut: die erste psychosomatische Einrichtung des Landes.

Als österreichischer Wegbereiter der Psychosomatik, die viele Jahre zuvor in den USA entwickelt wurde, muss Ringel Mitte der 1950er-Jahre viele Widerstände überwinden. Skeptische, saturierte, mitunter feindliche Kollegen, versucht er voller Vehemenz in Vorträgen zu überzeugen. Und meint, „man kann also, vorsichtig ausgedrückt, mit einer künftigen Ärztegeneration rechnen, die mit Idealismus und gutem Wissen bemüht sein wird, sich diesem zentralen Problem der Medizin gewachsen zu erweisen". Und Ringels Initiative setzte sich nach vielen Jahren durch: Seit 1987 können Ärzte durch eine spezielle Ausbildung in Psychosomatik ein Diplom erlangen.

Sigmund Freud ist für Erwin Ringel ein „Titan, sowohl als Denker als auch im Entdecken des Unbewußten und im Entwickeln einer Therapie der Neurose. Mit ihm kann sich niemand messen – auch Alfred Adler nicht." Doch Adler-Fan Ringel sieht keinen unüberbrückbaren Gegensatz und versucht ein Leben lang, diese beiden konkurrierenden Schulen der Psychoanalyse mit seiner eigenen Neurosenlehre zu vereinigen.

Erwin Ringels Eltern leben in Hollabrunn, doch seine Mutter fährt zur Entbindung in ihr Elternhaus nach Temesvár. Die ersten Lebensjahre verbringt Erwin im Westen des Weinviertels. 1926 übersiedelt die Familie nach Wien. Man wohnt in der Annagasse, in wenigen Minuten erreicht der Vater die Lehrerbildungsanstalt Hegelgasse, wo er unterrichtet.

Die Nähe zur Wiener Staatsoper und zu den großen Theatern ermöglicht es dem wachen, neugierigen Schüler des Akademischen Gymnasiums, bald profunde Kenntnisse der Opern- und Theaterliteratur zu erlangen: Das Lieblingsspiel Erwins ist, Gästerunden im gutbürgerlichen Hause Ringel zu beeindrucken, indem er Opernlibretti und Lyrik zitiert. Schlagfertig und fehlerlos. „Eine lange bedeutsame Periode meines Lebens war", erinnert sich Ringel, „dass ich unter sehr glücklichen Bedingungen aufgewachsen bin, dass meine Eltern eine wunderbare Ehe geführt haben, und was besonders ins Gewicht fällt, mir sehr viel von ihren Werten vermittelt haben."

1939 wird der Gymnasiast Erwin Ringel von der Gestapo verhaftet, weil er sich am 8. Oktober 1938 als Pfarrjugendhelfer bei einer Kundgebung der Katholischen Jugend gegen die Nationalsozialisten am Stephansplatz engagiert hatte. Kurz danach beginnt er sein Medizinstudium, wird aber wiederholt einberufen.

Mit Hilfe zweier befreundeter Ärzte gelingt es Ringel 1941, wegen „psychiatrischer Probleme" von der Wehrmacht entlassen zu werden: Er schimpft auf einen Vorgesetzten, nennt Adolf Hitler einen Psychopathen und wirft seinem Kommandanten das Gewehr vor die Füße. Während der letzten beiden Kriegsjahre ist er in einem Reservelazarett, im Wiener Rudolfspital, ärztlich tätig.

Bereits drei Jahre nach Kriegsende gründet Ringel mit Unterstützung der Caritas das erste Selbstmordverhütungszentrum Europas, die „Lebensmüden-Fürsorge". Nachdem

1953 Präsuizidales Syndrom. Meilenstein in der Selbstmordforschung.

1954 Gründung der ersten psychosomatischen Station in Österreich.

er vier Jahre lang 745 gerettete Selbstmörder untersucht hat, beschreibt er 1953 das auch heute noch gültige „Präsuizidale Syndrom" – das bei der Früherkennung eines Selbstmordes, dem fatalen „Abschluß einer neurotischen Entwicklung", helfen kann.

„Mr. Suicide": Wegbereiter der Suizidverhütung

Die Anlässe, warum Patienten vor dem Leben kapitulieren, sind unglaublich: Drei Frauen drehen den Gashahn auf, weil ihre Männer den Hochzeitstag vergessen haben, ein junger Mann mit gesichertem Einkommen vergiftet sich, weil er 20 Schilling Strafe zahlen sollte, ein anderer versucht einen Suizid zu begehen, weil seine Freundin zu Silvester mit einem anderen ausgegangen war. Und eine Ehefrau schluckt Schlaftabletten, weil ihr Mann wegen einer ungebügelten Hose mit ihr gestritten hatte.

Insgesamt veröffentlicht Ringel rund 600 Arbeiten, darunter mehr als zwanzig Bücher. Seine wichtigsten Themen sind Psychosomatik und Suizidverhütung, Individual- und Sozialpsychologie sowie „neurotische Lebensverunstaltung", aber auch tiefenpsychologische Aspekte von Kunst, Religion und Gesellschaftspolitik. Und der Psychiater wagt es voller Leidenschaft, sakrosankte Themen öffentlich zu machen. Mitunter publikumswirksam vereinfacht.

Eine „besonders wichtige Stimme des österreichischen Gewissens"

Immer wieder verknüpft der überzeugte Patriot, gläubige Katholik und unbeugsame Antifaschist in seinen Schriften politische Themen mit seinen eigenen wissenschaftlichen Spezialgebieten: In *Der Einfluß der Neurose auf das politische Verhalten Österreichs oder Waldheim*. Österreich zwischen Selbstschädigung und Selbstbesinnung. Die katholische Kirche fordert er immer wieder auf, ihre Haltung zur Selbsttötung zu überdenken.

Für manche ist sein Engagement ambivalent: Als man Ringel in der Euthanasie-Causa des einstigen NS-Psychiaters Heinrich Gross um Unterstützung ersucht, winkt er ab, „er wolle damit nichts zu tun haben". Am liebsten reflektiert er Fragen der Kunst mit der Psyche: *Das Selbstmordproblem bei Schnitzler* oder *Das Problem der Todesbewältigung am Beispiel Gustav Mahlers*.

Was kränkt, macht krank.

Erwin Ringel

Mit seinem erfolgreichsten Buch *Die österreichische Seele,* in dem er – mitunter polemisierend – Österreich als „Brutstätte der Neurosen" bezeichnet, wird Erwin Ringel zum anerkannten, aber auch angefeindeten „Seelendoktor der Nation" und Nestbeschmutzer. Kaum jemand hat zuvor mit einem Tabuthema derart polarisiert. Der *Club 2* über den Ringel-Bestseller spaltet 1984 das Land.

Unruhige zehn Jahre später stirbt Erwin Ringel im Alter von 73 Jahren, bereits längere Zeit wegen multipler Sklerose im Rollstuhl, an Herzversagen. Auch die *New York Times* würdigt in einem Nachruf Ringel als eine „besonders wichtige Stimme des österreichischen Gewissens".

1960 Individualpsychologie. Gründung des ersten Vereins in Österreich.

1994 Tod. 28. Juli in Bad Kleinkirchheim.

Der große steirische Heimatdichter, der sozialkritische Verleger, der ideologisch vereinnahmte Poet: Peter Rosegger. Familie, Natur und Heimat dominieren in seinen Büchern, doch er war kein literarischer Wurzelsepp in Lederhosen. Fast hätte der ehemalige Waldbauernbub den Nobelpreis erhalten.

Peter Rosegger

Familie, Natur und Heimat – aber auch großes soziales Empfinden dominieren in seinen Büchern: Peter Rosegger.

Weltstar aus der Idylle der Waldheimat

„In meinem zwölften Lebensjahr wird es auch gewesen sein, als am Frühmorgen des heiligen Christabends mein Vater mich an der Schulter rüttelte..., Peter... da nimm meinen Stecken, denn es ist viel Schnee, und da nimm eine Laterne, denn der Pfad ist schlecht und die Stege vereist. Du mußt hinabgehen nach Langenwang. Der Holzhändler Spreitzegger... ist mir noch immer Geld schuldig, zwei Gulden und sechsunddreißig Kreuzer für den Lärchenbaum. Ich laß ihn bitten darum; schön höflich anklopfen und den Hut abnehmen, wenn du in sein Zimmer trittst. Mit dem Geld gehst nachher zum Kaufmann Doppelreiter und kaufst zwei Maßel Semmelmehl und zwei Pfund Rindschmalz, und um zwei Groschen Salz, und das tragst heim.'"

1843 Geburt. 31. Juli in Alpl bei Krieglach.

Alles geht gut, doch der Bub kommt nach vielen Stunden des Wanderns durch Eis und Schnee atemlos und derart erschöpft wieder oben auf dem Bergbauernhof an, dass er in der wohligen Wärme der Stube den Heiligen Abend verschläft – in einer Zeit, als der Advent noch die stillste Zeit im Jahr war. Peter Roseggers Erzählung *Als ich Christtagsfreude holen ging* ist eine der braven, betulichen, aber stimmungsvollen Schilderungen aus einer Zeit tiefster ländlicher Armut. Mit plakativen, pathetischen, aber eindringlichen Bildern aus der „Waldheimat", dem entbehrungsreichen bäuerlichen Leben, in dem Familie, Natur und Heimat dominieren: „Ja, man soll die Fremde kennenlernen, aber früher noch die Heimat…"

Peter Rosegger, der große Dichter der Steiermark, einer der Bestsellerautoren aus dem 19. Jahrhundert, ist ein Leben lang stolz, inmitten unberührter Natur als Waldbauernsohn auf die Welt gekommen zu sein. Wahrscheinlich verehrt er auch deshalb Adalbert Stifter, der in der Natur Ruhe und Inspiration fand, so sehr.

Der Waldbauernsohn wird Schriftsteller

Peter Rosegger kommt 1843 im „unteren" Kluppeneggerhof am Alpl bei Krieglach als ältestes von sieben Kindern der Bergbauern Lorenz und Maria zur Welt. In der scheinbar heilen Welt einer bäuerlichen Großfamilie wächst Peter in Geborgenheit auf. Abends erzählt die Oma bei Kerzenschein Märchen. Weil es keine Schulpflicht gibt, sind viele Einwohner der kleinen Gemeinde Analphabeten. Peter lernt bald beim Wanderlehrer Michael Patterer lesen und schreiben, der gegen Kost, Logis und Geld für Tabak auf verschiedenen Bauernhöfen unterhalb des Hochwechsels Unterricht gibt.

Peter kränkelt oft, seine körperliche Konstitution ist zu schwach, um Bauer zu werden. Da für ein Studium kein Geld da ist, wird er vom Vater als Siebzehnjähriger zum Wanderschneider Ignaz Orthofer in St. Kathrein, der 67 Höfe betreut, in die Lehre geschickt. Bis dahin muss er stundenlange Waldmärsche – auch bei Eis und Schnee – unternehmen, wenn die Mutter von unten Mehl oder Schmalz braucht, um Sterz oder Poganzen, Rahmkoch oder Knödlfleisch, Gschnoatl- oder Schottsuppe zuzubereiten.

> Das Kind ist ein Buch, aus dem wir lesen und in das wir schreiben sollen.
>
> Peter Rosegger

Von kargen neunzig Kreuzern Wochenlohn, die der Schneidergeselle Peter verdient, kauft er sich Bücher. Vor allem humorvolle Dorfgeschichten und volkstümliche Heimatdichtung. Animiert von der Lektüre und von den Eindrücken des kargen Daseins der Bauern, der Einsamkeit und Weltabgeschiedenheit, die er auf der Wanderschaft von Hof zu Hof miterlebt, beginnt der junge Schneider Rosegger Gedichte zu verfassen. Er schreibt und schreibt. Der Weg zum Schriftsteller beginnt sich abzuzeichnen.

Authentische Berichte aus der Waldheimat

1864 landen auf dem Schreibtisch eines Journalisten der *Grazer Tagespost* Gedichte eines Einundzwanzigjährigen aus dem Mürztal. Peter Roseggers Firmpate hat dem Herrn Redakteur Dr. Svoboda im

1869 Erzählungen. Erste Veröffentlichung.

1875 Roman. *Die Schriften des Waldschulmeisters.*

Buckelkorb 24 Bände des Schneidergesellen nach Graz gebracht. Er erkennt sofort Roseggers Begabung und veröffentlicht einige Gedichte: „Was von Ihnen abgedruckt wird, soll honoriert, d. i. bezahlt werden." Vermutlich meint der Feuilleton-Redakteur, Fremdworte seien für seinen neuen Mitarbeiter aus der Waldheimat unverständlich. Bald veröffentlichen auch Wiener Zeitungen Gedichte und Erzählungen des Heimatdichters aus der steirischen Idylle, dessen Talent bald für Furore sorgt.

Um die weitgehend versäumte Bildung nachzuholen, ermöglichen Gönner wie der einflussreiche Bierbrauer Reininghaus Peters Studium an der Handelsakademie. 1869 veröffentlicht Rosegger unter dem Titel *Zither und Hackbrett* seine erste Sammlung von Mundartgedichten. Als freier Schriftsteller mit großbürgerlichen Gönnern ist er nirgends richtig zu Hause, weder auf dem Land noch in der Stadt. Sein Werk wird fern der Heimat vom Leipziger Verlag Staackmann betreut.

Kein literarischer Wurzelsepp, sondern ein politischer, sozialkritischer Autor

Nach einem schweren Schicksalsschlag – bald nach der Geburt seiner Tochter Anna stirbt 1875 seine Frau Anna, die Tochter eines Grazer Hutfabrikanten – flüchtet sich Rosegger voller Verzweiflung in die Arbeit. Ein Jahr danach gründet er die Zeitschrift *Der Heimgarten,* die er mehr als dreißig Jahre leitet. Er gewinnt prominente Beiträger wie Leo Tolstoi, Émile Zola und Bertha von Suttner. Rosegger veröffentlicht seine eigenen Arbeiten, engagiert sich für Heimat und Brauchtum – aber auch für Naturschutz, Pazifismus und ursprüngliche Religiosität. Der überzeugte Katholik Rosegger sammelt in seinem *Heimgarten* Geld für den Bau der ersten evangelischen Kirche in der Steiermark und zwei Millionen Goldkronen, rund drei Millionen Euro, für den Bau von deutschsprachigen Schulen in Böhmen und Mähren.

Damit verscherzt sich der siebzigjährige steirische Heimatdichter mit großem sozialem Empfinden bei tschechischen Nationalisten den Nobelpreis, für den er 1913 (und 1918) nominiert ist. Man wirft ihm Nähe zur *deutschnationalen Agitation* vor. Statt Rosegger erhält Rabindranath Tagore, ein indischer Naturapostel mit philosophischem Rat für alle Lebenslagen, die begehrte Auszeichnung. In Indien wird man auf den Konkurrenten aufmerksam, schon bald erscheinen sechs Rosegger-Bücher auf Hindi.

Peter Rosegger ist kein literarischer Wurzelsepp in Lederhosen. Er warnt früh vor der Vereinsamung der Menschen im Industriestaat und ist überzeugt davon, dass es „auch einen ethischen und seelischen Fortschritt geben müsse". Doch seine Heimatliebe und Naturverbundenheit führt zwei Jahrzehnte nach seinem Tod zur hemmungslosen Vereinnahmung seines Lebenswerks durch die Nationalsozialisten. Das Werk des Bestsellerautors, des ersten österreichischen Weltstars der Literatur, erreichte eine Gesamtauflage von 15 Millionen Büchern und Übersetzungen in dreißig Sprachen, darunter in Japanisch, Persisch und Russisch – ein idealer Selbstbedienungsladen für „völkische" Ideologen.

1883 Bestseller. *Der Gottsucher.*

1918 Tod. 26. Juni in Krieglach.

Präziser Beobachter, rastlos Reisender, manischer Vielschreiber. Der vielfach preisgekrönte Literat Peter Rosei hat eines der umfangreichsten Werke der neueren Literatur in deutscher Sprache geschaffen. Die ersten Reisen unternimmt er mit H. C. Artmann während seiner exzessiven „Mopedzeiten".

Peter Rosei

Ein Literat, der kafkaeske Situationen mit höchster Intensität heraufbeschwört: Peter Rosei.

Von ewiger Sehnsucht getrieben

„Der H. C. war ein eigenes Land, ein eigener Kontinent … Für ihn war alles in den Worten, in der Sprache aufgehoben und dort auch besiegelt. – Wenn ich an ihn denke, sehe ich ihn irgendein Wort aussprechen, und er fragt sich, den Kopf ein wenig schief gelegt, was es bedeutet. Dem Traum folgen und immer dem Traum, für ihn hat dieses schöne Wort gegolten."

Peter Rosei in seiner bewegend schlichten Abschiedsrede an H. C. Artmann. Mehr als dreißig Jahre sind die beiden befreundet gewesen, es gibt Zeiten, da haben sie einander täglich gesehen. In frühen Jahren – während der exzessiven *Mopedzeit* – haben sie ausgiebige Fahrten über das Land unternommen, die Alpen bezwungen und sind auf ihren Mopeds

1946 Geburt.
17. Juni in Wien.

einmal bis Venedig gefahren. Manchmal haben sie die Vorstellung gehabt, „den Lenker einfach auszulassen und in die untergehende Sonne hineinzurauschen".

Wenn sein *Companero* Artmann allein unterwegs ist, schickt er Ansichtskarten an Freund Rosei: „It's partytime in Varazdin!", aus Athen „Hellenic greetings from hell" oder aus Kairo: „Hier gibt es im Ramses Hilton im 31sten Stock einen phantastischen Barpianisten und schottisches Bier (McEwans) sehr edel!"

H. C. Artmann ist Peter Roseis bester Freund. Ihm widmet er auch vor vierzig Jahren sein Buch *Von Hier nach Dort:* Einfach nur von hier nach dort unterwegs ist der Ich-Erzähler als rastloser Tramp. Auf einem schweren Motorrad – „Ich bin der goldene Flieger" – irgendwohin ans Meer, betrachtet er den Horizont: „Ich ging dann weiter." Dann fliegt er fort zu einem zufälligen, nach der Flugnummer gewählten Ziel, lässt sich durch die fremde Stadt treiben, betrachtet eine Achterbahn: „Ich ging dann weiter" – so endet das Buch. Eine einfache Allegorie von der Ziellosigkeit des Lebens und der ständigen Bewegung als Lebenssinn.

Das deutsche Feuilleton ist vom 33-jährigen Wiener Romancier und rastlos Reisenden begeistert, „so ganz ohne Aufwand" vermittle er „Gedanken von schwerem Gewicht". In der *FAZ* wird der Text als Fortsetzungsroman veröffentlicht, *Die Zeit* lobt ihn als „Totalansicht menschlichen Lebens", mit der verglichen manche Schwarten auf den Bestsellerlisten „realitätsfern geschwätzig wirken".

Kafkaeske Situationen dominieren die frühe Prosa

Taschenbuchverlage verwerten frühere Werke des Österreichers: Landstriche, seinen ersten Erzählband aus dem Jahre 1972, *Wege, Bei schwebendem Verfahren, Der Fluß der Gedanken durch den Kopf.* In der frühen Prosa Roseis dominieren oft kafkaeske Situationen, Hoffnungslosigkeit und Verzweiflung, menschliche Bosheit und Gemeinheit – aber auch Sehnsüchte, die sich nicht realisieren lassen.

> Wir versuchen doch alle nur, auf der goldenen Kugel zu tanzen, ganz egal, wie und wohin sie rollt.
>
> Peter Rosei

Sein erster großer Erfolg ist das bereits siebente Buch *Wer war Edgar Allen?* des Jahres 1977. Ein später auch von Michael Haneke verfilmtes literarisches Vexier-Spiel: Bei Horrorszenen in den Lagunen von Venedig stürzt eine rauschgiftsüchtige Contessa vom Dachgarten ihres Palazzo, ihre Liebhaberin wird von einer Schiffsschraube zermalmt, im Hintergrund herrscht ein geheimnisumwittertes Drogen-Syndikat – und ein mysteriöser Mann mit „kleinen, gepflegten Händen" scheint viele dunkle Fäden zu ziehen: Herr Edgar Allan. Poe? In dem Roman beschwört Peter Rosei jedenfalls die Welt des Edgar Allan Poe herauf: eine gespenstische, labyrinthische, synthetische Welt. Eine Welt der Drogen mit oberflächlichen Paradiesen. Eine doppeldeutige Welt voll von Exzessen, Schrecken und Verbrechen.

Jurist mit Schreibzwang

Peter Rosei wächst in proletarischen Verhältnissen als Sohn eines Eisenbahners in Wien auf. Die Mutter führt ein kleines Milchgeschäft. Nach der Matura mit Auszeichnung promoviert er nach nur viereinhalb Jahren

1972 Debüt. Erster Erzählband *Landstriche.*

1977 Erster Erfolg. *Wer war Edgar Allan?*

zum Doktor der Rechtswissenschaften. Während dieser Zeit arbeitet der junge Jurist mit Schreibzwang bereits an seinem ersten Roman. In kleiner Schrift, mit Füllfeder und wenigen Korrekturen schreibt er in Schulhefte. Danach, in den neun Monaten beim Militär, überlegt er, was er aus seinem Leben machen solle, doch natürlich sei bei seinen Überlegungen nichts herausgekommen, attestiert er in seinem Roman *Lebenslauf*.

Zwischenspiel als Sekretär und Manager beim Maler Ernst Fuchs

1969, beim Musikfestival in Woodstock mit Jimi Hendrix und Janis Joplin feiert fast eine halbe Million Menschen drei Tage lang friedlich und Hippies praktizieren im Marihuana- und LSD-Rausch Sex im Schlamm. In jenem Jahr 1969, in Wien, beginnt Peter Rosei als Sekretär und Manager des „phantastischen Realisten" Ernst Fuchs zu arbeiten. In der rauschhaften Welt von Geld und Glanz des Malers im schwarz-goldenen Rolls-Royce mit Rosenholzintarsien.

Nach zwei Jahren nimmt Rosei Abschied vom surrealen Kosmos des Malerfürsten: Er verzichtet auf ein gutes Gehalt, gibt eine schöne Wohnung samt Grafiksammlung auf und verlässt die kleine Welt der besitzbaren Dinge.

Sein Unverständnis für die irreale Glamour-Gesellschaft des Malers, der seine illustren Gäste mit echtem Blattgold auf den servierten Speisen überrascht, beschreibt Rosei 1973 – zwei Jahre nach dem Ende seiner Tätigkeit beim Exzentriker Ernst Fuchs – in seinem ersten Roman *Bei schwebendem Verfahren:* „Hätte man lebende, kotbedeckte Schweine über die Tafel getrieben, die sich zum Gaudium der Gäste zwischen Blumen, Gläsern, Silberbesteck und Porzellan gewälzt hätten, mein Ekel wäre nicht größer gewesen."

Der Roman *Geld!* über Macht und Gier lässt die *Neue Zürcher Zeitung* von Figuren schwärmen, die „mit an Bernhard erinnernder unverblümter Härte gezeichnet sind". Im kurzen Gesellschaftspanorama *Die Globalisten* unternimmt Rosei einen Blick in eine seelenlose kapitalistische Welt: Der zynische Import/Export-Geschäftsmann Adolph Weill meint: „Wir versuchen doch alle nur, auf der goldenen Kugel zu tanzen, ganz egal, wie und wohin sie rollt."

Ein stiller Beobachter von Eindrücken, denen er sich behutsam annähert

Die späteren Bücher Roseis sind in Zyklen geordnet wie das *15000-Seelen-Projekt* oder auch die *Wiener Dateien,* beginnend 2005 mit dem Roman *Wien Metropolis:* Wiener Geschichte und Geschichten, die sich von der Nachkriegszeit bis weit über die Kreisky-Ära verzweigen, in die globalisierte Welt.

2019 legt der Vielschreiber Peter Rosei in seinen labyrinthischen Reiseaufzeichnungen *Die große Straße* die Eindrücke aus fünf Jahrzehnten und drei Kontinenten vor – „eine Art von Lebensgeschichte in Form eines Logbuches". Immer in Bewegung, immer neugierig, immer offen für neue Landschaften und Städte, Menschen und ihre Geschichten. Ein stiller Beobachter von Eindrücken, denen er sich behutsam annähert und ihnen ihre Faszination belässt. Von Paris bis Peking, von Guatemala bis Fidschi, von Bratislava bis Texas.

Eines wird der heute 73-jährige Romancier immer bleiben: unterwegs.

1985 Zyklus. *15000-Seelen-Projekt.*

2019 Reiseaufzeichnungen. *Die große Straße.*

Er schreibt monumentale Romane und verfügt über einen unglaublichen Reichtum an Erinnerungen. Gerhard Roth durchwandert eineinhalb Jahre lang die Südsteiermark und schreibt dann unter einem Nussbaum Weltliteratur. Er liebt es, von einer Million Bienen umgeben zu sein – die Bienenzüchter ernennen ihn zum *Ehrenimker.*

Gerhard Roth

Der steirische Schriftsteller „Am Himmel" – hoch über Wien: Gerhard Roth.

Dem Mysterium des Lebens auf der Spur

Zellenputzen und Brutwärmen: 2 Tage; Füttern der Larven: 3–6 Tage; Wachserzeugung, Wabenbau, Futtertransport im Stock: 6 Tage; Wache vor dem Einflugloch: 4 Tage; Sammeln von Nektar, Pollen, Kittharz und Wasser und Bestäuben von Blüten: 14 Tage. Die Aufgaben der Arbeiterinnen – für sein Buch *Über Bienen* hat Gerhard Roth – wie immer – gewissenhaft recherchiert. Zurecht ernennt ihn später der Österreichische Verband der Bienenzüchter zum *Ehrenimker.*

Als den Schriftsteller vor dreißig Jahren das *Problem der wechselnden Perspektive im Roman* beschäftigt, wendet er sich stattdessen den Bienen seines Nachbarn zu.

1942 Geburt.
24. Juni in Graz.

Der Imkermeister Zmugg ist eines Tages in Roths südsteirischer Wahlheimat aufgetaucht, stellt 25 Magazine auf, in jedem Stock befinden sich ca. 40.000 Bienen: „Ich war von einer Million Bienen umgeben. Ich hatte von Bienen keine Ahnung, bin gleich ins Kaufhaus Lesky geeilt, um von dort aus das Buch des Karl von Frisch, der für die Erforschung der Bienensprache mit dem Nobelpreis ausgezeichnet wurde, telefonisch zu bestellen. Meine ersten eingehenden Erkundungen holte ich dann über ihren Giftstachel ein. Bienen haben etwas mit dem Gehirn, dem Denken zu tun: Die Bienenstöcke erinnern an den Kopf, die Waben an die grauen Zellen … pausenlos und unsichtbar wirkt die Sexualität."

Erkundung der Wahlheimat Südsteiermark

Hier, in Obergreith in der Südsteiermark, durchwandert Gerhard Roth eineinhalb Jahre lang zwischen 1977 und 1978 die Landschaft und bringt unter einem Nussbaum Weltliteratur zu Papier: *Der stille Ozean*. Mit der Genauigkeit eines Adalbert Stifters erzählt er in eindringlicher, klarer, ruhiger Sprache von der trügerischen Idylle der Natur. Eine Verherrlichung des Landlebens findet nicht statt.

Auf seinen täglichen Wanderungen, Hügel auf, Hügel ab, „betrachtet er die Landschaft als ein grünes Meer, auf dessen Wellen mir die Häuser wie Schiffe vorkommen", dringt in ein Niemandsland ein und betritt fast jedes Haus entlang der Straße. Es entstehen zwanzig Notizbücher und 12.000 Fotografien – eine ethnologische Dokumentation über das Leben auf dem Lande nahe der damals jugoslawischen Grenze.

Im Laufe vieler Tage und Nächte, in vielen Sommer- und Wintermonaten, erfährt Gerhard Roth die Geschichten der Menschen von Obergreith. Sie laden ihn ein, in ihr Leben einzudringen. Trotzdem bleibt er bei seinen Wanderungen durch diesen *Stillen Ozean* immer in seiner eigenen Welt. Er ist nie als Träumender, nie als Romantiker unterwegs, der sich im Land verliert: „Es ging mir dabei hauptsächlich auch um meine Literatur."

> Die Erinnerung ist eine Fata Morgana in der Wüste des Vergessens.
>
> Gerhard Roth

Später schreibt er in seinem Wohnhaus Obergreith Nr. 60, wo er „wahrscheinlich die schönste Zeit meines Lebens" verbringt, auch *Landläufiger Tod:* Bienen durchsummen den monumentalen Roman, in dem Tiere, Blätter und Steine sprechen können und Flüsse über den Himmel fließen. Seine Hauptfigur ist der stumme und „verrückte" Sohn eines Imkers, der die Gabe hat, die Welt hinter der sichtbaren Welt zu sehen.

Fast zwanzig Jahre nach Erscheinen des Essaybands *Eine Reise in das Innere von Wien* mit Exkursionen zu den „Abgründen der österreichischen Seele" unternimmt Roth neue Erkundungsgänge durch die Stadt und beschwört in Bilderwelten die Vergänglichkeit herauf: im Museum der Gerichtsmedizin, im Blindeninstitut und auf dem Zentralfriedhof.

Das Gedächtniswunder

In *Das Alphabet der Zeit,* der monumentalen Autobiografie des Gedächtniswunders Roth beginnen die frühesten Erinnerungen im Alter von zweieinhalb Jahren, im Jänner 1945:

1972 Erste Kurzromane. *die autobiographie des albert einstein.*

1978 Siebenbändiger Zyklus. Beginn der Arbeit an *Die Archive des Schweigens.*

Der Zug, in dem der Bub, seine beiden Brüder und die Mutter von Graz Richtung München fahren, wird von einem britischen Tiefflieger angegriffen.

Erst Mitte fünfzig, als seine Enkel ihm Fragen stellen, fallen Roth einzelne Szenen wieder ein, von denen er auf mehr als 850 Seiten berichtet: Von Armut und Tristesse, der Brutalität der Nachkriegsjahre, vom Leichensezieren des Medizinstudenten – aber auch von ersten Liebesgefühlen und früher Vaterschaft. Schilderungen mit einem unglaublichen Reichtum an Erinnerungen: „Die Erinnerung schreibt Romane, keine dokumentarischen Wahrheiten." Ein anderer Roth, der Amerikaner Philip Roth, drückt es ähnlich aus: „Auch die Fiktion ist Teil meiner Autobiografie."

Fan von SK Sturm Graz

Für ein Maskenfest lässt sich Mama Erna aus einem silberfarbenen Vorhangstoff ein Kleid nähen, Emil, der Papa, trägt seinen Anzug, ein weißes Hemd und Krawatte, ist mit einem Fez *verkleidet* und einer Pappnase, die ihm seine Frau schnell noch umgebunden hat. Und man erfährt vom Lachzwang und dem Hungergefühl ihres Sohnes beim Haschischrauchen, von einem (wohl einmaligen) 9:1-Sieg des SK Sturm Graz – seit damals der lebenslangen Liebe des Fußballfans Gerhard Roth – von Karl-May-Sammelbildern, Charlie Rivel und Dr. Mabuse, aber auch von H. C. Artmann und Heimito von Doderer.

Der Sohn eines Arztes bricht 1967 sein Medizinstudium ab und beginnt im Rechenzentrum Graz zu arbeiten. Nebenbei schreibt er „geheim und für mich selbst". Fritz Königshofer, ein Mathematikgenie, erfährt davon. Gerhard gibt seinem Freund einen experimentellen Roman, den er gerade fertig hat, zum Lesen. Königshofer kopiert ihn und schickt das Manuskript – ohne Roth zu informieren – an den Suhrkamp Verlag: Der Beginn einer Schriftstellerkarriere. Der Start zu einem monumentalen literarischen Werk. Der Ausgangspunkt zu dreißig Jahren Arbeit an den beiden monumentalen Roth-Romanzyklen *Die Archive des Schweigens* und *Orkus*.

Gerhard Roth erzählt immer unaufgeregt und voller Gelassenheit. Und er ist immer ehrlich. Er berichtet auch, er sei nach der Geburt „unsäglich dick, ein Riesenbaby von comichaftem Aussehen, eine Stopfgans in Babygestalt" gewesen. „Ich habe fast alle Fotografien, die mich als Baby und Kleinkind zeigen, zerrissen."

Die düsteren und die wunderbaren Seiten Venedigs

In *Die Irrfahrt des Michael Aldrian,* dem Auftakt einer Roman-Trilogie, beleuchtet Gerhard Roth die düsteren und die wunderbaren Seiten des labyrinthischen Venedig, die „ganze Welt in einer Nussschale". Im vor Kurzem erschienenen zweiten Teil seiner venezianischen Beobachtungen mit dem Titel *Die Hölle ist leer – die Teufel sind alle hier,* einem Shakespeare-Zitat, geht es um einen übermächtigen Gegner – das Unsichtbare.

Nach dieser Venedig-Trilogie will der Drehbuchautor, Fotograf und große Romancier Roth wieder in die Südsteiermark zurückkehren. Und eine Erzählung über einen Imker und sein Bienenuniversum schreiben.

1993 Monumentales Werk. Beginn des achtbändigen Roman-Zyklus *Orkus.*

2017 Fotografisches. Aktuelles Buch *Spuren.*

Mit der „graziösen Unschuld eines verirrten Kindes“ taumelt er durch das Leben. Und liebt die Einsamkeit in der Menge. Er ist ein Mensch, der immer am Abgrund balanciert, ein Trinker, ein ewig Gehetzter. Ein großer Romancier, von dessen Sprache aber immer eine vollkommene Ruhe ausgeht: Joseph Roth.

Joseph Roth

Meister der Beobachtung und der Beschreibung, der Sprache und der Formulierkunst: Joseph Roth.

Den Versuchungen der Nüchternheit entgehen

An seinem Grab schrecken sie auch nicht vor Raufereien zurück: Katholiken und Kommunisten, Liberale, jüdische Emigranten und österreichische Monarchisten. Alle wollen Joseph Roth als einen der Ihren vereinnahmen.

Er stammt aus dem „Armenhaus der Monarchie". Moses Joseph Roth, der Poet des sterbenden Habsburgerreichs, der Chronist einer untergehenden Welt, wird 1894 in Galizien in einem winzigen Nest nahe Brody geboren. Bis 1918 ist Galizien das größte Kronland der Monarchie, in dem vielfach bittere Armut vorherrscht, jährlich sterben Tausende Menschen den Hungertod.

Joseph Roths Mutter, die Tochter eines jüdischen Tuchhändlers, „von slawischer

1894 Geburt.
2. September in Brody.

Struktur sang oft ukrainische Lieder, denn sie war sehr unglücklich". Seinen Vater, den er später zum Maler, Offizier oder Eisenbahnbeamten mythisiert, lernt er nie kennen, beschreibt ihn aber als „merkwürdigen Mann, einen Österreicher vom Schlag der Schlawiner … seine Spezialität war die Melancholie, die ich von ihm geerbt habe".

Seine Heimat lässt den ruhelos durch die Welt ziehenden Joseph Roth, der als Jüngling von zu Hause fortläuft, nie los: In *Reise durch Galizien* schildert er jene osteuropäische Welt: „Galizien hat mehr Kultur, als seine mangelnde Kanalisation vermuten lässt; viel Unordnung und noch mehr Seltsamkeit … es hatte eine eigene Lust, eigene Lieder, eigene Menschen und einen eigenen Glanz; den traurigen Glanz der Geschmähten."

Für den Satiriker Walter Mehring ist Roth ein „ungetaufter Konvertit, der von seinem Judentum nicht loskommt, ein eingefleischter Reaktionär, ein verschlampter, rücksichtslos boshafter Eremit, der um jedes weibliche Wesen wie ein k.u.k. Oberleutnant herumscharwenzelt, einer, der in den Orden der Trunkenbolde eingetreten war, um den Versuchungen der Nüchternheit zu entgehen".

Schenken Sie, was Sie an Güte besitzen, drei, vier Menschen, nicht der Menschheit.

Joseph Roth

Roth sucht Schutz im Alkohol, im Religiösen, im Komödiantischen – in verschiedensten Rollen, hinter vielerlei Masken. Er gibt sich als Bonvivant mit Kavaliersmanieren, Charmeur für gewisse Momente oder rastloser Nomade: Niemand seiner Freunde kann wirklich sagen, wo das Spiel aufhört und wo die Wirklichkeit beginnt. Mit der „graziösen Unschuld eines verirrten Kindes" sucht er Trost im Katholizismus, ohne getauft zu sein.

Einsame Helden und „lebende Tote", die ihre Heimat, die alte Monarchie, verloren haben

Roth liebt die Einsamkeit in der Menge. Seine Helden sind Einsame, auf der Suche nach Orientierung, die sie nie finden. Sie sind – egal ob Offiziere oder ein Schnürsenkelverkäufer auf Prothesen im Feuilleton „Wiener Symptome", Damen der Gesellschaft, billige Mädchen oder Mannequins im Pariser Roman *Flucht ohne Ende* – hilflos und schutzbedürftig wie er selbst: „Ich komme mit der Welt nicht zu Rande. Ich verlange zu viel, von mir literarisch, von den anderen menschlich."

Die „Spezialität der Melancholie" bestimmt das Leben des ewig Gehetzten. Eines Menschen, der immer am Abgrund balanciert. Eines Literaten, von dessen Sprache aber immer eine vollkommene Ruhe ausgeht. Er beschreibt Menschen scharf und präzise, aber nie indiskret oder verletzend.

Er sei als junger Mann Journalist aus Verzweiflung und Geldnot geworden, schreibt er später als anerkannter Literat: „Mit großer Sehnsucht im Herzen und nicht einer Münze in der Tasche, verliebt in das „schöne, teuflische Weib". Er hat Glück bei den Frauen und wenig Glück mit ihnen. Er versteht sie nicht, bewundert und fürchtet sie: „Die gefährlichste aller Krankheiten ist die Frau."

Die Schizophrenie seiner Frau Friederike versucht er durch einen chassidischen Wunderrabbi „austreiben" zu lassen. Nach Höllenqualen in der damaligen Psychiatrie wird seine Frau 1940 Opfer des NS-Euthanasie-

1923 Feuilleton-Korrespondent der *Frankfurter Zeitung.*

1930 Größter Erfolg. *Hiob.*

Programms – und Roth stürzt in eine tiefe Krise mit Selbstvorwürfen.

Dennoch lebt er sechs Jahre mit Andrea Manga Bell, seiner „Negerkönigin", zusammen. Sie ist die Tochter eines kubanischen Pianisten und einer Hamburger Hugenottin. 1936 lernte er in Ostende die Literatin Irmgard Keun kennen. Nach eineinhalb wilden, gemeinsamen Jahren in Paris, wo sie „wie die Löcher saufen" (Egon Erwin Kisch), verlässt ihn Keun, er sei eine unerträgliche Belastung. Bis zur Erschöpfung spielte er zuweilen die Rolle eines von ihm erfundenen Menschen.

Der Essayist Hermann Kesten meint, Roth „beherrscht die Sprache wie Rastelli seine Bälle, wie Paganini seine Geige". Aus dem unsicheren Journalisten wird bald ein großer Literat. Kaum ein Roman, der später nicht verfilmt wird. 1929 schreibt er *Hiob,* sein erfolgreichstes Buch. Es ist die Geschichte eines „einfachen Mannes", der mit Gott hadert, weil er ihm zu viel Leid zugefügt hat und dem Gott ein Wunder schenkt.

Arbeit am habsburgischen Mythos: *Radetzkymarsch*

Drei Jahre später erscheint *Radetzkymarsch,* für Robert Musil ein „hübsch geschriebener Kasernenroman". Der Spott ist unbegründet. Es ist ein berührender und bedrückender Bericht über den Untergang der Monarchie, in dem die Figuren wie jämmerliche Marionetten in Kulissen agieren, die schon fast abgeräumt sind. Weil Roth betrunken das Manuskript verliert, muss er das meiste neu schreiben.

Roth sieht die k.u.k. Monarchie nicht als politische Realität, sondern als Idee, als Vision: Die Wiedererrichtung der Monarchie erscheint dem früheren „roten Revolutionär" als einzige Möglichkeit, den „Anschluss" zu verhindern. Im Februar 1938 fährt er nach Wien, um mit Bundeskanzler Schuschnigg über eine Kanzlerschaft Otto von Habsburgs zu reden. Er wird nicht vorgelassen, der Polizeipräsident legt ihm nahe, zügig abzureisen.

Joseph Roth ist klein, zart, wirkt auf den ersten Blick unscheinbar, hat listige, aber auch tieftraurige Augen mit scharfem Blick. Er ist kein gebildeter Bürger wie Thomas Mann oder Stefan Zweig. Seine Herkunft verschleiert er in Legenden. Er schreibt nicht nur viel, täglich sieben bis acht Stunden, er trinkt auch viel. Zu viel. Die Getränke können nicht scharf genug sein. Der Alkohol, mit dem er sich betäubt, beendet sein Leben. Längst ist er zu jenem „langsamen Untergang entschlossen, zu dem Trinker immer bereit sind. Nüchterne werden das nie erfahren." Im November 1938 schreibt er: „Das bin ich wirklich; böse, besoffen, aber gescheit."

Fremde ersetzen oft Frauen und Freunde. Wie die Wirtin in der Pariser Rue de Tournon, die den Poeten liebevoll betreut. Wegen seines Verfolgungswahns und seiner wunden Füße verlässt er kaum mehr seinen Stammplatz – nur jeden Sonntag besucht er die Messe. In einer Lade unter der Schank verwahrt die Bistrobesitzerin bis zu seinem Ende sorgsam seine Dokumente.

Winselnd vor süchtigem Verlangen stirbt Joseph Roth, ein Greis von 44 Jahren. Ein Heimatloser voller Weltschmerz: „Wissend und hoffnungslos. Man ist durch ein Feuer gegangen und bleibt gezeichnet für den Rest seines Lebens." Sein letztes Prosastück beschreibt sein eigenes Ende: *Die Legende vom heiligen Trinker.*

1932 Opus. *Radetzkymarsch.*

1939 Tod. 27. Mai in Paris.

Der Weg zu einem Universalkünstler zwischen Realität und Fantasie ist früh vorgegeben. Gerhard Rühm akzeptiert keine Trennungslinien zwischen Musik, Dichtung und bildender Kunst. Seine Werke entziehen sich rigiden Zuordnungen. Für Ernst Jandl ist der ewige Exzentriker die „Mutter der Wiener Gruppe“.

Gerhard Rühm

Herr über mehr als 40.000 Bücher: Gerhard Rühm.

Lustvolles Spiel eines genialen Grenzgängers

Als Otto Rühm das erste Theaterstück seines Sohnes *Rund oder Oval,* das keine Handlung hat, sondern im Sinne konkreter Poesie geschrieben ist, auf dem Schreibtisch liegen sieht, kommt er mit sehr ernster Miene auf seinen Sohn Gerhard zu, der glaubt, seiner Mutter sei etwas Schreckliches passiert, und sagt: „Ich hab dir bis jetzt Unrecht getan, ich dachte immer, du willst mich ärgern, mit dem, was du machst, aber jetzt bin ich draufgekommen: Du bist geisteskrank. Jemand, der so etwas schreibt, ist nicht normal."

Auch später noch regen den Vater die literarischen Arbeiten seines Sohnes auf. Seine Zeichnungen findet er „überhaupt total daneben". Jahrzehnte danach wird Gerhard Rühm

1930 Geburt.
12. Februar in Wien.

vom Bundespräsidenten anlässlich der Verleihung des Ehrenzeichens für Wissenschaft und Kunst als „Legende“ bezeichnet, dessen Werke zum „Kanon heimischer Nachkriegsliteratur zählen“.

Heute erinnert sich Rühm, ein soignierter Herr in eleganter grafitgrauer Weste, in der großbürgerlichen, elterlichen Wohnung in der Westbahnstraße: „Mein Vater war Kontrabassist bei den Wiener Philharmonikern, wir haben sehr viel gestritten über neue Musikströmungen. Bei ihm hat die Musik mit Richard Strauss, den ich bis heute nicht leiden kann, aufgehört. Aber die Liebe zur Musik habe ich von meinen Eltern, auch meine Mutter hat Klavier gespielt. Auch mein Großvater Karl war Musiker und spielte im Schrammel-Quartett Rühm. Mein Vater wollte, dass ich eine klassische Ausbildung bekomme, deshalb studierte ich auch an der Musikhochschule Klavier und Komposition.“

Doch Gerhard nimmt nach dem Studium Privatunterricht beim Zwölftonkomponisten Josef Matthias Hauer. Für den Vater ein Affront. Sein Sohn erregt bald mit experimentellen Kompositionen wie der *geräuschsymphonie* und seiner *ein-ton-musik für klavier* Aufsehen.

Visuelle Gedichte: Wortmontagen nach grafischen Gesichtspunkten

Seit Anfang der 1950er-Jahre produziert Gerhard Rühm auch Dialekt- und Lautgedichte sowie visuelle Gedichte, in denen er Wörter nicht nach grammatikalischen, sondern nach grafischen Gesichtspunkten anordnet. Und Fotomontagen, in denen die „Märchenhaftigkeiten einer Scheinwelt“ fokussiert und ironisch-poetische Verknüpfungen mit Stars erzeugt werden: „die zunge weiss alles. maria schell hat sehnsucht“ / „marilyn schlüpfte in eine neue haut, aber die sass so prall wie die alte“ / „vico torriani küsste das publikum und kletterte über eine feuerwehrleiter, um caterina valente blumen auf die dachterrasse zu bringen. als er ihren nackten körper in der sonne erblickt, verliert auch er den kopf.“

> fräulein, ein wort!
> ein einziges wort,
> und ich werde der
> glücklichste mensch
> der welt sein. idiot.
>
> Gerhard Rühm

Gerhard Rühm, ein satirischer, intermedialer Künstler, akzeptiert keine Trennungslinien zwischen Musik, Dichtung und bildender Kunst. Er zeichnet auch mit geschlossenen Augen. Für eine großformatige „Wurfzeichnung“ schleudert er den Bleistift so lange aufs Papier, bis er ein winziges Rechteck in der Mitte trifft. Die Arbeiten des Exzentrikers voller Spannung und Witz entziehen sich rigider Zuordnungen, sie sind pointiert und einprägsam. Der Weg zu einem genialen Grenzgänger zwischen Realität und Fantasie ist schon früh vorgezeichnet. In einer Zeit, in der laut einer 1955 erschienenen Vaterlandskunde „Haydn, Mozart, Beethoven, Schubert, Burgtheater, Staatsoper, Philharmoniker, Wiener Sängerknaben und Salzburger Festspiele“ die Ideale österreichischer Kultur sind.

Gerhard Rühm erinnert sich: „Es war eine kunstfeindliche Stimmung. Als die Zeit für Kunst im öffentlichen Raum kam, erhielt ich den Auftrag, eine Plastik für einen Kinderspielplatz zu gestalten. Das wäre die erste ‚Wortplastik‘ der Kunstgeschichte gewesen. Im letzten Moment wurde sie verhindert. Damals steckte in den Köpfen der Menschen

1954 Mitbegründer der „Wiener Gruppe“.

1962 Genialer Nonsens. *der schweissfuss* – gemeinsam mit Konrad Bayer.

noch der Ausdruck ‚entartete Kunst'. Es gab eine schwarze Liste von Künstlern, die nicht gefördert werden durften. Darunter Maria Lassnig oder Arnulf Rainer – heute haben wir alle den Großen Österreichischen Staatspreis, damals waren wir verfemt."

Chaotische Happenings wollen provozieren

Als Antwort der künstlerischen Avantgarde formiert sich die „Wiener Gruppe" um H. C. Artmann. Man will provozieren, das künstlerische Empfinden wachrütteln. Während man untertags gemeinsame Ausflüge ins Grüne wie in die Hütteldorfer Lupusanstalt unternimmt, veranstaltet man abends chaotische Happenings, zumeist von der Jazzband „jesus christbaum" begleitet. Oder poetische Demonstrationen mit Lampions: Mit „weißgeschminkten gesichtern einer subtilen morbidität" zieht man durch die Innenstadt und trägt erstaunten Passanten Passagen von Baudelaire, Poe und Trakl vor.

1959 zerhacken Friedrich Achleitner und Gerhard Rühm anlässlich des „II. Literarischen Kabaretts" auf der Bühne ein Klavier, um auf das Kulturklima jener Zeit aufmerksam zu machen. Eine junge Musikstudentin im Publikum bricht in Tränen aus, weil sie sich solch einen Flügel nicht kaufen hätte können …

„Mutter der Wiener Gruppe"

Gerhard Rühm ist für Ernst Jandl die „Mutter der Wiener Gruppe". Neben Oswald Wiener ist Konrad Bayer der rätselhafteste Kopf der Künstlervereinigung – er will fliegen lernen und versteht nicht, dass er sich nicht unsichtbar machen kann. Sein Freund Rühm erinnert sich: „Konrad ist mir besonders nahegestanden, wir haben unter anderem die abendfüllende Operette ‚der schweissfuss' geschrieben, die im Volkstheater uraufgeführt worden ist." Die Gemeinschaftsarbeit gilt als „genialer Nonsens zwischen Kabarett und Slapstick-Komödie, als respektlose Reflexion über das Theater".

Auch Sport kann für Gerhard Rühm Inspiration sein: „Von einem Spiel mit Martina Navratilova, das ich aufgenommen habe, gestaltete ich ein Hörspiel, es heißt ‚Damen-Tennis' und klingt wie ein Schlagzeugstück. Man hört den Ball, die Reaktionen des Publikums und auch das Stöhnen der Spielerinnen."

Jetzt lebt Gerhard Rühm, nach Stationen in Berlin und Hamburg, wo er auch an der Kunsthochschule unterrichtet hat, in Köln. Inmitten seiner Sammlung von mehr als 40.000 Büchern. Immer wieder kommt er nach Wien zurück – in die Wohnung seiner Kindheit.

Gerhard, der Stummfilmfan, der als verträumter Bub im „Erika-Kino" Stan Laurel & Oliver Hardy bewundert hat, beschäftigt sich heute mit Parapsychologie, mit Okkultismus, glaubt nicht an ein Weiterleben nach dem Tod: „Es geht mir um die Aktivierung des eigenen Unbewussten. Ich habe eine Zeitlang ‚automatische Zeichnungen' gemacht, das war für die Surrealisten auch sehr wichtig. Ich lese gerne Gautama Buddha. Der Zen-Buddhismus braucht weder einen Gott noch ein Jenseits, es ist eine Lebensführung."

Gerhard Rühm, der im Februar neunzig Jahre alt wird, hat noch lange nicht vor, sinnliche Herausforderungen, sein lustvolles Leben, seine „großartigen linguistischen Manöver" (Wolf Wondratschek) zu beenden: „Zwei größere Bücher will ich noch machen."

1991 Auszeichnung. Großer Österreichischer Staatspreis für Literatur.

2017 Ausstellung im Kunstforum Wien.

Felix Salten: schillernde Persönlichkeit, feuilletonistischer Vielschreiber, Schöpfer des berühmtesten Rehs der Welt und von literarischer Pornografie der Wiener Vorstadt. Arthur Schnitzler ist sein Freund, Karl Kraus sein Feind, Walt Disney wird durch ihn berühmt und reich.

Felix Salten

Felix Salten schreibt und schreibt – unter mehreren Pseudonymen.

Bambi und die Dirne: Wald- und Bettgeschichten

Obszönität. Ohne Reue, ohne Sentimentalität, ohne schlechtes Gewissen.

In *Josefine Mutzenbacher*, einer hauptsächlich horizontal verlaufenden Lebensgeschichte – für Oswald Wiener der „einzige sogenannte pornographische roman eines deutschsprachigen autors, den man zur weltliteratur rechnen muß" –, berichtet die „Wiener Fanny Hill" aber auch von Armut, Mief und Muffigkeit der Wiener Vororte um die Jahrhundertwende: „Wir wohnten ganz weit draußen in Ottakring, in einer Zinskaserne, die von oben bis unten mit armen Leuten angefüllt war … Mein Vater, meine Mutter, wir drei Kinder wohnten in einer Küche und einem Zimmer und hatten noch einen Bettgeher mit dazu.

1869 Geburt. 6. September in Budapest.

Solche *Bettgeher* waren der Reihe nach wohl ein halbes hundert bei uns." Mit einem dieser *Bettgeher* erlebt das Mädl aus der Vorstadt erste sexuelle Erfahrungen.

Bald beginnt die „geile Pepi" ihre frivolen Erlebnisse in einem Tagebuch aufzuschreiben: lüsterne Abenteuer mit den Nachbarskindern, dem Beichtvater und dem Bierversilberer – dem unersättlichen Herrn Horak. Später landet Josefine als „Grabennymphe" am Strich: „Wenn man bedenkt, daß das Jahr 365 Tage hat, und wenn man nur, gering gerechnet, den Tag mit drei Männern einschätzt, so macht das an elfhundert Männer im Jahr, macht in drei Jahrzehnten wohl dreiunddreißigtausend Männer. Das ist eine Armee ..."

Die pornografische Lebensgeschichte soll vom feuilletonistischen Vielschreiber Felix Salten im Auftrag eines Fabrikanten geschrieben worden sein. Bis zu seinem Tod bestreitet er die Urheberschaft an der 1906 als Privatdruck erschienenen Biografie nicht. Der Butler des adeligen Unternehmers bestätigt später in einer notariell beglaubigten Zeugenaussage, dass sein ehemaliger Dienstherr der Auftraggeber der Erinnerungen des freudvollen Flitscherls war. Der Roman soll das „Resultat einer Kaffeehaus-Wette gewesen sein", wird auch vermutet. Und manche meinen, Arthur Schnitzler sei der „Mutzenbacher"-Urheber.

Enge Freundschaft mit Arthur Schnitzler

Der junge Salten arbeitet als Theaterkritiker und fördert seine Freunde durch wohlwollende Rezensionen, vor allem Arthur Schnitzler. Bald sind die beiden befreundet und unternehmen ausgedehnte Fahrradtouren. Abends diskutieren sie im „Griensteidl", das auch als „Café Größenwahn" bezeichnet wird, und ziehen anschließend gemeinsam durch Bars und Varietés. Auch ihr Liebesleben überschneidet sich, Geliebte werden oft „ausgetauscht". So bittet Schnitzler seinen Freund Salten, mit Adele Sandrock anzubandeln, damit er die mühevoll gewordene Beziehung zu ihr beenden kann.

Eine Geliebte Saltens während jener Zeit ist Lotte Glas. Sie gilt als Vorbild für die Figur der Therese Golowski in Schnitzlers *Der Weg ins Freie*. Karl Kraus stellt Lotte dem 25-jährigen Felix vor. Bald kommt es zum Zerwürfnis mit Kraus: Die Angriffe auf Salten und seine „Jung Wien"-Kumpanen aus dem Griensteidl werden immer heftiger. Als Kraus Saltens geheime Liaison zur Schauspielerin Ottilie Metzl, die er sechs Jahre später heiratet, öffentlich macht, kommt es zum Eklat, der zum Gesprächsstoff des literarischen Wiens wird: Am 14. Dezember 1896 ohrfeigt Felix Salten Karl Kraus.

Salten wird 1869 in Budapest als Siegmund Salzmann als Sohn eines Ingenieurs geboren. In seiner Familie gibt es eine lange Reihe von Rabbinern. Als Sigi vier Wochen alt ist, übersiedeln die Salzmanns nach Wien. Die Schulden des Vaters zwingen den Sohn bald, für die Familie zu sorgen. Er verlässt das Gymnasium ohne Abschluss und arbeitet als Vertreter bei der „Phönix-Versicherung". Nachts schreibt er Gedichte und Kurzgeschichten. 1889 erscheint die erste literarische Arbeit des knapp Zwanzigjährigen, ein Gedicht in der Zeitschrift *An der Schönen Blauen Donau*.

Legendäres Kabarett: „Zum Lieben Augustin"

Später übernimmt er als Nachfolger Theodor Herzls die Position des Feuilletonchefs bei der *Wiener Allgemeinen Zeitung*. Felix Salten schreibt und schreibt. Unter verschiedenen Pseudonymen wie Jeremias Eckenpfeifer, Sacha Lanzelot und Karin Be-

1901 Kabarettgründer. „Zum lieben Augustin".

1906 Chefredakteur beim Ullstein-Verlag in Berlin.

cker. Um Geld zu verdienen. Anders als seine großbürgerlichen Freunde Hofmannsthal und Schnitzler lebt er von seinen Artikeln, die er seit der Jahrhundertwende für fast alle wichtigen deutschsprachigen Zeitungen schreibt. Nebenbei gründet er 1901 das Kabarett „Zum Lieben Augustin".

Seine Feuilletons über die Skandale am Hof machen ihn weit über die Wiener Grenzen hinaus bekannt: Salten berichtet über den Austritt Erzherzog Leopolds aus dem Kaiserhaus wegen einer Prostituierten und über die Affäre von Leopolds Schwester Luise mit André Giron, dem Sprachlehrer ihrer Kinder.

> Nur ein Unterschied trennt das harmlose Tier vom Menschen ... Lügen bleiben den Tieren fremd.
>
> Felix Salten

Wenig erfolgreich endet fünf Jahre später seine Zeit als Chefredakteur zweier Zeitungen in Berlin. Salten kehrt reumütig nach Wien zurück. Er schreibt und schreibt. Über das Burgtheater und den Wurstelprater, Kinderbücher und Opernlibretti, Reiseberichte, Erzählungen, Novellen, Theaterstücke und brillante Porträts – wie über den legendären, antisemitischen Volkstribun Karl Lueger, der von Hitler später als „der genialste Bürgermeister, der je bei uns gelebt hat", bezeichnet wird. Sigmund Freud schreibt Felix Salten für das scharfsichtige Bürgermeister-Porträt einen Brief voller Lob und Begeisterung.

Wie sein Vater hat Felix ständig Schulden, 60.000 Kronen bei seiner Hochzeit. Dennoch pflegt er einen aufwendigen Lebensstil, reist – stets äußerst elegant gekleidet – nach Ägypten, Venedig und an die Ostsee.

Der Welterfolg: *Bambi*

Schon während der 1920er-Jahre schreibt Salten Drehbücher für das neue Medium Film, das ihn sehr früh begeistert. Populär wird der vielseitige Autor durch Tierromane, in denen er seine Helden wie Menschen agieren und sprechen lässt. Wie in *Bambi,* in dem ein männliches Rehkitz von der Mutter mit den Gefahren des Lebens im Wald konfrontiert wird. Dabei ist Salten selbst passionierter Jäger – die Bambi-Idee soll ihm während der Pirsch gekommen sein …

Das Buch erscheint 1923 und wird zum Bestseller. Freunde in Hollywood, darunter Ernst Lubitsch und Billy Wilder, stellen später den Kontakt zu den Disney-Studios her. Felix Salten, der wieder einmal dringend Geld braucht, verkauft die Bambi-Rechte für nur 1.000 Dollar.

Schon bald erobert Walt Disneys Zeichentrickfilm, als einer der zehn gewinnbringendsten Filme aller Zeiten, weltweit die Herzen der Kinder. Felix Saltens ambivalente Lebensgeschichte erfährt einen tragischen Höhepunkt: Er hat die Bambi-Rechte nicht nur um einen lächerlichen Betrag verkauft – sondern hat damit auch auf die Rechte auf Tantiemen verzichtet.

1923 Welterfolg. *Bambi* – später von Walt Disney verfilmt.

1945 Tod. 8. Oktober in Zürich.

„Manchmal schmeckt die Zigarre besser als die tiefe Weisheit“, meint der Schriftsteller und Seelenkenner Arthur Schnitzler. Subtile Erotik findet nur in seinen Werken statt. Privat ist der Analytiker dekadenter Denkmuster im Wien des Fin de Siècle getrieben von „Herzensschlampereien“.

Arthur Schnitzler

Analytiker der Wiener Gesellschaft: Arthur Schnitzler.

Chronist intimer Wiener Sittenbilder

Wie die frisch gesetzten Bäume der Ringstraße wächst ein Mann in das Leben einer Stadt hinein, deren letzter Glanz der Monarchie erlischt. Arthur Schnitzler und Wien.

Seine strenge Mutter Luise stirbt 1911. Die Weichen im Leben ihres 1862 geborenen Sohnes werden spät gestellt. Er übernimmt, knapp vor seinem 50. Geburtstag, die Rolle des Familienoberhaupts. Arthur wird in einem Elternhaus groß, in dem die Meinung anderer mehr als die eigene Leistung zählt. Seiner geliebten Gouvernante verdankt er die frühe Kenntnis von Literatur: Lessing, Schiller, Shakespeare – in abgegriffenen *Reclam*-Heftchen.

1862 Geburt.
15. Mai in Wien.

Arthurs Weg ist vorgezeichnet. Der Sohn eines dominanten Laryngologen muss Medizin studieren. Der Arzt und Dichter hat ein Leben lang Verständnis für verletzte Seelen, ist ein Kenner psychischer Konflikte, als der er auch immer wieder mit Sigmund Freud verglichen wird. Schnitzler seziert scharfsichtig die dekadenten Denkmuster im Wien des Fin de Siècle. Er diagnostiziert eine Welt voller Tabus und Heuchelei: Es entstehen intime Analysen der *besseren Gesellschaft* mit ihrer Melange aus Frohsinn und Schwermut, Leichtsinn und Wehmut. Sittenbilder, in denen die Libido wie ein Mailüfterl durchs Leben weht.

Penible Tagebuch-Statistik zu den sexuellen Begegnungen

In der Autobiografie *Jugend in Wien* schildert der Erotomane Schnitzler sein von erotischen Abenteuern bestimmtes Leben – Berichte eines eitlen Bonvivants. Fern jeder Anmut. Ständig gibt es „Viertelstundenabenteuer“ mit charmanten Schlamperln aus der Vorstadt, in deren Stimme die Melodie der Peripherie mitschwingt. Er jagt den süßen Mädln nach und betet sie für kurze Zeit an. Sie wechseln „sozusagen im Wochentakt“. Sein Frauenbild ist respektlos und selbstgefällig. „Auch dieses Strumpfband schick’ ich dir zurück, ich fand es heute früh in meinem Bette.“ So pflegt er seine Affären zu beenden.

Schnitzlers Erotomanie ist ein Leben lang sein zwanghafter Begleiter. So führt er eine Zeit lang Statistik über seine libidinöse Energie und seine sexuellen Begegnungen: Auf 563 Mal kommt er bei Jeanette Heger, der Kunststickerin, dem „Mädel mit den zerstochenen Fingern“, auf exakt vierhundertmal, protokolliert er penibel in seinem Tagebuch, bei der Schauspielerin Mizi Glümer. Und meint trocken: „Am Geschlechtstrieb selbst ist nichts besonders Hoheitsvolles zu finden…“ Doch als er erfährt, dass Mizi ihn betrogen hat, beschimpft er sie als „Komödiantenhure“.

Der elegante junge Arzt flaniert durch die Stadt, bis eines der „Wiener Weiberln“ sich in seine Arme fallen lässt – und reif fürs Separee ist. Frauen als Freiwild: „Sag ich die Wahrheit, das Liebste wär’ mir ein Harem.“ Libido statt Liebe findet er auch bei Damen, die sich als *femme fatal* geben. Attraktiv, verheiratet – und untreu. Am Nachmittag entfliehen sie verschleiert dem großbürgerlichen Heim, um sich mit ihrem jüngeren Liebhaber einer erotischen *l’heure bleu* hinzugeben.

Wonach sich Schnitzler aber sehnt, sind „Damen von Welt“, die er bewundern kann – und die vielleicht auch ihn bewundern. Wie die cholerische Bühnendiva Adele Sandrock oder die „Thalhof“-Wirtin Olga Waissnix. In seiner Fantasie stilisiert er Olga zum Gegenbild vom süßen Mädel aus der Vorstadt hoch. Im „Thalhof“ in Reichenau beziehen das elegante Wien, aber auch Dichter wie Peter Altenberg im Sommer Logis. Olga treibt ihren jähzornigen Mann Charles immer wieder zu Eifersuchts-Exzessen. Nie soll er dazu so viel Gelegenheit bekommen wie durch Schnitzler. Doch die Liebelei von Olga und Arthur bleibt romantisch unerfüllt und vielleicht gerade darum lange Zeit umso stärker.

Skandal um die Novelle *Leutnant Gustl*

Arthur Schnitzler ist trotz Spielsucht, Bequemlichkeit und seines kräftezehrenden Liebeslebens überraschend produktiv. Er schreibt mehr als zwanzig Erzählungen und fünfzehn Stücke, arbeitet meist an mehreren Dingen parallel, ärgert sich über die Trödelei: „Manchmal schmeckt die Havannazigarre besser als die tiefe Weisheit…“

Seine Texte provozieren jene dekadente Gesellschaft, die der Gründerzeit nachhängt. Der Aufbruch der „Jung Wien“-Literaten ist

1885 Arzt.
Promotion zum Doktor der Medizin.

1901 Nestbeschmutzer.
Nach der Veröffentlichung von *Leutnant Gustl*.

nicht aufzuhalten, man schart sich im Café Griensteidl um Bahr, Hofmannsthal, Salten und Schnitzler. Seine Werke provozieren kleine und große Skandale. Nach der Veröffentlichung der Novelle *Leutnant Gustl* wird ihm 1901 der Offiziersrang als Oberarzt der Reserve wegen „Schädigung des Ansehens und Beleidigung der Armee“ aberkannt.

Im *Reigen,* Schnitzlers Meisterwerk, sind schleichende Vereinsamung und unstillbare Begierde die Triebkräfte menschlichen Zusammenseins, und zwar in allen gesellschaftlichen Schichten, fern jeglicher Tabus. Das im Jahr 1900 geschriebene Stück hält Schnitzler vorerst unter Verschluss, er verteilt nur einen Privatdruck an 200 Freunde. Erst zwanzig Jahre später wird der *Reigen* in Wien uraufgeführt – für Kritiker „geilste Pornographie“. Schnitzler charakterisiert Wiener Figuren so lebensecht, dass ihr sozialer Hintergrund mitschwingt. Die Schilderung eines Theaterbesuchs, eines Pferderennens oder einer Bergbesteigung lässt das dazugehörige Bild von der Gesellschaft entstehen.

> Am Ende gilt doch nur, was wir getan und gelebt – und nicht, was wir ersehnt haben.
>
> Arthur Schnitzler

Wie in *Das weite Land:* Friedrich Hofreiter, Fabrikant elektrischer Glühlampen, ist ein weltgewandter Mann, der die Fäden seiner Geschäfte bis über den Ozean spinnt. Er ist adorierter Meister auf Sportplätzen und klettert auf die gefährlichsten Bergspitzen. Doch das sind nicht die wichtigen Dinge des Lebens. „Herzensschlampereien“ dominieren das Dasein. Die Uraufführung des Sittenbildes findet 1911 gleichzeitig in neun Städten statt. Am Wiener Volkstheater wird Schnitzler vom begeisterten Publikum 24 Mal vor den Vorhang gerufen.

Kritik an Antisemitismus, Opportunismus und falscher Ethik

Im selben Jahr beginnt er an seinem politischsten Stück zu schreiben: Die Premiere von *Professor Bernhardi* muss in Berlin stattfinden, weil die Wiener Zensurbehörde die Tragikomödie verbietet – es betreibe die „Entstellung hierzuländischer Zustände“. Das Ärztedrama darf bis zum Ende der Monarchie nicht aufgeführt werden. Kritik an Antisemitismus, Opportunismus und falscher Ethik dominieren – Themen, die über Libido und Liebe früherer Stücke weit hinausreichen.

1927 notiert Schnitzler im Tagebuch „schwerste Depressionen bis zu Tränen“. Die schlimmste Tragödie im Leben des krankhaften Selbstzweiflers ereignet sich im Sommer 1928: Seine erst achtzehnjährige, abgöttisch geliebte Tochter Lili, deren psychopathologische Auffälligkeiten er bagatellisiert hat, wählt den Freitod. „Mit jenem Julitag“, schreibt er in sein Tagebuch, „war mein Leben doch zu Ende.“

In den letzten Jahren wird es ruhig um Arthur Schnitzler. Der Glanz des Ruhms verfliegt, die Lebensgier erlischt. Einsamkeit, Selbstzweifel und Tristesse dominieren. Am 21. Oktober 1931 stirbt der Chronist intimer Wiener Sittenbilder. Die Schnitzler-Renaissance setzt erst Jahrzehnte nach seinem Tod ein.

1920 Theaterskandal. Uraufführung von *Reigen* in Berlin.

1931 Tod. 21. Oktober in Wien.

Ein Wiener Ausnahmeforscher, dessen Thesen bis heute weltweit aktuell sind. Der Nobelpreisträger Erwin Schrödinger hat nicht nur das theoretische Fundament der Quantenphysik, sondern auch die Grundlagenforschung für Phänomene der Biogenetik geschaffen. Am umstrittenen „Reißbrett des Lebens“.

Erwin Schrödinger

Formte vor mehr als siebzig Jahren die Zukunft der Biogenetik mit: Erwin Schrödinger.

Katzenschicksal in einer Höllenmaschine

Bis vor 16 Jahren war er Österreichs beliebtester Wissenschaftler. Denn man war selig, wenn man ihn in der Tasche hatte. Auf dem 1.000-Schilling-Schein blickte einem ein streng blickender Herr mit Nickelbrille entgegen: der Ausnahmeforscher Erwin Schrödinger.

Seine einzigartige naturwissenschaftliche Stellung ist unbestritten. Für die Erforschung der Wellenmechanik – das theoretische Fundament der Quantenphysik – wird er mit dem Nobelpreis für Physik ausgezeichnet. Seine Erkenntnis gilt als jene mathematische Beschreibung der Materie, die seit damals für all ihre Formen verwendet wird – von chemischen Reaktionen bis zu subnuklearen Teilchen.

1887 Geburt. 12. August in Wien-Erdberg.

Aber Schrödinger bewegte sich auch immer außerhalb der Welt der Physik: Die 1944 erschienenen Auszüge aus seinen Vorlesungen unter dem Titel *What is Life?* enthalten entscheidende Anregungen für die Phänomene der Biogenetik, wie den Begriff des „genetischen Codes".

Stichwortgeber der Molekularbiologie: *What is Life*

Schrödingers Thesen veranlassten Wissenschaftler, sich mit den grundlegenden Fragen der Biologie auseinanderzusetzen. Welche Bedingungen muss etwa ein Objekt erfüllen, damit es als Lebewesen klassifiziert werden kann? Das Buch *What is Life?,* von dem mehr als 100.000 Exemplare verkauft wurden, galt als Stichwortgeber in der aufstrebenden Molekularbiologie. Der Blick des Physikers auf die lebendige Zelle und die Gesetzmäßigkeiten der Vererbung zeigte die Vorzüge einer ungewohnten und auf neue Problemhorizonte gerichteten Betrachtungsweise.

Erwin Schrödinger würde staunen, wenn er wüsste, dass seine Thesen siebzig Jahre später gewissermaßen dafür mitverantwortlich sind, dass man heute fast so weit ist, neue Kreaturen zu schaffen, dass die Monster aus Dr. Frankensteins Labor bald real sein könnten: In der chinesischen Stadt Guangzhou haben Biomediziner bereits unter Verwendung molekularer Werkzeuge intakte Genabschnitte in erbkranke menschliche Embryonen geschleust. Bei sechs davon – zwei mit der Anlage für eine Nahrungsmittelunverträglichkeit, vier mit jenem Gen, das zur Blutkrankheit Beta-Thalassämie führt – haben sie es probiert, bei drei konnte das Gen korrigiert werden.

Damit hat man in China am umstrittenen „Reißbrett des Lebens" die ersten genmanipulierten Embryonen erschaffen, die zu Menschen hätten heranwachsen können – ein Schritt von Frankensteins Nachfahren in Richtung *Menschendesign*. Der britische Historiker Frayling sieht diese spektakuläre Entwicklung nüchtern: „Der wahre Schöpfungsmythos der Moderne ist nicht länger Adam und Eva im Garten Eden, sondern Frankenstein."

Science-Fiction ist längst in der Realität angekommen. In einer Welt, die Erwin Schrödinger vor einem Dreivierteljahrhundert durch seine Metaphern der Biogenetik mitgeformt hatte. Werden Menschen irgendwann auf dem Mars oder Mond leben? Jedenfalls sind auf dem Mond bereits ein Tal und ein Krater nach dem Forscher benannt: der „Schrödinger-Krater" mit einem Durchmesser von 316 Kilometern.

Bahnbrechendes Experiment: „Schrödingers Katze"

Heftige Diskussionen in der Welt der Wissenschaft löst der Nobelpreisträger mit dem berühmten Experiment „Schrödingers Katze" aus. 1935 sperrt er – im Gedanken – eine Katze in eine Kiste. Hinein kommen auch etwas radioaktive Substanz, ein Geigerzähler, ein Hammer und ein Fläschchen Blausäure. Dinge, die zeigen, dass es sich um eine „Höllenmaschine" handelt – wie Schrödinger seine Konstruktion selbst bezeichnet. Binnen einer Stunde könnte die Katze tot sein, denn die einzelnen Elemente sind zusammengeschaltet: Sobald eines der radioaktiven Atome zerfällt, wird der Geigerzähler aktiviert, dieser lässt den Hammer auf das Fläschchen fallen. Die Blausäure entweicht, die Katze würde schnell daran verenden. Erwin Schrödinger hatte nie eine Katze, sondern zwei Hunde. Vielleicht landete deshalb eine Katze im Gedanken an die Qual in jenem teuflischen Gebilde – und nicht ein Hund.

Die Katze könnte aber auch am Leben bleiben: Der Zerfall von radioaktiven Substanzen basiert auf Wahrscheinlichkeit.

1926 Entwicklung der „Schrödingergleichung" während der Ferien in Arosa.

1933 Nobelpreis für Physik.

Da die radioaktive Menge minimal ist, wiegen die lebensentscheidenden Aussichten ziemlich gleich auf. Dass ein radioaktives Teilchen innerhalb einer Stunde zerfällt, ist genauso wahrscheinlich wie, dass keines davon zerfällt. Folgt man den Gesetzen der Quantenphysik, befindet sich die Katze in einer paradoxen Situation: Sie ist zugleich tot und lebendig. Das Verhalten radioaktiver Substanzen wird durch eine Wellenfunktion beschrieben, die alle möglichen Ergebnisse enthält. Da das Überleben der Katze von diesem radioaktiven Verhalten abhängt, gibt es keine definitive Aussage.

Der Sohn eines Wachstuchfabrikanten habilitiert sich nach dem Studium am Wiener Physikalischen Institut. 1922 wird er an die Zürcher Universität berufen und besetzt den Lehrstuhl von seinem Vorgänger Albert Einstein. Fünf Jahre später wird er Nachfolger von Max Planck an der Friedrich-Wilhelms-Universität in Berlin, wo sich der notorische Spätaufsteher Vorlesungen am Vormittag verbittet. Schrödingers privates Dasein ist von einem polygamen, turbulenten Liebesleben geprägt. Nebenbei schreibt der kleine, schmächtige Wissenschaftler Gedichte, übersetzt Homer ins Englische und französische Poesie ins Deutsche.

Wechsel von Berlin nach Oxford

Am Ende seiner Berliner Jahre erhält er 1933 den Nobelpreis. Nach der Nazi-Machtübernahme verlässt er aus Überzeugung Deutschland – er tritt in der Öffentlichkeit vehement als NS-Gegner auf – und wechselt an die Universität Oxford.

Ab 1938 lehrt er an der Grazer Universität. Nach dem „Anschluss" verleitet ihn wohl der Wunsch, seine Professur zu behalten, zu einem Kniefall vor den neuen Machthabern: Er veröffentlicht einen offenen Brief mit dem Titel „Die Hand jedem Willigen. Bekenntnis zum Führer – Ein hervorragender Wissenschaftler meldet sich zum Dienst für Volk und Heimat". Doch nach Verhören und Hausdurchsuchungen wird er in Graz wegen „politischer Unzuverlässigkeit" entlassen. Schrödinger zieht wieder nach Oxford und 1940 nach Dublin, wo er 16 Jahre unterrichtet.

> Ein rein verstandesmäßiges Weltbild ganz ohne Mystik ist ein Unding.
>
> Erwin Schrödinger

Der Kontakt zur Heimat reißt nie ab: Regelmäßig besucht er das Europäische Forum im malerischen Tiroler Alpbach, von wo er knapp vor seinem Tod an seinen Freund Franz Theodor Csokor schreibt: „Ein rein verstandesmäßiges Weltbild ganz ohne Mystik ist ein Unding." Zuvor kehrt er 1956 nach Wien zurück und wird an der Universität Honorarprofessor. Weil er keine Wohnung findet, lebt er eine ganze Weile in einer kleinen Pension gegenüber vom Physikalischen Institut. Fünf Jahre später stirbt Erwin Schrödinger in Wien und wird seinem Wunsch entsprechend in Alpbach beerdigt. Am Grabkreuz ist als Inschrift die Gleichung, die seinen Namen trägt, eingemeißelt.

1940 Dublin. „Schrödinger lectures" im Trinity College.

1961 Tod. Am 4. Jänner durch Tuberkulose, Beerdigung in Alpbach.

Kapitalismus ist Chaos – mit dieser These erschütterte er vor mehr als 100 Jahren das Fundament der Ökonomie. Seit dem Siegeszug von Globalisierung und Internet haben die Thesen des Joseph Alois Schumpeter wieder an Lebendigkeit gewonnen. Für den schillernden Ökonomen ist Pioniergeist die treibende Kraft der Wirtschaft.

Joseph Alois Schumpeter

„Nur Unternehmen, die sich permanent infrage stellen, bleiben stabil“: eine der wichtigsten Thesen des Ökonomen Schumpeter.

Pioniergeist und Pleiten eines Propheten

„Schon früh hatte ich in meinem Leben drei große Ziele: der beste Ökonom der Welt, der beste Reiter Österreichs und der beste Liebhaber Wiens zu werden – mit den Pferden hat es allerdings nicht so gut geklappt, leider hab ich einen zweitklassigen Sattel geerbt“, meint Joseph Alois Schumpeter.

Ob er als größter Ökonom der Welt gilt, ist umstritten, fest steht aber, dass Wirtschaftswissenschaftler in der Regel keine schillernden Figuren sind. Schumpeter ist es. Er führt ein Leben voller Extreme und Gegensätze, pendelt permanent zwischen Größenwahn und tiefen Selbstzweifeln: Glänzende Erfolge und katastrophale Pleiten, pathetische Liebesverhältnisse und schmerzvolle Schicksalsschläge,

1883 Geburt. 8. Februar in Triesch, Mähren.

intellektuelle Brillanz und quälende Neurosen erschüttern sein Dasein.

Der vom Ehrgeiz seiner Mutter angestachelte Schumpeter gilt als Wunderkind. Im Alter von vier Jahren stirbt der Vater, die Heirat der Mutter mit dem pensionierten k.u.k.-Feldmarschallleutnant Sigismund von Kélersden ermöglicht ihm den Besuch der besten Schulen und der Wiener Universität.

Dandy, Frauenheld und Provokateur

Bald führt Joseph ein lockeres Leben und schockiert oft mit seinen frechen Sprüchen. Später liebt er Luxus, sein Hang zur Dekadenz wird nicht camoufliert, der Dandy gönnt sich eigene Pferde und teure Häuser. Er ist Frauenheld und Provokateur, lässt sich gerne in einer offenen Kutsche durch Wien führen – an seiner Seite stadtbekannte Prostituierte. 1909 kommt es zum Duell. Es geht nicht um die Ehre einer Frau. Der Gegner Schumpeters ist Bibliotheksleiter. Man duelliert sich um die Frage, ob Studenten leichteren Zugang zu Büchern erhalten sollten oder nicht. Schumpeter entscheidet das Duell für sich.

Das Leben des rastlosen Nationalökonomen gleicht einem seelischen Balanceakt: In seinem penibel geführten Tagebuch bewertet er täglich seine Leistungen mit Schulnoten – ein Einser kommt so gut wie nie vor. 1926 sterben innerhalb von nur zehn Tagen seine Mutter, seine Frau und sein gerade geborener Sohn.

Mit seinen brillanten Theorien bestimmt er über Jahrzehnte Diskussionen unter Wirtschaftswissenschaftlern. Viele sehen in ihm einen wirtschaftlichen Propheten. Und seit dem Siegeszug der Globalisierung, des Internets und der digitalen Ökonomie haben die Ansichten des Österreichers weltweit wieder an Lebendigkeit gewonnen.

Seit fast zehn Jahren erscheint im angesehenen britischen Magazin *The Economist* eine Wirtschaftskolumne unter dem Titel *Schumpeter*. Begründet wird dies damit, dass er einer der wenigen Intellektuellen sei, die das Wesen des unternehmerischen Handelns verstehen. „Ob er der *größte Ökonom des 20. Jahrhunderts* ist, wie anlässlich seines 100. Geburtstages ‚The Wallstreet Journal' schreibt, mag dahingestellt bleiben", meint Schumpeter-Experte Herbert Matis, „jedenfalls ist er ein wichtiger, origineller, unorthodoxer und nicht immer widerspruchsfreier Denker, dessen Werk sich nicht in ein simples Klassifikationsschema pressen lässt." Das US-Magazin *Forbes* erklärt Schumpeter jedenfalls zu einem besseren Ratgeber für die turbulente Weltwirtschaft als das ökonomische Genie John Maynard Keynes.

> Eher legt sich ein Hund einen Wurstvorrat an als eine demokratische Regierung eine Haushaltsreserve.
>
> Joseph Alois Schumpeter

Ein Leben lang leidet Schumpeter darunter, im Schatten von Keynes zu stehen. Seinem Plan, ein grundlegendes Werk zur Geldtheorie zu schreiben, kommt Konkurrent Keynes bereits 1930 mit der Veröffentlichung von *A Treatise on Money* zuvor.

Was sind die wesentlichsten Thesen des Ökonomen? Er spricht von *deficit-spending,* welches die Berg- und Talfahrt der Wirtschaft günstig ebnen soll. Sein Rezept: „Der Staat investiert in schlechten Zeiten, was er in guten Zeiten emsig spart." Doch Schumpeters Idee scheitert zumeist an Politikern, die erstklassig im Ausgeben – aber letztklassig im Spa-

1912 Frühwerk *Theorie der wirtschaftlichen Entwicklung.*

1919 Finanzminister für sieben Monate.

ren sind. Seiner ironisch-provokanten Art treu bleibend, meint er: „Eher legt sich ein Hund einen Wurstvorrat an als eine demokratische Regierung eine Haushaltsreserve."

Sorglose Kreditvergaben: Pleite mit der „Biedermann-Bank"

Schumpeter ist ein begnadeter Redner und gefürchteter Diskussionspartner. Seine flammenden Philippikas trainiert er in den Kaffeehäusern Wiens. Er lebt und arbeitet in sieben Ländern und lehrt an fünf Universitäten. Bereits mit 26 ist er Professor an der Universität von Czernowitz, mit 36 wird er unter Otto Bauer Finanzminister – allerdings nur für sieben Monate. Die Brillanz seiner ökonomischen Analysen hindert ihn nicht daran, die Wiener „Biedermann-Bank" nach drei Jahren wegen sorgloser Kreditvergaben in die Pleite zu führen und von einem Schuldenberg fast erdrückt zu werden.

Die provokante These: Kapitalismus bedeutet Chaos

Bereits vor mehr als 100 Jahren erschüttert er mit der These, Kapitalismus bedeute Chaos, das Fundament der Ökonomie. Chaos sei „Energiequelle, die aus sich heraus jedes Gleichgewicht stört". Der Unternehmer ist als ein „schöpferischer Zerstörer" das Antriebsmoment der wirtschaftlichen Entwicklung. Heute ist seine Idee aktueller denn je: Nur Unternehmen, die sich ständig infrage stellen, bleiben bestehen. Kapitalismus sei Unordnung, die fortwährend durch innovative Unternehmer mit neuen Ideen in den Markt getragen wird. Aus dieser Unordnung entstehen Fortschritt und Wachstum …

Heute meinen viele Ökonomen, in seinem Hauptwerk *Theorie der wirtschaftlichen Entwicklung,* in dem er bereits 1912 als Ordinarius an der Universität Graz sein radikales Denken einfließen lässt, habe er eine Zeit vorausgeahnt, in der die Innovationskraft – mit dynamischem, energischem Handeln – der Schlüssel für Wachstum und Gesamtwohl der Gesellschaft ist. Es gilt, neue Produkte, neue Produktionsverfahren, neue Märkte zu schaffen.

Der Begriff „Unternehmer" ist für Schumpeter eine Art Adelsprädikat, die Formulierung „Schumpeterscher Unternehmer" wird im Sprachgebrauch der Wirtschaft gerne verwendet. Innovative Unternehmer mit Pioniergeist, die Unlust an ausgefahrenen Bahnen empfinden, seien die treibende Kraft der Wirtschaft. Mitunter sind sie auch rücksichtslose Einzelkämpfer. Das stört Schumpeter nicht.

Als knapp Fünfzigjähriger verlässt er Österreich und wird Professor in Harvard. Hier, im puritanischen Boston, verblüfft er nicht nur durch seine radikalen Ideen, sondern auch durch seine Reitkunst. Und durch seine Vorliebe für asiatische Studentinnen.

Melancholie, Todesängste und schwere Depressionen am Ende seines Lebens versucht er im Zwiegespräch mit seiner im Kindbett verstorbenen Frau Anni zu lindern, die er fast wie eine Heilige sieht, und schreibt ihr Tagebuch ab. Er versucht sogar, ihre Handschrift zu imitieren.

Der frühere Lebemann zieht sich immer mehr zurück. Die brillante Ökonomin Romaine Boody versucht als seine dritte Frau, sein Leid zu lindern und ihn bei seiner Arbeit zu unterstützen. Sie umhegt ihn selbstlos, als Chauffeuse, Haushälterin und Forschungsassistentin. Ihr verdankt Schumpeter auch die Fertigstellung seines Spätwerks *History of Economic Analysis*. Doch Joseph Schumpeter fühlt sich bis zu seinem Tod einsam, isoliert und zutiefst unglücklich.

1942 Populärwissenschaftlicher Bestseller. *Kapitalismus, Sozialismus und Demokratie.*

1950 Tod. 8. Jänner in Taconic, Connecticut.

Ein leidenschaftliches Leben voller Mut, Vitalität und sozialem Engagement: Margarete Schütte-Lihotzky ist die erste österreichische Architektin und eine Pionierin des modernen Wohnungsbaus. Ihre „Frankfurter Küche“ auf nur 6,5 m² Grundfläche hat die Schülerin von Adolf Loos weltberühmt gemacht.

Margarete Schütte-Lihotzky

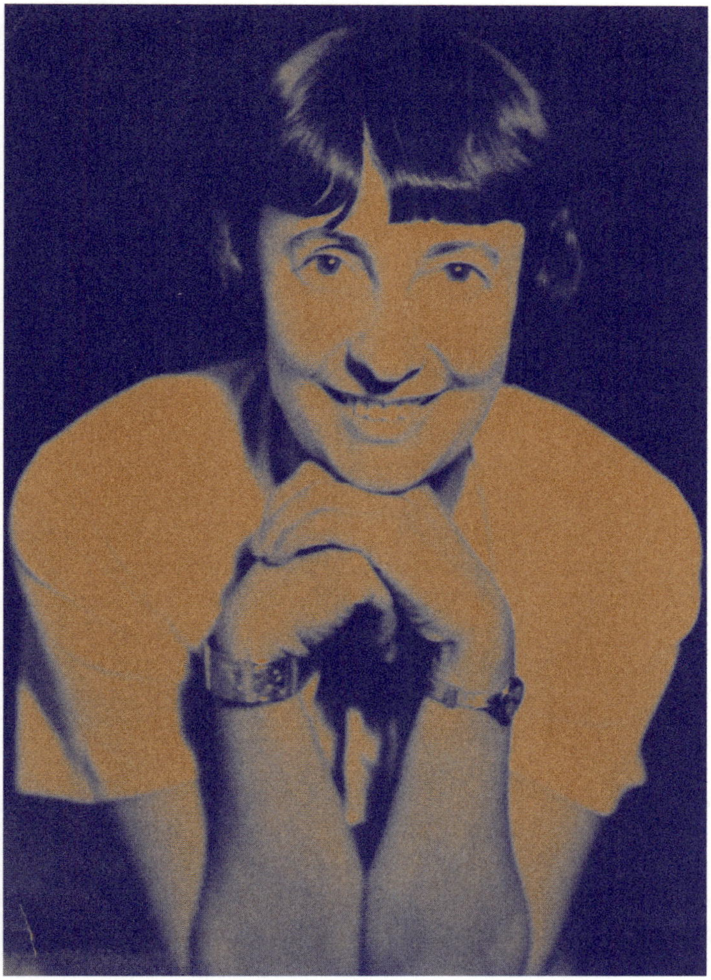

Revolutionäre Architektin und unermüdliche Widerstandskämpferin:
Margarete Schütte-Lihotzky.

Küchenrevolution für Sklavinnen des Staubwischens

Bescheidenheit gehört nicht oft zu ihren Tugenden. Oft sind *Stararchitekten* auch große Selbstdarsteller. Wie etwa C. N. Ledoux, der von Architekten als „Rivalen des Schöpfers" spricht. Auch zwei Architektur-Ikonen des 20. Jahrhunderts, Frank Lloyd Wright und Le Corbusier, kann man falsche Bescheidenheit nicht vorwerfen: Corbusier fordert 1925, große Teile der Altstadt von Paris abreißen zu lassen und stattdessen sechzigstöckige Wolkenkratzer zu bauen. Wright bezeichnet sich einmal als Zeuge in einem Prozess als „der bedeutendsten Architekten aller Zeiten". Später meint er, er sei ja unter Eid gestanden und hätte demnach nichts anderes sagen können. Margarete Schütte-Lihotzky, die erste österreichische

1897 Geburt.
23. Jänner in Wien.

Architektin, ist am Ende ihres langen Lebens überzeugt davon, „die Gleichberechtigung in der Architektur nicht mehr zu erleben".

Nach privatem Malunterricht und zwei Jahren an der Grafischen Lehr- und Versuchsanstalt studiert sie als erstes und einziges Mädchen während der Jahre 1915 bis 1919 an der k.u.k. Kunstgewerbeschule, der späteren Hochschule für angewandte Kunst. Die Atmosphäre dort beschreibt sie schwärmerisch als *Offenbarung*. Lehrer wie Josef Hoffmann und Oskar Kokoschka unterrichten die junge Margarete. Frauen sind an Hochschulen und Universitäten noch nicht zugelassen – die Kunstgewerbeschule ist eine Ausnahme. „Damals konnte sich niemand vorstellen", erzählt sie an ihrem 100. Geburtstag, „dass man eine Frau damit beauftragen wird, ein Haus zu bauen – nicht einmal ich selbst."

Die Eindrücke des Elends in der Vorstadt prägen ihr Leben.

Das zwanzigjährige Fräulein Grete Lihotzky gewinnt als einzige weibliche Teilnehmerin 1917 einen Wettbewerb zum Thema „Arbeiterwohnungen in der Vorstadt". Lehrer Oskar Strnad, der die Hochtalentierte schon früh gefördert hat, rät ihr: „Bevor Sie nur einen Strich zeichnen, gehen Sie hinaus in die Arbeiterbezirke und schauen Sie sich an, wie die Arbeiter wirklich wohnen."

Grete beherzigt den Rat. Das aus bürgerlichem, wohlbehütetem Elternhaus stammende Mädchen prägen die Eindrücke des Elends in der Vorstadt bis zum Ende ihres Lebens. Die dunklen, feuchten Bassena-Wohnungen sind oft Verursacher von Tuberkulose, die auch „Wiener Krankheit" genannt wird. Das Entsetzen über die Wohnsituation in Favoriten und Ottakring ist Auslöser ihres beständigen sozialen Engagements: Acht, neun Menschen hausen in einem Zimmer, in denen die Schlafstätten nie kalt werden: „Bettgeher" – Nachtarbeiter, die untertags schlafen – werden zusätzlich aufgenommen. Fast 100.000 Obdachlose vegetieren in Notunterkünften dahin: in Parks, unter Brücken oder in Kellergewölben.

Perfekte Raumausnützung: „Siedlerhütte" und „Frankfurter Küche"

Damals entwickelt sich der soziale Wohnbau zu Lihotzkys zentraler Lebensaufgabe. Bereits im Alter von 22 Jahren schließt Grete ihr Studium ab und wird 1920 vom kompromisslosen Kämpfer für Purismus, von Adolf Loos, im Städtischen Siedlungsamt engagiert. Die kleine, zierliche Architektin entwirft den bahnbrechenden Prototyp der „Siedlerhütte", einen komplett aus Holz gefertigten 4,5 Meter langen Würfel, in dem sie unter perfekter Ausnützung des Raumes alle notwendigen Einrichtungen unterbringt. Die Hütte dient als erste Unterkunft für obdachlose Arbeiter und Flüchtlingsfamilien nach Kriegsende.

Bald wird man in Deutschland auf die eigenwillige junge Architektin aus Wien aufmerksam. 1926 wird sie an das Frankfurter Hochbauamt geholt. Hier lernt sie ihren Kollegen Wilhelm Schütte kennen, bald wird geheiratet. Margarete plant Kindergärten und Sozialwohnungen. Auch für berufstätige, alleinstehende Frauen – „vom Alltag gedrückte Aschenbrödel". Die Wohnungen sind klein, bezahlbar und – im Sinne ihres Mentors Adolf Loos – schnörkellos. Jeglichem Krimskrams wird der Krieg erklärt: ein Bett für „Nonnen-Nächte", ein Ausklapptisch für ein, zwei Besucher zur Kaffeezeit und daneben, durch eine Schiebetür getrennt, die Küche. Ein 6,5-m²-Element, das Architekturgeschichte schreibt: Die „Frankfurter Küche" gilt bis heute als Prototyp der modernen Einbauküche.

Aufgrund der Erkenntnisse von Fließbandarbeit in den USA sowie der beengten Si-

1917 Auszeichnung. Erstes Projekt im sozialen Wohnbau.

1926 Frankfurter Küche. Entwicklung des Prototyps der Einbauküche.

tuation in Speisewagenküchen entwirft Schütte-Lihotzky das „Labor einer Hausfrau". Auf den Grundlagen maximaler Griff- und Schrittersparnis auf minimalem Raum soll die spartanische Küche Frauen, oft „Sklavinnen des Staubwischens", die Arbeit erleichtern.

Wegen der Wirtschaftskrise gibt es 1930 in Europa kaum noch Bauaufträge, daher gehen Wilhelm und Margarte in die Sowjetunion, um Städte zu planen. Im Nirgendwo des südlichen Urals, wo drei Jahre zuvor „nicht einmal eine Telegraphenstange stand". 1933 stoßen Schütte-Lihotzkys Arbeiten bei der Weltausstellung in Chicago auf großes Interesse, sie unternimmt Studien- und Vortragsreisen nach China und Japan.

1938, nach einem kurzen Aufenthalt in Paris, zieht das Architekten-Ehepaar nach Istanbul, das am Vorabend des Zweiten Weltkriegs ein sicherer Platz für Emigranten ist. Hier entwirft Margarete Schulen und unterrichtet an der Kunstakademie. In Istanbul lernt sie den Grazer Architekten Herbert Eichholzer kennen, der dabei ist, eine Widerstandsgruppe aufzubauen und später ein Opfer des NS-Regimes wird. Margarete tritt in der Türkei als Zeichen des Widerstandes gegen den Naziterror der Kommunistischen Partei Österreichs bei und meint: „Was haben wir zu tun, damit wir nach dem Sturz Hitlers mit gutem Gewissen wieder in der Heimat leben können?"

Verrat durch einen V-Mann: Gestapo-Haft, Folter und Zuchthaus

1940 fährt Margarete als geheimer Kurier nach Wien zu einem „Weihnachtsbesuch bei ihrer Schwester", wie sie sagt, um mit der österreichischen Widerstandsbewegung in Verbindung zu treten. Nach vielen vergeblichen Versuchen trifft sie im Café Viktoria auf Kontaktmann *Gerber,* der „Ossi" mitbringt. Wenige Wochen nach ihrer Widerstandsarbeit im Untergrund wird Margarete von der Gestapo verhaftet, verhört und gefoltert. Verraten vom Nazi-Agenten Kurt Koppel – alias Ossi. Obwohl zuvor die Todesstrafe beantragt worden ist, wird sie 1942 zu fünfzehn Jahren Zuchthaus in Bayern verurteilt, wo sie bei Kriegsende von kanadischen Truppen befreit wird.

> Die Wohnung ist die realisierte Organisation unserer Lebensgewohnheiten.
>
> Margarete Schütte-Lihotzky

Im Wien der Nachkriegszeit – und auch noch lange danach – wird die revolutionäre Architektin mit sozialem Verantwortungsgefühl wegen ihrer KP-Mitgliedschaft boykottiert: „In 25 Jahren durfte ich nur zwei Kindergärten bauen …" Erst im hohen Alter wird die vierfache Ehrendoktorin auch in ihrer Heimat gewürdigt.

Zum 100. Geburtstag findet im MAK eine überwältigende Geburtstagsfeier statt. Bürgermeister Häupl tanzt mit der greisen Jubilarin einige Takte Walzer und die Festredner bedauern, dass Österreich auf das Talent dieser großen Architektin verzichtet hat.

Fünf Tage vor dem 103. Geburtstag endet das Leben einer einzigartigen Frau voller Mut, Vitalität und sozialem Engagement.

1933 Teilnahme an der Weltausstellung in Chicago.

2000 Tod. 18. Jänner in Wien im 103. Lebensjahr.

Das Leben, die Tage, die Träume – alles ist erfüllt von den Gedanken an die Liebe. In seinen Werken landet Julian Schutting auch immer wieder in der Kindheit – die Reisfelder Japans erinnern ihn an Osterwiesen. Täglich versucht der vielfach preisgekrönte, fragile Literat, eine Seite zu schreiben.

Julian Schutting

Sprachgewaltiger, vielfach ausgezeichneter Literat: Julian Schutting.

Spaziergänger, Satzbaumeister, Seitensammler

Lieben und es zeigen. Nichts bedeutet Julian Schutting mehr: „Das einem ans Herz greifende Glück, wenn eine Passage gemeinsam gehörter Musik oder ein Detail eines gemeinsam neu gesehenen Bildes zu einer neuen Verlobung wird oder einem die Qualität der Liebe erklärt, nichts über das Glück, wenn im Erwachen ein Morgenhimmel als Ungeduld und Vorfreude in die im Schlaf wach gebliebene Liebe strömt …“

Das Leben, die Tage, die Träume, alles ist erfüllt von den Gedanken an den geliebten Menschen. Glücksmomente und Fantasien, Zweifel, Schmerzen und Trost, alle Empfindungen sind damit verbunden. Was sie zulässt, bestimmt das Wohlbefinden,

1937 Geburt.
25. Oktober in Amstetten.

den Schlaf oder Nicht-Schlaf. Es geht um nichts als die alles durchdringende Liebe. Die Trennung bereitet *Liebesschmerz*. Schon eine kurze Reise oder auch nur der Abschied beim Einsteigen in die Straßenbahn. Wenn der geliebte Mensch wegzieht, wird die Entfernung exakt festgehalten: „5.663 steps, 4,53 Kilometer, einundfünfzig Minuten."

„Ich werde ein bisschen mehr der Mann, der ich schon immer gewesen bin"

Jutta Maria Franziska Schutting wird 1937 als erstes von drei Kindern eines Veterinärmediziners in Amstetten geboren. 52 Jahre danach kommt es zur Geschlechtsangleichung. Um endlich „Überreinstimmung" mit einem „lebenslangen Selbstgefühl" zu finden: „Wenn es wo heißt, Schutting wird ein Mann, kann ich nur hinzufügen: ‚Ich werde ein bisschen mehr der Mann, der ich schon immer gewesen bin.' Ich werde ein Mann, hieße ja, dass ich es vorher nicht war…"

Ein Jahr später, 1990, erscheinen die Gedichte *Aufhellungen* erstmals unter dem Autorennamen Julian Schutting. In einem *profil*-Interview mit Sybille Fritsch erzählt er, sich mit André Heller über die Namensfrage beraten zu haben, und meint *Johann* wäre möglich: „Der Heller hat mir ganz witzig zur Antwort gegeben, dann würden sich alle fragen, ob jetzt auch ein Onkel aus der Familie Schutting schreiben würde. Judas kam nicht infrage, weil Verräter an den Frauen bin ich nicht. Was blieb denn da noch. Julius Meinl? Man sieht an dem Namen Julian, was war."

Schon während der Schulzeit beschäftigt sich Schutting mit Literatur, vor allem mit Kleist und Stifter. Im Alter von fünfzehn Jahren entflieht er der „beklemmenden" Kleinstadtatmosphäre in Amstetten. Noch vor der Matura zieht er nach Wien, besucht die Fotografie-Klasse der Graphischen Lehr- und Versuchsanstalt. Abends bewundert er im Theater an der Wien Ljuba Welitsch in Salomes *Tanz der sieben Schleier*. Den Beruf des Fotografen übt er nach der Gesellenprüfung nie aus. Die Matura wird in einem Abendkurs nachgeholt, Schutting studiert Deutsch und Geschichte und unterrichtet ab 1965 am TGM.

1956 bringt *Die Weltpresse* einen Essay mit dem Titel *Der Tag wird kommen*. Autor ist der Achtzehnjährige. Nach Veröffentlichungen in Literaturzeitschriften erscheint 1973 der erste Gedichtband *In der Sprache der Inseln* – seine Lyrik wird schon damals von der Liebe dominiert.

Sechs Jahrzehnte nach seiner fotografischen Ausbildung präsentiert der mehrfach Begabte zum 80. Geburtstag *Betrachtungen. Texte und Photographien*. Auf langen Spaziergängen hält Schutting mit einer einfachen analogen Kamera Situationen fest, die ihm helfen, für das Schreiben Wahrnehmungen zu speichern. Sein fotografischer Blick ist besonders, es entstehen stimmungsvolle Bilder: Lindenblütenpollen, die wie eine Landkarte oder verhüllte Rosenstöcke im Volksgarten, die wie Pilger aussehen.

Noch 60 Jahre nach der Flucht aus der Provinz assoziiert er im Reisebuch *Blickrichtungen* die Wahrnehmungen in der Fremde mit Eindrücken aus der Kindheit: Im Iran geknetete Teigbällchen erinnern ihn an Germknödel, die Reisfelder Japans lassen ihn an Osterwiesen denken. Immer wieder landet Schutting in seinem Werk in der Kindheit und kommt „auf die Ängste, auf ihre Hilflosigkeit" zurück.

Aufarbeitung der Vater-Kind-Beziehung: *Der Vater*

1980 veröffentlicht Schutting das bis dahin verschlossen gebliebene Buch *Der Vater*. Mit Reflexionen während der drei Tage

1973 Erste Bücher. *In der Sprache der Inseln* und *Baum in O.*

1984 Anton-Wildgans-Preis für Lyrik.

zwischen dem Tod und dem Begräbnis des Vaters. Es wird das Bild eines „Provinzpatriarchen" und „liebenswerten Faulpelzes", der oft den halben Tag im Bett verbringt, gezeichnet. Dem geregelten Arbeitsleben eines Tierarztes ziehe der eigensinnige, gewaltbereite, leidenschaftliche Jäger oft tagelangen Zechtouren und Jagden vor. In einem Brief an den Großvater berichtet der Vater von der Geburt seiner Tochter: „Lb. Vater! In der Vorwoche 2 Hirsche und 1 Tier geschossen, mit Mauser. Wir haben am 25/X eine kleine Tochter bekommen. Geht alles ganz gut. Brief folgt gelegentlich. Hans."

„Der Vater" als Aufarbeitung einer negativ erlebten Vater-Kind-Beziehung: Er habe „mir meine Sammlung Filmschauspielerbilder eins nach dem andern, zerrissen … hat das Pferd der Mutter, obwohl sie ihn inständig bat, ihr nicht auch das anzutun, dem Wiener Pferdefleischhauer Jarolimek verkauft".

Helle und dunkle Erinnerungen

Um den Abschied von der Mutter, ihr langsames Sterben, geht es siebzehn Jahre später im ebenfalls autobiografisch gefärbten Buch *Der Tod meiner Mutter,* einer „gutmütigen, liebenswürdigen Frau".

In *Zersplittertes Erinnern* schreibt Schutting über die letzten Jahre des Zweiten Weltkrieges und der Nachkriegszeit in Amstetten und Wien. Es sind lange unter Schutt vergrabene, helle und dunkle Erinnerungen, die ohne Sentimentalität an die Oberfläche geholt werden.

Julian Schutting versucht fast jeden Tag, eine neue Seite zu schreiben. Manchmal ziehen sich seine langen, verschachtelten Sätze mit Begriffen wie „Traumtreue" oder „Halbschlafzugeneigtheit" über eine ganze Seite. Mehr als 50 Bücher sind bis jetzt erschienen – ein Jahr ohne Buch wäre für den fragilen, fleißigen Literaten „seltsam". Auf Fahrscheinen, Zetteln und Briefkuverts beginnt er zu schreiben, wenn sie nicht weggeworfen werden, kann mehr daraus werden …

> Nichts geht über das Glück, wenn im Erwachen ein Morgenhimmel als Ungeduld und Vorfreude in die im Schlaf wach gebliebene Liebe strömt …
>
> Julian Schutting

Der inzwischen 81-jährige „Wörtertaucher" gilt als „großer Satzbaumeister unter den Schreibenden seiner Generation". Wenn er in seinem neuen Gedichtband *Unter Palmen* mit der Schwiegertochter Arnold Schönbergs in Palm Springs wandert, auf Kuba plötzlich die Stimme seiner Mutter zu hören glaubt – immer stößt er auf „Erinnerungsschatten".

Der sprachgewaltige Literat ist vielfach ausgezeichnet, mit dem Wildgans-, Trakl- und Jonke-Preis. Bei dessen Verleihung meint Literaturkritiker Cornelius Hell, Schutting zu lesen, sei ein großer Gewinn: „In einer Zeit der Pseudovertraulichkeit im sozialen Umgang, des scheinbar totalen Offenlegens von Biografie und Privatleben in den sozialen Netzwerken und der Entwertung realer Orte, Geschehnisse und auch Begegnungen mit Menschen durch virtuelle Nähe von allem und jedem …"

1989 Geschlechtsangleichung. Aus Jutta wird Julian.

2018 Gedichtband. *Unter Palmen.*

Als das Leben des rasenden, rastlosen Autors mit 35 Jahren endet, wird er als Genie gefeiert, und er ist der meistgespielte zeitgenössische Dramatiker. Seine Kunstsprache tobt wie ein Taifun durch die Stücke. Werner Schwab stilisiert sich als subversiver Sonderling zur Kunstfigur der Theaterszene.

Werner Schwab

Ein Leben zwischen Ruhm und Resignation, Schreibwahn und Selbstzerstörung: Werner Schwab.

Provokanter Popstar des Theaters

Als „gefährliches Genie, betrunkenes Monster, ein nach bürgerlichen Maßstäben vollkommenes Ekel" bezeichnet ihn die deutsche Kritik. Werner Schwab bricht wie ein Wirbelsturm über die Theaterszene herein. Rund ein Dutzend Stücke hat er zuvor „hingeballert", ohne auf Interesse zu stoßen. Ein Verlag nach dem anderen schickt Absagen in die Oststeiermark. Auch seine zunächst experimentellen Texte, in denen er Charaktere für seine späteren Stücke entwickelt, bleiben ohne Erfolg: Literaturzeitschriften wie *protokolle* zeigen keinerlei Interesse.

Schwabs Erwartungen pendeln zwischen Verzweiflung und Euphorie: „Alle glauben, i bring nix z'samm, aber i wer's schaffen …"

1958 Geburt.
2. Februar in Graz.

Bereits im Alter von neunzehn Jahren meint der Hüne mit damals feuerrotem Haar bis zur Hüfte zu seinem Freund Erwin Wurm, er werde den Literaturnobelpreis bekommen.

Auf einem entlegenen Bauernhaus im Münzengraben von Kohlberg, der Schattenseite eines Tales voller Maisfelder, lebt Schwab ein knappes Jahrzehnt mit Frau und Kind völlig zurückgezogen. Als Selbstversorger bestellen die Einsiedler zwei Äcker, halten Hasen und Hühner, Enten, Gänse, Schafe und ein Schwein. Sie beginnen, aus verderblichen Materialien wie Fleisch, Knochen und Tierkadavern „verwesende Skulpturen" zu produzieren.

„Groteske Abbilder voller Dreck und Abschaum"

Nachts schreibt Werner Schwab. Hier entstehen später die ersten Theaterstücke des rasenden, rastlosen Autors, die er als „Fäkaliendramen" zusammenfasst – einzigartige Sprachtiraden, ins Groteske übersteigert, durchaus auch fern grammatikalischer Ordnungen. Es sind, urteilt das deutsche Feuilleton, „groteske Abbilder voller Dreck und Abschaum, die provozieren und demaskieren, dabei aber urkomisch sind".

1989 wird bei einem bescheidenen Festival im Grazer „Bronx" sein „Kadaverstück" *Das Lebendige ist das Leblose und die Musik* aufgeführt. Kaum bringt danach Hans Gratzer im Wiener Schauspielhaus ein „europäisches Abendmahl", das Stück *Übergewicht, unwichtig: Unform* heraus, bei dem ein typischer Schwab-Satz: „Wir sind in die Welt gevögelt und können nicht fliegen" als Plakat affichiert wird, geht es rasant weiter: In Graz wird *Mesalliance aber wir ficken uns prächtig,* in Stuttgart *Der Himmel mein Lieb meine sterbende Beute* uraufgeführt.

Werner Schwab steigt zum literarischen Shootingstar auf: 1991 kürt ihn *Theater heute* zum „Nachwuchsdramatiker des Jahres" und bereits ein Jahr später zum „Dramatiker des Jahres", kurz danach wird er für *Volksvernichtung oder Meine Leber ist sinnlos* mit dem Mülheimer Dramatiker-Preis ausgezeichnet, den zuvor Heiner Müller und Botho Strauß und nach Schwab Peter Handke und Elfriede Jelinek erhalten haben.

Beschimpft und gefeiert: Popstar der Theaterszene

Schnell wird man in der deutschsprachigen Theaterszene auf den umjubelten, provokanten Popstar des Theaters aufmerksam. In einem Interview bekennt der „Sprachzertrümmerer": „Vor der Aufführung meines ersten Stückes war ich nur ein einziges Mal im Theater – und das in der Pause." Schwab wird beschimpft und gefeiert.

> Machen sie sich frei, sagt das Leben. Ganz, fragt der Mensch? Ganz, sagt das Leben.
>
> Werner Schwab

Sein Erfolgsstück *Volksvernichtung* wird an fast zwanzig Bühnen gespielt. Sein sprödes „Schwabisch", eine völlig neue Sprache, die in die Literaturgeschichte eingeht, ein Gemisch aus Dialekt, Obszönitäten, Bürokratendeutsch und surrealem Humor, tobt wie ein Taifun durch seine Stücke, die in zehn Sprachen übersetzt werden.

Das Fäkaliendrama *Die Präsidentinnen* ist Schwabs erfolgreichstes Stück: Erna, die Sparweltmeisterin, Grete, das lustige, im-

1989 Erstes Projekt. *Das Lebendige ist das Leblose und die Musik.*

1992 Auszeichnung. Dramatiker des Jahres.

mer lüsterne Luder, und Mariedl, die *Königin der Aborte,* die verstopfte Klos ohne Handschuhe reinigt, sitzen in der Küche und halten Monologe über Gott und die Welt, während der Papst den *Urbi-et-orbi*-Segen im Fernsehen erteilt. Da beginnen die drei zu fantasieren, was das Leben als Belohnung für sie bereithalten könnte. Schließlich versteckt der Herr Pfarrer für Mariedl „wie der Osterhase" Geschenke im verstopften Klo: ein Gulasch, ein Bier und ein Parfum.

Schwab, der Sohn einer tiefreligiösen Reinigungsfrau und eines alkoholkranken Maurers, wächst in feuchten, kalten Kellerwohnungen auf und will früh Künstler werden. Er besucht die Grazer Kunstgewerbeschule, weigert sich aber, Prüfungen abzulegen. An der Wiener Akademie der bildenden Künste wird er 1978 von Bruno Gironcoli in dessen Klasse aufgenommen und pendelt zwischen Graz und Wien. Er ist ehrlich, aber aggressiv. Beschimpfungen, Streit und Raufereien sind „seine Art der Kontaktaufnahme", wie ein Kumpan der ersten Stunde, der Avantgarde-Galerist János Erdödy, erzählt.

Selbststilisierung zur Kunstfigur

Der später zum Bühnenstar hochgejubelte Autor gibt sich als rebellisch-subversiver Sonderling der Theaterszene und stilisiert sich selbst zur Kunstfigur. Der stets schwarz gekleidete Werner Schwab, überfordert vom Erwartungsdruck, pflegt dieses Image, wenn er sich Debatten über seine Stücke entzieht, und meint, dass er „weder mit dem Theater noch mit dem Habitus des Dichters etwas zu tun habe".

Die meiste Zeit seines kurzen Lebens verbringt Werner Schwab fernab von Anerkennung, Ruhm und Rampenlicht. Aber in einem Schreibwahn. Mit derben, deftigen Ausdrücken und skurrilen Wortverbindungen will er die schöngeistige Literatursprache demaskieren und verhöhnen. Er will aufzeigen, dass „alles lächerlich ist, wenn man an das Leben denkt".

Tragische, komische Kleinbürger, die oft reale Vorbilder haben, repräsentieren auch die eigene Lebensgeschichte Schwabs. Und in seinen Dramen werden auch Charaktere von Goethe, Shakespeare und Schnitzler neu angelegt und tiefgreifend verändert: So drehen die Figuren aus *Der Reigen* in Schwabs pornografischem Panoptikum *Reizender Reigen* einander „die Wörter im Mund herum wie abschraubbare Geschlechtsteile".

Rauschhafte Selbstzerstörung

Am Ende seines kurzen Lebens werden die depressiven Schübe Schwabs immer häufiger, er laboriert an Gastritis und einem Zwölffingerdarmgeschwür. Nach einer exzessiven Silvesternacht, in der er ziellos durch das nächtliche Graz irrt, wacht Werner Schwab am Neujahrsmorgen des Jahres 1994 mit 4,1 Promille Alkohol im Blut nicht mehr auf. Nur Soulsängerin Amy Winehouse hat, als sie stirbt, noch mehr Alkohol im Blut: 4,16 Promille.

Als er in rauschhafter Selbstzerstörung an einer durch Alkoholvergiftung hervorgerufenen Atemlähmung stirbt, ist der Grazer Theater-Berserker der meistgespielte zeitgenössische, deutschsprachige Dramatiker. Unter den rund zwanzig Werken im Nachlass des Dichters, dessen Leben kaum mehr als 35 Jahre gedauert hat, gibt es auch eines mit dem Titel *Endlich tot*.

1993 steirischer herbst. *Pornogeographie. Sieben Gerüchte.*

1994 Tod. 1. Jänner in Graz.

Eine mutige Pädagogin, Philanthropin und Sozialreformerin: Eugenie Schwarzwald. Als Pionierin des Schulwesens kämpft sie für eine *Schule der Freude,* in der Fantasie, Kreativität und Selbstbewusstsein gefördert werden. Elias Canetti, Karl Kraus und Robert Musil beschreiben ihre ambivalente Persönlichkeit.

Eugenie Schwarzwald

Schülerinnen wie Hilde Spiel erleben ihren Unterricht als „Jahre des Glücks“: Eugenie Schwarzwald.

Salonière, Schwätzerin, Schulreformerin

Ein weiter Weg. Von Galizien, dem Armenhaus der Monarchie, wo Ende des 19. Jahrhunderts jährlich tausende Menschen den Hungertod sterben, in einen feudalen Wiener Salon. In ein vom „Hausfreund“ Adolf Loos eingerichtetes kleines, einstöckiges Palais in der Josefstadt. Der Weg der Eugenie Schwarzwald.

Der Dichter Jakob Wassermann, selbst häufiger Gast im offenen Haus der Salonière Genia Schwarzwald, beschreibt die imposante, resolute, unkonventionelle Person mit „einer Stimme, die etwas vom Schmettern einer Trompete hat“; sie sei eine „vollbusige, stattliche Erscheinung“, die ihre Korpulenz voller Selbstvertrauen trägt, die sich in einer „breiten Mütterlichkeit“ entlädt. „Langeweile ist Gift“ ist ihr Lebensmotto.

1872 Geburt.
4. Juli in Polupanówka, Galizien.

Auch Elias Canetti besucht den progressiven Schwarzwald-Salon und stellt fest: „Wer war nicht aller schon da gesessen! Hierher kamen die eigentlichen Größen Wiens, und zwar lange bevor sie zu allgemein bekannten, öffentlichen Figuren geworden waren." Aber der scharfzüngige Schriftsteller Canetti erwähnt auch die übertriebene Betriebsamkeit der Salondame, die einen „an ihren Bauch drückte und so herzlich empfing, als sei man von Säuglingsjahren an ihr Schüler gewesen", und meint, dass niemand „das Gespräch der Frau Dr. Schwarzwald besonders interessant gefunden hätte ... da alles bei ihr ineinander- und durcheinander floß, war sie für geistige Menschen jener besonderen Art nicht nur uninteressant, sondern eher lästig. Man empfand sie als Schwätzerin mit den allerbesten Absichten."

Am meisten Erfolg erntet man bei der außerordentlichen Empfindlichkeit der Kinderseele, wenn man in der Schule mit Lob operiert.

Eugenie Schwarzwald

Robert Musil charakterisiert Genia als „Nebeneinander von Wohltun und Sichwohltun", in *Der Mann ohne Eigenschaften* dient sie als Modell der Diotima-Figur Ermelinda Tuzzi – einer „Dame von unbeschreiblicher geistiger Anmut". Für Karl Kraus ist sie in den *Letzten Tagen der Menschheit* Vorbild für die umtriebige Figur der Hofrätin Schwarz-Gelber. Und in der Faschingsausgabe der *Neuen Freien Presse* des Jahres 1922 mokieren sich die Autoren Egon Friedell und Alfred Polgar über Schwarzwalds besessene „Vereinsmeierei" und berichten über ihr „Stündchen bei einer Philanthropin", die ständig die Welt verbessern will – etwa durch „Verwertung von Gebirgshöhlen als Turnsäle" oder mit „Gebirgsluft fürs flache Land durch Herstellung transportabler Berge".

Am Grundlsee gründet sie 1920 ihren sommerlichen Salon, ein „Erholungsheim für geistige Arbeiter", in dem striktes Alkoholverbot herrscht. Manch prominenter Gast wie Egon Friedell bedient sich im Geheimen seines Flachmanns.

„Adabei der guten Taten"

Für manche ist Eugenie Schwarzwald öffentlichkeitssüchtig, ein „Adabei der guten Taten". Sie ist schillernde Gastgeberin in ihrem liberalen, weltoffenen Salon, in dem Vordenker der Moderne wie Karl Popper, Künstler wie Peter Altenberg, Karl Kraus, Thomas Mann und Rainer Maria Rilke verkehren. Sie ist aber auch engagierte Pädagogin, Sozialreformerin und Frauenrechtsaktivistin.

Den Historiker Robert Streibel rührt „ihr Glaube an das Gute im Menschen. Ihr Tun war pausenlos, das ist anspornend. Eine revolutionäre Konservative. Eine Pädagogin, der es nicht um Lehrpläne, sondern um die Entwicklung und Entfaltung von Menschen ging." In der Volkshochschule Hietzing in der Hofwiesengasse 48 hat Direktor Streibel eine Dauerausstellung über Schwarzwald eingerichtet – um die faszinierende „Fraudoktor" niemals in Vergessenheit geraten zu lassen.

Ihr Ideenreichtum kennt keine Grenzen: Sie startet eine Aktion „Obst für das Volk", initiiert „Speisehäuser ohne Trinkzwang", während des Krieges entwickelt sie Hilfsprogramme für Flüchtlingskinder, gründet einen

1900 Promotion zum Dr. phil. als eine der ersten Österreicherinnen.

1911 Erstes Realgymnasium für Mädchen in Österreich.

Verein, der der hungernden Bevölkerung Gemeinschaftsküchen bietet, ferner Alters-, Erholungs- und Lehrmädchenheime. Ab 1918 richtet sie am Semmering Erholungsstätten für Großstadtkinder ein.

Das Ziel: eine „Schule der Freude" ohne Gewalt

Eugenie Schwarzwald ist davon überzeugt, Schule sei das Traurigste auf der Welt. Das ändert sie durch ihre Ideen und Initiativen: Sie will eine „Schule der Freude", in der es keine Gewalt gibt. Die unkonventionelle Pädagogin gestaltet Unterricht für Kinder als Erlebnis, als ein spannendes Abenteuer, das Begeisterung weckt. Sie ist überzeugt davon, alle Kinder seien kreativ und nur unvernünftige Erziehung könne sie stumpf und gleichgültig machen.

Vom Lehrkörper hängt es ab, ob er ihren kreativen Geist wecken, ihren Neigungen entgegenkommen und die Kinderseelen gewinnen kann. Der Lehrer soll als Freund und Verbündeter und nicht nur als Erzieher fungieren. Und er soll in der schwierigen Auseinandersetzung mit der Welt der Erwachsenen Unterstützung anbieten: „Die Schule soll keinesfalls eine grimmige Institution sein, welche die angeborene Heiterkeit der Kinder erstickt und ihnen Angst einflößt."

Fantasie, Kreativität und Selbstbewusstsein sollen gefördert werden

Mit ihrem flammenden Plädoyer für eine neue Art von Schule, in der Fantasie, Kreativität und Selbstbewusstsein gefördert werden, entwickelt sich Schwarzwald zu einer Pionierin des österreichischen Schulwesens. Mit Maria Montessori ist sie eng verbunden, ihre bahnbrechenden Ideen werden später zur Grundlage von Otto Glöckels umfassender Schulreform. 1901 übernimmt sie am Wiener Franziskanerplatz das Mädchenlyzeum und erweitert es sukzessive zu einem Schulzentrum, sie etabliert den gemeinsamen Unterricht von Buben und Mädchen. Zehn Jahre später führt sie diese Schule als Mädchenrealgymnasium – die erste Schule Österreichs, an der Mädchen maturieren können.

Als Lehrer fungieren Freunde wie der „verschrobene Porträtist" Oskar Kokoschka, dem der Fachinspektor vorwirft, sich nicht um den Lehrplan zu kümmern und die Mädchen nach der „Methode des Übermodernen" zeichnen zu lassen – jahrzehntelang führt Schwarzwald einen erbitterten Kampf gegen die Schulbehörden. Grete Wiesenthal tanzt mit den Kindern, Adolf Loos unterrichtet nicht nur Kunstgeschichte, sondern unternimmt auch anregende Architektur-Ausflüge, Arnold Schönberg und Egon Wellesz erwecken bei den Schülerinnen Interesse für atonale Musik.

In so manchem Elternhaus ist man über den revolutionären Unterricht im Wien der Jahrhundertwende entrüstet. Doch die Mädchen sind begeistert. Für Hilde Spiel ist Schwarzwald eine „erste Leitfigur", andere prominente Schülerinnen wie Vicky Baum oder Helene Weigel, die durch diese neue Form der Schule für ihren künstlerischen Lebensweg geprägt sind, faszinieren Toleranz, Lebendigkeit und Humor.

Schwarzwald, die für ihre Schülerinnen Wollmützen häkelt, erinnert sich nur zu gut an „dumpfe, muffige Schulen, an denen sie sich geradezu frenetisch langweilte": „Je älter man wurde, desto schwerer fand man es, zur Schule zu gehen. Die geistige Entfernung schritt von Stunde zu Stunde fort. Heimlich las man gute Bücher, statt der in der Schule empfohlenen schlechten. Allmählich fing man an, seine geistige Nahrung unter der Bank zu suchen."

1918 Erholungsheime für Kinder und Erwachsene auf dem Land.

1940 Tod. 7. August in Zürich.

Gesellschaftskritik und Sentimentalität. Johannes Mario Simmel, mit 73 Millionen Büchern erfolgreich wie kaum ein anderer, bietet in seinen Bestsellern eine prickelnde Mischung aus Unterhaltung und beklemmenden Fakten. Erst spät wird der nach Erfolg, Sex und Alkohol süchtige „Schund-Lieferant“ von der Kritik gefeiert.

Johannes Mario Simmel

Bestsellerautor und Gesellschaftskritiker Johannes Mario Simmel.

Kolportage-König als Mahner und Moralist

Gabriele. Trotz mehrerer Ehen und vieler exzessiver Liebschaften ist sie die wichtigste Begleiterin seines Lebens. Gabriele, die mechanische Schreibmaschine von Triumph-Adler. Ein Modell pro Buch hat der über Jahrzehnte erfolgreichste deutschsprachige Schriftsteller verschlissen. Als Johannes Mario Simmel erfährt, dass die Gabriele-Produktion eingestellt wird, kauft er sie in Massen auf. Auch nach einem Sturz und einer kaputten Schulter weigert er sich, auf ein elektrisches Modell oder gar einen Computer umzusteigen, bleibt seiner mechanischen Geliebten treu – weil er ihren „Widerstand der Tasten liebt". Und hämmert seine Romane weiterhin unter großen Schmerzen in die Maschine.

1924 Geburt. 7. April in Wien.

In einer Kritik über sein erstes Buch wird Simmel mit Hemingway verglichen. Doch dann bleibt die Anerkennung lange verwehrt. Als „bestenfalls gehobene Trivialliteratur" beurteilt das Feuilleton die Romane des „Schund-Lieferanten". Doch irgendwann dreht sich der Wind: 1982 liest man in der *Zeit*, es sei „unmöglich, Simmel nicht zu lieben". Später preisen auch Kritikerlegenden den früher als „Bestseller-Mechaniker" desavouierten Erfolgsschriftsteller. Marcel Reich-Ranicki meint, Simmel habe „wie kaum ein anderer zeitgenössischer Autor einen fabelhaften Blick für Themen, Probleme und Motive".

Und Frank Schirrmacher fordert nach Erscheinen des Romans *Doch mit den Clowns kamen die Tränen* auf der Titelseite des *FAZ*-Literaturmagazins: „Man soll den Simmel nicht schmähen", und meint, er sei „immer etwas schneller, böser und schärfer als das öffentliche Bewußtsein".

> Es gibt im Leben nur eine Sünde, und die ist: den Mut zu verlieren.
>
> Johannes Mario Simmel

Lange vor den Kritikern haben sich Leser ihr Urteil selbst gebildet: Jeder neue Simmel, der immer am 1. August erscheint, wird von seiner Fangemeinde sehnsüchtig erwartet. Seine Bestseller erscheinen in 40 Ländern mit einer Gesamtauflage von rund 73 Millionen Exemplaren. Mit Themen wie Krieg und Terrorismus, Drogen und Genmanipulation, Organhandel und Umweltzerstörung führt er immer wesentlich länger Bestsellerlisten an als jeder Nobelpreisträger. Bis ins hohe Alter erschüttert ihn der aufkeimende Rechtsradikalismus.

Der Erfolgsautor hat das Gespür für brisante Reizthemen, die die Zeit prägen. Er liefert Gesellschaftskritik vom Fließband. Simmel sieht sich stets auf der Seite der Benachteiligten, Gefährdeten und Schwachen. Sein Verlag nennt ihn pathetisch einen „Künder wahrer Humanität." Sein karitatives Engagement ist einzigartig.

Damit die Menschen seine Bücher auch lesen, sind Simmels beklemmende Fakten – absolut keine Themen für Bestseller – immer mit Sentimentalität und erotisch freizügigen Sex- und Liebesgeschichten gewürzt. Und wie kaum ein anderer schafft er es, Spannung zu erzeugen und Kitsch im richtigen Maß zu verwenden. Mit plakativen Titeln wie „Liebe ist nur ein Wort" will er unterhalten, aber auch wachrütteln.

Exakte Recherche

Der Autor Simmel arbeitet mit „preußischer Genauigkeit", bezahlt Informationshonorare – z. B. an Barkeeper und Computerfreaks –, recherchiert gewissenhaft, fotografiert Schauplätze und sammelt seine Romanunterlagen: Berge von Akten, Adressbücher, Fahr- und Stadtpläne: „Wenn bei mir jemand in Kairo aufs Postamt geht", stellt er fest, „kann man sich darauf verlassen, dass es dort in Wirklichkeit so aussieht."

Bevor Johannes Mario Simmel zum Bestsellerautor wird, arbeitet er fünfzehn Jahre als Journalist und erlebt im Nachkriegs-Wien wilde Zeiten. Zuerst als Dolmetscher der US-Militärs und dann als Österreichs jüngster Kulturchef der *Welt am Abend*. 40 Jahre später erzählt er bei Tee mit Milch in der „Fürstensuite" des Hotel Imperial: „Wir hatten nichts zu fressen, aber durch Schleichhandel konnten wir uns irgendwie über Wasser halten. Von Zeitungsalltag hatte ich keine Ahnung, hatte aber viele Freunde wie Michael

1947 Erste Novellensammlung. *Begegnung im Nebel.*

1960 Durchbruch. *Es muss nicht immer Kaviar sein.*

Kehlmann und Helmut Qualtinger. Sie wurden meine ersten Mitarbeiter. Ich musste täglich um sechs Uhr früh zu arbeiten beginnen und war damals ein gottbegnadeter Trinker – ein bis zwei Flaschen Schnaps pro Tag waren es sicher. Auf dem Weg in die Redaktion kam man in ein Durchhaus, in dem eine Weinstube war. Meist traf ich Qualtinger hier. Bei einem Achterl zum Aufwärmen …"

Der Durchbruch: *Es muss nicht immer Kaviar sein*

Von der Kultur wechselt Simmel bald in die Treibhausatmosphäre des Boulevards: Als rasender Reporter der Illustrierten *Quick* bereist er ab 1950 die Welt und wird bald als König der Kolportage gehandelt. Unter mehreren Pseudonymen schreibt er Reportagen und Serien. Darunter einen Fortsetzungsroman in 66 Teilen: die Abenteuer eines charmanten Geheimagenten wider Willen während des Zweiten Weltkriegs. Die mit Kochrezepten gewürzte Spionagegeschichte bringt ihm den Durchbruch als Autor: Das Taschenbuch *Es muss nicht immer Kaviar sein* wird fast eine halbe Million Mal verkauft.

Der 1924 in Wien geborene Sohn eines Chemikers und einer „Wien-Film"-Lektorin studiert wie sein Vater Chemie und arbeitet während des Zweiten Weltkriegs beim Elektrokonzern Kapsch. Er muss miterleben, wie am Ersten Chemischen Institut der Universität Wien knapp vor Kriegsende Wissenschaftler ermordet werden, weil sie ein Elektronenmikroskop vor der Zerstörung retten wollten.

Ablenkung vom Alkohol durch Schreiben und Sex

Bald ist der von Akne übersäte, stotternde, zu tiefsten Depressionen neigende junge Mann süchtig: nach Erfolg, Sex und Alkohol. Erfolg bescheren ihm seine Bestseller, von denen fast jeder verfilmt wird. Mit O. W. Fischer, Hildegard Knef, Maria Schell, Romy Schneider. Die späte Anerkennung der Kritik bedeutet Genugtuung für den gehemmten, verklemmten Menschen. „Woody Allen ist gegen mich – was Neurosen betrifft – absolut harmlos", bekennt er in einem *Playboy*-Interview. Von seiner Alkoholsucht versucht er sich „durch Schreiben und Sex abzulenken". Aber trotz manischen Arbeitseifers und wilder Sexabenteuer kann sich Simmel lange nicht von seiner Alkoholsucht befreien.

In *Bis zur bitteren Neige* erzählt der Romanheld 1961 von einer Tasche, die er sich nach eigenem Entwurf in Boston anfertigen hat lassen. Mit Seitenfächern. In denen man Whiskyflaschen verstecken konnte. So war man immer versorgt: „In Schlafwagen und Flugzeugen, im Auto, Motorboot, Hotel. So konnte ich heimlich trinken – mehr denn je."

20 Jahre danach outet sich Simmel in *Wetten, dass …?* als Alkoholiker. Erst nach einer langen Schlafkur und intensiver Psychotherapie kommt er vom Alkohol los. Zuvor versucht er immer wieder, sich das Leben zu nehmen. Ohne Erfolg: „Einmal bin ich nachts zu Fuß auf der Autobahn München–Salzburg im Nebel gegangen, um mich totfahren zu lassen. Aber es kam kein Auto."

Seine Tagebücher sollen bis 50 Jahre nach seinem Tod unter Verschluss bleiben. Teile davon wirft er allerdings in einer klirrend-kalten Winternacht von einer Brücke in den Inn. Um keine Spuren zu hinterlassen, bevor er sich „verzweifelt zwischen zwei Frauen" umbringen will. Doch es gelingt ihm wieder nicht.

1987 Anerkennung. *Doch mit den Clowns kamen die Tränen.*

2009 Tod. 1. Jänner in Luzern.

Leidenschaftlich, packend und scharfsinnig beschreibt er den aussichtslosen Kampf gegen Faschismus und Stalinismus. Und analysiert in seinen Romanen jene Zeit, in der Humanismus, Moral und Menschlichkeit keinen Platz haben: Manès Sperber, eine der großen politisch-philosophischen Figuren des 20. Jahrhunderts.

Manès Sperber

Heinrich Böll vergleicht ihn mit Dostojewski: Historiker, Politiker und Psychologe Manès Sperber.

Bitterer Geschmack der Hoffnung

Bereits mehr als ein Vierteljahrhundert bevor Marcel Reich-Ranicki beginnt, sich in seinem ersten *Literarischen Quartett* mit Wortgefechten und Wutausbrüchen zum profunden, polternden Bücher-Papst in Szene zu setzen, rezensiert er 1962 die Romantrilogie *Wie eine Träne im Ozean,* einen mitreißenden Rechenschaftsbericht der Jahre 1931 bis 1945 von Manès Sperber.

Reich-Ranicki ist anlässlich des Erscheinens der deutschen Ausgabe des Buches beeindruckt: „Wer den Kommunismus begreifen will, die Faszination, die er ausübte, ebenso wie die Tragödie seiner Kämpfer, der darf an diesem Buch nicht vorbeigehen.

1905

Geburt.
12. Dezember in Zablotów, Galizien.

Der Historiker, Politiker und Psychologe Sperber vermochte seine Erkenntnisse und Einsichten als essayistische Komprimate von bestechender Logik und außergewöhnlichem Glanz zu präsentieren."

Literarischer Kampf gegen Faschismus und Stalinismus

Der aus Osteuropa stammende und in Wien aufgewachsene Historiker, Romancier und Sozialpsychologe, der während der letzten Jahre in Vergessenheit geraten ist, beeindruckt in seinem Hauptwerk mit einer schonungslosen Schilderung des Zeitgeschehens. Der zu Unrecht wenig gelesene Sperber gibt Auskunft über eine Zeit, in der Humanismus, Moral und Menschlichkeit keinen Platz haben: In seinem literarischen Dokument schildert er den beinahe aussichtslosen Kampf gegen Faschismus und Stalinismus.

Heinrich Böll vergleicht Sperbers europäischen Schlüsselroman mit Tolstois *Krieg und Frieden,* Siegfried Lenz bezeichnet *Wie eine Träne im Ozean* als ein „großes Zeugnis europäischer Romanliteratur ... an dem Dostojewskis Leidenschaft ebenso mitgewirkt hat wie die denkerische Luzidität der französischen Moralisten".

Sperbers Hauptfiguren seines Mammutromans befinden sich auf einer Hetzjagd durch den kommunistischen Untergrund, Getriebene in einem Zwiespalt, der die „Weltliteratur seit Jahrtausenden beschäftigt – der Zwiespalt von Traum und Realität, Idee und Leben, Theorie und Praxis, Geist und Macht, Revolution und Tyrannei", urteilt Marcel Reich-Ranicki. Die Handlung spielt an Dutzenden Schauplätzen, meistens an jenen Orten, wo Sperber selbst lebt. In neun europäischen Ländern, in einem jugoslawischen Dorf oder polnischen Schloss, einem Wiener Restaurant oder französischen Hotel.

Im Vorwort seines Hauptwerkes, das erst während der frühen 1980er-Jahre zu einem Kultbuch wird, schreibt er: „Es fehlt die tröstliche Moral. Wie so viele andere Schriftsteller vor ihm, hat der Autor seinen Lesern nur eines angeboten – mit ihm seine Einsamkeit teilen." Auf 1039 eng bedruckten Seiten mit meist autobiografischen Impulsen dominieren Heimatlosigkeit, Tristesse und Verzweiflung. Dennoch ist immer wieder skeptischer Optimismus zu spüren, der „bittere Geschmack der Hoffnung".

Die Parallelen zwischen der Hauptfigur Dojno Faber und dem Autor Manès Sperber, einem Kommunisten, der mit der Partei bricht, sind deutlich. Es ist für beide nicht einfach, Ideale hinter sich zu lassen, die sie einst dazu veranlasst haben, sich der kommunistischen Bewegung anzuschließen. Mit Revolutionärinnen und Revolutionären, die trotz allem ihrer Idee treu bleiben. Am Ende der Romantrilogie lässt Sperber seinen Helden Dojno, der „verdammt war zu hoffen" resümieren: „Wir sind verloren, aber die Sache selbst ist unverlierbar. Wir waren Nachfolger, wir werden Nachfolger haben."

Flucht aus Galizien nach Wien

Manès Sperber bezeichnet sich als einen „glaubenslosen Menschen", er lässt allenfalls sein „gutes Gedächtnis" als seine Religion gelten. Er wächst als Sohn eines Rabbiners in einem Stetl in Galizien, im „Armenhaus der Monarchie", im hintersten Winkel der untergehenden Donaumonarchie, auf. Wo die „Spezialität der Melancholie" (Joseph Roth) dominiert, wo zumeist tragische Familiengeschichten und traumatische Erinnerungen das Leben prägen – voller Schwermut und innerer Zerrissenheit.

Im Sommer 1916 flüchtet Familie Sperber vor den Kriegswirren nach Wien, Manès

1938 Wichtigste Studie. *Zur Analyse der Tyrannis.*

1961 Romantrilogie. *Wie eine Träne im Ozean.*

schließt sich der zionistischen Jugendbewegung „Haschomer Hatzair“ an. Das Urteil des auch politisch frühreifen Schülers über die *Arbeiter-Zeitung* gilt auch für seine Memoiren: „Man war enttäuscht und trotzdem zufrieden.“

Die Gleichgültigkeit ist so furchtbar in ihren Folgen, so mörderisch wie die furchtbarste Gewalt.

Manès Sperber

Später, als Student und Vorzugsschüler Alfred Adlers, des Begründers der Individualpsychologie, verschreibt sich Sperber den Idealen des Kommunismus. Seine politische Überzeugung führt 1931 zum Bruch mit seinem Lehrer Adler, dessen Lehren er in Vorträgen ab 1927 in Berlin weitergibt – mit Thesen wie „Alle menschlichen Verfehlungen sind das Ergebnis eines Mangels an Liebe“. Während dieser Zeit ist er auch, wie er sich in seiner Autobiografie *Die vergebliche Warnung* erinnert, als „psychologischer Experte für die Berliner Zentrale für Wohlfahrtspflege“ beschäftigt und ist bestrebt, die „Kenntnis der Individualpsychologie innerhalb der Arbeiterbewegung zu verbreiten“.

Kämpfer gegen Engstirnigkeit und selbst erlebte ideologische Verirrungen

1933 flieht Manès Sperber vor den Nazis über Jugoslawien nach Paris, das später zu seinem ständigen Wohnsitz werden sollte. Hier wendet er sich unter dem Eindruck der stalinistischen Säuberungsprozesse geläutert vom Kommunismus ab. Seine Erfahrungen während jenes Lebensabschnitts schreibt er – zuerst auf Französisch – nach Ende des Zweiten Weltkrieges in der Trilogie *Wie eine Träne im Ozean* nieder. Als seine wichtigste Schrift bezeichnet Sperber die 1938 verfasste Studie *Zur Analyse der Tyrannis,* die Nationalsozialismus und Stalinismus gleichermaßen demaskiert.

Es folgen Essaybände, philosophische Auseinandersetzungen und Autobiografisches. In seinem Memoirenband *Die Wasserträger Gottes* betrachtet der ausgebildete Individualpsychologe Manès den kleinen *Munju,* der 1905 im äußersten Nordosten der Monarchie geboren wird, die Wurzeln seiner geistigen Existenz. Es sind Geschichten von in „grotesker Armut“ lebenden Juden, von „Luftmenschen“, wie sie sich selbst nennen, die so weit geht, dass viele, wie sein Urgroßvater, abends auf die Hügel vor der kleinen Stadt eilen, um nach dem Messias Ausschau zu halten.

Manès Sperber, eine der eigenwilligsten politisch-philosophischen Figuren des 20. Jahrhunderts, ist ein Kämpfer gegen Engstirnigkeit und selbst erlebte ideologische Verirrungen. Als temperamentvoller Diskutant gibt er sich bis zu seinem Ende kämpferisch und konfliktfreudig. Wie einige Monate vor seinem Tod, als er, wie *Der Spiegel* meint, „der Friedensbewegung die Leviten liest“. In der Dankesrede zur Verleihung des Friedenspreises des Deutschen Buchhandels, die der streitbare Geist allerdings bereits schwer erkrankt von einem Freund, dem nicht minder scharfzüngigen Publizisten Alfred Grosser, verlesen lassen muss.

1983 Auszeichnung. Friedenspreis des Deutschen Buchhandels.

1984 Tod. 5. Februar in Paris.

Hilde Spiel erkennt und beschreibt die Dämonie der Gemütlichkeit Wiens. Die lange Abwesenheit nach ihrer Emigration erzeugt ein eigenartiges Gefühl von Nähe und Distanz für die Stadt ihrer Jugend und der ersten Erfolge. Ihre Romane schreibt sie mit großer Leichtigkeit, ohne je ins Triviale abzugleiten.

Hilde Spiel

„Man könnte sie als weiblichen Wiener Proust bezeichnen", schreibt die *Times* über Hilde Spiel.

Ewige Pendlerin und Wiener Weltbürgerin

Bereits als Kind versucht sie mit dem Fernrohr des Vaters „fremde Schicksale hinter offenen Fenstern zu erforschen". Mit ihrer Freundin Stella liest Hilde mit verteilten Rollen Schnitzlers *Reigen* am Telefon. Als Mäderl hat sie das Begräbnis des Kaisers noch miterlebt, der Vater hatte es in der k.u.k. Armee zum Offizier gebracht. Unvergessliche Erinnerungen an die Kindheit, an Kirtage, an die erste zarte Liebe.

Die Schriftstellerin und Meisterin des Feuilletons, Hilde Spiel, wird am 19. Oktober 1911 als Tochter einer assimilierten jüdischen Familie geboren. Sie wächst in einer der „letzten Mulden des Wienerwaldes", in einer Gartenwohnung in Wien-Heiligenstadt, auf:

1911 Geburt.
19. Oktober in Wien.

„Auf dem verwilderten Rasen schienen die Sonne und der Sommer stillzustehen. Eine Jahreszeit floß in die andere."

> In Wien fing nach meiner Rückkehr alles von neuem an, die Räusche, das Elend, die innere Zerrissenheit.
>
> Hilde Spiel

Träumerische Lässigkeit dominiert Spiels Elternhaus nach dem Ende des Ersten Weltkrieges. Geld ist knapp, das Gehalt des Vaters, eines Chemikers, reicht nie aus. Man lebt sparsam. Doch im Fasching wird auf kein Kostümfest verzichtet. Verzweifelt versucht man, den gewohnten Lebensstil aufrechtzuerhalten. Mit Dienstmädchen und einer Friseurin, die täglich ins Haus kommt, um der gnä' Frau „im langen Rohseidenkleid mit selbstgestickter Perlbrosche" ihr Haar mit der Brennschere zu ondulieren.

Es ist ein seltsames Leben in einer Stadt am Rande des Abgrunds. Viele Tausende sterben an der Spanischen Grippe, an Cholera und Typhus. Streiks und Unruhen dominieren, die Situation ist alles andere als lustig, doch in Bars und Nachtcafés geht's hoch her – im Rhythmus eines „fidelen Grabes an der Donau".

Faschingsfeste betäuben die Tristesse des Alltags: „Man geht, so ist es üblich, gemeinsam hin, aber die Eheleute trennen sich sogleich und verbringen die Ballnacht mit Unbekannten. Der Krieg hat alle bürgerlichen Sitten gelockert, man ist es sich schuldig, fremden Menschen begehrlich zu erscheinen, bis an die Grenze zu gehen im hautnahen Tango, weiter zumeist nicht", schreibt Hilde Spiel in *Die hellen und die finsteren Zeiten*. Einem Roman, in dem sie ihr Leben in der Wiener Wildnis der Zwischenkriegszeit in Literatur verwandelt hat.

Hilde beginnt sehr früh mit dem Schreiben. Der Traum vom Theater, sie schwärmt für Alexander Moissi, ist bald zu Ende, doch das Klappern ihrer Schreibmaschine ist – seit sie vierzehn ist – nicht mehr zu überhören. Ab 1929, dem Jahr ihrer Matura, ist sie Mitarbeiterin der *Neuen Freien Presse*. Schon am Ende der Schulzeit bei der Pädagogin Eugenie Schwarzwald wird sie in den Kreis der Kaffeehausliteraten im „Herrenhof" aufgenommen, wo sich „alles, was politisch und erotisch revolutionär gesinnt ist" trifft. Im Biotop brillanter Kritiker, Künstler und Kabarettisten feiert sie auch ihren Literaturpreis, den ihr die Stadt Wien für ihren ersten Roman *Kati auf der Brücke* verleiht. Hilde Spiel ist erst 22 Jahre alt.

In ihrem zweiten Roman *Verwirrung am Wolfgangsee* erzählt sie von unbeschwerten Sommerflirts, einer Generation voller Gefühlsverwirrungen. Von jungen Menschen, die während der 1930er-Jahre die herannahende Bedrohung ahnen – eine beklemmende Situation, die ihren Lebenswillen umso mehr steigert.

Emigration nach London

1936 promoviert Hilde Spiel zum Doktor der Philosophie: „Ich schrieb Geschichten, vierzig waren es schon, und an meiner Dissertation. Ich saß im Café Schottenring gegenüber der Universität, in dessen kleinem Vorgarten in diesem Frühjahr wieder Böller illegaler Nazis platzten." Als ihre Leitfigur Moritz Schlick auf der Philosophenstiege der Universität von einem ehemaligen Studenten erschossen wird, ist die Entscheidung getroffen, Österreich zu verlassen.

1933 Erster Roman. *Kati auf der Brücke.*

1955 Rückkehr nach Österreich.

Im Oktober 1936 heiratet sie in London den Schriftsteller Peter de Mendelssohn, wird 1941 britische Staatsbürgerin und liefert Essays für den *New Statesman*. Jahrzehnte später schreibt die Literaturbeilage der *Times:* „Man könnte sie als weiblichen Wiener Proust bezeichnen."

Rückkehr nach Wien in Khaki-Uniform

1946 kehrt Hilde Spiel als Korrespondentin in Khaki-Uniform mit einer britischen Militärmaschine in ihre Heimatstadt zurück. Ihr Vorsatz: „Ich werde mein gegenwärtiges Leben mit meinem vergangenen vergleichen, meine Loyalität prüfen und mein Gefühlsvermögen einem Experiment unterziehen." Sie bleibt nur kurz in Wien und zieht gemeinsam mit ihrem Mann und den beiden Kindern nach Berlin – eine „Schaltstelle des Schicksals". In ihrem Haus in Grunewald gehen die Kulturoffiziere aller Besatzungsmächte ein und aus, Schauspieler und Regisseure feiern rauschende Premierenpartys.

Ein Jahr später kehrt Spiel nach London zurück, baut ein *Syndikat für Kulturberichte* auf und schreibt für mehrere Zeitungen. Sie klagt zwar über den „täglichen Detailverkauf" ihres „Wortbesitzes", ihre „Artikelchen" sind jedoch geschätzt und viel gelesen.

Elegante Femme des lettres

Anfang der 1950er-Jahre werden die Österreich-Aufenthalte der schwermütigen, aber selbstbewussten Wiener Weltbürgerin häufiger. Die lange Abwesenheit nach ihrer Emigration erzeugt ein eigenartiges Gefühl von Nähe und Distanz für die Stadt ihrer Jugend und ihrer ersten Erfolge. „Schwankend zwischen zwei Zugehörigkeiten" pendelt sie zwischen dem „grünen Grab" in Wimbledon und dem geselligen Leben in Wien. Ihre Integration in die österreichische Kulturszene beginnt. 1955 erwirbt sie in St. Wolfgang das „Haus am Bach". Im Salzkammergut-Refugium verkehren Kulturgrößen wie ihr Nachbar Alexander Lernet-Holenia, Elias Canetti, der den Spielsalon am See als „dampfende Namensküche" bezeichnet, Franz Theodor Csokor und der „Feindfreund" Friedrich Torberg.

Die Kritikerin ist am Aufstieg vieler Autoren beteiligt. Ihre besondere Wertschätzung gilt Heimito von Doderer, früh erkennt Hilde Spiel das Talent von Thomas Bernhard. Sie lebt nicht, um zu schreiben – sie schreibt, um zu leben, und bekennt: „Ich schreibe mir die Finger mit den Artikeln wund." 1988 wird am Burgtheater ihr Dramolett *Anna und Anna* aufgeführt. Aber auch dieser Erfolg kann die Enttäuschung, den „großen Roman" nicht geschrieben zu haben, nie wettmachen.

Für die *FAZ* ist die elegante *Femme des lettres* viele Jahre lang als Wiener Kulturkorrespondentin tätig, Essays und Porträtskizzen über Oskar Kokoschka und Hans Moser, aber auch André Heller und Udo Proksch werden nach Frankfurt „durchtelephoniert". Am 3. April 1989 erscheint ihr letztes Feuilleton über den Trauerkondukt für Zita von Habsburg. Im Winter des nächsten Jahres stirbt Hilde Spiel und wird in Bad Ischl an der Seite ihres zweiten Mannes Hans Flesch-Brunningen beigesetzt.

1988 Premiere. *Anna und Anna* am Wiener Burgtheater.

1990 Tod. 30. November in Wien.

Ein Literat mit Esprit. Ein Humorist mit Tiefgang. Ein oft gnadenloser Theaterkritiker: Friedrich Torberg. In ewiger Erinnerung bleiben die beklemmenden Erlebnisse vom Schüler Gerber und vor allem die Aussprüche von der Tante Jolesch, die „Herr Anekdoteles“ gesammelt hat, wie „Was ein Mann schöner is wie ein Aff’, is ein Luxus“.

Friedrich Torberg

„Welch ein Mann, welch ein Literat!", urteilte Marcel Reich-Ranicki über Friedrich Torberg.

Wasserballer, Wortkünstler, Wiener Institution

„Mit einem geheimen Schauer" betritt Friedrich Nietzsche das Gymnasium. Auch Goethe, Hebbel, Heine und Hesse erinnern sich nur mit Abscheu an die Schulzeit. Für Hermann Bahr ist sie „die einzige, die ich um gar keinen Preis noch einmal erleben möchte". Für den Kritiker Alfred Kerr lässt sich alles „in das eine Wort zusammendrängen: scheußlich". Und Thomas Mann beschreibt in den *Buddenbrooks* die Schule als einen „Staat im Staate", in dem Autorität, Pflicht und Macht „zu höchster Würde gelangen".

In einer einzigen Woche des Winters 1929 berichten Zeitungen von zehn Schülerselbstmorden. Unter diesem Eindruck schreibt Friedrich Torberg knapp nach der Matura

1908 Geburt.
16. September in Wien.

seinen ersten Roman vom „Schüler Gerber“, von Unterdrückung hinter dicken Mauern, von den sadistischen Erniedrigungen des Macht auskostenden Mathematiklehrers *Gott Kupfer,* die den begabten, übersensiblen Kurt Gerber in den Freitod treiben: Knapp vor der Bekanntgabe des Prüfungsergebnisses stürzt er sich aus Furcht vor dem Durchfallen aus dem Klassenzimmer im dritten Stock auf die Straße – und kann von der Kommission nicht mehr für *reif* erklärt werden.

„Das ist ein hellsichtiger, überwacher, visionärer Durchblick ins Gesamtbild unseres Daseins; das Rätsel *Schule* wird nach allen Richtungen hin in das größere Rätsel *Leben* eingebaut“, meint der Schriftsteller Max Brod nach Erscheinen des Buches. Denn neben der beklemmenden Schulsituation bleibt Kurts Liebe zur labilen Lisa aussichtslos und unerfüllt.

Torbergs Bericht über das Schüler-Schicksal wird ein fulminanter Erfolg, der erste, und sein erfolgreichster Roman. 100.000 Exemplare des Buches, das Peter Handke später als „satanisch gut für alle, die nichts vergessen möchten“, bezeichnet, werden verkauft.

Aus den Namen der Eltern wird das Pseudonym „Torberg"

Der in Wien-Alsergrund geborene Friedrich Ephraim Kantor bastelt sich als junger Mann aus dem Familiennamen seines Vaters – Kantor – und dem seiner Mutter – Berg – das nordisch klingende Pseudonym „Torberg“. Auf einem Empfang der Schwedischen Botschaft in Wien wird er einmal gefragt, ob er skandinavischer Herkunft sei. Torberg antwortet: „Nach einer alten Familienüberlieferung war einer meiner Urahnen Schiffsrabbiner bei den Wikingern.“

Im Kriegswinter 1915/16 schreibt der frühreife, siebenjährige Friedrich seine ersten Texte in ein blaugrau kariertes Heft aus Wachsleinwand. Es sind patriotische Gedichte. Bald ist es eine andere Leidenschaft, für die er auch brennt: Fußball. Als er Mitglied des jüdischen Sportclubs „Hakoah“ wird, ist er zehn Jahre alt, es mangelt ihm nicht an Selbstbewusstsein, auf seine jüdische Herkunft ist er stolz.

Leben zwischen Literatur, Journalismus und Leibesübungen

1921 übersiedelt die Familie nach Prag, Friedrich beginnt bald mit dem Aufbau einer Wassersportmannschaft. Ein Leben zwischen Literatur und Leibesübungen beginnt. Einige Jahre später entwickelt der inzwischen Achtzehnjährige eine Vorliebe fürs Kabarett, tritt als Conférencier auf, führt Regie – und fällt bei der Matura durch. Auf Vermittlung von Max Brod werden seine ersten Texte im legendären *Prager Tagblatt* veröffentlicht. Er arbeitet als Sportreporter und Theaterkritiker, lernt den Egon Erwin Kisch, Alfred Polgar und Joseph Roth kennen. Im Alter von 19 Jahren betritt er betont sportlich gekleidet das erste Mal das Zentrum des Wiener Literatur- und Geisteslebens. Die „Herrenhof-Zeit“ beginnt.

Seine Schwester Ilse erinnert sich: „Schon immer arbeitete er in der Nacht. Neben ihm eine große Thermoskanne mit sehr starkem Kaffee und eine 100er-Packung der stärksten Zigaretten, die in der Tschechoslowakei erhältlich waren. Zeitig in der Früh ging Mutter als Erste in sein Zimmer, um die Fenster zu öffnen… Und dann klagte Fritz: Mutter, ich hab’ mir so eine gute Kaffeehaus-Atmosphäre geschaffen – und du machst die Fenster auf.“

Der junge Literat pendelt ab sofort zwischen Prag und Wien, und ein Jahr später erlebt der „Wortkünstler am Schreibtisch und Wasserballer im Becken“ – nach eigener

1930 Erster Erfolg. *Der Schüler Gerber* erscheint.

1943 Anerkennung. Roman *Mein ist die Rache.*

Aussage – den schönsten Tag seines Lebens: Er wirft im Finale um die tschechoslowakische Wasserballmeisterschaft für Hagibor Prag die beiden Tore zum 2:0-Sieg gegen PTE Preßburg.

Nach der Machtergreifung der Nazis flieht Torberg nach Frankreich, 1940 erhält er mit Hilfe von Erika Mann ein Visum für die USA und einen Jahresvertrag bei der Filmfirma Warner Brothers. Zu Weihnachten 1940 schreibt er aus Hollywood: „Von meinigem Leben ist nicht viel zu melden. Es ist, wie Hitler sagen würde, ein arbeitsames.“ 1943 erscheint mit *Mein ist die Rache* ein Text, den Kritiker später als „alles andere in den Schatten stellend“ bezeichnen. Ein Jahr später ist es das Drehbuch für den Film *Voice in the Wind*, das dem hollywoodmüden Schriftsteller jenen finanziellen Erfolg beschert, der es ihm ermöglicht, nach New York zu übersiedeln. Hier arbeitet er gemeinsam mit Alfred Polgar an einer deutschen Ausgabe des *Time Magazine*.

„Der Fünfspalt“: Lyriker, Romancier, Parodist, Kritiker und Feuilletonist

Die Hemmung, in seine Geburtsstadt Wien zurückzukehren, ist groß, denn Torberg, der inzwischen US-Staatsbürger ist, hält Antisemitismus für einen „integralen Zug des österreichischen Wesens“. Als er im Frühling 1951 wieder nach Wien kommt, hat er die Absicht, nur kurze Zeit zu bleiben. Doch 1954 übernimmt er für zwölf Jahre die Chefredaktion des Magazins *FORVM*, das den Untertitel *Österreichische Monatsblätter für kulturelle Freiheit* trägt. Während dieser Zeit beginnt auch die erfolgreiche Zusammenarbeit mit Ephraim Kishon, zwölf Bücher mit Torbergs Übersetzungen erscheinen.

1964 bezieht der Lyriker, Romancier, Parodist, Kritiker und Feuilletonist – der über sich selbst nicht „von einem Zwiespalt, sondern von einem Fünfspalt“ spricht, der „sich tragisch durch sein Leben zieht“ – das Gartenhaus seines Freundes Gerhard Bronner in Breitenfurt. Nun ist es für Torberg an der Zeit, jenes Romanprojekt zu verwirklichen, das ihn schon seit früher Jugend beschäftigt: das Leben des jüdischen Troubadours *Süßkind von Trimberg*. Doch wegen vernichtender Kritiken bleibt das Buch erfolglos.

> Auch Erfundenes kann erlebt sein, sogar grauenhaft erlebt.
>
> Friedrich Torberg

Bekannt bleibt der *Herr Anekdoteles* vor allem als Schöpfer der *Tante Jolesch*, deren eigenwillig-amüsante Ansichten mehr zitiert werden als Goethe und Schiller, wie etwa die Feststellung „Alle Städte sind gleich, nur Venedig is e bissele anders“ oder „Was ein Mann schöner is wie ein Aff’, is ein Luxus“. Das große Geheimnis ihres Lebens verrät Tante Jolesch erst am Sterbebett. Ihren Nichten gibt sie weiter, weshalb ihre Krautfleckerln die besten waren: „Weil ich nie genug gemacht hab’ …“

1975 Anekdoten. Begeisterung über *Die Tante Jolesch*.

1979 Tod. 10. November in Wien.

Das Werk des von vielen verfemten Peter Turrini ist voller Wortgewalt. Er schreibt über Menschen am Rande der Gesellschaft und engagiert sich immer wieder gegen Ausländerhetze, Rechtsradikalismus und soziale Ungerechtigkeit. Sein provokantes, bedingungsloses Engagement scheidet die Geister.

Peter Turrini

Blick hinaus in die Welt: der Dichter Peter Turrini in jungen Jahren.

Schmerzen von der Seele schreiben

„Wenn sie mich beim Fussballspiel ausschlossen, weil ich zu dick war, um den Ball zu erreichen, ging ich auf einen Hügel vor dem Dorf. Dort hatte ich in einem Erdloch ein geheimes Lager angelegt: ein Buch von Camus über den logischen Selbstmord. Nackte Frauen aus Zeitschriften. Dreieckskäse, den ich in der Gemischtwarenhandlung gestohlen hatte… Stundenlang saß ich auf dem Hügel und wartete auf den Zug nach Wien. Pünktlich um sechsuhrzehn fuhr er vorbei und mit ihm meine Wünsche und Hoffnungen…“, erinnert sich Peter Turrini.

Später erzählt er, wie gerne er ein schmaler Intellektueller geworden wäre: „Wenn ich in den Spiegel schaue und diesen massigen Menschen sehe, denk' ich, es muss

1944

Geburt.
26. September
St. Margarethen, Lavanttal.

sich um einen schweren Irrtum handeln. Auf einem Foto mit Helmut Qualtiger sehe ich aus wie sein Neffe." Er wird Dichter, weil „ich bei meinem Aussehen nie Chancen bei Frauen gehabt hätte".

Die „Urwunde": Sohn eines Gastarbeiters

Die Hausangestellte Else Turrini bringt Peter im September 1944 im Morgengrauen, um sechs Uhr früh, zur Welt. Es wird keine leichte Kindheit. Auf Fotos mit Lederhose und Wanderstock merkt man: „Da fleht der Sohn eines Gastarbeiters um Aufnahme in das dörfliche Leben. Es hat nicht funktioniert, das ist meine Urwunde."

Die Mutter kann sich wegen furchtbarer Kreuzschmerzen kaum aufrechthalten. Sie bekommt ein Mieder aus Leder und Eisen, ist freundlich wie eh und je: „Das Wichtigste ist, sagte meine Mutter, daß man vor den anderen gut dasteht."

Ernesto, der Vater, ein Italiener, spricht wenig. Er spürt, dass es für Ausländer am Stammtisch der Einheimischen keinen Platz gibt. Um nicht aufzufallen, schweigt und arbeitet er. Der kleine Kunsttischler geht selten aus dem Haus, sperrt sich in seiner Werkstätte ein und schnitzt Madonnen und Barockstühle. Auch wenn alle Bauernkinder an der Hand ihrer Väter zur Christmette gehen, bleibt er in der Werkstatt und arbeitet.

An einem Freitag um halb drei werden Turrinis erste Gedichte aus dem Studio Klagenfurt im Radio gebracht. Fünf Minuten nach halb drei kommt der Vater in die Küche, die Mutter stellt ihm die Jause hin und er isst: „Es war ihm einfach nicht anzusehen, ob er zuhörte oder nicht."

Turrini wächst in Maria Saal auf. Im nahen herrschaftlichen Gutshof des Komponisten Gerhard Lampersberg kommt er früh mit der damaligen Crème de la Crème der Kultur in Kontakt. Für den 15-Jährigen ist der „Tonhof" „erstes Zuhause, Labor, Enklave, Wiege der österreichischen Nachkriegsliteratur".

Im Stück *Bei Einbruch der Dunkelheit,* das er Jahrzehnte später schreibt, erinnert er sich an die Attitüden der Avantgarde. Auch an Thomas Bernhard, dessen Destruktionswut sich in der Figur von Vinzenz, einem jungen, pickelgesichtigen Literaten, wiederfindet. Er ist nicht der einzige Künstler, der sich von der Mäzenin des Hauses, einer Gräfin mit ‚Bindestrich-Namen'", aushalten lässt.

Während der 1960er-Jahre ist Turrini in verschiedensten Berufen tätig. Er arbeitet als Bauarbeiter und Holzfäller, Magazineur bei Huber-Trikot, Hotelsekretär in Bibione und als Werbetexter in Wien. 1967 bricht er radikal mit seinem Leben, versucht die Klammern der Kindheit zu überwinden, es zieht ihn nach Griechenland. In Lindos schließt er sich einer Kommune mit vorwiegend amerikanischen *Drop-outs* an. Der Beginn der Hippiebewegung. Haschisch, Marihuana und LSD sind ein Teil der Ernährung.

Schillernde Figur der erwachenden Kulturszene

Turrini will Schriftsteller werden. Zuvor muss er alles wegräumen, was ihn bis dahin daran gehindert hat. Zurück in Wien ist er eine der schillerndsten Figuren der erwachenden Kulturszene. 1971 wird am Volkstheater sein erstes Stück *Rozznjogd* uraufgeführt – der Kärntner Dichter wird über Nacht bekannt. Turrini gibt ein Lebensgefühl wieder, das sich damals in der österreichischen Literatur seinen Weg bahnt – wie bei Wolfgang Bauers *Magic Afternoon* oder Peter Handkes *Publikumsbeschimpfung. Rozznjogd* wird zum Skandal hochstilisiert, ein Kritiker sieht „die Welt in der Gosse versinken".

1971 Durchbruch. *Rozznjogd* am Wiener Volkstheater.

1974 *Die Alpensaga.* ORF-Mehrteiler bis 1979.

Ein Jahr später wird in München eine „theatralische Orgie", mit der sich Turrini „alle Schmerzen von der Seele geschrieben hat", uraufgeführt: *Sauschlachten*. Aus dem Publikum tönt es: „Schlachtet lieber den Autor!" In seinen Stücken stehen Außenseiter, Menschen ohne Hoffnung auf ein Leben in Würde, im Mittelpunkt: Arme, Alte, Krüppel, ewige Versager und lebensuntüchtige Bohemiens.

In *Josef und Maria* finden beim Anbruch der Heiligen Nacht die Körper und Seelen eines Nachtwächters und einer Putzfrau zueinander. Zu den Menschen am Rande der Gesellschaft empfindet der heute gefeierte Dichter schon immer „große Zugehörigkeit". Seine Werke sind inzwischen in mehr als 30 Sprachen übersetzt und werden weltweit gespielt. Noch immer ist der „erfolgreichste lebende Dramatiker Österreichs" *(Der Spiegel)* schüchtern, ein wenig unsicher. Gemeinsam mit der 25 Jahre jüngeren Schriftstellerin Silke Hassler lebt er im Weinviertel.

> Es ist so schwer, die Wahrheit zu sagen, wenn man gelernt hat, mit der Freundlichkeit zu überleben.
>
> Peter Turrini

Den endgültigen Durchbruch erfährt der wortgewaltige Dichter mit dem TV-Mehrteiler *Alpensaga*. Gerd Bacher hatte den damals 30-Jährigen eingeladen: „Er sagte: ‚Wieso glauben Sie Kommunist, dass Sie in meinen ORF kommen?' Ich antwortete: ‚Wieso glauben Sie, dass der ORF Ihnen gehört?' Seine Antwort darauf: ‚Entweder Sie sind ein jugendlicher Dummkopf oder ein großes Talent.' Bacher hat dann die *Alpensaga* durchgesetzt."

Die später mehrfach preisgekrönte sechsteilige Sitten- und Sozialgeschichte (Drehbuch: Peter Turrini und Wilhelm Pevny, Regie: Dieter Berner) über die Probleme der Landbevölkerung zwischen 1900 und 1945 – fern aller romantisierten Heimatklischees – erreicht ein Millionenpublikum, in zwei Folgen mehr Zuseher als der Säulenheilige der guten Laune, Peter Alexander.

Leben als „eine einzige Grenzüberschreitung"

Das Werk des von vielen verfemten Turrini ist voller sprachlicher Fantasie. Sein bedingungsloses Engagement scheidet die Geister. Bereits vor 30 Jahren meinte er: „Wo es um die wesentlichen Fragen der Gesellschaft geht, muss man unerträglich provokant sein. Ich bin sicher ein grenzüberschreitender Schriftsteller, wie mein ganzes Leben eine einzige Grenzüberschreitung ist."

Im Oktober 2018 hielt Turrini eine Rede im Parlament. Verkürzt wurde die bissige Philippika als „Siegeszug des Arschlochtums" viel zitiert. Seine Kritik am politischen Klima war aber durchaus differenziert: „Ein Gespenst geht um in Europa. Nichts Unmenschliches ist ihm fremd. Es scheint, als sei ein Wettrennen darüber ausgebrochen, wer der größere Feind des Nächsten ist, wer die Schwächeren am besten verhöhnen kann … Unter der lächelnden Maske verbergen sich Postengier und Herzenskälte. Das Rennen um Vermehrung der Kältegrade läuft … Eine Sozialministerin ist der Meinung, dass ein Flüchtling nicht mehr als 150 Euro im Monat braucht, um überleben zu können. Das ist übrigens laut Statistik jener Betrag, den Hundeliebhaber für Hundefutter ausgeben."

2005 Mitglied der Deutschen Akademie für Sprache und Dichtung.

2018 Uraufführung. *Fremdenzimmer* am Theater in der Josefstadt.

Der Nobelpreisträger gilt trotz umstrittener, aufsehenerregender Therapien als führender Vertreter der Wiener Medizinischen Schule. Der ehrgeizige Psychiater hinterlässt ein beeindruckendes Lebenswerk. Wegen Julius Wagner-Jauregg leitet Kaiser Franz Joseph eine „Neurologie-Reform“ ein.

Julius Wagner-Jauregg

Eine große, umstrittene Figur der Medizin: Nobelpreisträger Julius Wagner-Jauregg.

Freud, Girardi und maskierte Patienten

Nachts um elf läutet das Telefon. Die Sitzung in Stockholm dauere noch an, berichtet ein Berliner Journalist. Julius Wagner-Jauregg schläft „seelenruhig" ein. Zwei Stunden später reißt ihn das Telefon aus dem Schlaf: Die Entscheidung ist gefallen, soeben ist ihm der Nobelpreis zuerkannt worden.

„Nun war es allerdings mit dem Schlafen nichts mehr", schreibt Wagner-Jauregg in seinen Erinnerungen. „Ich tat das, was ich bei nächtlichen Schlafpausen schon längere Zeit zu tun pflegte: Ich stand auf und spielte Schach mit mir selbst ..."

Bereits drei Jahre zuvor, 1924, ist der Begründer der Fiebertherapie zur Behandlung progressiver Paralysen Kandidat für den Medizin-

1857 Geburt.
7. März in Wels.

Nobelpreis. Doch ein schwedischer Professor für Psychiatrie stemmt sich massiv dagegen. Er könne einem Arzt, der den Malariaerreger impft, nicht den Nobelpreis zugestehen, denn er sei in seinen Augen ein Verbrecher.

Wagner-Jauregg berichtet: „So mußte ich also warten, bis dieser alte Herr pensioniert wurde. Ich habe ihn übrigens noch kennengelernt, und wir haben uns ganz freundschaftlich unterhalten. Über die Malariatherapie haben wir allerdings nicht gesprochen ..."

In Stockholm hält der österreichische Preisträger dann seine Dankesrede über die heftig umstrittene Behandlung mit dem Malariaerreger und setzt seine Untersuchungen über die Infektionstherapie fort, die er bereits 40 Jahre zuvor angewendet hat: Durch genaue klinische Beobachtung hatte er damals festgestellt, dass psychotische Symptome bei Patienten mit fieberhaften Erkrankungen vorübergehend eine Besserung erfuhren.

Experimente mit Blut von Malariakranken

Erstmals empfiehlt Wagner-Jauregg 1887 im *Jahrbuch für Psychiatrie* die Verwendung von „künstlich überimpften Malariakeimen", um periodische Fieberschübe zu erzeugen. Bereits sechs Jahre vor der Verleihung des Nobelpreises berichtet er über 200 behandelte Kranke, von denen 50 durch seine Fiebertherapie wieder arbeitsfähig geworden waren. Doch zunächst versucht er das Fieber mit Tuberkulin zu erwirken.

1890 verkündet Robert Koch in einem umgebauten Zirkuszelt in Berlin, er habe ein Heilmittel gegen Tuberkulose gefunden: Aus ganz Europa reisen TBC-Patienten an, alle wollen eine Dosis Tuberkulin – das Extrakt aus Tuberkelbazillen, mit dem Koch bei Meerschweinchen Heilerfolge erzielt hat. Doch beim Menschen erweist sich das „Wundermittel" als extrem problematisch, da es den Krankheitsverlauf oft dramatisch verschlechtert und auch zum Tod führt.

Wagner-Jauregg kommt zur Erkenntnis, dass man „die Natur nachahmen und Infektionskrankheiten zu therapeutischen Zwecken hervorrufen müsse". Durch seine Publikationen habe er „den Schatz der Infektionstherapie wie ein Paket an den Straßenrand gelegt" – aber drei Jahrzehnte lang passierte nichts.

1917 wagt er schließlich einen höchst umstrittenen, aufsehenerregenden Schritt. Er infiziert Patienten mit Blut von Malariakranken: Am 14. Juli werden zum ersten Mal zwei Patienten, die an unheilbarer progressiver Paralyse leiden – darunter ein syphilitischer Soldat, der von der mazedonischen Front in die Klinik eingeliefert wird – mit malariaverseuchtem Blut geimpft, danach folgen acht weitere Impfungen. Mit gewissem Erfolg: Einer der Kranken kann als geheilt entlassen werden. Doch im Laufe der Zeit treten auch mehrere Todesfälle ein. Die Gegner des ehrgeizigen Forschers sprechen von einem medizinischen Skandal.

Falls man allerdings frühzeitig mit der Fieberkur beginnt, werden „fast 85 Prozent der Patienten von der Neurosyphilis" geheilt, verkündet Wagner-Jauregg bei der Verleihung des Nobelpreises stolz. Im selben Jahr 1927, zum 70. Geburtstag, berichtet er ohne falsche Bescheidenheit, seien „an die hundert dankbaren, geheilt entlassenen ehemaligen Paralytiker – zum Teil maskiert – vor dem Podium des Hörsaales in der Klinik aufmarschiert um ihren Retter zu feiern".

Julius Wagner-Jauregg erwähnt nicht, dass während dieser Zeit Menschen, die mit Syphilis infiziert sind, als Ersatz für Labortiere dienen: Franz Sioli, Rektor für Psychiatrie in Düsseldorf, meint 1926, man habe ein „Material, das manche Fragen der Malariabehandlung zu studieren erlaubt". Mit „Material" bezeichnet er Menschen.

1887 Entdeckung der Fiebertherapie.

1889 Erste Erfolge bei Behandlung von Kretinismus und Kropf.

Lebenslange Forschung zur progressiven Paralyse

Julius wird als Sohn eines Juristen, der später für seine Verdienste um die Finanzverwaltung mit dem Prädikat „Ritter von Jauregg" geadelt wird, in Wels geboren. 1880 promoviert er in Wien zum Doktor der Medizin. Sein Entschluss, sich der Psychiatrie zuzuwenden, basiert auf einem Gespräch mit Freunden im Kaffeehaus. Das zentrale Element seiner lebenslangen Forschung bildet die Behandlung der progressiven Paralyse. Er erkennt aber auch, dass Jodmangel Ursache eines angeborenen Kropfes und von Kretinismus ist. Er arbeitet als Gerichtspsychiater und beschäftigt sich intensiv mit forensischer Psychiatrie und der Erblichkeitslehre psychischer Erkrankungen.

Seine Nähe zum NS-Gedankengut ist unbestritten, auch wenn er in einem Gutachten nicht als „historisch belastet" eingestuft wird. Um das „Bestreben, die menschliche Rasse zu verbessern", fordert er 1929 die „Fortpflanzung von Menschen mit minderwertigem Erbgut" durch ein Gesetz einzuschränken.

Umstritten: Therapie von Kriegsneurosen durch Elektroschocks

Der ehrgeizige Mediziner, der privat immer nur Anzüge aus blauem Tuch trägt, gilt als hart, extrem sportlich, unbescheiden und unnachgiebig. Nachdem er den Volksliebling Alexander Girardi um 1900 auf Betreiben seiner Frau Helene Odilon für geisteskrank erklärt – ohne ihn untersucht zu haben – bringt Katharina Schratt Kaiser Franz Joseph dazu, die „Neurologie-Reform" einzuleiten.

Während des Ersten Weltkrieges behandelt Wagner-Jauregg als Klinikchef Soldaten, die an „Kriegsneurosen" leiden, und auch „Simulanten": Er setzt als Therapie schmerzhafte Elektroschocks ein. Ein anonymer Beitrag im Dezember 1918 in der Zeitschrift *Der freie Soldat* berichtet von „vorsätzlichen und inhumanen Qualen, die an die Grenzen des körperlich Erträglichen gegangen waren".

> Wer einen Charakter hat, braucht keine Prinzipien.
>
> Julius Wagner-Jauregg

Die Vorwürfe führen zu einer heftigen Diskussion im Parlament. Doch durch ein Gutachten seines Du-Freundes und Untergebenen Sigmund Freud wird Wagner-Jauregg völlig rehabilitiert: Er stehe zwar der „elektrischen Heilmethode" reserviert bis offen ablehnend gegenüber, meint Freud, doch die Methode des Klinikchefs habe sich als „sehr wirksam erwiesen" und sei niemals „durch die Initiative von Prof. Wagner von Jauregg ins Grausame gesteigert worden".

1927 Nobelpreis für die Entdeckung der Malariatherapie.

1940 Tod. 27. September in Wien.

Für eine seiner gnadenlosen Kritiken setzte es eine Ohrfeige. Raoul Aslan forderte für Hans Weigel die Todesstrafe. Der sehr böse Kritiker war aber auch ein sehr liebenswürdiger Mensch. Der heute fast vergessene, ewige Nonkonformist förderte aufstrebende Dichterinnen: Ilse Aichinger, Ingeborg Bachmann, Marlen Haushofer.

Hans Weigel

Rauchen, redigieren, Brillen balancieren: Hans Weigel im Café Hawelka.

Geschätzt, gefürchtet, geohrfeigt

Ein zweites Zuhause. Ein Biotop der Tagträumer und Nachtschwärmer. Ein Wartesaal zum Ruhm. Für H. C. Artmann ein „heiliger Hort der gesprochenen Abenteuerromane, der Gemälde, die aus Wörtern bestehen, der Melangen aus Beobachtung und Erinnerung, Staunen und Lachen, Dichtung und Wahrheit“: das Café Hawelka – eine von Rauchschwaden durchzogene Wiener Institution.

Nachdem Hans Weigel und Friedrich Torberg bereits 1945 aus der Emigration zurückgekehrt sind, stellt sich die essenzielle Frage, welches Kaffeehaus zum Stammlokal werden könnte, in welchem man die Nacht verbringen und auf die Morgenzeitungen war-

1908 Geburt.
29. Mai in Wien.

ten könnte. Weigel schlägt das Hawelka vor. „Was", meint Torberg irritiert, „... das hat doch nur bis zwei Uhr früh offen!"

Hans Weigel singt zur *Melodie des Fiaker Liedes* „I bin a rechter Linker, I bin a linker Rechter" und schwärmt später von seiner glücklichsten Zeit, als die „Grenze des Kalten Krieges mitten durchs Café Hawelka verlief, dann in einem sanften Bogen durchs Café Raimund schnurgerade weiter zum Café Museum". Als einmal ein Manuskript von einem deutschen Verlag, adressiert an „Hans Weigel, Schriftsteller, Wien" retourniert wird, schreibt ein Postbeamter ergänzend „Café Raimund" auf das Kuvert.

Eine Ohrfeige für den sehr bösen Kritiker

Hier hält er nachmittags Hof. Hier findet sein Balanceakt mit den Brillen statt. Hier ist er bald als Mentor aufstrebender Literaten und Literatinnen bekannt. Ab 1946 arbeitet Weigel als Theaterkritiker. Bald ist er ein gefürchteter, oft erbarmungsloser Rezensent – der vor allem das Burgtheater mit Hohn und Verachtung verfolgt. Er „betreibe eine gutgehende Gesichterschneiderei", meint Weigel über eine Burg-Legende. Der Kritiker gewinnt und verliert Prozesse gegen beleidigte Schauspieler. Höhepunkt dieser Rencontres ist die „Affäre Dorsch". Aufgrund seiner Theaterkritik, die am Morgen des 13. April 1956 erscheint, ohrfeigt ihn die Schauspielerin Käthe Dorsch vor dem Café Raimund mit den Worten: „Ich finde es an der Zeit, dass Sie etwas auf Ihr ungewaschenes Maul bekommen." Später kommentiert sie ihren Wutanfall: „Das haben Sie dafür, dass Sie gesagt haben, ich markiere."

Hilde Kral telegrafiert: „Sie schlugen mir aus der Seele." Im folgenden Prozess sagen auch Kollegen gegen den Kritiker aus. Pathetisch fordert Raoul Aslan die „Todesstrafe für Weigel". Verurteilt wird jedoch die Dorsch „zu einer Geldstrafe von 500 Schilling, im Nichteinbringungsfalle drei Tage Arrest". In einem Brief an Unterrichtsminister Drimmel fordern danach Burgschauspieler, sie vor Weigel zu beschützen und diesem den Zutritt zu verwehren.

Der sehr böse Kritiker ist aber auch ein sehr liebenswürdiger Mensch, er „kompensiert Wut auf dem Papier mit Güte in der Natur". Der gefürchtete Polemiker Weigel fördert junge Talente. Er animiert sie, nicht nur kurze Arbeiten zu schreiben, sondern auch Romane. Als Prämie für ein fertig geschriebenes Werk gibt es ein Paar Würstel .

„Er bepuderte sie mit Ratschlägen wie den Topfenstrudel mit Streuzucker."

Rund um Hans Weigel, der schon bald als prägende Figur des Kulturlebens anerkannt ist, schart sich ein Kreis aufstrebender Talente: „Ich habe tatsächlich die Aichinger, die Bachmann, den Celan, den Dor, die Ebner, den Federmann, den Guttenbrunner, die Haushofer entdeckt beziehungsweise gefördert", schreibt er. Wobei der nicht ausnehmend attraktive, aber äußerst geistreiche Weigel so mancher der dichtenden Damen auch durchaus amourös begegnet. Etwa Ingeborg Bachmann, seit sie ihn 1947 „mit vor Verlegenheit immer wieder versagender Stimme" um ein Interview gebeten hat. Günther Nenning erinnert sich: „Er saß mit ihnen im Café, hielt Händchen, Köpfchen und sonstige literarisch relevante Körperteile, bepuderte sie mit Ratschlägen wie den Topfenstrudel mit Streuzucker."

Als Herausgeber der Anthologiereihe *stimmen der gegenwart*, die 1951 bis 1956 erscheint, kann Weigel seinen Schützlingen die Chance einer ersten Veröffentlichung bieten. Im Café Raimund wird ein Postfach eingerichtet, Jeannie Ebner sortiert die Einlaufstelle österreichischer Nachkriegsliteratur auf

1951 Schlüsselroman. *Unvollendete Symphonie.*

1953 Boykott. Kampagne gegen Bertolt Brecht.

Anweisung Weigels in drei Kategorien: *Kaas/brauchbar/sehr gut*.

Dem schwülen Sommer in der Stadt entflieht Weigel während der 1950er-Jahre immer wieder – lange bevor er mit seinem Lebensmenschen Elfriede Ott in Maria Enzersdorf wohnt – ins Zimmer Nr. 9 im Berghotel Tulbingerkogel: „So schön weit von Wien – und so schön nah von Wien", vermerkt er im Gästebuch. Hier verfasst er *O du mein Österreich,* einen Situationsbericht „voller Bosheiten, Übertreibungen und Beschuldigungen, die eine hinter ironischer Skepsis kaum verborgene heftige Vaterlandsliebe verraten", wie *Der Spiegel* attestiert.

Wenn Weigel eine Parole ausgibt, wird sie nicht von allen ernst genommen: Er tritt gegen sinnlose Statistiken und die Sprache der Werbegurus auf, verfasst *Die Leiden der jungen Wörter,* seinem Vorbild Karl Kraus gewidmet, „der aus dem Grabe weint" – angesichts der Sprache dieser „Psalmisten der Achselnässe".

1953 kämpft Weigel – gemeinsam mit Torberg – für ein Aufführungsverbot der Werke Bertolt Brechts. Zehn Jahre lang spielt kein etabliertes Wiener Theater die Stücke des kommunistischen Autors. Als Vater des „Brecht-Boykotts" erregt Weigel die Wut progressiver Germanisten – auch mit seinem Zitat „Dichtung verhält sich zur Germanistik wie Liebe zur Gynäkologie".

Exil in der Schweiz

Der 1908 in Wien geborene Sohn des Direktors einer Glasfabrik studiert in Hamburg Jus und beginnt in Berlin als „Vorzimmer-Angestellter" bei der Zeitschrift *Die literarische Welt* für monatlich 28 Mark. Bald kehrt er nach Wien zurück, um beim Zsolnay Verlag zu arbeiten. Ab 1933 ist der 25-Jährige als Schriftsteller tätig, verfasst Liedtexte, etwa für die Operette *Axel an der Himmelstür* und schreibt für fast alle Wiener Kabaretts und Kleinkunstbühnen – von „Lieber Augustin" bis „Literatur am Naschmarkt".

Im März 1938 flüchtet Weigel mit seiner damaligen Frau, der Schauspielerin Gertrud Ramlo, in die Schweiz ins Exil. Hier schreibt er unter verschiedenen Pseudonymen weiter. Zum frühestmöglichen Augenblick kehrt er nach Wien zurück. In der Tasche hat er einen Roman und ein Theaterstück.

> Wien bleibt Wien – diese Feststellung ist halb Verheißung, halb gefährliche Drohung.
>
> Hans Weigel

Der ewige Nonkonformist Hans Weigel ist ein Meister der kleinen Form, schreibt aber auch vier Romane. Er ist Librettist, Kabarettist, Satiriker, Feuilletonist. Er übersetzt, vor allem Dramen Molières. Kurz vor dem Tod meint die 83-jährige Kulturinstanz, nur selten Erfolg gehabt zu haben: „Genaugenommen nur dreimal. Bei der Verhinderung einer Musikolympiade in Salzburg, bei der Wiederaufstellung der Flußfiguren an der Albrechtsrampe und – das war das Schwierigste – bei der Korrektur einer Tonbandansage der Post."

1956 Dorsch-Affäre. Legendäre Ohrfeige für den Kritikerpapst.

1991 Tod. 12. August in Maria Enzersdorf.

Josef Weinheber gilt als einer der umstrittensten österreichischen Schriftsteller des 20. Jahrhunderts. Der Ottakringer Sprachvirtuose ist ein Mitläufer der Nazis und wird als Dichterfürst verehrt. Der Beginn seiner Vita liest sich wie das Drehbuch eines kitschigen Wiener Films. Das Ende ist tragisch.

Josef Weinheber

Eine zwiespältige Persönlichkeit: der als Dichterfürst verehrte Josef Weinheber.

Das Wiener Gfrett des Sprachvirtuosen

2005 nimmt Marcel Reich-Ranicki in seinen *Kanon deutscher Lyrik* vier Gedichte des Wiener Heimatdichters Josef Weinheber auf und meint: „Es werden Autoren in Anerkennung nicht ihres politischen Wohlverhaltens aufgenommen, sondern ihrer literarischen Leistungen. Das gilt auch für Josef Weinheber." Auch wenn dieser meint, an seinem anfänglichen Misserfolg sei die „jüdische Unterwanderung des österreichischen Kulturbetriebs" schuld – Kollegen wie der *Dreivierteljude* Hugo von Hofmannsthal oder der *Volljude* Stefan Zweig.

Einer der umstrittensten österreichischen Schriftsteller des 20. Jahrhunderts wird 1892 in Ottakring geboren. Weinheber, der als

1892 Geburt. 9. März in Wien-Ottakring.

Dichterfürst verehrt wird und einer der meistgelesenen Lyriker seiner Zeit ist, polarisiert bis heute. Er gilt auch als *Nazi-Poet,* ist frühes NSDAP-Mitglied, von der Partei erwartet er sich Unterstützung für seinen *Kampf als Künstler.* Weinheber wird wegen Nichtbezahlung von Beiträgen aus der Partei ausgeschlossen, später wieder aufgenommen und erfährt während der NS-Zeit hohe Ehrungen.

Begeisterung für den „Führer"

Obwohl er als Mitläufer in den „Anschluss"-Tagen „Deutschland, ewig und groß ... Führer wir grüßen Dich! ... Heimat wir grüßen Dich!" schreibt, soll es anlässlich eines *großdeutschen Dichtertreffens* im Oktober 1938 in Weimar zu einer seltsamen Szene gekommen sein: Joseph Goebbels, der sich gerne als Gönner der Künste preisen lässt, wendet sich an den Gast aus Wien: „Nun, lieber Professor Weinheber, was sollen wir tun, um die Kultur in der Ostmark zu fördern?" „In Ruah lassen, Herr Minister", antwortet er, „einfach in Ruah lassen!" Bereits 1936 meint Weinheber nach zwei Aufenthalten in Deutschland: „Besser ein kleinhäuslerisches, doch selbstständiges Österreich als ein noch so florierendes – in dem die Piefkes anschaffen." 1965 zeigt die Österreichische Widerstandsbewegung eine Weinheber-Gedächtnisausstellung.

> War' net Wien, wann net durt, wo ka Gfrett is, an's wurdt.
>
> Josef Weinheber

Der Beginn von Josef Weinhebers Vita liest sich wie das Drehbuch einer wehmütigen Wiener Filmromanze, in der ständig die Melodie der Peripherie mitklingt. Er entstammt einer kleinbürgerlichen Vorstadtfamilie, der Großvater ist Fiaker mit eigenen „Zeugeln": „Es regieren der Wein, das Pferd und die harben Weanertanz." Josefs Vater ist Fleischhauer, führt später das Wirtshaus seines Schwagers, die Mutter ist Weißnäherin, eine stille, schöne Frau, deren dunkle, schwere Haarkrone an Kaiserin Elisabeth erinnert. Nach dem Tod des Vaters landet der Bub in einer Waisenanstalt: „Die wenigen Verwandten kümmerten sich nicht um mich, ich fühlte mich allein und hoffnungslos verloren in der Welt."

Mit zwölf Jahren ist Josef Vollwaise. Später schlägt er sich als Gelegenheitsarbeiter durch, arbeitet als Gehilfe in einer Fleischhauerei und landet 1911 schließlich im Staatsdienst: „Hier habe ich es durch Unaufdringlichkeit bis zum Inspektor im Post- und Telegrafendienst gebracht", an einem „jämmerlichen, Öde ausstrahlenden Büroschreibtisch".

Josef Weinhebers schriftstellerische Laufbahn beginnt 1919 mit Beiträgen in der humoristischen Wochenschrift *Die Muskete.* Ein großer Satiriker ist sein Vorbild: „Sprachlich habe ich mich an Karl Kraus geschult." 1920 erscheint sein erster Lyrikband *Der einsame Mensch.* Nach dem zweiten Buch *Von beiden Ufern* findet er über Jahre keinen Verleger mehr, bis die nur 56-seitige Gedichtsammlung *Boot in der Bucht* veröffentlicht wird. Es folgt sein erstes Prosawerk: *Das Waisenhaus.*

Die Bücher bleiben erfolglos: An seinen Freund Leo Perutz, Versicherungsmathematiker und Schriftsteller, schreibt Weinheber 1924: „Zu Weihnachten nicht ein Exemplar verkauft ... Es ist lächerlich hoffnungslos, noch eine Zeile zu schreiben. Warum nehme ich nicht Vernunft an und laß es endlich bleiben!"

1926 entscheidet er für sich: „Ich will nicht ein Lyriker sein, ich will *der* Lyriker sein. Wenn Lyrik gesagt wird, soll es Weinhe-

1920 Erster Lyrikband. *Der einsame Mensch.*

1934 Durchbruch. Mit dem Gedichtband *Adel und Untergang.*

ber heißen." Es sollte noch sechs Jahre dauern: Mit dem Gedichtband *Adel und Untergang* gelingt ihm, dem wie er selbst meint „chaotischen, brennenden, suchenden Menschen" der Durchbruch.

Die Sprache ist Weinhebers Lebensinhalt und Leidenschaft, und bald wird er als Dichter neben Rilke, Trakl und Hölderlin genannt. In den Dialektgedichten *Wien wörtlich* zeichnet Weinheber „als Verbeugung vor meiner Vaterstadt" lyrische Milieu- und Charakterstudien. Und spricht Wiener Phäaken aus der Seele, wenn er meint „Wenn nicht das bissel Essen wär!": Wenn er vom Pipperln und Papperln schwärmt, von Ganserl und Gabelfrühstück, saftigem Beinfleisch und schönen Stelzen und zur Not einem nett garnierten Butterbrot: „Hau di zucha, alter Spezi!/ Heut wern kane Faxn g'macht./Gschwind zwa Liter! Nuß, versteht si' …"

Als Weinhebers dichterisches Hauptwerk gilt der vierzig Oden umfassende Zyklus *Zwischen Göttern und Dämonen* aus dem Jahr 1938. Ein Jahr später erscheinen unter dem Titel *Kammermusik* seine lyrischen Variationen über Musikinstrumente.

Zwiespältige Persönlichkeit: ein fröhlicher Zecher, erfüllt von tiefem Pessimismus

In der Erinnerung bleibt Josef Weinheber – bei aller Ambivalenz – einer der ganz großen Lyriker seiner Zeit. Diese Ehre wird ihm auch voller Pathos gezollt: „Zwischen von Zitherklang durchzirpten Heurigenschenken spannt sich der weite Bogen seiner Kunst … Wie vor ihm nur Raimund und Nestroy wusste er, die Aura Wiens zu treffen." Wesentlich berührender klingt es, wenn Oskar Werner Weinheber vorträgt. Wenn er die *Ballade vom kleinen Mann,* den *Hymnus auf den Kahlenberg* oder das *Selbstgespräch eines Bierdipplers* rezitiert.

Das Schaffen des Sprachvirtuosen – einer zwiespältigen Persönlichkeit – umfasst fünfzehn Bücher. Der fröhliche Zecher ist ein Leben lang erfüllt von tiefem Pessimismus. Josef Weinheber leidet an Schlaflosigkeit und Depression. Das „Freunderl Alkohol" reicht nicht mehr – ewige Unruhe und oft unerträgliche Lebensangst lassen Weinheber zu Morphium greifen.

„Fortgehen im Frühling ist schwer", schreibt er bereits im Jahr 1936 in einem Gedicht. Neun Jahre später geht er. Im Frühling. Am 8. April 1945 wählt er den Freitod. Zwei Tage später wird er im Garten seines Hauses in Kirchstetten „unter heftigem Artilleriefeuer" beerdigt.

Hier im Mostviertel, in der Weinheber-Ecke im Gasthaus „Biber", das er fast täglich besucht hat, erinnert man sich noch viele Jahre später an ihn. In einem Selbstbildnis gibt er bereits 1937 eine Antwort auf die Frage nach dem Warum: „Einem einzigen Vers zuliebe, hätte ich Aug und Hand gegeben …"

1938 Hauptwerk. 40-Oden-Zyklus *Zwischen Göttern und Dämonen.*

1945 Freitod am 8. April.

die verbesserung von mitteleuropa, das prophetische Hauptwerk des Kybernetikers und Schriftstellers Oswald Wiener, entwirft sehr früh ein Bild des Cyberspace: Ein Glücksanzug entfaltet Wohlbefinden in der Fusion von Mensch und Maschine – „in erster linie ist hierbei an alle formen der ekstase zu denken".

Oswald Wiener

Wegen der „Uni-Ferkelei“ muss er Österreich verlassen, später wird er mit Preisen überschüttet: Oswald Wiener.

Besessener Zertrümmerer der Sprache

Als „Zivilkonsulent für Fragen der Lebensart“ firmiert Oswald Wiener vor 50 Jahren auf seinem Briefpapier. Und bietet verschiedenste Dienste an: „Ideen für Kunst, Literatur, zwischengeschlechtliche Beziehungen, Prognosen in Philosophie, Politik, Zeitgeist.“

Das zentrale Thema des heute unermüdlichen Kybernetikers, Schriftstellers und Sprachtheoretikers ist ein Leben lang die Fragestellung nach der Rolle der Sprache in der Wahrnehmung und in der wirklichen Welt: „Sprachphilosophie“ – auf die er stößt, nachdem er 1955 in einem Antiquariat das Werk eines streitbaren Philosophen und ewigen Zweiflers entdeckt und entwendet: Ludwig Wittgensteins *Tractatus logico-philosophicus*.

1935 Geburt.
5. Oktober in Wien.

Und auch Oswald Wiener gefällt sich als Skeptiker, wenn er schreibt: „Die Quantentheorie wurde bekanntlich mit dem Arsch ersessen." Seine Texte werden zuerst in der Literaturzeitschrift *manuskripte* publiziert und erscheinen 1969 unter dem Titel *die verbesserung von mitteleuropa,* roman.

> ich schreibe für die kommenden klugscheisser; um das milieu dieser ära komplett zu machen.
>
> Oswald Wiener

Ein Buch, das mit allen literarischen Konventionen bricht, das die Sprache zertrümmert und neu zusammensetzt, das – so die – als „einer der zentralen Texte einer neuen Literatur" gefeiert wird. Auch wenn *Der Spiegel* den Avantgarde-Autor als „Anwalt der Schizoiden" bezeichnet, gilt das thematisch nicht einzuordnende Werk bald als ein Kultbuch der experimentellen Nachkriegsliteratur und ist unter Insidern der Kulturszene ein heißer Geheimtipp. Der erst 26-jährige Peter Handke glaubt zu erkennen, es sei jenes „Buch, das von allen Büchern der letzten Jahre vielleicht am meisten in Bewegung setzen wird".

Es ist auch ein prophetisches Werk, das ein Bild der Virtualität und des Cyberspace entwirft. Wie im „appendix A" über den „bio-adapter", eine Art Glücksmaschine – eine Vorahnung dessen, was man Jahrzehnte später als virtuellen Raum bezeichnet: Wiener erahnt und entwirft ein geschlossenes System, in dem sich der Blick nicht nach außen wendet, sondern nur das eigene Begehren spiegelt.

Der Adapter entfaltet Glück in der Fusion von Mensch und Maschine: „der zu adaptierende mensch wird pausenlos nach seinen bedürfnissen abgetastet, solang bis dieselben zum zwecke erhöhten lustgewinns vom adapter selbst erzeugt werden können … in erster linie ist hierbei an alle formen der ekstase zu denken … befindet sich der bio-modul im zustande sexueller erregung, so stösst er alsbald auf eine umwelt, die dieser erregung im höchsten grade förderlich ist. alle ihm begegnenden menschen blicken ihn lüstern an."

Der Avantgarde-Autor meint, sein Hauptwerk sei ein „Konglomerat von Essays, die sich teilweise widersprechen". Das extrem engzeilig bedruckte Wiener-Werk beginnt mit jenem Teil, mit dem normale Bücher enden, mit einem üppigen Personen- und Sachregister. Es folgen Dialekt-Prosa, Buchstaben-Klaubereien und Aphorismen wie „hymne an den erzengel". Schließlich gibt es eine Literaturliste mit rund 1.500 Titeln – von Doderer und Kraus bis zu Comics wie *Ahörnchen und Behörnchen, Barbarella* und *Wonder Woman.* Als Papier verordnet Wiener dem Verlag eine *ganz billige,* besonders holzhaltige Nachkriegs-Qualität.

Happenings und schwarze Messen mit der „Wiener Gruppe"

Jahre vorher bildet sich rund um H. C. Artmann, den Bonvivant aus Breitensee, die „Wiener Gruppe". Aus diversen künstlerischen Sphären stammend, sind sich Friedrich Achleitner, Konrad Bayer und Gerhard Rühm in der Zersplitterung und Neuordnung der literarischen Form einig. Mit Hilfe von Happenings und schwarzen Messen, „visueller Lyrik und totalem Theater, Lautpoesie und Ein-Ton-Musik." Oswald Wiener, der nacheinander Jus, Musikwissenschaft, afrikanische Sprachen und Mathematik studiert, stößt als Trompeter der Jazzband „Jesus Christbaum" zu dem vorerst

1954 Theoretischer Kopf. Jüngstes Mitglied der „Wiener Gruppe".

1968 Uni-Happening. Vortrag über künstliche Intelligenz.

von der Kritik angefeindeten Künstlerkollektiv.

1959 sprengt Wiener die Gruppe. Im NDR-Fernsehen erläutert er, „daß in der Literatur keine Zukunft für mich zu finden sei“: Zehn Jahre später schreibt er „aus vielen Sätzen folgt erst recht ein schmarrn, und so sitze ich jetzt da und schreibe, wundere mich was für sonderbare änderungen mit mir passiert sind in den letzten jahren seit den ersten zeilen, von denen ich kein wort mehr verstehe …“

Der Autor vernichtet seine literarischen Arbeiten aus den Jahren 1954 bis 1958 – es bleiben nur ein paar Gedichte erhalten. Wiener zieht aus dem Haus seiner Eltern aus und heiratet die bildende Künstlerin Lore Heuermann. Der Ehe entstammen drei Kinder, darunter die Gastronomin und Grünen-Politikerin Sarah Wiener. Als sie zwei Jahre alt ist, verlässt Wiener die Familie.

Immer intensiver beschäftigt er sich seit 1956 mit Kybernetik, einem Begriff, von dem man in Europa noch nicht genau weiß, was das eigentlich ist. Acht Jahre später wird er bei der Olivetti-Niederlassung in Österreich angestellt, baut die Abteilung für Datenverarbeitung auf und avanciert zum Direktor. Mit mehr als 20.000 Schilling Monatsgehalt, großer Stadtwohnung und Dienstwagen.

Doch bald scheitert der Bohèmien als Bürger. Nur mehr unregelmäßig erscheint er in der Olivetti-Programmierungswelt, der Schuldenberg wächst, wegen kleinerer Verkehrs- und Gewaltdelikten sitzt er immer wieder in Haft. Illegal wohnt er in einer unbenutzten Gemeindebau-Waschküche. Und lebt vom Einkommen seiner Frau, die Gobelins webt – „notfalls stehle ich mir mein Nachtmahl bei kleinen Greißlern zusammen“.

Teilnahme an der „Uni-Ferkelei“

Als Oswald Wiener im Hörsaal 1 der Uni Wien am 7. Juni 1968 einen Vortrag über künstliche Intelligenz von Notdurft-Darbietungen seiner Freunde Günter Brus und Otto Muehl begleiten lässt, wird er „zwangspsychiatriert“ und mehrere Wochen in Untersuchungshaft gehalten. Die Aktionisten der „Uni-Ferkelei“ erhalten Arreststrafen.

Im Künstlerlokal „Exil“, das ihr aus Österreich geflüchteter, polizeilich gesuchter Vater 1973 in Berlin-Kreuzberg gründet, beginnt auch Sarah Wiener zu kochen: „Er sagte, du brauchst Knete, also geh in die Küche und arbeite.“ In der Küche herrscht Wieners zweite Frau Ingrid, die mit Oswald nach Deutschland geflohen ist. Ins Exil. Hier kocht sie für die Bohème, von Max Frisch bis David Bowie und Peter Stein. Sperrstunde gibt’s keine. An sieben Tagen der Woche tanzt hier der Bär.

Seit Kurzem lebt Wiener nach mehr als zwanzig Jahren in Kanada wieder in Österreich. In Kapfenstein in der Südoststeiermark, an der Grenze zu Slowenien. *You will never know hunger,* „Du wirst nie Hunger leiden“, liest Oswald Wiener einmal auf dem Zettel eines Glückskeks in einem China-Restaurant. Diese ermutigende Nachricht klebt er in sein Notizheft, das sich heute in einer der neunzehn Archivboxen seines Vorlasses der Österreichischen Nationalbibliothek befindet.

1969 Hauptwerk. *die verbesserung von mitteleuropa, roman.*

1989 Auszeichnung. Großer Österreichischer Staatspreis für Literatur.

Ludwig Wittgenstein, einer der bedeutendsten Denker des 20. Jahrhunderts, will gegen die Grenze der Sprache anrennen. Und verstört seine Kollegen mit Zitaten wie: „Die Philosophie bietet keine Bilder der Wirklichkeit." Er bleibt ein ewiger Zweifler, streitbarer Philosoph und exzentrischer Individualist.

Ludwig Wittgenstein

Der bedeutende Ökonom John Maynard Keynes über Wittgenstein: „Gott ist angekommen. Ich traf ihn im Fünf-Uhr-Fünfzehn-Zug."

Kampf gegen die Verhexung des Verstandes

Mit einem glühenden Feuerhaken soll – laut BBC-Journalisten Edmonds und Eidinow – der störrische Philosoph Ludwig Wittgenstein seinen Kollegen Karl Popper, der seiner Meinung nach eine *schwachsinnige* These aufgestellt hatte, bedroht haben. Tatzeit der Kriminalgeschichte unter den größten Denkern des 20. Jahrhunderts: 25. Oktober 1946. Tatort: Cambridge, King's College. Tatzeugen: mehrere fassungslose Philosophen, darunter Wittgensteins Mentor Bertrand Russell, bei dem er 33 Jahre zuvor Logik und Philosophie studiert hat.

Nicht nur ein Feuerhaken als Argument, auch Behauptungen wie „Das Ziel der Philosophie ist es, der Fliege den Ausweg aus

1889 Geburt.
26. April in Wien.

dem Fliegenglas zu zeigen" verstören manche von Wittgensteins Freunden. Auch mit seinem gerne verwendeten Nestroy-Zitat „Überhaupt hat der Fortschritt das an sich, dass er viel größer ausschaut, als er wirklich ist" reißt der Wiener Wittgenstein weltweit seine Kollegen aus ihrer gewohnten Denkperspektive heraus. Und manche Verfechter der *konkreten Philosophie,* wie der Hohepriester der 1968er-Studentenbewegung Herbert Marcuse, bezeichnen den originären Denker, der gerne plumpe Detektivgeschichten liest, als Zerstörer der Philosophie.

Der exzentrische Individualist Wittgenstein versteht sich auf das Staunen wie kaum ein anderer Denker. Operationsfeld seiner verblüffenden Beobachtungen ist die Sprache, auch die des Alltags. Er stutzt bei Sätzen wie „Diese Vorrichtung ist eine Bremse, funktioniert aber nicht". Solche Sätze kritzelt er in ein Notizbuch und notiert Reflexionen. Wie besessen diktiert er die Eintragungen in die Schreibmaschine, manchmal sieben Stunden lang ohne Pause.

Exakte Sprachanalyse als Basis der Philosophie

Wittgenstein hat die Philosophie auf eine neue Basis gestellt, auf die Analyse der Sprache. Die Grenzen seiner Sprache bedeuten für ihn die Grenzen seiner Welt. Das Philosophieren diene nur dazu, festzustellen, dass sich alle Denkbemühungen in den Regeln der Sprache *verfangen.* In seinem ersten Hauptwerk *Tractatus,* an dem er während des Ersten Weltkrieges schreibt – bereits am Tag nach Österreichs Kriegserklärung an Russland rückt er als 25-Jähriger bei einem Artillerieregiment in der Nähe von Krakau ein –, versucht er die Unzulänglichkeiten der traditionellen Logik nachzuweisen. Rigoros und kompromisslos, voller Feuer und Hingabe.

Wittgenstein gilt als sprachgewandter Philosoph der Sprachlosigkeit, der lieber mit Kühen und Schafen als mit Menschen spricht. Er meint: „Die Philosophie ist ein Kampf gegen die Verhexung unseres Verstandes durch die Mittel unserer Sprache." Seine Meinung ist immer autoritär, nie zögert er aus seinen Schlussfolgerungen Konsequenzen zu ziehen. Er wendet sich von der Philosophie ab, deren „Ergebnisse die Entdeckung irgendeines schlichten Unsinns und Beulen sind, die sich der Verstand beim Anrennen an die Grenze der Sprache geholt hat. Sie, die Beulen, lassen uns den Wert jener Entdeckung erkennen."

Angehöriger der Industriellenfamilie Wittgenstein

1889 wird Ludwig Josef Johann in Wien als jüngstes von acht Geschwistern einer der mächtigsten österreichischen Industriellenfamilien geboren. Drei seiner Brüder enden durch Selbsttötung. Der Salon der Familie Wittgenstein spielt im kulturellen Leben der Stadt eine bedeutende Rolle. Johannes Brahms zählt zu den engsten Freunden der Familie. Maurice Ravel schreibt für einen Bruder Ludwigs, den Pianisten Paul, der im Ersten Weltkrieg den rechten Arm verloren hat, sein berühmtes „D-Dur Klavierkonzert für die linke Hand".

Ludwig bekommt Privatunterricht und besucht danach die Realschule in Linz – zwei Schulstufen unter ihm sitzt Adolf Hitler. Nach einem Maschinenbaustudium in Berlin studiert er in Manchester weiter, wo er aeronautische Experimente betreibt: Nach Versuchen mit Flugdrachen widmet er sich dem Antrieb von Flugzeugen, bei dem ihn vor allem die Mathematik fasziniert. 1911 geht er nach Cambridge, um bei Bertrand Russell, der bereits acht Jahre zuvor seine *Grundlagen der Mathematik* veröffentlicht hat, zu studieren.

1921 Hauptwerk. *Tractatus logico-philosophicus.*

1951 Tod. 29. April in Cambridge.

Zwei Jahre lernt er bei Russell, der ihm bald freundschaftlich verbunden ist, und genießt von Anfang an höchstes Ansehen: Der Ökonom John Maynard Keynes meint: „Gott ist angekommen. Ich traf ihn im Fünf-Uhr-Fünfzehn-Zug.“ Nach zwei Jahren in Cambridge zieht sich Wittgenstein in den Südwesten Norwegens zurück.

> Ersparen wir uns doch den transzendentalen Quatsch, wenn das Ganze so eindeutig wie eine Watschen ist.
>
> Ludwig Wittgenstein

Hier gibt sich der hochsensible, selbstquälerische Grübler in der magischen Fjordlandschaft völlig zurückgezogen philosophischer Meditation hin. In einem spartanischen, selbst geplanten Blockhaus über dem See Eidsvatnet, vis-à-vis von einem 300-Seelen-Dorf gelegen, bleibt er bis zum Ausbruch des Ersten Weltkrieges. Nur einmal pro Woche rudert er in seinem Boot ans andere Ufer, um Lebensmittel zu besorgen. Das Haus des sonderbaren Gastes nennen die Einheimischen *Osterrike,* „Österreich“.

Das gesamte Vermögen geht an die Geschwister

Nach Ende des Krieges verschenkt der Millionenerbe – unter dem Eindruck des Spätwerkes von Leo Tolstoi – sein gesamtes Vermögen. Allerdings an seine reichen Geschwister. Er meint, Arme würden durch unverhofften Reichtum korrumpiert werden …

Von jetzt an lebt er ohne jedes Attribut der ihm widerwärtigen Wohlsituierten, ohne den Glanz des Bürgertums, ohne Hut und Krawatte. Er arbeitet als Volksschullehrer in einem ärmlichen Nest im südlichen Niederösterreich, in Trattenbach. Die Bevölkerung ist verzweifelt, als die Dampfmaschine ihrer Tuchfabrik den Geist aufgibt. Doch der Lehrer, eigentlich ein *reicher Baron,* hämmert ein paarmal auf dem defekten Kolben herum und „befreit die Maschine von ihrer Krankheit“.

Niemand im Dorf kann damals Ende 1920 ahnen, dass der Sohn eines Stahlmagnaten bald einiges andere in Gang setzen wird als Dampfmaschinen. Nach mehreren Zwischenfällen – man spricht von Watschen und Wutausbrüchen – muss er den Schuldienst beenden. Er arbeitet als Laborant, Krankenpfleger und Gärtnergehilfe im Stift Klosterneuburg. Danach widmet sich Ludwig der Architektur und baut für seine Schwester Margarete einen strengen, kühlen Betonbau, für Licht sorgen nackte Glühbirnen: Ornamente seien Verbrechen, so hatte er es von seinem Vorbild Adolf Loos gelernt.

Reinheit war buchstäblich Wittgensteins Hauptziel – vom Tick, nasse Teeblätter fürs Staubwischen zu verwenden, bis zum Verzicht auf das gigantische Erbe seines Vaters. 1939 wird er in Cambridge auf einen der berühmtesten philosophischen Lehrstühle berufen.

Als ihm 1951 der Arzt mitteilt, er habe wegen seiner Krebserkrankung nur mehr wenige Tage zu leben, meint Ludwig Wittgenstein, der immer wieder unter Depressionen gelitten hat, man möge seinen Freunden ausrichten: „Mein Leben war wunderbar.“

1953 Posthum veröffentlicht: *Philosophische Untersuchungen.*

2017 Weltdokumentenerbe. Eintrag zum Erhalt für die Menschheit.

Dorothea Zeemann ist Förderin junger Schriftsteller. Ihren literarischen Durchbruch erlebt sie erst mit 70 Jahren. Als Geliebte des dämonischen Romanciers Heimito von Doderer erzählt sie von sexuellen Exzessen.

Dorothea Zeemann

Langeweile und Lustfeindlichkeit finden in ihrem Leben keinen Platz: Dorothea Zeemann.

Ein Leben fern aller Tabus

Das ständige Spiel mit dem Tabu: Shades of Grey, Feuchtgebiete, American Psycho. Schon lange davor die Geschichte Goethes, des jungen leidenschaftlichen Mannes, der an der Liebe zu einer vergebenen Frau zerbricht und mit den *Leiden des jungen Werther* eine Selbstmordwelle unter jungen Männern mit ähnlichem Schicksal auslöst. Die erotischen Feldzüge des venezianischen Verführers Casanova fern aller moralischen und sexuellen Normen. Die Felix Salten zugeschriebene Geschichte der hemmungslosen Dirne Josefine Mutzenbacher. Vladimir Nabokovs obsessive Zuneigung zu seiner zwölfjährigen Stieftochter Lolita oder Henry Millers Schilderung eines tabulosen Lebens in *Stille Tag in Clichy* …

1909 Geburt.
20. April in Wien.

Sexuelle Exzesse und Turbulenzen als ewiger Motor der Literatur: Durch die expliziten, vertraulichen Schilderungen der erotischen Vorlieben ihres Geliebten Heimito von Doderer erregt die Schriftstellerin Dorothea Zeemann in Wien Aufsehen. Es ist ein Bericht über ihre Liebesbeziehung zwischen 1956 und 1966.

SM-Rollenspiele mit Heimito von Doderer

Die sexuellen Praktiken Doderers übersteigen die Vorstellungskraft vieler seiner Bewunderer, höchst indiskret berichtet Zeemann 1982 in ihrem Buch *Jungfrau und Reptil* über SM- und Rollenspiele: Doderer schlägt Dorothea, benützt eine kurzstielige Peitsche, die Schnüre aus roten Samtbändern hat. Sie muss eine mittelalterliche Nonne verkörpern, die – der Hexerei angeklagt – vom „kleinen Heimo" peinlich verhört wird. Praktiken, die sich teilweise auch in Doderers Hauptwerk *Die Dämonen* finden. „Jungfrau" Zeemann gesteht in dem – sechzehn Jahre nach dem Tod Doderers erschienenen Buch – auch, wie gerne sie die gedemütigte Geliebte des Romanciers, des „Reptils" war.

Ein Jahr nach Erscheinen, das im literarischen Wien für einen kleinen Skandal gesorgt hat, schreibt die freigeistige Literatin: „Wenn heute über Sex und Liebe geredet wird, wird nicht von Sex und Liebe geredet – zwischen den Geschlechtern ist Politik: stete Herausforderung, die Fronten zu erkennen."

Doderer: eine „Mischung aus betörender Brutalität und parfümierter Sanftheit"

Der gehemmte, dreizehn Jahre ältere Einzelgänger, der dämonische Doderer, den sie 1955 bei einer Dichterlesung kennengelernt hat, ist für sie „eine Mischung aus betörender Brutalität und parfümierter Sanftheit" – die große Liebe ihres Lebens: „Er blieb es, wenn je eine Frau einen Mann in der Erinnerung mit sich herumschleppte, wobei Liebe längst kein Wort mehr ist. Ich rede nicht davon, auch nicht, wenn ich von ihm rede … das Fehlen von Übereinstimmung zu bejahen, ist nicht Zynismus, sondern Leben … die gelegentlich daraus resultierende Explosion steigert die Ekstase." Mit „Packerl" unterschreibt Heimito von Doderer seine Briefe an Zeemann. Er will stets als ein von ihr gehütetes Paket bewahrt werden. Es dauert lange, bis Dorothea, die Heimito hörig ist, das „Packerl" abwirft.

> Ich habe immer gute Beziehungen zu Männern gehabt. Auch, was die Intimsphäre betrifft. Es waren alles Künstler, die haben genau gewusst, wo sie hingreifen.
>
> Dorothea Zeemann

Am 23. Juni 1958 schreibt Dorothea Zeemann im *Kurier* erstmals über einen Auftritt der „Wiener Gruppe" mit Achleitner, Artmann, Bayer und Rühm. Und lenkt damit auch Doderers Aufmerksamkeit auf die jungen Autoren. Doderer selbst, der im *Kurier* eine Literaturseite zur freien Verfügung hat, ermöglicht Zeemann die Rezension. Die spätere Generalsekretärin des österreichischen P.E.N. Clubs ist von den Avantgardeliteraten begeistert und da-

1959 Großer Roman. *Das Rapportbuch.*

1979 Literarischer Durchbruch. *Einübung in Katastrophen.*

von, dass sie „etwas für sie tun kann. Ich kann jetzt in den Zeitungen für sie trommeln. Und ich tue es gerne. Ich wittere Qualität. Noch ehe ich ihre Theorien kenne, freut mich ihre konkrete Poesie. Ich lade sie ein, und Doderer ist bei mir." Er schreibt danach für den Band von Achleitner, Artmann und Rühm, *hosn rosn baa,* das Vorwort. Jene Dialektdichtung lässt Doderer gar „an Karl Kraus denken".

Mehr als 50 Jahre nach der Wortschöpfung „Wiener Gruppe" nimmt allerdings Friedrich Achleitner eine kleine Korrektur vor: Zeemanns Rezension war nicht die Geburtsstunde des Namens – sie habe von einer „Wiener Dichtergruppe" geschrieben. Achleitner und Rühm seien vielmehr die Schöpfer des viel zitierten Begriffs „Wiener Gruppe" …

Ein weiterer enger Freund Dorotheas ist Egon Friedell. Ständig ist sie Gast in der Gentzgasse. Man diskutiert über Gott und die Welt – oft über die ethische Rechtfertigung des Freitods. Zu Beginn der 1930er-Jahre ermutigt Friedell seine Freundin Dorothea zu einer literarischen Karriere.

Ihr erstes Werk, das Jugendbuch *Signal aus den Bergen. Eine Erzählung von Bergen, wackeren Jungen und Mädchen,* veröffentlicht sie 1941 unter dem Namen Dora Holzinger. Von 1929 bis zu seinem Tod, zwanzig Jahre später, ist sie mit dem Kirchenmaler Rudolf Holzinger verheiratet. Bereits als Fünfzehnjährige, die ihre ersten literarischen Idole wie Franz Kafka entdeckt, lernt Dorothea den zwölf Jahre älteren Maler kennen, der sie in die Welt der Bohemiens, Lebenskünstler und Literaten einführt.

Die Großmutter Dorotheas, eine Köchin in der k.u.k. Hofküche, weigert sich, während des Ersten Weltkriegs Kriegsanleihen zu kaufen; die Mutter, Hausnäherin bei adeligen Familien, ist Abonnentin der *Fackel* von Karl Kraus und überzeugte Sozialdemokratin. Beide Damen waren „sehr energische, fast präpotente, prägende Figuren", wie sich Zeemann im Alter erinnert. Ihr Vater war eher eine „blasse Figur" – vielleicht ein Grund für die Suche Dorotheas nach väterlichen Freunden und Geliebten.

Kritische Ratgeberin und Förderin zahlreicher Autoren

Für Generationen von Schriftstellern ist Zeemann kritische Ratgeberin und Förderin. Ihre eigenen Bücher sind stark autobiografisch geprägt: Im beklemmenden Roman *Das Rapportbuch* schildert sie – die 1936 eine Ausbildung zur Krankenschwester begonnen hat – die dramatische Situation in einer Wiener Nervenklinik. In einer Welt, die dabei ist, aus den Fugen zu geraten. Wenige Tage vor dem „Anschluss". Die Patienten fliehen in Illusion und Leidenschaft, Resignation und Sucht.

Der literarische Durchbruch erfolgt erst im Alter von 70 Jahren mit *Einübung in Katastrophen*. Es sind Erinnerungen, die später in *Jungfrau und Reptil* fortgesetzt werden. Das Spätwerk Zeemanns ist von der weiblichen Sexualität im Alter geprägt. Während ihrer letzten Lebensmonate ist die fast 85-jährige mit dem wesentlich jüngeren Elektrotechniker Slaheddine Samaali verheiratet.

Als sie 1989 ihren erotischen Roman *Die Liebhaberin* publiziert, sieht sie ihr Werk ambivalent: „Hetäre, Geisha, irgendeine Art von Schuhfetzen bin ich gern, und da hab' ich ein Buch in der Hand und finde es genierlich, dass ich der Autor bin."

Jedenfalls steht sie bis zuletzt zu ihrem Credo, kein Tabu auszulassen.

1982 Autobiografie. *Jungfrau und Reptil.*

1993 Tod. 11. Dezember in Wien.

Er kämpft gegen die begrenzte Fantasie in der Forschung. Er ist davon überzeugt, dass es einen Quantencomputer geben wird. Er fasziniert mit Experimenten in der rätselhaften Welt der Quantenphysik. Für ein renommiertes Magazin ist Anton Zeilinger einer jener zehn Menschen, die die Welt verändern könnten.

Anton Zeilinger

Leidenschaftlicher Quantenphysiker auf einem der wichtigsten Forschungsgebiete der Zukunft: Anton Zeilinger.

Einsteins Enkel will die Welt verändern

Der Dalai Lama versteht die Welt nicht mehr. Seine buddhistische Gelassenheit ist verflogen. Der Forscher Anton Zeilinger versucht, dem Mönch im Physiklabor zu beweisen, dass im Mikrokosmos Teilchen einfach aus dem Nichts entstehen, dass in der Quantenwelt die Kausalität tatsächlich verschwindet.

Das sei einfach nicht möglich, meint der Dalai Lama irritiert – für jedes Ereignis gebe es eine Ursache: „Da hatten wir eine klare Divergenz unserer Anschauungen, er meinte, wir müssten noch genauer nachsehen, dann würden wir die verborgenen Gründe schon finden", erinnert sich Zeilinger, „ich habe versucht, ihm zu erklären, dass genau diese Idee nicht mehr funktioniert: Das Programm einer

1945 Geburt.
20. Mai in Ried im Innkreis.

Suche nach den verborgenen Parametern ist zusammengebrochen, es gibt sie nicht – und damit auch keine verborgenen Gründe." Eine schwierige Situation für einen Buddhisten, der davon überzeugt ist, dass es für jedes Ereignis eine ununterbrochene Ursache/Wirkungskette geben muss.

Der Dalai Lama ist nicht der Einzige, den Anton Zeilinger mit Experimenten in der rätselhaften Welt der Quantenphysik zum Staunen bringt: in Talkshows, bei Ärztekongressen oder vor Managern mächtiger Energiekonzerne. Der brillante Wissenschaftler mit kaum in Zaum zu haltender Haarmähne, Rauschebart und Nickelbrille, der für viele als „Popstar der Naturwissenschaft" gilt, versteht es wie kaum ein anderer, auch Laien komplizierteste physikalische Zusammenhänge verständlich zu erklären.

Der Hexenmeister von Wien

1997 gelingt Anton Zeilinger erstmals die Teleportation von Lichtteilchen. Ein faszinierendes Experiment, mit dem der bis dahin kaum bekannte Wissenschaftler aus dem oberösterreichischen Ried im Innkreis weltbekannt wird: In einem Laborversuch gelingt es seinem jungen Team und ihm, ein Photon auszulöschen, um dieses Lichtteilchen im selben Augenblick – Hokuspokus! – wenige Meter entfernt wieder auftauchen zu lassen.

Das deutsche Nachrichtenmagazin *Der Spiegel* nennt ihn später Hexenmeister von Wien, im Wissenschaftsmagazin *Nature* erscheint ein Bericht über dieses weltweit erste Experiment, für Zeitungen wie die *Washington Post* und TV-Sender wie CNN ist Anton Zeilinger plötzlich ein Medienstar.

Bis dahin interessieren sich nur Experten für die nicht leicht verständlichen Experimente des Quantenphysikers, dem es in ausgefeilten Versuchen gelingt, neue Zusammenhänge aufzudecken und auch gängige Theorien zu widerlegen. Sobald er Science-Fiction-Träumen Nahrung gibt, ist die Neugier der Öffentlichkeit geweckt und der Wissenschaftler auch für ein breites Publikum interessant.

> Was die wirkliche Wirklichkeit ist, wird uns nie zugänglich sein.
>
> Anton Zeilinger

Das Beamen ist zumindest im Prinzip – so zeigen Zeilingers Laborversuche schon vor mehr als zwanzig Jahren – tatsächlich möglich. Wie groß die Sehnsucht der Fernsehzuschauer nach den Abenteuern von Captain Kirk in seinem „Raumschiff Enterprise" weiterhin ist, zeigen zwei aktuelle US-Produktionen: Beide variieren 50 Jahre nach der Kultserie das *Star Trek*-Thema: *Discovery* ist ein offizielles Original, *The Orville* eine ironische Persiflage, bei der im Weltall plumpe, oft peinliche Gags dominieren.

Das Beamen von Menschen ist ausgeschlossen

Anton Zeilinger, der gerne als „Mr. Beam" bezeichnet wird, betont immer wieder, dass das Beamen größerer Objekte oder gar eines Menschen so gut wie ausgeschlossen ist. Doch in der Begeisterung über die Fernübertragung von Materie geht das Dementi des Wissenschaftlers zumeist unter.

Ein höchst sonderbarer Effekt der Mikrowelt bringt Zeilinger und sein Team zum bahnbrechenden Ergebnis von 1997: Sobald zwei Teilchen, etwa zwei Photonen, in Kontakt kommen, kann es passieren, dass sie dauerhaft

1971 Promotion an der Universität Wien.

1997 Erstmalige Demonstration der Quantenteleportation.

miteinander in Verbindung bleiben. Was dann auch immer mit dem einen Teilchen passiert, es scheint auf fast telepathische Weise das andere direkt zu beeinflussen.

Nach ihrer „Teilchenhochzeit" verhalten sich die Photonen wie gezinkte Würfel: Fällt der eine auf die Sechs, zeigt der andere diese auch. Jene Verkoppelung, unter Physikern „Verschränkung" genannt, funktioniert über jede noch so weite Strecke, auch dann, wenn die beiden Partner Lichtjahre voneinander entfernt sind.

Albert Einstein war die Quantentheorie fast unheimlich, sein Verhältnis zur Theorie der kleinsten Teilchen ambivalent: Einerseits hat er die Tür in die Welt der Atome und Moleküle aufgestoßen und die Quantentheorie maßgeblich mitentwickelt, andererseits wollte er sich mit den Konsequenzen der Theorie nie anfreunden. Diese Skepsis mündete im Jahr 1935 in einem Aufsatz: „Kann die quantenmechanische Beschreibung der physikalischen Welt vollständig sein?", fragte Albert Einstein – und bezweifelte ein Leben lang, dass es die „spukhafte" Fernwirkung wirklich gibt.

In einem „Akt der Verzweiflung" löste Max Planck, einer der Väter der modernen Physik, vor fast 120 Jahren eine Revolution aus: Kategorien wie Raum, Zeit und Kausalität versagen im subatomaren Bereich. Auch Planck glaubte viele Jahre lang nicht an seine Entdeckung in der Quantenwelt – er meinte, die Welt könne doch nicht so verrückt sein. „Heute zweifelt das niemand an", meint Anton Zeilinger, „Menschen, die an Esoterik glauben, an Energiewellen, Wasseradern – oder Homöopathie, sage ich: Studiert Quantenmechanik, das ist nicht viel seltsamer, aber im Gegensatz zu euren Behauptungen experimentell bewiesen."

Zeilinger, seit Schrödinger der bekannteste österreichische Quantenphysiker, wird vom renommierten britischen Magazin *New Statesman* als einer der zehn Menschen bezeichnet, die die Welt verändern könnten. Und Jian-Wei Pan, einer seiner Doktoranden, ist vor Kurzem vom Fachjournal *Nature* in die Top Ten jener Menschen gewählt worden, die „2017 dauerhafte Spuren in der Wissenschaft hinterlassen haben".

Quantencomputer und Quanteninternet werden Realität

Längst hat das Zeitalter der Quantenkommunikation mittels Satelliten begonnen. Zeilinger und sein Team haben den Grundstein dazu gelegt. Vor einem halben Jahr wird in der für Laien rätselhaften Welt der Quantenphysik ein neues Kapitel geschrieben: Via Video chattet Zeilinger mit dem Tee trinkenden Präsidenten der Chinesischen Wissenschaftsakademie Chunli Bai. Die angewandte Technologie dieses Gesprächs ist sensationell. Die Datenübertragung wird mit Hilfe von Quanteneffekten – abhörsicher – verschlüsselt.

Der 72-jährige, weltweit anerkannte Physik-Pionier glaubt auch weiterhin an die Vision des Quantencomputers, die immer wieder infrage gestellte Technologie der Zukunft: „Wir werden eines Tages ein Quanteninternet haben. Alle Aussagen über die eingeschränkten Möglichkeiten zeigen nur unsere begrenzte Fantasie."

2013 Präsident der Österreichischen Akademie der Wissenschaften.

2014 Aufnahme in die National Academy of Sciences.

Ein entwurzelter Wiener Weltbürger mit ewigem Hang zum Heimweh. Ein begnadeter Romancier, der von seinem Erfolg selbst am meisten überrascht ist. Einer der erfolgreichsten deutschsprachigen Schriftsteller des 20. Jahrhunderts: Stefan Zweig. Sanfte Melancholie zieht sich durch seine Werke.

Stefan Zweig

Nach langen Jahren heimatlosen Wanderns erschöpft: Freitod in Brasilien.

Erschöpft vom heimatlosen Wandern

Auf dem Schreibtisch ist alles geordnet. Briefe sind frankiert, Bleistifte gespitzt, entliehene Bücher für die Rückgabe an ihre Besitzer entsprechend gekennzeichnet. Das Manuskript der *Schachnovelle* ist bereits abgeschickt.

Es fehlt für Stefan Zweig, einen der erfolgreichsten deutschsprachigen Autoren des 20. Jahrhunderts nur noch, einen schriftlichen Schlussstrich zu ziehen. Die Überschrift ist portugiesisch – „Declaracao" – der Rest deutsch: „Ich grüße alle meine Freunde! Mögen sie die Morgenröte noch sehen nach der langen Nacht! Ich, allzu Ungeduldiger, gehe ihnen voraus."

Sobald der unterschriebene Brief gut sichtbar auf dem Schreibtisch deponiert ist, sind Stefan Zweig und seine Frau Lotte für den

1881 Geburt.
28. November in Wien.

letzten gemeinsamen Weg bereit. Die Polizei findet den Schriftsteller auf dem Rücken liegend mit gefalteten Händen, seine Frau seitlich an ihn geschmiegt. In einer blumig formulierten Aktennotiz ist zu lesen: „Nach einer Überdosis Veronal legten sie sich zu diesem letzten Schlaf nieder, Stefan in Hemd, Krawatte und Hosen, Lotte in einem geblümten Kimono. Die Mineralwasserflasche am Bett trug die ironische Etikette ‚Salutaris'. Auch Plucky, der kleine Terrier, legte sich in ihr Zimmer und wartete geduldig darauf, dass sein Herr aufwachen und ihn auf seinen Abendspaziergang mitnehmen würde. Auf dem Buffet stand eine Vase mit vierblättrigem Klee …"

Selbstmord im brasilianischen Exil

Vor 75 Jahren, in der Nacht zum 23. Februar 1942, setzt der international gefeierte Literat, „durch die langen Jahre heimatlosen Wanderns erschöpft" seinem Leben ein Ende. Seine von sanfter Melancholie durchzogenen Bücher sind in Millionenauflage veröffentlicht und in mehr als fünfzig Sprachen übersetzt. In Petrópolis, nahe von Rio der Janeiro, wählt er den Suizid als letzten Ausweg: „So halte ich es für besser, rechtzeitig und in aufrechter Haltung ein Leben abzuschließen …" Ein dem Großbürgertum entstammender, ruheloser, unsicherer, von Depressionen geplagter Mensch. Ein entwurzelter, ewig Suchender. Ein scheuer, schwermütiger Literat, der „vom Gast, der in mein Haus kam und sich wohlwollend niederließ, dem Erfolg", selbst am meisten überrascht ist.

Am 28. November 1881 kommt Stefan als Sohn des jüdischen Textilgroßhändlers Moritz Zweig zur Welt. Unter dem Einfluss der Werke von Hofmannsthal und Rilke beginnt er bereits während seiner Schulzeit – als ihm „alle Aufgaben bummelnd in den Schoß fallen", wie sein Freund Arthur Schnitzler anmerkt –, erste Gedichte zu schreiben.

Aufstieg zu einem der erfolgreichsten Autoren des 20. Jahrhunderts

1901 erscheint *Silberne Saiten,* der erste Gedichtband des Zwanzigjährigen. Er studiert in Wien, ehe ihn das Fremde, Gegensätzliche nach Berlin lockt. „In Berlin saß ich in den Cafés zusammen am selben Tisch mit schweren Trinkern und Homosexuellen und Morphinisten … je schlimmer der Ruf eines Menschen, desto begehrlicher mein Interesse, seinen Träger kennenzulernen."

1904 promoviert der „Jude aus Zufall", wie er sich selbst bezeichnet, da er nicht in einer religiösen Familie aufgewachsen ist, in Wien. Bald lockt ihn die Weite, das Fremde: Europa, Indien, Nord- und Mittelamerika, China, Afrika.

1919 zieht Stefan Zweig nach Salzburg und bewohnt das „Paschinger Schlössl" am Kapuzinerberg. Hier schreibt er einige seiner erfolgreichsten Bücher wie *Sternstunden der Menschheit:* „Kein Künstler ist während der ganzen vierundzwanzig Stunden seines täglichen Tages ununterbrochen Künstler; alles Wesentliche, alles Dauernde, das ihm gelingt, geschieht wie immer nur in den wenigen und seltenen Augenblicken der Inspiration", schreibt der begnadete Romancier im Vorwort zu diesem Bestseller. Bereits nach einem Jahr sind 130.000 Bücher verkauft. Stefan Zweig ist 47 Jahre alt und auf dem Weg, einer der erfolgreichsten Schriftsteller seines Jahrhunderts zu werden.

Die Intensität seines Schreibens ist unvergleichlich: Zweig schreibt Novellen mit großem Einfühlungsvermögen und Pathos, romanhafte Biografien über Joseph Fouché, Marie Antoinette, Maria Stuart oder die Lebensbilder über Hölderlin, Kleist, Balzac und Nietzsche.

Vom Salzburger Kapuzinerberg aus, wo er fünfzehn Jahre – fast in Sichtweite des Obersalzberges – lebt, beobachtet er zu Beginn

1927 Großer Erfolg. *Sternstunden der Menschheit.*

1934 Emigration nach London.

der 1930er-Jahre die nationalsozialistische Bedrohung und sieht darin ein „Vorspiel zu weitreichenden Eingriffen". Am 18. Februar 1934 durchsuchen Polizisten das Haus des erklärten Pazifisten, zwei Tage später emigriert er nach London. Nach dem „Anschluss" werden seine Schriften in Schweden gedruckt, Stefan Zweig bleibt weiterhin einer der meistgelesenen Autoren. Über die erste Zeit im Exil schreibt er später: „Am Tage, als ich meinen Paß verlor, entdeckte ich mit 58 Jahren, daß man mit seiner Heimat mehr verliert als einen Fleck umgrenzter Erde."

„Wer einmal sich selbst gefunden, kann nichts auf dieser Welt mehr verlieren."

1940 flieht er über New York, Argentinien und Paraguay nach Brasilien. 1942, erst nach seinem Tod, erscheint sein bekanntestes „kleines Werk mit großer Wirkung": Meisterlich zeichnet Zweig in *Die Schachnovelle* das Treffen zweier Schachgenies auf einem Dampfer von New York nach Buenos Aires nach – ein Kammerspiel, das mit psychologischer Qual endet. Als letzte Zuflucht vor dem Wahnsinn mit Schachpartien gegen sich selbst.

Wer seine Wurzeln nicht kennt, kennt keinen Halt.

Stefan Zweig

Im Exil trennt sich Stefan Zweig von seiner ersten Ehefrau und heiratet 1939 seine knapp dreißig Jahre jüngere Sekretärin Charlotte Altmann. Gemeinsam mit Lotte zieht er 1940 nach Petrópolis. Viele tausende Kilometer von seiner Heimat entfernt, weiß der vor den Nazis Geflohene, dass dort gerade seinen Verwandten und Freunden Schmach und Deportation, meist der Tod droht. Seine eigene privilegierte Situation löst ständig Schuldgefühle in ihm aus. Im Exil erreichen ihn Briefe, Hilfeschreie von Freunden, die auf die Fürsprache des erfolgreichen Schriftstellers, dessen Bücher überall auf der Welt veröffentlicht werden, hoffen, damit auch sie im Ausland ein neues Leben beginnen können.

Über die Zeit Zweigs im Exil hat Maria Schrader 2016 einen Film gedreht. Josef Hader spielt den Autor beklemmend gut. „Vor der Morgenröte" ist ein schlichtes, sensibles Meisterwerk, das an jene Zeit erinnert, in der, wie es Stefan Zweig formuliert, ein „halber Kontinent auf der Flucht war".

In der Erzählung *Phantastische Nacht* stellt der scheue, schwermütige Bestsellerautor sein Lebensgeheimnis so offen wie sonst nie zur Schau: „Wer einmal sich selbst gefunden, kann nichts auf dieser Welt mehr verlieren. Und wer einmal den Menschen in sich begriffen, der begreift alle Menschen."

1941 Meistgelesen. *Die Schachnovelle.*

1942 Freitod. 22. Februar in Brasilien.

Bildnachweis

Michael Horowitz: 7, 25, 47, 59, 243, 251, 259, 307, 319, 327, 379, 387
Steiermärkische Landesbibliothek: 311
Brigitte Friedrich/Interfoto/picturedesk.com: 13
Binder/akg-images/picturedesk.com: 21
picture alliance/IMAGNO/Votava: 29
ullstein - Buhs/Ullstein Bild/picturedesk.com: 37
ullstein bild - Abraham Pisarek/Ullstein Bild/picturedesk.com: 51
Franz Hubmann/Imagno/picturedesk.com: 55, 129, 231, 371
Madame d'Ora/ÖNB-Bildarchiv/picturedesk.com: 69
Brühlmeyer/ÖNB-Bildarchiv/picturedesk.com: 73, 391
Otto Breicha/Imagno/picturedesk.com: 77, 85, 267
Votava/Imagno/picturedesk.com: 81, 367
Austrian Archives/Imagno/picturedesk.com: 89, 137
Viktor Frankl Archiv/Imagno / picturedesk.com: 93
WDR Köln/Ullstein Bild/picturedesk.com: 101
Istvan Bajzat/dpa/picturedesk.com: 109
Marko Lipus/picturedesk.com: 113, 193, 205
Arno Burgi/dpa/picturedesk.com: 117
Didi Sattmann/Imagno/picturedesk.com: 121
EMILIO SEGRE VISUAL ARCHIVES/Science Photo Library/picturedesk.com: 125
Daniel Maurer/dpa / picturedesk.com: 141
HANS HASS/APA / picturedesk.com: 145
Imagno/picturedesk.com: 149
Anonym/Imagno/picturedesk.com: 153
Friedrich, Brigitte/SZ-Photo/picturedesk.com: 165, 395
picturedesk.com: 169
B. Friedrich/Ullstein Bild/picturedesk.com: 173
Herbert Pfarrhofer/APA/picturedesk.com: 177
akg-images/picturedesk.com: 181, 239, 399
HERBERT NEUBAUER/APA/picturedesk.com: 185
Hans Leitner/First Look/picturedesk.com: 197
Franz Neumayr/picturedesk.com: 201
ullstein bild - Trude Fleischmann/Ullstein Bild/picturedesk.com: 189
ullstein - Wien Museum/Ullstein Bild/picturedesk.com: 217
Courtesy Everett Collection/Everett Collection/picturedesk.com: 223
Roger Viollet/picturedesk.com: 227
ÖNB-Bildarchiv / picturedesk.com: 133, 235, 383
Wenzel-Jelinek, Margret/ÖNB-Bildarchiv/picturedesk.com: 247
ullstein bild/Ullstein Bild/picturedesk.com: 255
Rowohlt-Verlag, Hamburg/ÖNB-Bildarchiv/picturedesk.com: 263
Barbara Pflaum/Imagno/picturedesk.com: 271, 279, 375
Ernst Kainerstorfer/picturedesk.com: 275
Mary Evans picturedesk.com: 283
S.M. / SZ-Photo / picturedesk.com: 287
Techt Hans Klaus/APA/picturedesk.com: 291
ullstein bild - Fritz Eschen / Ullstein Bild / picturedesk.com: 295
ullstein bild - Horst Tappe/Ullstein Bild/picturedesk.com: 299
Roland Schlager/APA/picturedesk.com: 303
SZ Photo/SZ-Photo/picturedesk.com: 315
Franz Xaver Setzer / Imagno / picturedesk.com: 331
Imagno/picturedesk.com: 347
Christian Kreuziger/picturedesk.com: 351
tullstein-Popow/Ullstein Bild/picturedesk.com: 355
Friedrich Rauch/Interfoto/picturedesk.com: 363
Matthias Röder/dpa/picturedesk.com: 407
Foto: Nachlass Bahr-Mildenburg; © Österreichisches Theatermuseum, Wien: 43
ONB, Bildarchiv Austria: 133, 157
© Wieser Verlag: 209
© Robert Streibel/VHS-Hietzing: 359
© Heidi Heide: 403
Privatbesitz: 213
Hermann Kesten, Lauter Literaten. Porträts. Erinnerungen. Wien-München-Basel 1963: 323
Wikimedia Commons: 9 *(Foto: Albert Hilscher)*, 17 *(Foto: Josef Trčka)*, 33, 65 *(Foto: Wilhelm Willinger)*, 97 *(Foto: Max Halberstadt)*, 105 *(Foto: Edith Barakovich)*, 213, 239, 335 *(Foto: Ferdinand Schmutzer)*, 343, 411 *(Foto: Trude Fleischmann)*
Wiener Bilder, 34. Jg., 21. Juli 1929: 161 *(www.anno.onb.ac.at)*

Michael Horowitz © Ela Angerer

Michael Horowitz, Fotograf, Journalist, Schriftsteller und Verleger. Autor von Biografien, u. a. über Heimito von Doderer, Karl Kraus, H. C. Artmann, Helmut Qualtinger und Leonard Bernstein. Zahlreiche in- und ausländische Auszeichnungen, darunter das Große Ehrenzeichen für Verdienste um die Republik Österreich und das Ehrenkreuz für Wissenschaft und Kunst 1. Klasse. Bei den Filmfestspielen in Cannes wurde Michael Horowitz für das Drehbuch zum Film „Caracas" mit dem „Prix de la Jeunesse" ausgezeichnet.

Liebe Leserin, lieber Leser,

hat Ihnen dieses Buch gefallen? Dann freuen wir uns über Ihre Weiterempfehlung! Erzählen Sie Ihren Freunden davon, Ihrem Buchhändler, oder bewerten Sie es online.

Wollen Sie weitere Informationen zum Thema? Möchten sie mit den Autoren in Kontakt treten? Wir freuen uns auf Austausch und Anregung unter leserstimme@styriabooks.at

Inspiration, Geschenkideen und gute Geschichten finden Sie auf www.styriabooks.at

STYRIA
BUCHVERLAGE

Wien – Graz

ISBN 978-3-222-15035-7

Bücher aus der Verlagsgruppe Styria gibt es in jeder Buchhandlung und im Online-Shop www.styriabooks.at

Gestaltung und Produktion:
Alexander Raffl und Raphael Drechsel,
Great

Projektleitung:
Johannes Sachslehner

Druck und Bindung:
Finidr

Printed in the EU
7 6 5 4 3 2 1